发现里下河

——里下河地域文化研究

江苏省人民政府参事室（省文史研究馆）
江苏省地方志编纂委员会办公室　编

南京出版传媒集团
南京出版社

图书在版编目(CIP)数据

发现里下河 ：里下河地域文化研究 / 江苏省人民政府参事室(省文史研究馆)，江苏省地方志编纂委员会办公室编. -- 南京 ：南京出版社，2023.11

ISBN 978－7－5533－4383－9

Ⅰ. ①发… Ⅱ. ①江… ②江… Ⅲ. ①河流-流域-文化研究-江苏-文集 Ⅳ. ①K928.42-53

中国国家版本馆 CIP 数据核字(2023)第 184242 号

书　　名　发现里下河——里下河地域文化研究
作　　者　江苏省人民政府参事室(省文史研究馆)　江苏省地方志编纂委员会办公室
出版发行　南京出版传媒集团
南　京　出　版　社
社址：南京市太平门街 53 号　　邮编：210016
网址：http://www.njcbs.cn　　电子信箱：njcbs1988@163.com
联系电话：025-83283893、83283864(营销) 025-83112257(编务)

出 版 人　项晓宁
出 品 人　卢海鸣
责任编辑　杨传兵
封面设计　王　俊
装帧设计　赵海玥
责任印制　杨福彬

印　　刷　南京新洲印刷有限公司
开　　本　787 毫米×1092 毫米　1/16
印　　张　29.25
字　　数　463 千字
版　　次　2023 年 11 月第 1 版
印　　次　2023 年 11 月第 1 次印刷
书　　号　ISBN 978－7－5533－4383－9
定　　价　110.00 元

用微信或京东APP扫码购书

用淘宝APP扫码购书

编纂委员会

序　言

丁　帆（南京大学文学院）

这三年来，我三四次去里下河地区，去考察那里的地域文化和文学创作的情形，深深感触到，一个文学艺术家，甚至包括一些史学家，倘若不将这几十年来的文化经济变迁，放在一个大的宏观文化历史背景下来进行审视，甚至置于整个世界从农业文明到工业文明，再到后工业文明的大框架中去比对思考，只看到眼下的实地风景，那只是肤浅皮相的印象而已，其价值判断之浅薄，必然会带来创作和批判价值观的模糊和视野的狭隘。没有外部研究的视点参照，我们的学术研究和文学创作就会陷入一种低层次无限循环的怪圈之中。

无疑，这些年地域文化和文学艺术研究的兴起，已经成为文学艺术界和史学界的一个热点，人们试图从20世纪20年代以来，以鲁迅和茅盾树立起来的乡土文学的大纛中突围出来，重新建构起"新乡土文学"的宏大格局；同时，也试图突破费孝通在三四十年代"乡土中国"与"江村经济"围造出来的农耕文明社会架构。所有这些设想，无疑是一种历史的进步，但是，我们的作家和批评家，以及历史学家，如果只是平面地去看待现实中国的乡土社会，失去纵向的历史比照，放弃横向的世界各个国别乡土社会历史与现状的参照，我们就会像盲人骑瞎马、黑夜临深渊那样危险。

地域文化与文学研究，为何会在史志领域里得以弘扬，无非是盛世修史的传统理念所致，面对乡镇（包括县级城市）文化的历史钩沉和文学书写，如何精确地把握正确的史观，或许是地域文化与文学能否客观流传下去，不辱历史，是其进入学理性正史序列的重要元素。

七十五年前，社会学家费孝通先生出版了《乡土中国》一书，此后，这本书几乎成为社会学科和人文学科研究者必读的参考文献，其实，它就是一部通俗易懂的学术报告，通过一个地区的族群生存与生活方式的田野调查，来解剖中国乡村地域文化特征，但它具有普遍的乡土中国文化社会本质意义，其全部学理性和学术性，都聚焦在对中国农耕文明“差序格局”范式的概括上，“差序格局”理论的层层涟漪，不仅大量蔓延在社会学的学术著述里，也扩散在人文学术领域内，更是满溢在中国乡土文学近百年来许多历史题材的文学创作描写之中，成为一种不死的形而下人物描写与故事叙事模型。无论是悲剧还是喜剧，无论是乡土歌哭还是田园牧歌，人们对这样的文学作品始终是青睐有加，由衷地审美赞叹。然而，在历史的巨变之下，我们是否思考过，我们在告别了没落的农耕文明之后，那一成不变的价值理念，还能够解释当下极其复杂的乡土社会现实吗？

我发现了一个十分奇怪的现象，那就是，学界往往忽略了费孝通在八十七年前撰写的那份田野调查著作，那是他通过对自己家乡苏南吴江乡村的观察所叙述和论证的地域经济文化状态的著作，比《乡土中国》还要早十二年，那就是他在其博士导师布·马林诺夫斯基指导下完成的《江村经济》一书，作为一部社会经济史著作，它的地域文化意义可能要比《乡土中国》更有普遍的历史价值，因为它成为今日中国地域经济文化的一面镜子，尤其是对江苏地域文化在农耕文明时代的特征性概括，更是成为苏南苏北江村文化的一种比对模式，如今这种历史比较研究不仅在社会学界和经济史学界成就式微，即便是在长镜头的历史题材的创作中，作家也很少有那样审视历史的眼光，我是多么期望生长在这一地区的作家，能够从“差序格局”的角度，去抒写一部这几十年来江村人文经济巨变中人性观念变化主题的长篇巨制啊，然而创作是自由的，作家的观念也是自由的。

然而，近百年来，尤其是改革开放四十多年来，中国乡村乡镇地域文化发生了翻天覆地的变化，在工业文明和后工业文明的冲击下，中国的地域文化中的农耕文明“差序格局”早已礼崩乐坏，其残余形态只是极少地保留在偏远的文化隔离地域中，那里倒是农耕文明的最后一块“活化石”，既是社会学家和历史学家田野调查的宝地，更是作家创作的“活水源”。

而在文化经济发达的东南沿海地区，却是在短短的四十年间，走过了农耕文明、工业文明和后工业文明“三叠纪”时代，犹如过电影一样，将西方200多年的文明和文化进程，浓缩在这样一个大变局的时空之中，却也是全世界的学者都不曾遇见的奇观。

毋庸置疑，在中国地域文化的版图上，尚存在着一个从东到西、从南到北的文明与文化的梯度形的“落差格局”与“反差格局”，这也是泱泱大国地域文化最难以解决的问题，即便是最发达的长三角和珠三角地区内部，也还存在着这样的一种梯度形态格局，苏南苏北的“落差格局”就很能说明这个问题，关键就在于我们如何面对这样一个表面光鲜，内里矛盾重重的历史现象，克罗齐的“一切历史都是当代史”的论断，虽然并不是检验历史的唯一标准，但是，我们必须从当下的现实状态入手，用客观中性的价值理念，去统摄以往的历史和当下正在发生过程中的历史，尤其是后者，那是最高难度的学术整理与思考工作，它不仅仅是面对一堆真实的第一手材料和素材，让我们展示条分缕析的逻辑梳理功夫，更重要的是，它必须靠着史学家的远大历史眼光，预见性判断历史的走向与未来的发展趋向，形成一种大格局的研究局面。同样，在文学艺术创作过程中，作家倘若不向历史发出诸多的历史叩问，他(她)的历史题材故事构架一定是没有深度的叙述模式，他笔下的人物也一样会坠入概念化和雷同化的深渊。

历史发展的进程往往是九曲十八弯式行进的，历史的杠杆有时并不能够撬动高速运转的历史车轮，工业文明和后工业文明大潮漫漶渗透在现代城市当中，同时也悄无声息地进入了中国地域文化里的乡镇与乡村之中，这些问题似乎是当下的最现实的问题，然而，从根本上来说，它仍然是一个宏大的历史问题，是一个所有前辈历史学家都没有也无法预见的历史难题——它面对当下，也是面对历史。

我们的学者具备这样似常识、又非常识的知识储备了吗？我们的作家准备好了这样的主观意识思考和创作主体意识的植入了吗？

在中国历史的长镜头中，近四十多年来，乡土中国发生了深刻的山乡巨变，让生长在当下不同历史文明语境中的我们，也深切地感受到了各个地域文化不平衡发展格局的差异性，也就让不同的人各自有了不同的价值判断，当然，即使是在同一时空语境中生活的人，因为其知识储备和认识世界的价值理念的差异性，其认知的差异性也是有距离的，如何塑造具有历史共性价值理念，的确是一件不容易的事情。虽然我们的文学理论提倡多元化的创作局面，但是，顺应主流的创作观念仍然是当下许多作家的不二选择，他们无法将“历史的、人性的和审美的”创作三元素植入自身的创作主体思想中，因此，许多棘手的问题都无从谈起，然而，不解决这些问题，文学的个性特征就无法彰显，是生还是死呢?

所以，无论是研究古代历史和文学的学者，还是研究当代历史和文学的学者，最重要的还不是获得第一手的史料与素材，史料和素材是死的，人的思想是活的，你的价值观就决定了你选择什么样的史料和素材，由此而切入你的研究和创作的焦点，反之，在新发现的史料和素材中，你与史料和素材形成的对话关系，才是活的历史叙述。

我们无法准确地预见未来，但是，我们可以对未来做出理性的研究判断，我们更可以从幻想的创作中虚构未来的历史进程。

这既是我们的理想，也是我们对历史的尊重和文学的期待——透过本质看到虚拟世界历史的奇迹发生。不久前，省政府参事室(省文史馆)丁骏先生送来《里下河地域文化研讨会论文汇编》，请我为在此基础上结集出版的《发现里下河——里下河地域文化研究》作序。汇编收录的文章，其学术研究多从方志、家族、名人、环境、民俗等领域切入，涉及历史学、地理学、地缘学、文献学、考据学、文学、哲学等各个学科门类，从宏观到中观，再到微观的论述，其中不乏优秀杰作，学术性和学理性都很有水平。我希望在第二次“里下河地域文化研讨会”上，能够出现更多更好的学术论文，涉足更多的学科门类，尤其是社会学和文学领域的学者也得参与进来。是为序。

2023 年 7 月 12 日于南大和园

7 月 13 日修改于和园

目录

水文地理

流域文化

人文荟萃

区域发展

水文地理

SHUIWENDILI

弘历《下河叹》的前因后果

胡阿祥(南京大学历史学院)

一、《下河叹》，千古一叹

清乾隆十八年(1753)，爱新觉罗·弘历作《下河叹》诗：

下河十岁九被涝，今年洪水乃异常。五坝平分势未杀，高堰一线危骑墙。
宝应高邮受水地，通运一望成汪洋。车逻疏泄涨莫御，河臣束手无良方。
秋风西北势复暴，遂致冲溃田禾伤。哀哉吾民罹昏垫，麦收何救西成荒。
截漕出帑敕大吏，无遗宁滥丁宁详。百千无过救十一，何如多稼歌丰穰。
旧闻河徙夺淮地，自兹水患恒南方。复古去患言岂易，怒焉南望心彷徨。

检《清高宗实录》，从卷440到卷446，即从该年六月到九月，涉及此诗史事的记载甚多，这里不妨每月选录一条，以见大概：

【六月癸丑】谕军机大臣等：据高斌、张师载所奏清黄汛水盛长工程平稳情形一折，内称山盱仁、义、礼旧三滚坝已过三尺五寸，令布政使富勒赫等前往加谨守护，将智、信二坝相机启放，以资减泄等语。殊未明晰……可传谕高斌等，令将实在情形，及与下河一带民舍田庐有无妨碍之处，作速据实奏闻。

【七月乙亥】谕军机大臣等：高斌等奏高邮汛水增长现在东堤受险随启放南关坝以减盛涨一折，高邮汛水盛涨，则东堤亟宜保护，自不得不将南关一坝暂行启放，实亦出于无可如何。但启放之后，下游民田不无淹浸。如当水溜下趋，势稍平减，东堤可保无虞，即应亟为堵闭。水少下一分，下游即少受一分之患。可传谕高斌、张师载等，令其酌看情形，迅速办理。

【八月己丑】谕：淮、扬、高、宝等处现被水灾，朕心深为轸念，已降旨令该抚庄有恭前往查勘赈恤。朕思该处猝被灾伤，小民荡析离居，艰于糊口，一应抚恤事宜，不可不多为筹备。著将江苏本年应征漕粮截留四十万石，该督抚等酌看灾地情形，分别运贮。户部秋拨银两，亦著于该省多为酌留，临期奏闻请旨，以备赈粜之需。该督抚等督率所属，实力妥办，务令灾黎均沾实惠。

【九月癸酉】谕军机大臣等：策楞等查办南河工员亏空，续据查出十一万五千余两。此悉由高斌、张师载平时捏饰徇纵，以致不肖之员肆无忌惮，竟以误工亏帑视为寻常，积习相沿，牢不可破。论高斌等之罪，即拏问抄家亦所应得，但念高斌尚属旧臣，久经出力，而张师载亦拘谨自守，尚素无劣迹，是以仅予革职，尚令在工效力赎罪。此出朕格外之恩。伊等若反以罢斥为幸，自谓可以萧然事外，则罪滋甚矣。

这次“下河十岁九被涝，今年洪水乃异常”的大致情形是：乾隆十八年夏秋，黄河、淮河洪汛，洪泽湖水势暴涨，高堰五坝开启，漫注高邮、宝应诸湖，“近湖村落在汪洋巨浸之中，田亩亦未涸出”；洪水又冲决运河东堤，并开归海诸坝，于是下河地区“自高邮州起，迤南数十里湖河相连，其间田地水漫成河，可以行舟。”① 而仅据上引四条列举的《清高宗实录》，我们又可感知弘历“下河叹”之牵

① 水利水电部水管司，水利水电科学研究院．清代淮河流域洪涝档案史料［M］．北京：中华书局，1988：215.

涉广泛：黄河、淮河、运河、洪泽湖、高邮湖、宝应湖等河湖的“汛水盛长”还是“势稍平减”，决定了高堰五坝、归海诸坝的“启放”还是“堵闭”；高堰、归海各坝的“启放”还是“堵闭”，影响着“下河一带民舍田庐有无妨碍”；“下河一带民舍田庐”若有妨碍，那么“一应抚恤事宜”，包括截留漕粮、调拨库银，“不可不多为筹备”；“抚恤事宜”能否“务令灾黎均沾实惠”，又密切联系着地方官员能否“实力妥办”，然而，若江南河道总督高斌、安徽巡抚协理江南河道总督张师载这类大员“平时捏饰徇纵，以致不肖之员肆无忌惮，竟以误工亏帑视为寻常，积习相沿，牢不可破”，又使“小民荡析离居，艰于糊口”，此正弘历《下河叹》之“哀哉吾民罹昏垫”，就以乾隆十八年的这次灾情言，直到次年夏收前，不计河工所耗帑项，仅算蠲免、赈济的银米，即达千万之巨；至于上述之水情、河工、漕运、赈恤、吏治、民生之间的纠葛难理，更使弘历在《下河叹》中发出了“惄焉南望心彷徨”的无可奈何！

类似乾隆十八年弘历《下河叹》这样的叹息，其实又是叹息不止。以言其前，如康熙诸生、安徽歙县人洪钰的《下河叹》：

> 积雨淫淫不肯住，东海黄淮涌涛怒。一从荡荡分河流，平野滔滔势难御。
> 下河居民目无策，抱木援条保朝夕。侧身四望俱狂澜，眼看生死不盈尺。
> 断雁横拖天际空，寒鸱乱叫林边黑。微茫版屋水底沈，凄凉独树烟中立。
> 须臾堤决倾天来，山岳崩摧声震吓。人号犬吠白昼昏，穷檐尽作龙蛇宅。
> 悲哉天地一颠覆，十停八九填沟渎。秋风飕飕日无痕，落叶萧萧新鬼哭。

以言其后，如乾隆五十一年(1786)弘历的又一首《下河叹》：

> 自我壬午年，清口定水志。视湖之增减，拆束为坝制。
> 其尾间五坝，筑土永教闭。以此下河田，免灾收历岁。
> 其间祇戊戌，河决仪考地。泛滥归洪湖，高堰虞涨至。
> 无奈开五坝，下河受灾致。兹九阅春秋，清胜复有事。

预筹消息理，原非出不意。冲堤阻运道，先急燃眉计。
堤筑运益涨，车逻胥启暨。无奈开五坝，高宝潦胥及。
下河不待言，非鱼叹民匮。然实乏良策，赈恤敕诸吏。
宁滥毋或遗，更要莫饰蔽。庶略减予过，五字志惭愧。①

比较乾隆十八年与乾隆五十一年弘历一叹再叹的这两首《下河叹》，“五坝平分势未杀……通运一望成汪洋”与“无奈开五坝，高宝潦胥及”、“河臣束手无良方”与“然实乏良策”、“无遗宁滥丁宁详”与“宁滥毋或遗”等等，语义乃至语句都属重复；而从“复古去患言岂易，惄焉南望心彷徨”到“庶略减予过，五字志惭愧”，我们又可感知“下河叹”诚为弘历的“千古一叹”！

然则千古一叹之“下河叹”的前因后果，究竟是怎样的？彷徨、惭愧的清高宗爱新觉罗·弘历其实心知肚明，并在他的两首《下河叹》中回旋往复地唠唠叨叨。以下即摘乾隆十八年的《下河叹》诗句为题，走近弘历当时的语境，也回旋往复、唠唠叨叨地稍作阐释。

二、旧闻河徙夺淮地

“千古一叹”下河叹的前因，由远及近，先是联系着南宋建炎二年(1128)开始的黄河夺淮以及金朝的消极治河，再是联系着明朝嘉万时代潘季驯的“借黄以济运，又借淮以刷黄”，而其后果，便是弘历深叹的“旧闻河徙夺淮地，自兹水患恒南方”。

如所周知，建炎二年冬，“杜充决黄河，自泗入淮，以阻金兵。”② 按此前一年

① 此诗的史事背景是，乾隆五十一年，洪泽湖水盛涨，各处堤工漫溢，遂将高堰五坝、归海五坝全行启放。

② 脱脱.宋史：卷二五[M].北京：中华书局，1977：459.

的四月，金朝掳去宋朝徽、钦二宗，北宋灭亡；五月，康王赵构在南京（今河南商丘南）称帝，重建宋朝，南宋开始；十月，高宗赵构南迁扬州；十二月，金兵攻略河南、山东、陕西。及至建炎二年，面对南下之势甚盛的金兵，相州（今河南安阳）人、南宋东京留守兼开封尹杜充施行“以水代兵”之计，谋求阻止金兵南下，遂于李固渡（今河南滑县西南）西决开黄河，于是黄河新道约经滑县南，濮阳、东明之间，再经鄄城、巨野、嘉祥、金乡一带，汇入泗水，再由泗入淮。从此，黄河离开了先秦以来东北向流入渤海的旧道，开启了727年东南向夺淮流入黄海的历史。

然而问题的复杂之处在于：在1128年以前的近1300年里，黄河夺淮事件也曾数次发生，但都属于暂时夺淮或短期夺淮，① 这样的黄河夺淮所波及的淮河水系，既局限在淮北支流泗水以及泗水入淮之后的淮河下游，其对淮河流域的影响也就比较有限；而在1128年以后的700多年里，黄河却是先持续400多年的多股夺淮，再持续300多年的夺泗入淮，淮河水系既因此紊乱不堪，淮河流域也遭受严重破坏，并进而延展到淮河下游的淮南地区或曰江淮地区。那么，导致黄河长期夺淮的根源又在哪里呢？实在一而再的“人祸”。

“人祸”之一，金朝消极治河，放任南侵的黄河迁徙无定。

不妨玩味两条文献的记载。《三朝北盟汇编》卷197绍兴九年（1139）八月十一日记金朝鲁国王、都元帅挞懒之言：

> 我初与中国议，可以河为之界。尔今新河且非我决，彼人自决之，以与我也，岂可弃之！今当以新河为界，则可外御敌国，内扼叛亡，多有利吾国矣。

---

① 西汉文帝十二年（前168），河决酸枣，夺泗入淮，随即堵塞决口，此为见载于史的黄河夺淮之始。参考胡阿祥，胡箫南.“黄侵运逼”视野中的淮河变迁[J].安徽史学，2021(6)：117-127.由于论题密切相关，故本文于该文以及胡阿祥.围绕京杭大运河之“蓄清刷黄保漕”的反思——以淮源、洪泽湖、高家堰、泗州城为例[J].学海，2018(5)：152-159.多有取用，特此说明。

这里的“我初与中国议，可以河为之界”，指北宋靖康元年(1126)金朝占有河北地后，迫宋和议，所提条件中，就包括以东北向流入渤海的黄河为分界线；及至绍兴九年南宋与金朝和议成立，双方虽仍以黄河为界，黄河却变成了“尔今新河”即南宋杜充决河后的黄河新道。这条黄河新道，变原来的东北流为东南流，金朝因此得地甚多、获利甚大。再到绍兴十一年(1141)宋金“划淮为界”，黄河下游已尽入金朝疆域，金朝却仍消极治河，则如《金史》卷27《河渠志》大定九年(1169)的记载：

> 河南统军使宗室宗叙言：“大河所以决溢者，以河道积淤，不能受水故也……今欲河复故道，不惟大费工役，又卒难成功。纵能塞之，他日霖潦，亦将溃决……又沿河数州之地，骤兴大役，人心动摇，恐宋人乘间构为边患。”而(都水监梁)肃亦言：“新河水六分，旧河水四分，今若塞新河，则二水复合为一。如遇涨溢，南决则害于南京，北决则山东、河北皆被其害。不若李固南筑堤以防决溢为便。”尚书省以闻，上从之。

因为不愿“大费工役”，特别是因为担心“宋人乘间构为边患”，金朝奉行的这种不堵不塞的政策，终于导致“新河水六分，旧河水四分”，即黄河分流而新河(主溜)流向东南、后来又分三股夺泗入淮的混乱局面。至于这种混乱局面的持续演变，笔者曾概述道：

> 从元代起至明嘉靖中叶的300多年间，河患十分频繁，黄河下游长期呈多股夺淮的局面……滚滚浊流在西起颍水、东至海滨、北自黄河、南到淮河的黄淮平原上恣意漫流。黄河这条可怕的泥龙，东横西决，泛滥无归，所到之处，无不淤河道、塞湖泊，原本顺畅自由的淮北水系因此变得紊乱不堪，而水系打破、河道淤高、排水不畅，水旱洪涝之灾接踵而至，黎民百姓流离漂没，惨遭其害。①

① 胡阿祥,张文华.淮河[M].南京:江苏教育出版社,2010:159.

换言之，开始于1128年的黄河夺淮，如果比作扩散性皮肤病，则至明朝嘉靖中叶，已经严重浸染了广大的黄淮平原，只是尚未真正扩散到淮河以南，至于本文关注的下河地区，其自然环境与经济状况，也还属于“尚可”的水平。

“人祸”之二，明朝潘季驯蓄清刷黄、济运保漕。

“蓄清刷黄”，即蓄淮河清水以释黄、借淮河水势以刷沙，目的则在“济运保漕”，即调济运河水情、保障漕运畅通。首创其法者，为湖州人潘季驯。从嘉靖四十四年(1565)到万历二十年(1592)，潘季驯四次出任总理河道，为明朝治河诸臣中在位时间最长者。他认为旧有的“分流杀势”即从多处分流分洪黄河的治水方略，远不及“以堤束水、以水攻沙”来得有效，“盖筑塞似为阻水，而不知力不专则沙不刷，阻之者乃所以疏之也；合流似为益水，而不知力不宏则沙不涤，益之者乃所以杀之也。”① 这样的治水方略，也为后来者长久遵行，如《清史稿》卷279“论曰”即评价道：

> 明治河诸臣，推潘季驯为最，盖借黄以济运，又借淮以刷黄，固非束水攻沙不可也。

只是这样“束水攻沙”原则下的借淮→刷黄→济运，又使淮、黄、运更加复杂地纠缠在一起，淮河因之再起巨大变迁，黄河因之长期单股夺淮，运河则因之力保畅通；至于运河淮扬段东西两侧的上河、下河地区的民生，则在明清两朝堪称“国之大事”的“济运保漕”的取舍中，成了名副其实的牺牲品。唯兹题甚大，姑以直接影响上河、下河地区民生的洪泽湖以及高家堰为例证之。

今天仿佛内流河“尾闾湖”的洪泽湖，本是独流入海的淮河流经地区，其处地势低洼，分散着众多不大的陂塘湖涧。大体说来，两宋时期的洪泽湖区是湖涧并存的沼泽区，元代洪泽湖区的大部分仍在兴办着屯田，明代嘉靖之前的洪泽湖区在平水期仍呈现一派湖涧分明的态势。至于洪泽湖的最后形成，则与以下两个

① 潘季驯.河防一览：卷八[M].何煒江南重刻本,1748(清乾隆十三年).

因素直接相关。

其一，黄河单股夺淮造成淮河下游河道的严重淤积。《明神宗实录》卷308万历二十五年(1597)三月己未云：

> 至嘉靖二十五年以后，南流故道始尽塞……五十年来，全河尽出徐、邳，夺泗入淮。

“南流故道始尽塞”的原因，或是自然淤塞，不再疏浚，或是有意堵塞，引黄济运。而“尽出徐、邳，夺泗入淮”的这条黄河河道，后来再经潘季驯的筑堤束水，基本被固定下来，即今所称的“废黄河”，它虽仍然时有决徙，但不久即复故道。对于黄河夺淮来说，这是从多股夺淮到单股夺淮的一大变局；对于淮北平原来说，这是黄河从四处泛滥到相对安流的一大利好。然而对于淮河来说，这并不是福音，盖黄河单股夺泗入淮，全部泥沙滚滚而来，淮河下游的淤积急剧增加，尾闾水位抬高，排泄不畅，于是淮水逐渐向上潴积，乃至漫溢成湖。而当降及清口(今江苏淮安马头镇一带)的门限沙严重堆积扩展时，又出现黄水倒灌现象，这不仅增加了洪泽湖的来水量，而且淤垫湖底，抬高水位，扩大了水域面积。

其二，高家堰的大规模修筑。高家堰的修筑历史颇为悠久。先是东汉末年广陵太守陈登筑堰，意在阻障淮水东泛，此种策略，为后世治水者遵用。北宋庆历年间江淮制置发运副使张纶也曾修筑，明初永乐年间平江伯陈瑄再度修治。陈瑄所修的堤堰，北起武家墩，南至阜宁湖，相当于后来高家堰的北段。隆庆年间，总督漕运王宗沐又招募淮民修堰，捍淮东侵。不过此时的高家堰仍规模不大，高度约在三四米上下，长度在30里左右。及至万历年间的潘季驯，情况发生了重大变化。万历六年(1578)，潘季驯第三次总理治河事务。其时的黄河，经常发生决口，而黄、淮、运交会的清口一带，淤积阻塞严重。潘季驯接任后，首先在黄河两岸筑成近堤、遥堤、横堤、月堤以及减水坝组成的堤防系统工程，以约束水流、防御洪水；在初获成效后，他又大筑高家堰，意在抬高淮河水位，蓄清刷黄。次年，北起武家墩、南至越城、长60里的筑堰工程竣工。又次年，再向南延伸20里至周家桥。周家桥以南高地不筑堤，留作天然减水坝（溢洪道），水涨则入白马湖，水消仍为陆地。至此，淮河来水被大量拦蓄起来，洪泽湖基本宣告形成，担负着刷黄的巨大使命，漕运大为畅通。清康熙时，河臣靳辅仍然沿袭潘季驯“蓄清刷黄”的“金科玉律”，他挑浚清口，开挖引河，堵塞高堰决口，培修残破堤岸，又将大堰向南延伸25里至翟坝，再修武家墩、高良涧、周家桥、古沟东、古沟西、唐埂六座减水坝。康熙二十年（1681）六坝关闭，洪泽湖盛极一时。

然而，时有盈缩的洪泽湖，巍峨壮观的高家堰，对于淮河又意味着什么呢？

以言由河道变身湖泊的洪泽湖，因为黄高淮低、黄浊淮清、黄强淮弱，为了实现“蓄清刷黄”的目的，高家堰只能一步步地增筑，洪泽湖底也就一年年地淤高，水位则随之一层层地抬升，水位抬升的意义，则在“以刷沙敌黄……亦资淮利济”①。如清道光八年（1828），洪泽湖水位蓄至一丈六七尺，仅能与黄相敌，蓄至一丈八九尺，始能畅出清口。而从道光十一年（1831）至咸丰元年（1851）的21年中，洪泽湖水位均在二丈以上，最高时达二丈三尺四寸，洪泽湖由此成为名副其实的“悬湖”。

以言淮河干流，因为中游末端洪泽湖的横空出世，因为黄河泥沙由泗入淮导致的淮河下游壅水逆流、河床抬升，再加上高家堰在淮河中、下游之间的南北阻截，于是原本上游水流湍急、中游水流平缓、下游尾闾不畅的淮河干流，演变成了“两头高，中间低”的“扁担河”态势，这样的淮河干流，上游留不住、中游流不动、下游流不走，打个形象而苦涩的比喻，就是上游得了“脑溢血”，中游患了“肝腹水”，下游则是“肠梗阻”；因为“肠梗阻”而成的洪泽湖，朝廷赋予的使命又是刷黄济运，这样的情形，正如清人郭起元所言：“淮合诸水，汇潴于湖，出清口以会黄。清口迤上为运口，湖又分流入运河以通漕，向来三分济运，七分御黄。”②

然则据上所述，向来备受称道的潘季驯之蓄清刷黄、济运保漕，因为修筑了高

---

① 弘历.重修淮渎神庙碑记［M］//王兴亚，编.清代河南碑刻资料：第七册，北京：商务印书馆，2016:402.

② 郭起元.介石堂水鉴：卷二［M］//四库全书存目丛书，济南：齐鲁书社，1996:492.

家堰，悬出了洪泽湖，如果我们站在淮河以南的立场，仍以扩散性皮肤病作譬的话，那就等于添加了更可怕的新病灶，而其重度浸染所及，遂直指淮扬之上河、下河地区。

三、 下河十岁九被涝

如何理解洪泽湖以及高家堰为淮扬之上河、下河地区更可怕的新病灶？先言所谓的上河、下河。“上河”“下河”概念的形成，联系着明后期淮扬运河的湖河分离。《明史》卷85《河渠志》：

> 漕河之别，曰白漕、卫漕、闸漕、河漕、湖漕、江漕、浙漕……湖漕者，由淮安抵扬州三百七十里，地卑积水，汇为泽国。

据知淮扬运河本是穿行湖泊之中、湖与湖之间开凿水道连接的“湖漕”。“湖漕”充分利用了“地卑积水，汇为泽国”的自然条件，却也难免漕船遭风遇浪而沉溺的危险。如弘治三年（1490），户部左侍郎白昂从山东至扬州视察运道，监察御史孙衍、工部郎中吴瑞等向白昂进言：“高邮州运道九十里，而三十里入新开湖。湖东直南北为堤，舟行其下。自国初以来，董河官司障以桩木，固以砖石，决而复修者，不知其几。其西北则与七里、张良、甓社、石臼、平阿诸湖通，萦回数百里。每西风大作，波涛汹涌，舟与沿堤故桩石遇，辄坏，多沉溺，人甚病焉”①；又如漕船在经过白马湖时，由于“东西相望，浩渺无涯，洪涛迅浪，不时常作，加以西风号起，汹涌排空，荡击石堤，摧残舟楫”，乃至“万历十年间，一日而毙者千余人，即万历十二年间，粮船沉溺者数十只，漂没漕粮至七八千石，殊为运

① 刘健.康济河记[M]//朱国盛.南河志:卷11,上海:上海古籍出版社,2002:712.

道之梗"①。为了改变这样屡有发生的窘况，明朝自洪武初年以来，就断断续续地开凿分离湖、河的月河(越河)。及至万历二十九年(1601)高邮、宝应之间的界首越河完工，"淮扬之间始不复知有湖，民有安流，国有全漕"②，即扬州、淮安之间的漕粮运输不再取径湖道，而是全线拥有了独立的河道。为了保障运道的安全，自洪武至万历的两百多年时间里，又断断续续地同步修筑月河(越河)堤防，而且相对于"湖漕"阶段的单层堤防，材质以夯土、板桩填土、糯米糊拌灰为主，月河(越河)堤防既为东、西两层，材质也以砖石为主，如此就可维护月河(越河)的稳定与湖河分离的稳固，名副其实的淮扬运河(里运河)遂告全线形成。

"河漕"形态的淮扬运河全线形成后，由于运河东西两岸的环境面貌、地方诉求等方面的差异逐渐明显，于是清初出现了上河、下河概念。如康熙二十年御史宫梦仁所上《梳理海口疏》：

上、下河惟恃一线河堤蜿蜒其间，登岸而望，内如釜底，外若建瓴。淮扬两府数十万之田赋、鹾利由兹出焉，淮扬六七州县数百万之户口、室庐由兹存焉。故内开行水支河无虑数十，凡以串场达海道相路也。人知高、宝、邵伯河堤为下河州县之门户，高堰翟坝又上河之藩篱，藩篱不固，门户因之失守，固也。

又康熙二十八年(1689)卸任总河的靳辅之《下河形势说》：

淮以南、扬以北周围千百里，泽国也。运河贯其中，东西二堤夹之。西堤以西为上河，泽之所钟，旧有汜光、白马、甓社、邵伯等十七湖；东堤以东为下河，泽之所钟，旧有射阳、广洋、杂雀、渌洋、淤溪等三十六湖。上河西南接滁、泗、天长诸山，危冈断陇，起伏相续，地形为高，水之所从发

① 傅泽洪. 行水金鉴：卷 124[M]. 北京：商务印书馆，1937：1797.
② 顾云凤. 界首越河记[M]//朱国盛. 南河志：卷 11，上海：上海古籍出版社，2002：727.

也。下河东北与海为邻，地形为卑，水之所泄也。两河均受水患，而下河尤烈，何也？上河西南受滁、泗、天长诸山溪之水，东注之下河，下河受之。下河西受上河所注滔滔无穷之水，东注之海，而海不受，非不受也，海岸高而朝宗之路塞。故昔人譬之釜底也。

又乾隆三年(1738)署理江苏巡抚许容《为九属民生一劳永逸疏》：

伏查自淮溯扬，漕河亘于南北，长堤三百余里，堤西为上河，则洪泽、白马、高邮、邵伯诸湖是也；堤东为下河，则山、盐、阜、高、宝、兴、江、甘、泰九州县之 民生土地在焉，又东则为大海矣。向之言水利于淮扬者，谓上河之水宜导之入江，下河之水宜导之入海。

稍加品味这三条资料，不难看出其间的异同。同者在于，都以淮扬运河区分上河、下河，即运河西堤以西为上河，运河东堤以东为下河。至于异者，宫梦仁既视淮扬之田赋、鹾利、户口、室庐需要共筹兼理，又将高堰、上河、河堤、下河、海道视为命运相关的一体；靳辅则认为虽然上河、下河地区皆为“泽国”，“均受水患，而下河尤烈”，盖下河相对于西面的上河、东面的海岸，“地形为卑”，犹如“釜底”，既受上河注水，又乏出水流路，所以靳辅尤重运河筑堤，尽量不使上河之水漫溢下河；至于许容的看法，更是定位上河为蓄水的湖区，宜导其水入长江，下河为“民生土地”，宜导其水入大海，而在这样的“各人自扫门前雪”中，保护下河又显得尤为重要。

然而上河、下河孰轻孰重，其实是个因时而变的复杂问题，其中的关键则在明祖陵的护与弃。明祖陵坐落在泗州城北的淮河之滨，其处地势卑下，随时有淹没之患，尤其是洪泽湖形成以来，更如置于釜底。出于容易理解的原因，迁葬了明太祖朱元璋之高祖、曾祖、祖父的祖陵自然事关重大，必须予以周全保护，所谓“祖陵，国家王气所钟，祖陵被患，岂惟列圣龙蜕之藏不安于地下，而千万年圣子神孙托根基命于何所？彼庶民衣食之流，尚恐伤其先茔，爱及一草一木，况帝王之家甚关宗社，亦切圣躬，最不可缓图者也”①。这样的“最不可缓图”，如明左给事中张企程《题开周家桥武家墩等处疏》的议论：

臣尝熟为筹之，譬人一身，祖陵腹心也，运道咽喉也，民生手足也。善医者，腹心病则先腹心，咽喉病则先咽喉，手足病则先手足。脱有三者俱病，则由腹心而咽喉而手足，其缓急轻重固自不可紊者。况今腹心受病，宁以咽喉、手足之故而遂缓勿治耶？臣窃谓今日之役，以开周家桥、武家墩为急救祖陵第一义，其或有梗运道，随为区画，有伤民产，随议蠲赈，有损盐灶，随议减额。但处置得宜，下流有归，断断不为地方害。

换言之，因为“祖陵腹心也，运道咽喉也，民生手足也”，祖陵又位于后来的上河地区，所以哪怕明后期高家堰既筑、洪泽湖既悬，上河部分地区特别是泗州地区的“民生”，还是获得了一些顺带的呵护。即以高家堰筑成的万历七年(1579)与次年为例，因为高家堰拦截了淮河洪水，淮安、扬州安康而泗州受灾，所以泗州进士、乡宦常三省在其递呈京师各衙门的揭帖以及联合泗州籍官员递呈抚按衙门的揭帖中，愤然抗议，为民请命，如言万历七年大水之于泗州，“遂致城内水深数尺，街巷舟筏通行，房舍倾颓，军民转徙，其艰难穷困不可殚述，此在城水患之实也”，又“泗人有岗田有湖田，岗田硗薄，不足为赖，惟湖田颇肥，豆麦两熟，百姓全藉于此。近岗田低处受淹，若湖田则尽委之洪涛，庐舍荡然，一望如海，百姓逃散四方，觅食道路，羸形菜色，无复生气，且近日流往他郡者，彼此不容，殴逐回里，饥寒无聊，间或为非，出无路，归无家，生死莫保，其鬻卖儿女者，率牵连渠路，累日不售，多为外乡人贱价买去，见之惨目，言诚痛心，此在乡水患之实也”②，是为“自有高堰以来，泗人之苦于水患极矣”③；又言万历八年

① 明神宗实录：卷366 万历二十九年十二月戊寅[M]. 影印本. 台北：“中研院”历史语言研究所，1962：6856.

② 江殿飏，许湘甲. 泗虹合志：卷16[M]. 刻本. 1749(清光绪十四年).

③ 叶兰. 泗州志：卷10[M]. 刻本. 1788(清乾隆五十三年).

(1580)泗州大水，“祖陵松柏淹枯，护沙洗荡”①。面对此等情势，常三省强烈要求在武家墩、高良涧、周家桥三处建闸泄水，以保泗州与祖陵。然而在下河官绅看来，此等建闸泄水论调，终究“不明事理”。以言上河本身，如宝应知县陈煃的“开解”：“泗城故址，原属卑洼，城中积水，顿难涸泄。假令异时淫雨如昨，即开周桥，未必能减泗民之困也。夫利一州而害数州县，仁者弗为，况利者未必利，而害者立见乎？”② 以言隔壁下河，如高邮乡绅王应元的控诉：“其害可胜道哉？必至决运堤、阻粮艘、没盐场，高、宝等州县必不可复存。”③ 至于代表着朝廷利益的总河潘季驯，虽在“雪中送炭”的“运道”、“锦上添花”的“民生”中选择了“运道”，却也不敢明目张胆地忽略“国家根本”的“祖陵”，所以当潘季驯看到常三省等人“挟陵寝为言”的揭帖后，“不胜骇汗”，乃与泗州知州秘自谦、盱眙知县詹朝等地方官前往祖陵视察，却欣慰地看到祖陵状况良好，并未遭遇漫水，但作为补偿，潘季驯还是在后来加修了石质护堤。而再往其后的情形，仍可见到“祖陵腹心”的事关重大及其对上河地区的“加持”作用，如《明史》卷87《河渠志》记载：

> (万历)十九年九月，淮水溢泗州……侵及祖陵。疏泄之议不一，季驯谓当听其自消。会呕血乞归，言者因请允其去。而帝遣给事中张贞观往勘，会总河尚书舒应龙等详议以上，计未有所定。连数岁，淮东决高良涧，西灌泗陵。帝怒，夺应龙官，遣给事中张企程往勘。议者多请拆高堰，总河尚书杨一魁与企程不从，而力请分黄导淮。乃建武家墩经河闸，泄淮水由永济河达泾河，下射阳湖入海。又建高良涧及周桥减水石闸，以泄淮水，一由岔河入泾河，一由草子湖、宝应湖下子婴沟，俱下广洋湖入海。又挑高邮茆塘港，通邵伯湖，开金家湾，下芒稻河入江，以疏淮涨，而淮水以平。其后三闸渐塞。
>
> 崇祯间，黄、淮涨溢，议者复请开高堰。淮、扬在朝者公疏力争，议遂寝。

① 潘季驯. 高堰请勘疏[M]//河防一览：卷9. 何煟江南重刻本. 1748(清乾隆十三年).

② 吴敏道. 宝应县志：卷4[M]. 刻本. 1594(明万历二十二年).

③ 夏之蓉，王念孙. 高邮州志：卷10[M]. 刻本. 1783(清乾隆四十八年).

据上，明后期的淮扬地区，纠缠在祖陵、运道、民生的矛盾中，上河地区、下河地区的民生，又纠缠在各自利益的冲突中，而就总体倾向言，上河地区因为拥有祖陵，故在与下河地区的利益冲突中，还是拥有分量更重或更“义正词严”的话语权；随之，如弘历《下河叹》中叹息的“下河十岁九被涝”，本也早是明后期下河地区的写实。

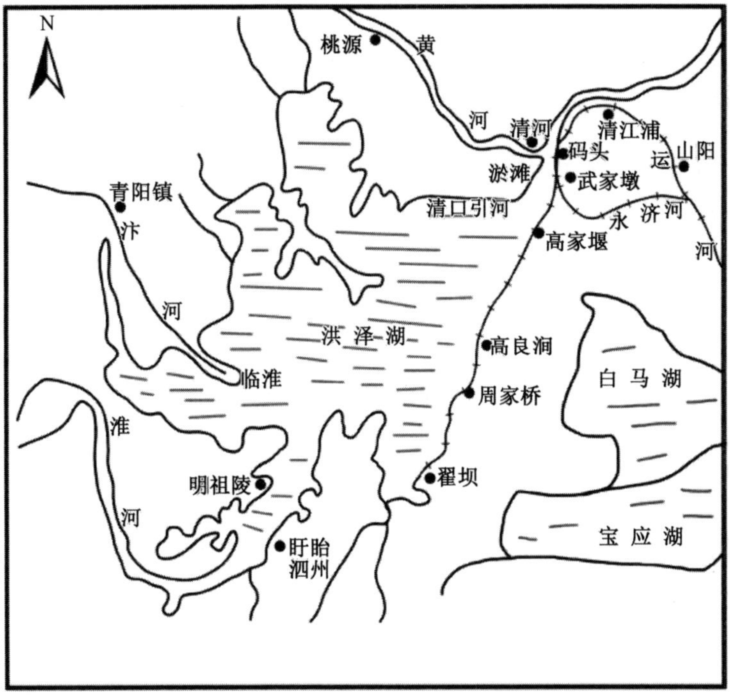

图一 清康熙十九年洪泽湖、高家堰、泗州、明祖陵示意图

因为保护祖陵，明朝“上河叹”理论上轻于“下河叹”的状况，到了清朝，又逆转为事实上的“上河叹”重于“下河叹”。盖明清鼎革易代后，明祖陵的特殊政治意义不复存在，于是不可轻忽的“护陵”变成了可以权衡的“弃陵”，上河地区的民生更是何足挂齿，而其标志性的事件，就是泗州城与明祖陵的沉湖。先是顺治六年(1649)六月，淮河大水，东南堤溃，水灌泗州城，深及丈余，平地一望如海。康熙初年，泗州已犹如水中之城，遭受大水侵灌之年，数来就有元年、四年、五年、九年、十一年、十五年、十七年7个年份。泗州城最后的厄运是从康熙

十八年(1679)开始的。这年十月大水，水势汹涌剽悍，冲决州城东北石堤，外水灌注如建瓴，人民多溺毙，城内外汪洋一片。接着，还未等到泗州缓过神来，更休提城中大水消退，又逢第二年淫雨连绵、黄淮并涨、势如滔天，于是千年古城泗州城①，连带着三百年辉煌的明祖陵，终于双双被彻底淹没在洪泽湖水之下，时任泗州知州莫之翰在其纂修的《泗州志》卷5《城池》中慨叹："嘻，甚矣哉！官若浮鸥，民皆抱木而逃，自是城中为具区矣！"至于终结了泗州城与明祖陵的洪泽湖，则如《清史稿》卷59《地理志》的描述，"湖界日巨，汪洋几三百里，延袤皖苏二省。"② 然则这样的洪泽巨湖，悬于已经失去明祖陵庇护、在朝在野的官绅势力又不及下河地区的上河地区，则有清一代之上河地区该当"十岁九被涝"的悲惨命运，也就可想而知了……

四、 五坝平分势未杀

上河叹，下河叹，都在叹"十岁九被涝"，问题的症结究竟在哪里呢？在弘历无可奈何的"五坝平分势未杀"，那么，这都是些什么坝？在"五坝平分势未杀"除了自然的原因外，更掺杂了上河地区与下河地区、中央朝廷与地方官绅各自的利益考量，那么，这都是些什么考量？

从乾隆十八年弘历的《下河叹》看，所谓"五坝平分势未杀"，联系下句"高堰

① 唐开元二十三年(735)，泗州州治从宿预(今江苏宿迁市东南)移至临淮(今江苏盱眙县淮河乡境内)，其后近千年不变。按临淮直临汴口，位据汴、淮之要，舟楫往还，商旅四冲，泗州城也就此拉开了辉煌灿烂的大幕。发展至于明代，泗州城已盛极一时，州城内外，街巷纵横，贸易发达，官署众多，文教昌盛，各色建筑林立。然而，泗州城西有汤汤汴渠，南有滔滔淮水，有如环水孤城，水患史也是由来尚矣。

② 时至现代，虽然1963年因为旱灾而部分出水的明祖陵，已经重见天日一个甲子，并被评为全国重点文物保护单位、国家4A级旅游景区，泗州城却仍沉睡洪泽湖底，且以其特别的历史、文化价值与探险、猎奇潜力，吸引着海内外考古学家与旅游界人士的广泛关注。这是对桑田而沧海的泗州古城的祭奠？抑或是已经失去生命的泗州古城另种意义的新生？

一线危骑墙”，当指高堰五坝(又称“上五坝”)；又从“车逻疏泄涨莫御”看，还包括了当时的归海四坝(后来添建一坝，又称“下五坝”)。再证以乾隆五十一年弘历的《下河叹》，相关的事实又尤其明显：乾隆四十三年(1778)，因为“泛滥归洪湖，高堰虞涨至”，所以“无奈开五坝，下河受灾致”，这是应对洪泽湖泛滥、保障高家堰安全的开启高堰五坝；“兹九阅春秋”的乾隆五十一年，因为“堤筑运益涨”，所以“车逻胥启暨”，这是疏泄上河湖区积水、避免淮扬运河溃堤的开启归海坝，至于因为“无奈开五坝”，所以“高宝潦胥及”，则仍是开启高堰五坝。这样的高堰五坝—上河—淮扬运河—归海五坝—下河的关系，如图二所示，即可一目了然。

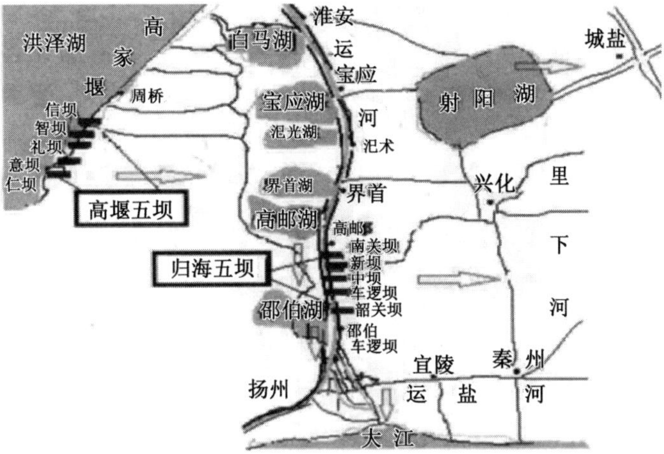

图二 高堰五坝、淮扬运河、归海五坝示意图

当然，无论高堰五坝还是归海五坝，又都有其形成过程。先说高堰五坝。号称“水上长城”的高家堰，既以大堤拦蓄洪泽湖水，又以减水坝泄洪减压。减水坝的选址多为下游有旧河或不远处有湖荡之地，其施工则有严格要求：宽度一般在100丈以内，长度达到六七十丈，两端“金门”为石砌，并加签锁口桩，上口、下口分做迎水、分水，上口六七路，下口八九路，中间的坝面夯实，再铺上三合土，铺时需分两层，冬天还要盖土防冻。坝后护坦为条石砌就，坚固严密。高家堰最多时共有减水坝闸20多座，仅康熙十九年(1680)，靳辅就改建和扩建了减水

坝六座，自北而南为武家墩、高良涧、周家桥、古沟东、古沟西、塘埂；康熙三十九年(1700)，河道总督张鹏翮堵闭六坝，另建仁、义、礼三座滚水石坝；乾隆十六年(1751)，再建智、信二座滚水石坝。至此，著名的“高堰五坝”即仁坝、义坝、礼坝、智坝、信坝形成。

再说归海五坝。如上所述，康熙十九年靳辅改建和扩建了高家堰六座减水坝，以泄水入宝应、高邮诸湖，再入运河；又为控制运河水量、保障河堤安全，在运河西堤建通湖二十二港，在运河东堤建归海坝。通湖港用石块砌筑，平时以草土封住港口，大水时扒口排洪。归海坝中，子婴沟、永平在高邮北，鳅鱼口在江都，其余五座均在高邮城南，由北向南依次是南关、五里铺、八里铺、柏家墩、车逻港，其中五里铺、车逻港二坝属于改建，是为土底的“归海八坝”，这是意在“以新建八坝抵泄周桥六坝之水”①。康熙三十九年张鹏翮在原八坝的基础上，改土坝为石坝，并废除子婴沟、永平二坝，又将南关坝堵闭移建于五里铺坝址，在八里铺坝址上再建五里中坝，又新建车逻坝，改建鳅鱼口坝于昭关庙，称为昭关坝。乾隆二十二年(1757)，再添建新坝，合南关坝、五里中坝、车逻坝、昭关坝，合称“归海五坝”，用以泄洪。道光六年(1826)昭关坝停闭。咸丰元年，淮河改由南下入江为主②，归海坝压力减小，咸丰三年(1854)遂废中坝，而尚存的南关坝、新坝、车逻坝则被称为“归海三坝”。

高堰坝、归海坝的启闭，又有系统、严密的规定，旧时称为“水志”。如就在高堰五坝形成的乾隆十六年，弘历亲定仁、义、礼三坝过水三尺五寸，且不见减涨时，方可开启智坝封土，仍不减涨，再启信坝封土，是为高堰“五坝水志”。又如乾隆二十七年(1762)，弘历南巡，来到黄、淮、运平交汇合的清口，经过踏勘

---

① 靳辅.治河方略:卷3[M].刻本.1799(清嘉庆四年).

② 明清时代,因为淮高江低,淮河本有入江流路,而为了控制洪泽湖入江水量,乃建归江诸坝。及至清道光年间,有金湾坝、东湾坝、西湾坝、凤凰坝、新河坝、壁虎坝、湾头老坝、沙河坝、拦江坝、褚山坝,是为“归江十坝”。咸丰元年,淮河洪水决开高家堰南端的礼河坝,沿着礼河冲进高邮湖,复经邵伯湖及运河迤逦南下,在扬州三江营汇入长江。从此,淮河主流与夺淮的黄河汇流入海的河势,一变而为淮河主流汇注长江、借江入海,归江各坝也不再能起到调节作用,而主要用来通泄洪水。

丈尺、计算流量、反复筹议，亲定“湖水以次递长，则清口以次递宽，总以上坝增一尺之水，下口加开十丈之门为准”① 的清口“展束”方案，是为“清口水志”；又发谕旨，明确要求长期封闭仁、义、礼、智、信五坝，待水涨时，只依定例拆宽清口东西坝走水即可。这样的五坝水志、清口水志，的确发挥了宣泄得宜的积极作用，这就是乾隆五十一年弘历在《下河叹》中的自鸣得意：“自我壬午年，清口定水志。视湖之增减，拆束为坝制。其尾闾五坝，筑土永教闭。以此下河田，免灾收历岁。”

再说归海诸坝的启闭，也为“圣心”与河臣时时关注。如据乾隆十八年侍郎嵇璜上奏所言情形：

> 南河关键，尤在五坝蓄泄合宜。前河臣张鹏翮将车逻、五里、南关三坝，改为石滚坝，使有过水节制。是运河之三滚坝，原与高堰之三滚坝，上下相应也。今高堰增二滚坝，共有五坝，已觉来路多而去路少；若遇大水坚闭不开，固为保全下河起见，但湖河之水同时壅涨，不特上河田庐淹没，殆至波涛冲激，堤岸溃决，则下河之受害更甚。此中缓急机宜，甚有关系。高斌于乾隆四年曾经奏明，若遇洪湖异涨，三滚坝泄水过多，请将南关、车逻启放，以减水势。然不立一界限，则开放过早与开放过迟，均有受病之处。查高堰各坝，于十六年钦奉圣训指示：仁、义、礼三坝过水三尺五寸，始将智、信二坝次第开放，实为不易之良规。今拟仿效此法，于运河各坝亦宜定一水志，以便遵守。查水势异涨之年，高于车逻坝脊四五尺以上。今酌中定议，应以水高坝脊三尺为准，先将车逻坝开放；至三尺以外，再将五里、南关等坝次第开放；未至三尺以上，不许轻开。其柏家墩、南关旧坝俱无石底，永远堵闭。似此节宣有度，则水有去路，循循而进。且归海支港现议疏通，虽大水之年下河不能保其全不受淹，较之川壅而溃、汇为巨浸者，其轻重自必悬

① 赵之恒，牛耕，巴图. 大清十朝圣训：清高宗圣训[M]. 北京：北京燕山出版社，1998：2669.

殊矣。①

弘历得奏，“命舒赫德等与尹继善、高斌等逐条细阅，是否悉合机宜，及外此有无未尽，一一指陈。”又乾隆二十五年(1760)时，河道总督白钟山建议，水势长至三尺之外，可启放南关、车逻等坝，水势继续上涨，则启放五里、昭关等坝。又嘉庆九年(1804)，总督陈大文、总河吴璥等奏：

> 溯查运河水势，以乾隆五十一年为最大，长至一丈三尺七寸，曾将南关、车逻等四坝全启。今本年河水已长至一丈六尺九寸，较五十一年尚大三尺二寸，其势断难容纳；而下河早稻、中稻业已刈获，晚禾亦将收割。且各坝下本有各支河可以循轨入海，是以于七月二十八、九，九月初一等日，循照旧制，将南关、车逻等五坝内酌启三坝，并飞饬将下河范公堤沿海各闸全行启放，俾河水畅注归海，以免壅遏漫淹。②

次年五月，总督铁保、总河徐端又奏：“(车逻坝)定制水势长至一丈零三寸，即应启放。现在河水已长至一丈二尺二寸，计已逾志一尺九寸，坝下引河深畅，当即饬令趁势启放，以资宣泄。”③ 然则如此看来，归海五坝的启闭“水志”，较之高堰五坝，更难确定不易，盖黄、淮、运的水情，洪泽湖、高邮湖、宝应湖的水势，高堰诸坝的来水，归海通道的去水，淮水入江与清口淤畅的状况，诸如此类的自然因素，实在难以全面把控、因时统筹；至于诸多的人为因素，若北京朝廷利益所系的保障运道畅通、运堤无虞，上河官绅利益所系的启放归海诸坝、即以下河之釜底为湖，下河官绅利益所系的封闭归海诸坝、即以上河之湖区为壑，更属时时处处存在、谁也不敢言让说退的利益博弈。

然则在有清一代这样的三方博弈中，实在存在着引人深思的轻重权衡、大小

① 朱偰.中国运河史料选辑[M].南京:江苏人民出版社,2017:200-201.

② 朱偰.中国运河史料选辑[M].南京:江苏人民出版社,2017:202-203.

③ 朱偰.中国运河史料选辑[M].南京:江苏人民出版社,2017:203.

取舍。概而论之，首先，下河地区重于、大过上河地区。如乾隆十九年(1754)总河尹继善之言：

> 论者谓下河之水减少，固能受益，而上河之水壅滞，必更受淹，似非公平之道。不知下河之田，数十倍于上河，多寡之间，原应通盘较量。①

如何“通盘较量”？尹继善的建议是，上河“低洼湖田，查明豁粮，以为潴水之地，则上河亦不至于偏枯，而下河之所赖以保全者广矣”；又乾隆四十二年(1777)总河高晋奏请：

> 查运河东岸闸座涵洞，运河水小时应须蓄水济运，即下河民田需水，亦只量为挹注，以资播种；若运河水大，下河民田形如釜底，未便将河水泄入，致淹民田。是东岸闸洞，不过资农田灌溉，不能分泄运河盛涨。惟西岸宝应临湖一带，河面高于湖面，尽可宣泄。②

如此，上河地区“雪上加霜”，变成了容受高家堰、运河两个方向的来水，不仅沦为淮水走廊，更成为运河水柜。再往下看，这样的轻视上河、重视下河，还愈演愈烈，即以事关上河潴水、下河安全的归海诸坝水志为例，自嘉庆九年至道光六年，开坝时运河实际水位在1丈至1丈2尺之间，道光六年以后，实际水位约在1丈5尺左右，咸丰以后在1丈5尺以上，光绪年间在1丈6尺以上，光绪后期更在1丈7尺左右。③ 于是上河、下河之间的矛盾、争端乃至冲突愈益严重，如民国江都胡澍《扬州水利图说》卷1“近湖水利”所述晚清的情形：

---

① 白钟山. 筹疏堵下河来源疏[M]//魏源全集：皇朝经世文编 卷112. 长沙：岳麓书社,2004:255.

② 高宗纯皇帝实录：卷1041 乾隆四十二年九月己丑[M]//清实录：第21册. 北京：中华书局,1986:945.

③ 肖启荣. 农民、政府与环境资源的利用：明清时期下河地区的农民生计与淮扬水利工程的维护[J]. 社会科学,2019(7):144-155.

> 运堤逐渐增高，水位志椿亦逐渐增度……坝仍不开，上河安能免患……然不开坝，水少去路，湖西村庄多数陆沉。设风暴来，波涛震撼，不但庐舍不保，抑且生命难存，不得已请求开坝，官厅每以上河地面较少，下河地面较多，本此主意，明虽允开，仍迟延不启，殊不知开坝仅淹下河田禾，不开坝则伤上河人命。孰轻孰重，所宜权其利害也。二则因上河呼号哀恳，即行开坝，而下河人众，至生阻力，动聚千万人，日夜坐卧坝上坝下，形同蚁聚，不避风雨，齐呼哀恳保坝救命，明则请求不开，实则要挟抗拒，长官见众怒难犯，恐生意外，不敢孟浪，遂至为难。上、下河之争执俨同吴越仇敌视之矣。

观此，可知因为下河的田地、盐场、城址、人口多于上河，下河的官绅力量又强过上河，所以上河地区的利益遂轻于、小过下河地区，上河民生也常被放弃，上河、下河之间的利益争执，乃至“俨同吴越仇敌视之矣”。

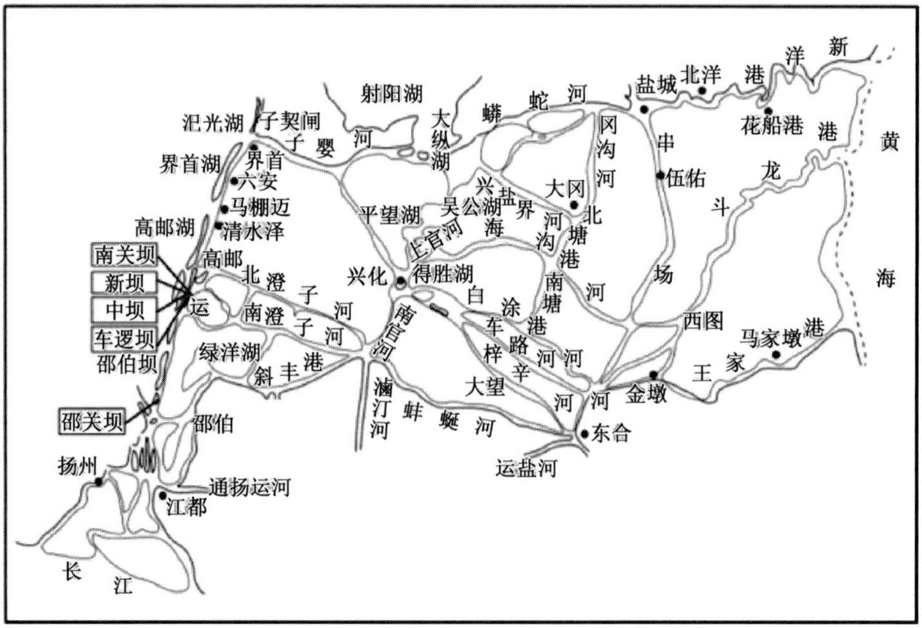

图三　归海坝与下河地区示意图

其次，下河地区的利益又轻于、小过北京朝廷。仍以开启归海诸坝为例，自是为了保护运河堤防，维持正常漕运，而其结果，却是下河地区尽成泽国。归海诸坝之常开，如弘历两首《下河叹》中所涉的几个年份：乾隆十八年开车逻坝，下河尽淹；乾隆四十三年八月，高邮运河日涨五六寸，前后开四坝，水过坝六七尺；乾隆五十一年六七月，高宝湖水势浩瀚，启放南关、车逻、五里等坝；又据《淮河水利简史》的概述："嘉庆、道光年间，即1796年至1850年共54年中，有二十八年开归海坝，合计95坝次，平均每两年有一年开坝，平均每年开坝近二道。"① 至于开归海坝而下河乃为泽国的情形，如道光六年夏，"洪泽湖水长，当事惧堤工不保，遂启五坝过水。扬郡七州县当下游者，田庐尽没"②，当时吴县曹楙坚客居泰州，目睹人烟萧寥、万室波荡的凄惨流离之状，因作《悯灾诗六首》，其中的《开坝行》曰：

> 今年稻好尚未收，洪湖水长日夜流。治河使者计无奈，五坝不开堤要坏。车逻开尚可，昭关坝开淹杀我。昨日文书来，六月三十申时开。一尺二尺水头缩，千家万家父老哭。

"昨日文书来"，这是帝制朝廷不可违逆的国家意志，而其代价，就是下河民生的"千家万家父老哭"。

再次，也是起决定性作用的，下河地区、上河地区加在一起的利益，仍远不及北京朝廷的利益之重、之大。姑举一例，以见大概。乾隆八年(1743)，河道总督白钟山奏言：

> 高、宝诸湖承上游分泄之水，众流汇聚，周围数百里，而归之仅宽数丈之运河，两岸长堤，危如一线……设若诸水毕集，高、宝两湖不能容纳，不

---

① 水利部淮河水利委员会《淮河水利简史》编写组. 淮河水利简史[M]. 北京：中国水利电力出版社，1990：259.

② 潘慎，马思周，纪麓华，等. 古代农民生活诗选注[M]. 合肥：安徽文艺出版社，1986：211.

> 独上河万顷良田尽遭淹没，高、宝之城池仓库、民舍田庐，均为可虑，而运道亦因之阻梗。虽入江之路，未尝不可分，而路远流缓，恐就近趋下顶冲之，高、宝先已不可支矣。①

归根结底，无论上河之高堰开坝泄洪、高宝诸湖众流汇聚、万顷良田尽遭淹没，还是下河之开启归海诸坝、城池仓库与民舍田庐均为可虑，帝制朝廷的唯一坚守，只在运河的两岸长堤不能溃决、千里运道不能阻梗。于是“下河叹”“上河叹”，就在朝廷如此这般的“权衡轻重”、舍“小”取“大”、救“急”放“缓”的综合考量中，成了无法“开解”的千古之叹；至于明清两朝的那些“朝廷叹”“皇帝叹”，也就难逃装模作样的“例行公事”、无法落实的“皇恩浩荡”的嫌疑，而本文所述之清高宗爱新觉罗·弘历的《下河叹》，正可如此理解。

五、怒焉南望心徬徨

弘历的两首《下河叹》，前首以“惄焉南望心彷徨”结尾，后首以“五字志惭愧”结尾，可见从乾隆十八年到乾隆五十一年，历经半个多甲子的君臣“努力”，淮扬灾情并无多少改善。然则问题的核心，从表面看，似在“河臣束手无良方”“然实乏良策”，其实内里的根本，还在弘历“不打自招”的“先急燃眉计”，即一旦“冲堤阻运道”，那就如同断了北京朝廷的经济维系线乃至政治生命线。

“运道”之为北京朝廷的经济维系线乃至政治生命线，如《明书·河漕志》开篇有言：

> 汉、唐、宋皆漕于河，河第见利多，其害也不过坏民田庐，而国之命脉

① 朱偰.中国运河史料选辑[M].南京:江苏人民出版社,2017:194.

不与焉……元都幽燕，仰漕粟东南，始重漕与河，而尚海运居其半，漂溺所不恤，苟且以终……至于明，治水无遗法，用水无遗功，防水无遗力，因元都，势必因元漕，且北方田瘠收薄，除输正粮无余物，而国家百费岁亿万，不得不赖漕。明人之言曰："漕为国家命脉所关，三月不至则君相忧，六月不至则都人啼，一岁不至则国有不可言者。"需漕固不重欤？

按中国自从唐宋以来，政治中心与经济中心都发生了重大变迁。政治中心逐渐由中原地区转移到华北平原的北端，经济中心则越来越倚重江南。又就元明清三代论，除了明初的53年短暂奠都南京，其他时间都在北京建都，这种政治中心与经济中心分离的格局，遂使朝廷背上了莫大的包袱。京畿自为人口集中之地，麇集于此的皇室、贵族、官僚、军兵仆役及其他人员，或挥霍无度，或山珍海味，或绫罗绸缎，或亭台楼榭，官奉日用，常规消耗着难以计数的民脂民膏。然而京畿北部及东北为游牧狩猎之区，华北平原又太贫瘠。如此情势之下，朝廷只得仰仗江南。滔滔运河之水，昼夜舳舻相继，载输着江南的粮食及其他物资，源源不断地输入京城。古人说"国之大事，在祀与戎"，但这并非亘古不变。在中国帝制时代的后期，"国之大事"实在运河及漕运。京杭运河及其漕运沟通了南北的经济中心与政治中心，解决了两者分离造成的窘困，打破了"远水解不了近渴"的自然规律，从而成为王朝的经济维系线乃至政治生命线。

然而，京杭运河在给王朝带来种种实惠的同时，也引出了无尽的忧患与难解的麻烦。由于京杭运河纵贯南北，又北高南低，淮河横亘东西，北方的黄河又长期夺泗入淮，交相会聚于清口，再加上黄、淮、运三者的河性水情各异，因而其间的关系极为错综复杂。为了保证运河及漕运的畅通，明清北京朝廷真是绞尽脑汁，费尽心机。① 形象些说，运河的畅通与否就是皇帝们脸色的晴雨表。运河塞

① 元代相对不具典型意义。元至元三十年(1293)京杭运河全线告成后，虽然漕船可从杭州直达大都(今北京市)，但因山东境内运河存在的两大问题——水源不足、地势中间隆起而南北倾斜——未能解决，故此每岁漕运不过数十万石，这远远低于终元之世不罢的海运。详参宋濂，王祎.元史：卷93食货志[M].北京：中华书局，1976：2366-2368.

了，皇帝哭了；运河通了，皇帝笑了。为了让皇帝们常笑少哭，朝廷与河臣们只能选择满足皇帝一方。这样的选择，在明朝，是优先保护“祖陵”与“运道”的安全；在清朝，保护“祖陵”的使命已不复存在，而其病不过“手足”、其害“不过坏民田庐”的“民生”，更是无足挂齿，于是一切的治河、治淮、治运措施，包括负面影响了淮扬民生的洪泽湖、高家堰、高堰坝、高宝湖、运河堤、归海坝等，又皆服从和服务于“需漕固不重软”的国家大政。即以高家堰、高堰坝来说，如清世宗胤禛御撰《高家堰碑文》：

> 黄河为运道、民生所关，而治河以导淮、刷沙为要。高家堰者，所以束全淮之水，并力北驱以入河。河得清淮，则沙不积而流益畅。故考河道，于东南以高堰为淮、黄之关键。淮自中州挟汝、颍、涡、汴诸水，汇注于洪泽一湖，荡激潆洄，浩渺无际，而淮、扬两大郡居其下流，惟恃堰堤以为障御，所系讵不重哉！

这段碑文，包含了高家堰关乎运道安全、关乎淮扬民生两层意思，这在郭起元《介石堂水鉴》卷2《高堰石工论》中也有清楚表达：“高家堰者，所以捍御洪泽全湖水势，保护淮扬两郡民生，蓄清刷黄，通漕济运。”然而真实的情况却是，每当遇着暴雨洪峰，朝廷总是敞开“所系讵不重哉”的高堰“障御”，开坝泄水，水漫高宝诸湖，运堤、运道不堪承受，遂再开启归海诸坝，名为“归海”，实为“归田”；而经过如此这般的“常规”操作，“通漕济运”是得以维持了，上河、下河的民生却失去了，其情其景，如晚清高邮人夏宝晋《避水词》的描述：

> 一夜飞符开五坝，朝来屋上已牵船。田舍漂沉已可哀，中流往往见残骸。

淮扬既然已经屋上牵船、田舍漂沉，百姓遂视富庶安逸的江南为避难所，于是江南社会秩序为之混乱，这又成为上至朝廷、下及地方政府新的忧患：

男拖棒，女挈筐，过江南下逃灾荒。云是淮扬稽天浸，幸脱鱼腹余羸尪。百十为群踵相接，暮宿野寺朝城坊。初犹倚门可怜色，结队渐众势渐强。麾之不去似吠犬，取其非有或攘羊。死法死饥等死耳，垂死宁复顾禁防。遂令市阛白昼闭，饿气翻作凶焰张。黔敖纵欲具路食，口众我寡恐遭殃。侧闻有司下令逐，具舟押送归故乡。却望故乡在何所？洪流降割方汤汤。①

要而言之，在皇帝、在朝廷、在代表国家利益的河臣那里，保护上河、下河的民生，只是说说而已，不能当真，因为相对于洵属国家大政的“蓄清刷黄，通漕济运”，民生总被置于末位。然则这样的轻重判断、大小取舍，既使得“河徙夺淮地”导致的“水患恒南方”之地域越来越扩大、程度越来越加深，也使得弘历感叹的“复古去患言岂易”与“惄焉南望心彷徨”的矛盾，成了治不了的痼疾，打不开的死结！所以，对此心知肚明的弘历，当其情绪焦躁时，面对堆积如山的河臣奏疏与五花八门的治水方案，有时甚至连装都不装了，如《清高宗实录》卷449乾隆十八年十月甲辰：

朕因河患，宵旰忧勤，日召在廷诸臣，详悉讲求。其欲复黄河故道使北流者，既迂远难行；至谓蓄泄宜勤，闸坝宜固，堤埝宜增，海口宜浚，则河员足任。徒事摭拾空言，无难编成巨帙。昔人云“议礼如聚讼”，议河者亦如聚讼。哓哓不已，甚无取焉。此后仍有以治河奏者，必将原折发还。

因为弘历清楚地知道，如其子清仁宗颙琰愤然责问的“吏治”弊端，所谓“南河文武官员，欺诈成风，冀图兴工糜帑，藉以渔利饱橐，积习相沿，牢不可破。试思河工设立官弁兵夫，岁给俸饷，原责其实力防守，俾河工安全无事。乃伊等视俸饷为故常，转冀大工屡兴，不但可以侵肥获利，并藉为升迁捷径，甚至援引亲

① 赵翼. 逃荒叹[M]//瓯北集：卷47，上海：上海古籍出版社，1997：1225.

友，滥邀官职，种种恶习，不可枚举”① 云云，无法回归到理想状态的廉洁奉公；因为弘历还肯定知道，如前明谢肇淛一语中的的“安可得乎”，所谓“今之治水者，既惧伤田庐又恐坏城郭，既恐妨运道又恐惊陵寝，既恐延日月又欲省金钱，甚至异地之官竞护其界，异职之使各争其利，议论无画一之条，利病无审酌之见，幸而苟且成功足矣，欲保百年无事，安可得乎”② 云云，更是无法兼得的“既”与“又”。应该也正是立足于此吧，1913 年末，北洋政府农商总长兼全国水利总长张謇在《条议全国水利呈》中，对明清两代的治水作出了几乎全盘否定的判断：

> 至明大筑高堰，而黄淮遂并而不复，为患益剧。陷泗州，浸虹县，废临淮，逼徙清河、邳州，时复旁溢徐、海，下侵高、宝。前清开国二百余年，几无宁岁。

然则本文所论，重点还只在其中的上河“陷泗州”、下河“侵高、宝”，基本未及其他的广大地区。又即便如此，我们若是站在上河、下河民生的立场，也能作出这样的总结：相对于金朝消极治河、放任南侵的黄河迁徙无定的“人祸”之一，明朝潘季驯蓄清刷黄、济运保漕的“人祸”之二，明朝后期、有清一代不计成本——包括修建高堰坝、归海坝，维护运河西堤、东堤，牺牲下河、上河的民生等等——维持漕运，又可谓造成“下河叹”“上河叹”的“人祸”之三，而且是最切近、最直接、最严重、最寡情的“人祸”；这样一而再、再而三的“人祸”，是否又鲜活展现了传统帝制时代那些自私自利的专制帝王对载舟覆舟的百姓民生的漠视乃至冷酷呢？

---

① 黎世序，潘世恩. 续行水金鉴：卷 62[M]. 北京：商务印书馆，1937：1372.

② 谢肇淛. 五杂组：卷 3[M]. 上海：上海古籍出版社，2001：45.

元代运河及海运史札记

特木勒(南京大学历史学院)

南北大运河是元朝统治者因应南北统一新形势而组织实施的巨大国家工程。元朝官员说忽必烈“薛禅皇帝用意动国家气力，教开挑”会通河和济州河两大工程竣工，这两段河道直接沟通了卫河和淮河之间的南北“捷径”，联通南北水系，创成南北大运河，是中国运河史研究无法回避的历史事实。这一大运河“超级工程”，开启了中国史上前所未有的大规模长距离跨区域的物流运输新时代。朱偰先生说“元代的大运河，开始以北京为中心，从浙江的杭州起，越过长江、淮河、黄河向北，一直通到元代的首都——大都(今北京)。隋代虽已开了通济渠和永济渠，可由江都乘船直达涿郡，但是运河的主要方向，还是由东南指向西北；以后历唐、宋两代，都是如此。到了元朝，因为建都北京，才改定运河的方向为由南向北，并且奠定了现在大运河的基础。”① 大运河研究是元史研究的重要课题之一，元史学者很早就开始关注运河研究并生产了丰富而扎实的研究成果。

元代运河史是京杭大运河史开篇第一章，终明清两代未发生大的变化。本文希望提出的问题是，与明清时代相比，元代运河有哪些自身特点?《中国通史》元代卷的运河和海运篇章早已指出:“元代在东部海域实现全线通航，首先在漕运业中形成了以海运为主，内河运输为辅的格局。”也就是说，元代是运河与海道两道并行，而其中以海运为主。河道与海道是元代南北物流的两大通道，认识这个特点对于元代运河史研究具有重要意义。李治安先生新近发表的文章认为“元江南

① 朱偰.大运河的变迁[M].南京:江苏人民出版社,2017:23-24.

漕粮改为海运，显著减少运河在国家漕运中的比重，漕粮海运与客商河运分类专用及配合，无疑是降低社会成本和顺应大航海潮流的历史性进步。明永乐废海运而恢复河漕的绝对主渠道，可谓抱残逆行，致使大运河转型为商贸专用交通干道的优化方案被扼杀，故而其滥用百姓徭役、不计经济成本代价和损害生态环境等负面影响未减反增。大运河的历史地位由是发生悲剧性的颠覆或下跌。"① 元代海运和运河之间是如何"分类专用"的？前辈学者已经有一些研究成果。2002 年新发现的《至正条格》残本在韩国首尔被影印刊布。其中包含的新史料或许可以帮助我们对元代运河和海运之间的"分工"问题进行更清晰的描画。笔者希望依据新史料，对元代运河史和海运史研究的一些细节问题进行一些补充讨论。错漏之处，敬请方家指正。

二

至元十三年（1276），元朝实现南北"混一"。六年以后的至元十九年（1282）元朝实现海道粮食运输。与之相比，南北运河的"初步完工"是在至元二十年（1283），至于"南北航道的全线沟通"，要到至元二十六年（1289）了。② 松田孝一先生在《东亚经济史诸问题》在讨论元代运河和海运的时候说元代开辟了"大规模输送时代"。孟繁清先生说："天历以后，海运粮失去连续记载，但估计每年也有二三百万石之多。"③《东亚经济史诸问题》说史料所见"最后的记录是 1328 年达到 350 万石。" 1328 年就是致和元年和天顺元年，也是天历元年。这个记录来自《元史·食货志》卷一记录海运官粮的"岁运之数"说："天历元年，三百二十五万

① 李治安. 大运河的漕粮北输与中近古南北社会发展新论[J]. 文史哲,2023(1):57-73+165+166.

② 陈得芝. 中国通史:元代卷[M]. 上海:上海人民出版社,1997:870.

③ 孟繁清. 元代海运与河运研究综述[J]. 中国史研究,2009(9):11-18.

五千二百二十石，至者三百二十一万五千四百二十四石。二年，三百五十二万二千一百六十三石，至者三百三十万三百六石。”① 《至正条格》收录了两条公文书为元代海运官粮问题提供了新的数字。其中一件文书是《插和盗卖海运粮》：

至元二年三月，刑部与户部一同议得：“每岁海运官粮三百余万石，直沽下卸，经由深沟等七坝，运赴各仓。其间运粮，临清万户府军人、都漕运司所管纲翼舡户、艄工、水手、坝夫、车户人等，敢有用水搅拌，插和糠尘、沙土作弊者，许诸人于差去官处首告。是实，笞决四十七下。押运军官、纲官、纲司人等，临时详情究治。因而盗用货卖，一石之下，伍十七。一石之上至五石，六十七。五石以上至十石，七十七。十石以上者，罪止一百七。知情籴买者，减犯人罪一等，买粮价钱没官。其纲司头目人等，知而不首者，笞三十七，仍于犯人名下，追中统钞五定，给付告人充赏。其本管运粮官吏，知情受钱者，以枉法论。失觉察者，减犯人罪五等。”都省准拟。②

这件公文里出现的“每岁海运官粮三百余万石，直沽下卸，经由深沟等七坝，运赴各仓”句引人关注。这里的“深沟等七坝”指的是目前在北京通州区境内的深沟、千斯、常庆、郭村、西阳、郑村、王村等七坝，是海运粮船停靠的地方。这篇文书署名的时间是后至元二年，也就是西历1336年，此时“每岁海运官粮”仍然达到300余万石。这个数字大体与孟先生、松田先生和《中国通史》所指出的天历年间的数字应该大体相媲，仍然沿着“元代海运的最高额”继续高位运行，只是时间更晚一些。那么后至元二年是否是元朝海运官粮最后的记录呢？除了官粮“岁运之数”，海船数量也是重要指标。通过海船数量可以大体推知海运粮规模。关于海船数量，《中国通史：元代卷》据《无锡县志》卷二十三《祠宇》的史料指出“至正三年的三千余艘”。③ 《至正条格》还有一件文书《粮船回载盐泥》记录了至正

① 宋濂. 元史：卷九三[M]. 北京：中华书局，1976：2369.

② 韩国学中央研究院. 至正条格校注本[M]. 首尔：人文主义出版集团，2007：269.

③ 陈得芝. 中国通史：元代卷[M]. 上海：上海人民出版社，1997：882.

元年(1341)海运船的大概数目：

> 至正元年五月，中书省准江浙省咨："两浙运司申：'比年以来，海道万户府每岁运粮海船不下二千余只。于〈真〉[直]沽卸粮了毕，船户梢水濒海地面掘取盐泥压载。又于河间、山东近海场分贩卖成引私盐、鱼货等物，回至昆山刘家港、江阴等处海口。其各处把隘镇守军官、军人等，每船一只取要钞一定，名曰搜空，就放船入港，公然货卖。'今后运粮海船回还，比入港口，即将盐泥尽行就海撇弃，毋致似前船载盐泥、鱼货，冒犯刑宪。"本部议得："海运粮船，于直沽交卸毕，掘取盐泥回还，比入港口，即当撇弃。除船户所食鱼鰕外，不得多余夹带贩卖，合行禁止，及所在把隘军官人等，严切搜检，毋致似前纵放，通同入港，侵亲官课。若有违犯，比依脱放私盐例断决。受赃者以枉法论。"都省准①。

至正元年的时候，"海道万户府每岁运粮海船不下二千余只"。从至正元年到至正三年，"不下两千余艘"到"三千余艘"，这种数字的差异及其原因，还有待考证。但是至正初年海运粮数量和船只数量应该大体保持高位运行。这种情况可能持续到至正十一年(1351)。《元史·顺帝本纪》到至正十二年十二月特别说了一句"是岁，海运不通"，看来是当年特异的事件。在那之前，海运官粮可能保持在300多万石的总量。至正元年有关船的数字，以及由此推断的海运官粮的数量，目前或许可以作为元朝海运官粮的最后的记录。需要指出的是，这些税粮主要来自江南。大德七年(1303)中书省官员说："江南浙西等处系官田土内出的子粒，每年海运将来有。"② 这件文书还包含一些宝贵信息，虽然吉光片羽，仍需引起重视，以往学者注意到江南税粮只是集中到刘家港，海运船从刘家港出发到直沽。这件文书则提到昆山刘家港和江阴两个"海口"。以往的学者关注刘家港较多，《至正条格》的

---

① 韩国学中央研究院. 至正条格校注本[M]. 首尔:人文主义出版集团,2007:294.

② 韩国学中央研究院. 至正条格校注本[M]. 首尔:人文主义出版集团,2007:56.

文书证明，江阴也是海运官粮的重要港口。

三

海道运粮的数量，已经有一些明确的证据，已如前述。与海道运输相比，运河的功能特点似乎在于“运盐运粮”。《中国通史：元代卷》说：“海运发达以后的大运河，对官方来说，主要职能是运输食盐、茶叶、各地土产、手工业品及海外贡物，并供使客往来。此外，在官、私粮食运输方面仍起相当作用。”关于运河的粮食运输职能，此书说：“官运方面，可能是将中原、华北等地的屯田粮运往北方。”也就是说，元代运河也承担运粮职能，但是这些运往大都或腹里地区的粮食主要来自中原、华北地区。这样的论断应该是正确的。根据南京大学毕业的研究生李远程的研究，元代十八河仓中有很多都分布在临清上下游的卫河流域以及临清以南的运河会通河段。① 在官粮海运长期高位运行的前提下，元朝官员称呼运河为“运盐运粮河道”应该引起重视。② 南北大运河长江以北，也就是现在瓜州、仪征(真州)以北到山东境内的河段，运盐是其重要职能。元代“诸处盐课，两淮为重”，关于运河所运输的食盐中，两淮运司所辖盐场的食盐数量，也就是运河北运盐斤数量在元朝公文书中留下了记录。元朝政府在大德四年(1300)对两淮盐政进行重大改革，所谓“立仓改法，从新整治”。具体做法是在“淮东扬州、淮安地面，以远就近，分立六仓。给雇纲船，设官押运”云，这是指存储和押运。关于盐引，《元典章户部》所录文书《新降盐法事理》记：

两淮运司岁办盐课六十五万七十引。虽是周岁立额，例于九个月攒办，

---

① 李远程.《元典章》所记诸河仓地望考[C]//中西元史：第2辑，北京：商务印书馆，2022.

② 韩国学中央研究院.至正条格校注本[M].首尔：人文主义出版集团，2007:46.

> 自二月为头煎烧，十月终足备。月该煎盐七万二千二百三十引。所据运盐纲船，亦须春首河开查运，比及冬月河冻水涸攒运了毕。其煎盐运盐，俱在九个月之间。今依验诸场日煎月办课额多寡、地里远近、河水深浅、仓场装卸往回日程，以远就近，通立四十纲，每纲设官一员，分运前项月煎盐袋。中间或有上中下则月分，煎盐多寡不等，及河道通塞不一，亦须于九个月内增亏相补，务要齐足。①

二月到十月的九个月期间内“煎盐运盐”，任务总量是650070引盐。以每引400斤计算，九个月要运输十三万吨的总量，这就是运河盐课运输的大体数字。两淮出产的盐引应该是从扬州淮安出发向北运输的官方大宗商品。两淮盐课的产地距离扬州和淮安更近，收纳和仓储更为近便，由于“地里远近”的因素，食盐的运输经由运河。这一点可能很大程度上体现了元代海运和运河的分工的主要特点。即江南税粮集中到刘家港等地，经由海路运输到大都。这是所谓“海粮”。真州、扬州以北运河运输的大宗物品应该主要是盐引。这是邗沟及其以北的运河所发挥的重要功能。至于“河粮”当然是经由运河运到大都的粮食，但是它应该是淮河、黄河流域和华北地区的粮食。集结“河粮”的十八河仓，主要在运河济州河段和卫河沿岸。

早在至元十九年，南北大运河尚未竣工的时候，已经是“江淮上下及淮浙等处小河，往来客船相望不绝水来”，② 这时候当然还是河陆联运。江南粮食的运输主要靠海运，学者已经讨论很多。但是，来自江南的一些所谓“官物”是经由河道运输的，至大四年(1311)四月三十日，中书省奏“腹里江南起运官物，浮河而来，自李二寺水站入闸河，迤里起都往回，四五旬不得达，上下驿程不接，事涉

---

① 元典章：卷八[M]. 天津：天津古籍出版社，2011：821-822.（按，关于元代的盐课研究，参阅张国旺. 元代的榷盐与社会[M]. 天津：天津古籍出版社，2009. 每年二月到十月，是运河运季，为期九个月，其余三个月要“守冻”。与之相比，海道自五月到七月“风信靡常”，也有所谓守冻。〔参见包世臣《中衢一勺》卷三〕如果这个记录可靠。元代海运每年运季也只有九个月。）

② 元典章：卷八[M]. 天津：天津古籍出版社，2011：1981.

停滞，乞将李二寺递运之舟分拨通州坝河安置。”① 这些“官物”具体包括哪些，还有待考证，但是应该不包括大宗粮食。另外，来自海外的“官物”经由泉州和广州“进口”以后，是经由运河运输的。南北大运河通过“大江”连接鄱阳湖，水旱联运，联通了福建和岭南。所以，运河还承担了运输“海外诸蕃进献官物”的任务。《元典章·兵部》卷三收录的文书《设立水旱站》：

> 至元二十九年八月，中书省：据福建道宣慰使高兴呈：“海外诸番进献官物，都把福建地面里投北去，若于泉州头起立水旱站赤，接连铅山州汭口下船，由大江至真州过淮，溯里河直赴大都交卸便当。据旱站人夫，拟于亡宋旧有替闲铺兵取勘见数发下应役，如是不敷，于铜军并新附土军内标拨”等事。都省已经札付通政院，差官与本省一同依上设立去讫。据枢密院呈：“江南见有军人，俱各分布地面镇守，别无歇闲军数。”本省议得：“先尽亡宋旧有替闲铺兵，官给口粮，如是不敷，于相应苗米五石之下，四石之上户签补船户，照依见役站船例，船首、船户凑合苗米四十石补差，发付各站，通行管领。具签定户数，攒造州县村庄花名丁产文册，图画贴说，申省施行。”②

关于至元二十九年(1292)南北运河—长江—鄱阳湖—铅山州汭口—泉州的站赤的设立，《经世大典·站赤》还有更详细的资料。萨都剌由大都到泉州，所经行的就是这条路线。③ 民国时期曹聚仁先生的游记也生动记录了这段交通路线。④ 根据潘清教授的研究，经鄱阳湖到赣江，翻越梅岭到岭南的交通，在元代也是畅通的。这两条交通路线至迟到汉代就已经有了。元朝的特异性在于，官方设置的水旱站赤实现水陆联运，将福建、广东与大都紧密连接在一起。“海外诸番进献官物”比较珍稀，经由运河运输似更为安全。关于里河，孙生民先生引据《册府元龟》周世

---

① 经世大典:站赤[M]//永乐大典:第 8 册. 北京:中华书局,1986:7225.
② 元典章[M]. 天津:天津古籍出版社,2011:1285.
③ 萨都剌. 雁门集[M]. 上海:上海古籍出版社,1982:247.
④ 曹聚仁. 万里行记[M]. 北京:生活·读书·新知三联书店,2000:327.

宗显德五年(958)的史料认为该书“里河所指，当与沿江或外江相对，为内陆河道”，里河也称“里运河，指京杭大运河江淮之间的一段，其前身是著名的邗沟。”① 孙陈两先生已经注意到前引《元典章》元代公文书。笔者认为，元朝政府虽然延续传统，继续沿用“里河”之名，但是应该反映了运河与海运之间的对照关系的运输和交通格局的认知。海外的物品固然稀罕，但是并非所有珍稀物品都经由运河河道。《至正条格》所录的文书记录的案例很有趣。延祐七年(1320)刑部的报告说“江浙省宣使斡罗出押运本省起解范总管岁办进上茶芽六十斤，不用元给铺马驼运，却行倒换站船装载，以致水淹损坏，不堪供用。”② 这里说的“岁办进”献60斤“上茶芽”也是珍贵物品，要求走旱路“铺马驼运”。

南北运河沟通以后，人经由运河的行程时间有什么变化?元代有很多商人、和尚、使臣和官员经由河道旅行，留下了很多诗文。他们从江南到大都需要多长时间?《元典章·刑部》载有一篇公文书《漂流尸首埋茔》，其中记录新任江南行御史台监察御史刘世杰从大都到建康的行程。他说“蒙御史台将卑职奏准前职，钦遵前来之任。自大都给驿，至通州倒换站船，经由清州、长芦、(陆)[陵]州、临(青)[清]、济州等处，至于建康，仅及月余。”③ “月余”在当时应该算是非常快的了。但是对于递送紧急公文似乎仍然不能满足要求。至元十七年(1280)，元朝政府作出规定:“海青使臣及军事勾当紧急公事使臣人等，只令乘骑铺马前去。余者缓慢使臣，自济(川)[州]为始，乘船前去。”当时运河尚未沟通，缓慢使臣可以在济州换水路，经由运河南下。至元二十三年(1286)，御史台官员向忽必烈报告:“按察司官人每铺马里行，水路里不行，旱路行呵，教百姓生受有。”④ 陆路站赤系

---

① 孙生民，陈友兴. 里河探源[J]. 扬州职业大学学报，2022，26(4):6-7.(按，“里河”之名，在清代语境下常指通扬运河。《道咸宦海见闻录》作者张集馨记道光十五年回答道光皇帝的问话时说扬州粮食“近则仰给里河，远则仰给川、广”，因为“里河如东、泰各厂一带产稻极多。收成极早，并有两熟者;距扬不远，一水相通，故粮价遇丰年亦极平减，地方虽水陆交冲，而粮石取之不竭。”〔参见该书1981年中华书局点校本第21页〕这里张集馨所谓“里河”应该是指通扬运河。)

② 韩国学中央研究院. 至正条格校注本[M]. 首尔:人文主义出版集团，2007:282.

③ 元典章:卷43[M]. 天津:天津古籍出版社，2011:1486.

④ 元典章:卷36[M]. 天津:天津古籍出版社，2011:1269.

统速度更快，效率更高，但是资源有限。这个按察司官员应该是没有紧急公务，却挤占了旱路站赤的宝贵资源。官员出行，如果不是急务，要求走水路。出于速度和效率的要求，“缓慢使臣”才能经行运河。

四

中国古史上大规模开凿运河早在秦汉时期就开始了。学者对于秦汉至隋唐、两宋的运河都有精深研究和中肯评价。元代南北大运河沟通卫河、黄河和淮河水系，是历史上的第一次，会通河和济州河一线河闸和河岸等基础设施可能都比较简陋。有学者认为是“元代属于漕运发展过程中的特殊时期，漕运体制不完备，发展不大，与前代相异之处就是实行较大规模的海运。元代在海运的同时，对河运也做过一些努力，曾多次设置河运职司，频繁地开凿、疏浚内河，只是效果不佳，旋浚旋淤，畅通时甚少。”① 所谓“特殊”不知如何理解？如果“畅通时甚少”，每年超过65万盐引是如何北运的？元代数量众多的运河诗是阻塞滞留时无奈而吟咏的？元朝用来连接南北的，有两大运输通道，那就是大运河与海道两个南北物流通道。这为元朝提供了比较开阔的机动空间。依据物品的种类和性质，依据人员所承担任务的缓急，在两大运输通道之间进行调配。元代大规模、跨区域和长距离物流输送，其物流调配的理念是与其广阔疆域是相适应的。也就是说，忽必烈时代虽然贯通了南北大运河，却并未单纯依赖它。这种不依赖就是因为海上物流通道一直畅通，直到至正十三年(1353)。明清两朝在元朝河道基础上不断疏浚河道，加固河道基础设施，花费了巨大的人力物力。在漕运河道工程方面如此用力，是有需求和驱动力的。因为海运不通，运河成为唯一大规模运输的通道，所以朝廷不得不疏浚河道。

① 吴琦.南漕北运:中国古代漕运转向及其意义[J].华中师范大学学报,2016(6):117-128.

明清两代的南北物流严重地依赖运河，虽然“里河”之名继续沿用，却唯“里河”一道是赖，这是导致南北大运河“悲剧性颠覆”的主要原因。清代官员说明清两代“河运之功最久”，与海运被废弃有直接关系，这一点清人深有体会。同治六年(1866)十一月，广东巡抚蒋益澧鉴于海路“夷氛”日益严峻，向朝廷上疏提出系列建议。其中一项就是重启运河路线，他说：

> 臣惟海运漕粮，昉自元季明初，迨明永乐间会通河成，遂罢海运。我朝二百余年，海运间一行之，而河运之为功最久。自咸丰初年，黄、运两河决口，费巨工艰，未遑修筑，议改海运。十余年来，颇为畅顺，无复计及河运者，因利称便，势力使然也。然古来厉害相乘，每出于意料之外，昔之绸缪海运，而惕惕然防之者，曰风涛之险也，曰漂没之虞也，曰盗贼之劫掠也。舍此可无他虑，有不得不思患豫防。洋人走海是其长技，况轮船又非他舟所能及。明年议约，要求必多，且必有一二端为我万不能行者，必挟之以为口实。然如微臣所拟，简将练兵，以固本根，则京师保障，可以仰慰宸廑。又如江口岸各自筹备，以分敌势，亦差足以有备无患。独海运漕粮，仍归河运，暂避夷氛。①

清朝入关以后的200余年，“海运间一行之，而河运之为功最久。”只是到咸丰初年黄河和运河汇流口决口，运河河道被冲毁，清朝才被迫启用海运路线。

蒋益澧的提案是从海运漕粮开始着手讨论的。他说“臣惟海运漕粮，昉自元季明初，迨明永乐间会通河成，遂罢海运”云，给读者这样的一个印象，似乎元代的漕粮似乎全部依赖海运，而运河漕粮的运输似乎是从明永乐年间“会通河成”才开始的。清朝入关(1644)至同治六年(1867)的200余年间，漕粮主要是依赖运河，海运只是“间一行之”。蒋益澧可能不知道，河运漕粮的历史要追溯到忽必烈时代。永乐年间的只是将元末以来壅塞的会通河重新疏浚启用了。明清时代运河

① 筹办夷务始末：同治朝[M].北京：中华书局，2008：2220-2221.

史料丰富，历史画面可以描画得更为细微而清晰。但是我们无法回避的一个历史事实是，完整的系统的京杭大运河史要从元代开始讲起，明清时代运河史研究的几乎所有课题都可以追溯到元代，元代运河史是京杭大运河历史的开篇或首章。

（本文为国家社科重大课题“中国古代各民族相互依存关系史文献整理与研究”［批准号21&ZD219］及2023年度江苏省社会科学基金重大委托项目《中华民族交往交流交融史料汇编·江苏卷》［23WTD001］阶段性研究成果）

从权力操控到市场配置：淮患成因与张謇导淮理念

马俊亚（南京大学历史学院）

对淮河流域历史地理进行综合研究的著作有邹逸麟主编的《黄淮海平原历史地理》①、吴必虎的《历史时期苏北平原地理系统研究》②；关于淮河泛滥等成灾研究的主要成果有淮河水利简史编写组编《淮河水利简史》③、张秉伦等《淮河和长江中下游旱涝灾害年表与旱涝规律研究》④等著作。

关于张謇导淮问题，庄安正认为，当时的社会为导淮成功提供的可能性微乎其微。时局动荡，国力衰微，政府腐败，无论是晚清政府与北洋政府都不理解、不支持甚至阻挠张謇关于导淮与发展近代大农业的计划。张謇的计划过于庞大，且不说导淮成功后规模更大的垦牧，仅就导淮这一地跨四省、耗资亿万、费时十载的有关国计民生的宏大工程，已远远超出张謇大生集团的承受能力。⑤ 唐元海认为，张謇导淮，先后制定的许多计划方案，很好地利用了地理、气象、水文、测绘、土木工程等近代水利、水工科学技术。这些技术建立在近代科学技术的基础上，经得起时间的考验，对以后各个历史时期治水具有较好的指导作用。⑥ 须景昌

---

① 邹逸麟. 黄淮海平原历史地理[M]. 合肥：安徽教育出版社，1993.

② 吴必虎. 历史时期苏北平原地理系统研究[M]. 上海：上海人民出版社，1996.

③ 水利部治淮委员会《淮河水利简史》编写组. 淮河水利简史[M]. 北京：水利电力出版社，1990.

④ 张秉伦，方兆本. 淮河和长江中下游旱涝灾害年表与旱涝规律研究[M]合肥：安徽教育出版社，1998.

⑤ 庄安正. 张謇导淮始末述略[J]. 江苏社会科学，1995(5)：106-110.

⑥ 唐元海. 我国近代导淮史上杰出人物——张謇[J]. 治淮，1996(11)：49-51.

认为，张謇以其毕生精力从事淮河水利工作，先后22年担任全国水利局总裁、导淮总局督办、治运督办等职，贡献巨大。① 吴春梅认为，淮河的变迁使淮河流域灾害频仍，民国时期各种治淮方略的提出反映了治淮问题的必要与迫切。张謇、费礼门、导淮委员会提出的治淮方略分别代表了绅商、外国工程师以及南京国民政府对治淮问题的认识与思考，各有侧重，又相互借鉴，对我们今天仍有重要的启迪意义。② 卢勇、王思明认为，在时局动荡、灾害频仍的清末民初，张謇倾心治水几十年，一次次功败垂成，说到底是为资金所累。他虽然想方设法采取了多种灵活变通的筹款策略，但大多未能筹集到足够的治水款项，然而，这些丝毫不能掩盖张謇作为我国近代水利先驱所表现出的灵活开放的经济意识与锲而不舍的追求精神。③

本文拟从淮河问题的成因以及张謇治淮理念的依据来讨论张謇导淮思想的超前性及目标未能达成之因。

一

费礼门指出："洪水在中国，危害人民生命为数之众，举世殆无其匹。"④ 皇权时代中央的治水多服从于维护君权的目的，这种治水一定程度上增加了水利，但也造成了长期触目惊心的水害。中国古代的"四渎"渐渐地失去了一渎半：至近代，济水踪迹难觅，淮水的自然河道仅剩中上游。可以说，淮河水患是封建统治者近千年折腾的结果。

近代淮地，尤其是淮北土壤地貌和农业生态变迁，主要是黄河长期夺淮、朝

---

① 须景昌.张謇与治淮[J].江苏水利,1999(1):47-48.

② 吴春梅.多维视野下的治淮方略及其启示——以张謇、费礼门、治淮委员会的方略为例[J].中国经济史研究,2006(1):126-132.

③ 卢勇,王思明.张謇水利思想及其实践试探[J].农业考古,2007(4):166-171.

④ 沈怡.黄河问题讨论集[M].台北:商务印书馆,1971:1.

廷在淮域兴建无数保运(河)工程的结果。

北宋以前，无论是史籍记载，还是考古证据，均表明中国的核心地区(甸服、侯服)主要居淮河、黄河之间。原来的淮地自然生态非常优越，宜稻米、小麦、蚕桑，民谚称“走千走万，比不上淮河两岸”。① 古人称淮安，“财赋殷繁，鱼米沃壤”②；盐城，“士惇礼让之风，民乐鱼盐之利”③；海州则为“鱼盐之邦”④；海沭地区“晓市多鱼蟹，村庄足稻粱”。⑤

春秋时代，淮地就兴建过大型截水工程。鲁昭公三十年(前512)，吴军进攻徐国，“防山以水之”；“此盖利用堤防以山水攻城最早纪载。”⑥ 东汉建安三年(198)，曹操军队围攻下邳吕布，“遂决泗、沂水以灌城。”⑦ 南朝梁武帝时，在淮河中游尾部浮山一带筑堰，以淹没上游北魏占领的寿阳。浮山堰长9里，上、下宽各45和140丈，高20丈，堰西水深19.5丈。⑧ 总蓄水量100多亿立方米，水域约6700多平方公里，淹没了今五河、泗县、凤阳、蚌埠、灵璧、固镇、凤台、寿县、颍上、霍邱等县市的大部或一部分。⑨ 直接造成“水之所及，夹淮方数百里地。魏寿阳城隔戍稍徙顿于八公山，此南居人散就冈垄”。⑩ 大堰存在了4个月即溃决，“死者十余万口”。⑪ 梁武帝还在淮北修宿预堰和曹公堰，均用于军事目的。梁军后来大筑韩山堰(即寒山堰)，以水淹彭城。像浮山等堰无任何“水利”可言，于敌、于己、于天、于地、于民皆是不折不扣的水害工程。

宋高宗二年(1128)冬，“杜充决黄河，自泗入淮以阻金兵”。⑫ 这个决口历南

---

① 胡焕庸,张善余.中国人口地理:下[M].上海:华东师范大学出版社,1986:149.
② 段朝端,纂.续纂山阳县志:卷四[M].1921重刻本:39.
③ 杨瑞云,等,修.盐城县志:卷一[M].万历年间刻本:12.
④ 张峰,纂修.海州志:卷二[M].隆庆年间刻本:14.
⑤ 钱崇威,总纂.重修沭阳县志:卷十四[M].民国年间刊本:121-122.
⑥ 春秋左传注[M].杨伯峻,注.北京:中华书局,2009:1508.
⑦ 陈寿.三国志:卷一[M].北京:中华书局,1964:16.
⑧ 姚思廉.梁书:卷十八[M].北京:中华书局,1973:291.
⑨ 张卫东.浮山堰[J].中国水利,1985(11):37.
⑩ 姚思廉.梁书:卷十八[M].北京:中华书局,1973:292.
⑪ 郦道元.水经注校:卷三十[M].王国维,校.上海:上海人民出版社,1984:974.
⑫ 脱脱.宋史:卷二五[M].北京:中华书局,1977:459.

宋、元以及明代中前期，未加堵筑，造成黄河长期南北分流。明弘治六年(1493)，刘大夏始筑太行堤,① 把黄河北流的河道堵死，让黄水全部向南流入淮河。黄水入淮，通常不是一条河道，往往漫流为巨大的扇形行洪区，使得淮北生态雪上加霜。清人指出："以全河赴淮，淮不足以当全河之怒，则溃决益多。"② 孙嘉淦称："自刘大夏筑太行堤二百余里……逆水性而祸民生，亦可谓拙于谋矣。"③

由于淮水加上黄水均从淮河下游河道入海，造成河道经常淤塞溃决。万历七年(1579)，潘季驯为了加大清水对黄河泥沙的冲力，在前人遗留的小规模的高家堰基础上大加增筑，完全截断淮河，逼迫全部淮水以趋清口。从此就有了中国第四大淡水湖——洪泽湖这个事实上的人工大水库。

以常识言，人类蓄水的水库常建在山谷中，数面临山，只要在谷口修一两道坝堰即可，这样就不会造成大面积的土地被淹。洪泽湖则是一座建在平原上的大水库，北、西、南三面基本无堤捍水，只有东面一道高家堰大堤。

淮河从洪河口到洪泽湖为中游，即使以安徽西部的山地丘陵为起点，中游 490 公里的河床落差仅 16 米，比降为 0.03‰。④ 实际上，许多河段是倒比降。据民国年间实测："洪湖底，乃高于上游盱眙淮底二尺许，盱眙淮底又高于上游五河淮底五尺许，由五河至寿县一带三四百里间之淮底，几无倾斜。"⑤

洪泽湖底的高程已 10 米多，最低处也达 8.5 米，而高家堰以东里下河平原的海拔仅约 3 米，比洪泽湖底低 6 米多。⑥ 据推算，潘季驯修筑的高家堰堤顶高程约 12.2 米；清代逐渐加至 19.0—19.5 米之间。⑦ 洪泽湖水位达 12.5 米，湖面面积为 2068.9 平方公里；水位提高到 14.56 米，湖面增加约 1600 平方公里。⑧ 清代在该

---

① 储大文.存砚楼文集:卷十[M].清代刊本:26-29.
② 任源祥.漕运议[M]//皇朝经世文编:卷四六.刻本.广百宋斋,1887(清光绪十三年):1.
③ 夏燮.明通鉴:卷三十八[M].刻本.1873(清同治十二年):4.
④ 本书编写组.淮河水利简史[M].北京:水利电力出版社,1990:2.
⑤ 苏民生,武同举.促进导淮商榷书[J].南京:江苏水利协会杂志,1923(16):3.
⑥ 鞠继武.洪泽湖[M].北京:中国青年出版社,1963:18.
⑦ 简培龙,简丹.洪泽湖大堤历史演变研究[J].中国水利,2017(9):53-56.
⑧ 中国人民政治协商委员会盱眙县委员会.盱眙文史资料:第 15 辑[M].2010:9.

湖蓄水往往2丈(合6.4米)以上①，即整个淮河水位高于16.4米，也就是淹没高家堰以西皖北地区海拔16.4米以下的所有地区。“洪泽一湖，旧系民田，自黄河南徙，淮水停蓄，膏腴之产，俱付洪流”。②

1680年，洪泽湖水淹没了泗州城。经测量，泗州南城墙高度为5.8—6.4米。③ 泗州永沉湖底，没有城墙、护城堤保护的广大乡村镇市被淹没之广也就可想而知。同时，淮河中游以及运河两侧形成了数以百计的较大湖泊，大量田庐永为水窟，亿万生灵沦为鱼鳖。此皆增筑高家堰等治水措施的影响。④

在明清朝廷大规模治水的区域，水灾不是有所下降，而是直线上升。顺治至雍正的92年中，仅在江苏的淮北地区，中运河河道变迁10次，沂水河道变迁6次，睢水河道变迁2次，沭水河道变迁1次。黄河主河道虽无大的改迁，但减水道变迁6次。乾隆时代，黄河溃溢20次。⑤ 每一次河道变动甚至河道决堤，都是数以万计，乃至百万计民众家破人亡、产尽财罄、惨绝人寰的悲剧。

因此，淮域的水患是人祸。刘尧诲写道：“淮扬多水患，而说者以为天数，岂非妄哉。”

淮河水患的真正成因是皇权的乱作为，主要肇因乃封建统治者蔑视自然、视民为蚁，治水事务以服务政治需要，把民生民命作为可以随性牺牲的“代价”。而在封建统治者的不懈折腾下，淮北民众只能消极地“躺平”。清初，靳辅发现，淮安、徐州、凤阳一带百姓，“全不用人力于农工，而惟望天地之代为长养。其禾麻菽麦，多杂艺于蒿芦之中，不事耕耘，罔知粪溉，甚有并禾麻菽麦亦不树艺，而惟刈草资生者，比比皆然也”。⑥ 到清中期，江苏巡抚陈弘谋指出：“淮徐海境内，地土非尽瘠薄，可以种植。地土一望无际，只因河流未通，一遇天雨，是处弥漫。

---

① 麟庆.鸿雪因缘图记:第二集 下[M].扬州:1847(清道光二十七年)刻本.

② 武同举,辑录.再续行水金鉴:淮河卷[M].武汉:湖北人民出版社,2004:511.

③ 陈琳.明代泗州城考[M]//淮安历史文化研究:第1辑.北京:中国文史出版社,2005:120.

④ 靳辅.治河奏续书:卷四[M]//钦定四库全书:第579册.台北:商务印书馆,1986:39.

⑤ 武同举.江苏淮北水道变迁史[M]//两轩剩语,1927年印本:9+13.

⑥ 靳辅.生财裕饷第一疏[M]//钦定四库全书:史部六.台北:商务印书馆,1986:41.

或广种而薄收，或有种而无收，一年妄费工本，次年遂弃而不种。”① 粗放地听任农田长草，比种粮有保障。“或既种而复潦，并失其种，所谓有地不得耕也”。②

张謇写道：“（淮河）迨入苏江北境内，则以千六百余里之河身，包括五十二万方里之雨区，集合七十二山河之支派，悉以我淮扬数万里之面积为归宿。而古来自由入海之孔道，夺于黄河者六百余年。河徙而北，置不治理，久已淤垫，又五六十年，而江北从此多灾矣。灾之远者不必计，最近自光绪丙午（1906）至今十三年耳，灾凡六见，推而至于与淮有关系之沂，与沂有关系之沭，灾亦频见。顾此肥美可耕之地，每值米麦刈获之时，一旦西水东注，颗粒无收，遂成制造土匪之场，媒介盗贼之主矣。直接之患，江北独受之；间接之患，全国同受之。夫此非不可挽回之事，而熟视无睹，其咎安在？”③ 正如张謇所云，淮河问题最终成为危害整个中国的全局性难题。

二

从技术层面来看，淮河问题源于黄河夺淮的影响。淮河水灾影响的主要地区是淮安、徐州、海州、凤阳、颍州（阜阳）、泗州等淮域地区，张謇所处的通海地区并非淮祸的直接受害区域，但张謇对淮河问题的关注非常人所能及。

张謇 22 岁时随孙云锦“勘淮安渔滨河积讼案”，“因得冯氏、丁氏说淮河利病书，因更求潘、靳书。”④ “潘”即潘季驯，“靳”即靳辅，两人分别为明、清最著名的治淮（黄）官员和专家。说明张謇此时已开始关注淮河问题。张謇自称：“謇于

---

① 姚鸿杰，纂修. 丰县志：卷十二［M］. 刻本，1894（光绪二十年）：8.

② 严型，总修. 宿迁县志：卷十［M］. 南京：江苏古籍出版社，1991：7.

③ 张謇. 江淮水利施工计画书［M］//李明勋，尤世玮，编. 张謇全集：第 4 册. 上海：上海辞书出版社，2017：398.

④ 张謇. 啬翁自订年谱［M］//李明勋，尤世玮，编. 张謇全集：第 8 册. 上海：上海辞书出版社，2017：994.

弱冠时，薄游淮上，略研地理，习闻昔日淮、黄合流之祸，深咎黄徙而不即治淮之失，逆计不治淮则淮必有病民之日，考前哲治河之书，访每岁淮流之状。丁亥(1887)郑州河决，漫溢皖北，归纳洪湖，淮乃大垫而益不易治(道光已酉六堡之役，决黄入清，洪泽已被淤垫，而犹未若丁亥之甚)，由是间岁辄灾。”①

光绪十年十月五日(1884年11月22日)，张謇乘船过洪泽湖，目睹“决口甚多”“舟逆流盘溯，行仅六十余里，氏露筋庙。”露筋庙是清代治淮的一个地标，里面有治淮专家陈潢的题诗：“东去只宜疏海口，西来切莫放周桥。”虽寥寥数语，体现了治淮的真谛。此行张謇对淮河问题关注更切，诗称：“淮水日南泻，征人与未休。停桡询旧泊，对烛此深秋。人事成今昔，关河况阻修。”阅读对淮河问题多有载记的《淮安府志》《邳州志》等，② 并再次研读康熙时靳辅和雍正时在江苏大力治水的鄂尔泰的奏议。③

光绪十三年五月二十三日(1887年7月13日)，张謇随开封知府孙云锦赴任，取道六安—顺河集—正阳关—颍上县—颍州府—太和县—淮甸—新镇—周家口—大林港，于六月十六日(8月5日)抵达开封。④ 这次行程事实上是对淮水的一次考察。张謇抵汴不久，即遇郑州段黄河决堤，下游开封被淹严重。张謇日记称：“八月十四日，河决郑州东石桥，初三十余丈。次晨，孙先生(孙云锦)往决口查灾。决口越二日，宽至二百余丈，全河夺汴、颍、汝、涡而下灌，横经四五十里，灾民四散奔逃，不可数计。”⑤ 周家口一带，“浮尸络绎不绝，有一绳系男妇老幼七口

---

① 张謇. 导淮计划宣告书[M]//李明勋，尤世玮，编. 张謇全集：第4册. 上海：上海辞书出版社，2017：245.

② 张謇. 柳西草堂日记[M]//李明勋，尤世玮，编. 张謇全集：第8册. 上海：上海辞书出版社，2017：210-211.

③ 张謇. 柳西草堂日记[M]//李明勋，尤世玮，编. 张謇全集：第8册. 上海：上海辞书出版社，2017：264.

④ 张謇. 柳西草堂日记[M]//李明勋，尤世玮，编. 张謇全集：第8册. 上海：上海辞书出版社，2017：257-258.

⑤ 张謇. 啬翁自订年谱[M]//李明勋，尤世玮，编. 张謇全集：第8册. 上海：上海辞书出版社，2017：1005.

而兼一犬者，有据树巅呼救而无舟往渡者，有数家奔避高阜露处于惊涛骇浪之中者。”①

此次水灾，仍旧是人祸，更准确地说是官祸。据张謇调查：“余老爷(余璜)每年领银十几万，只见他时常唱戏请客，任用外工司事李师爷(李祁)一味刻剥，已二年不加春厢，故有今口之变。”决口时，愤极的民众将李祁推入水中，李祁泅上岸后，民众又将其剖腹弃入水流。② 张謇亲往水口勘查，道经中河厅中牟二堡、三堡，发现距省城开封仅60余里的重要堤防，“堤根啮缺，宽有不及丈者”。即便郑州处不决，“此处必有冲决之虞，决则省城受困矣”。河堤上无土无料，他发现有一石堆，高3尺，长2丈余，宽四五尺，“四面堆砌周密，其中处处架空而成”。③

这次黄灾给张謇留下了极深的印象。他写道：“灾民傍堤之南窟土，盖以柳条、蒿梗，相属数里不绝。呼其人而问之，谓近堤死者尚少，五六里外奔湍掩至，时当中夜，则人畜之漂没者不可殚记云。”一些底层民众，乘危作恶。张謇愤然写道：“舟人之恶者，虽经官顾拯溺，而每人索钱五千，或掠妇女而质焉。”当然，最缺乏人性者非封建官僚集团莫属，民众再大的苦难也未能唤醒其良知，“河督、河道所驻，距决口四十余里，漠然不相存恤。河道以灾民刈柳条庇窟，且斥为不成事体，出示严禁。”对民众深为共情的张謇直斥：“吾不知其何心也!”八月二十四日(10月10日)，张謇作《送徐敬亭归淮安》诗：“八月河南决，排空万派浑。鱼龙骄白日，鸿雁满中原。……独怜千里外，东望有惊魂。”次日，诗称：“梦去黄流断，愁来黑发疏。”④ 诗中体现了对淮河问题和民生灾难的深切关注。

1903年淮水再次为灾，安徽凤、颍、泗，江苏徐、海、淮、扬7府极贫灾民

---

① 张謇.柳西草堂日记[M]//李明勋,尤世玮,编.张謇全集:第8册.上海:上海辞书出版社,2017:261.

② 张謇.柳西草堂日记[M]//李明勋,尤世玮,编.张謇全集:第8册.上海:上海辞书出版社,2017:261-262.

③ 张謇.柳西草堂日记[M]//李明勋,尤世玮,编.张謇全集:第8册.上海:上海辞书出版社,2017:261.

④ 张謇.柳西草堂日记[M]//李明勋,尤世玮,编.张謇全集:第8册.上海:上海辞书出版社,2017:262.

约400万，次贫灾民约800万。尽管“恩赈、官赈、中外义赈”不断，但仅能救助600万人。“灾荒影响及于全省，抢米遏粜，无县无之。上而督抚，下而绅商，百计合谋，筹款运粮，振施不能遍及”。1904年，张謇实业甫一就绪，就向清廷上《请速治淮疏》:“若不于受灾之源而治之，天意无常，数年或数十年之内，设有如上年之灾者，灾区必更大，灾情必更重，将何以应？所谓受灾之源者，淮水也。”深具国际视野的张謇告诫颟顸的清廷，“外人查我灾状者，咸谓置无算可耕之良田为荒区，造无算可饱之农民为饿殍，环球万国，惟中国有之。臣闻之深以为耻。按之万国公法，国有荒地不治者，他国得代治之。臣尤恐以上之言，展转流播，黠族环伺，从而生心，祸至抑无日也，故尤愿即归商办，以速其成也”。①

1911年，美国专家报告，淮河造成的灾害，每年大约夺走了1000万人的口粮。② 进入民国后，与时俱进的张謇采用更科学的方法对淮河进行考察、调研。1914年4月27日，张謇偕荷兰工程师贝龙猛同勘淮河。28日到达海安访开坝事。后经泰县、高邮、界首、宝应、淮阴、板浦、大德垣、大阜圩、公济圩、陈家港、武障坝、惠济闸、刘老涧、亨济闸、宿迁(勘总六塘河头)、杨庄、高良涧、龟山、盱眙、大柳巷、浮山、五河，5月25日到达临淮。③

张謇对操控全国资源、处处以自身利益为重的专制政体的认识是非常深刻的。他在《革命论》中写道:“假汤武者豪杰或庶几？其次类皆出入于权奸盗贼之间。此诚专制之国体有以造之。”④ 他在盐业活动中感受到:“中国旧时专制政治之毒最为灭绝人道者，无过盐法。”⑤ 同仁泰盐业公司“侥幸”成功，张謇深有感喟:“此亦

---

① 张謇.请速治淮疏[M]//李明勋,尤世玮,编.张謇全集:第1册.上海:上海辞书出版社,2017:73.

② Walter H. Mallory. China:Land of Famine[M]. New York:American Geographical Society,1926:51.

③ 张謇.柳西草堂日记[M]//李明勋,尤世玮,编.张謇全集:第8册.上海:上海辞书出版社,2017:769-771.

④ 张謇.革命论[M]//李明勋,尤世玮,编.张謇全集:第4册.上海:上海辞书出版社,2017:207.

⑤ 张謇.改革全国盐法意见书[M]//李明勋,尤世玮,编.张謇全集:第4册.上海:上海辞书出版社,2017:201.

在专制官下死中逃生之事也。”① 他谴责运司：“若所为乃专制官毒害人民之手段也。”② 张謇认为：“共和政体与君主立宪政体，不以国民程度之高下为衡，而以国民能脱离君主政府与不能脱离君主政府为适宜之取决。”③ 他一针见血地揭示了专制体制下的治水思路：“秦汉以还，天下为国家，一国之水，宜若可以统治矣。而肉食操枋者流，铢铢而权，寸寸而度，虽治河之举史不绝书，然皆溃决之后，为补苴堵塞之谋而已。”④

张謇对专制政体造成的淮患自然了然于胸。1906 年 12 月 22 日，张謇明确写道：“自宋河决澶州而河与淮合，自明刘大夏筑断黄陵冈而河遂夺淮，终明之世，迄于本朝，淮、扬遂永被其害。其所以被害之故，在治河之臣止治河而不治淮。”⑤ 他指出清廷在治淮事务上的拖延推诿：“前清沿元明之制，以转漕京师之故，专重治运，于河、淮之关系不加考察。至咸丰五年，铜瓦厢决，河自北徙，即有议者谓宜即此时治淮，不即治，淮必有灾。”⑥ 他直斥：“坐视百万人民之死，残忍之至也。坐视百万人民之不死，而为乱，残忍之至也。储千万之款以坐视百万之民死与乱，是残忍而又残忍也。”⑦

---

① 张謇. 同仁泰盐业公司丁未年说略账略[M]//张謇研究中心，南通市图书馆，江苏古籍出版社，编. 张謇全集：第 3 卷. 南京：江苏古籍出版社，1994：572.

② 张謇. 盐业整顿改良被扼记[M]//张謇研究中心，南通市图书馆，江苏古籍出版社，编. 张謇全集：第 3 卷. 南京：江苏古籍出版社，1994：521.

③ 张謇. 建立共和政体之理由书[M]//李明勋，尤世玮，编. 张謇全集：第 4 册. 上海：上海辞书出版社，2017：200.

④ 张謇. 河海工程专门学校旨趣书[M]//李明勋，尤世玮，编. 张謇全集：第 4 册. 上海：上海辞书出版社，2017：332-333.

⑤ 张謇. 复淮浚河标本兼治议[M]//李明勋，尤世玮，编. 张謇全集：第 4 册. 上海：上海辞书出版社，2017：108.

⑥ 张謇. 淮与江河关系历史地理说[M]//李明勋，尤世玮，编. 张謇全集：第 4 册. 上海：上海辞书出版社，2017：322.

⑦ 张謇. 复淮浚河标本兼治议[M]//李明勋，尤世玮，编. 张謇全集：第 4 册. 上海：上海辞书出版社，2017：110.

三

导淮的根本难题不是经费缺乏、劳力不足以及工程技术方面的缺憾，而是专制政体对资源的垄断、对市场的畏惧。张謇的导淮理念必然是摆脱专制权力的市场机制，他写道："走在南通二十年，注重交通及水利，而筹款之法，用诸地方者，仍取诸地方，未尝依赖政府之维持。"① 他强调："故欲兴办巨大之水利工程，非自筹经费不为功。"②

他指出："惟去害在导，兴利在垦，二者均非借债不行。然欲达借债之的，必先筹还债之方。还债为何？不外垦利。垦利为何？不外以将来涸出之地，与淮有关连沿湖、沿河之地，一一厘正缴价升科为挹注。"③

张謇谙熟淮北盐务。道光前期，两淮盐务成为国家财政漏卮，积欠各项银两5000万两以上。陶澍改引盐制为票盐制，采用有限的市场手段，立即扭亏为赢，填补了所有积欠。④ 19世纪末以前，两淮盐务用地严重盐碱化，等同废地，张謇通过市场手段，使之变成数百万亩良田。

对于导淮问题，张謇非常正确地指出，只要开放资源，运用市场化途径，就可根治淮祸。他写道："非大治淮水，上自颍凤，中贯泗徐，下澈淮海，穿辟大河，使水有顺轨安流之势不可。然计路六百余里，历二十余州县，计工巨而需费繁，约略估计，多须千万，少亦六七百万。官为筹办，上也。官若不能，由督抚敦请

① 张謇.运河工程局就职演说[M]//李明勋，尤世玮，编.张謇全集：第4册.上海：上海辞书出版社，2017：447.

② 张謇.淮沂沭治标商榷书[M]//李明勋，尤世玮，编.张謇全集：第4册.上海：上海辞书出版社，2017：489.

③ 张謇.导淮计划宣告书[M]//李明勋，尤世玮，编.张謇全集：第4册.上海：上海辞书出版社，2017：246.

④ 马俊亚.两淮盐业中的集团博弈与利益分配——张謇盐业改革的实践与困境[J].淮阴师范学院学报（哲学社会科学版），2007（1）：126.

正绅劝集资本商办者，次也。淮治则湖涸，湖涸则淤地出，官办归官，商办归商，公理如此。虽然，地段之长，工程之繁，费用之巨，时日之久，事理之杂，绅非有权则掣肘必多，而官不保护，则绅无权；商非有利则观望必多，而官不补助，则商无利。保护之如何为之清界，为之去阻？补助之如何挪资数百万？工未成之前无利也，则不收缴价之费以补助之；淮即大治，淤地未必一时齐垦也，则缓升科征赋之期以补助之。十年以后，淮有畅流入海之路，湖有淤出可治之田，国有增赋，民有增产，大患尽去，大利顿兴，因祸为福，转败为功之机无逾于此。否则，一灾辄死数十万人，一赈辄费数百万金，民固不堪，国亦不堪。"①

张謇的主张直指专制体制下的明规则——官员及其关系群体是主要利源的把持者。就淮域淤地而言，如咸丰七年(1857)，河督庚长勘出苏鲁微山湖周边淤涨土地20多万亩，上等土地定价仅每亩0.3千钱，或年租金每亩80文。铜山刁团获地5800余亩，睢团获7500余亩，南赵团3100余亩，于团近3万亩，王团61800多亩，举人杨忠良获地2000余亩；沛县北赵团获田12500多亩，唐团82300多亩；山东拔贡生王孚获地20581亩，山东举人李凌霄获地4万余亩。② 清末淮阴候补知县袁静轩，广置田产，巧取豪夺河、湖两滩土地不下数十顷。③ 河南候补知府李会文在清河县境内占有湖滩地14顷，让与广西右江道兼袭云骑尉张汝梅耕种，张又陆续添购湖田熟地30余顷，草地70余顷，并建起了集市、庄房。④ 民国初年，苏北许多营地"乡董把持，荡户刁玩。非其利源归其中饱，抑且盗贼恃以窝藏"。⑤ 张謇倡导的借款导淮一案刚提出，对淮阴、淮安、泗阳、涟水、阜宁、东海、灌云、沭阳、宿迁、睢宁、泗县、五河、盱眙、天长、凤阳、怀远地区的水淹地亩，"射利之徒，勾结豪绅大猾，希图强占者，时有所闻"。⑥ 有人甚至把地亩

① 张謇.请速治淮疏[M]//李明勋,尤世玮,编.张謇全集:第1册.上海:上海辞书出版社,2017:73-74.

② 吴世熊,朱忻,总修.同治徐州府志:卷十二[M].刻本.1874(清同治十三年):37-38.

③ 邢耐寒.辛亥淮阴见闻录[M].淮阴文史资料:第9辑,1991:3.

④ 马丕瑶.马中丞遗集:卷二[M].刻本.1898(清光绪二十四年):47-48.(淮阴当地史志称,张汝梅在咸丰时招领滩地达170多顷〔张煦侯:《淮阴风土记》上册,1936年,第180页〕)

⑤ 导淮案[B].台北:台北"中研院"近代史研究所(藏号08-21{2},宗号1-{2}):8.

⑥ 导淮案[B].台北:台北"中研院"近代史研究所(藏号08-21{2},宗号1-{2}):5.

指认到了洪泽湖中心。① 以至于冯国璋感叹：“当此世风刁敝，民俗强悍之时，欲兴一利，非有兵力以佐之，不足观成也。”②

对于具体治淮事宜，张謇具有四大优势：一是对古代典籍关于淮水及其支派、黄河各问题的来龙去脉可谓了如指掌。二是对明清河臣的治水思路、实践以及治理绩效能明察秋毫。三是由于开启两淮垦牧等，对淮域的河道、湖泊、水土等具有他人难以企及的认知。四是一直运用当时最前沿的科学技术来解决淮水问题，他在《江淮水利施工计画书》中展示了非常严谨的水力学知识以及高等数学知识。

清代中期以前，治淮者无不以淮、沂合治为目标，认为“淮、沂、泗随在有连带性质，淮治则沂、泗无不治。”经过科学规划，张謇提出淮、沂分治：“旧黄以北为泗、沂，旧黄以南为淮，而略有泗、沂。若居今日而规画江北水利，则治之之法，淮、沂当分而不当合。……总计旧黄河以北容受泄泻沂、泗之河身，二千一百余里；入海之口二，临洪、灌河；潴水之区三，微山、骆马、青伊。此中，涓滴不及淮水而其被水灾区，尚不下三万方里。若淮水之屯积区如洪泽、高宝等湖，被灾区如凤、颍、亳、泗诸地，权衡水量，倍于泗、沂，一旦以倍量之水，引入沂泗流域，证诸往昔，揆诸现势，甚不相宜。所谓淮、沂之应分治者此也。”③

在淮河下游河道长期被黄河侵夺、淤塞的情况下，张謇主张淮、沂分治，使沂水不再作为淮水的支流，而是作为独立入海的“渎”，对于根治有“洪水走廊”之称的淮北的水患可谓切中肯綮，准斯所的。值得注意的是，1949 年以后修筑的新沂河就是淮、沂分治，新沂河独立入海。

就治理顺次而言，张謇主张先苏后皖，先下游后上游。宣统元年(1909)，江苏谘议局通过导淮议案，两江总督以经费困难予以掣肘。张謇设立江淮水利公司，先从淮阴清江浦设局测量，由南通师范学校附设的河海工科毕业学生承担。“当时

---

① 导淮案[B].台北:台北“中研院”近代史研究所(藏号 08-21{2},宗号 1-{2}):39.

② 导淮案[B].台北:台北“中研院”近代史研究所(藏号 08-21{2},宗号 1-{2}):9.

③ 张謇.治淮规画之概要[M]//李明勋,尤世玮,编.张謇全集:第 4 册.上海:上海辞书出版社,2017:242.

规划测线，以为受患最烈莫如苏皖，而淮之腹在皖，尾闾在苏。治水必先治下游，苏亦故宜先测，苏竣而及于皖，部分一切大定”。①

1919 年，张謇根据科学研究，发表《江淮水利施工计划书》，提出：“将来淮水入海，只占来源十分之三，此十分之三之来水，不过以淮属为经行地，非引之至淮属而潴之也。”② 这在 1949 年后的治淮实践中被证明是非常合理的。

张謇的导淮理念具有鲜明的超前性。其未能达成目标，不在于其计划过于庞大，资金难筹，而是在于专制体制对市场经济的包容程度。马克思指出：“积累，即由圆形运动变为螺旋形运动的再生产所引起的资本的逐渐增大，同仅仅要求改变社会资本各组成部分的量的组合的集中比较起来，是一个极缓慢的过程。假如必须等待积累使某些单个资本增长到能够修建铁路的程度，那么恐怕直到今天世界上还没有铁路。但是，集中通过股份公司转瞬之间就把这件事完成了。”③ 另一个与股份公司同样可作为集中杠杆的信用制度，也使张謇在导淮问题上“不差钱”，但前提必须是打破官府对资源的垄断，开放资源配置，由市场对资源进行开发，秉遵“谁投资、谁受益”的基本规则，则治淮经费可咄嗟立办。

张謇认为淮河流域土地资源废弃极多，应以农场形式开发利用，产生商业利益，吸引更多的投资者，从而使荒弃之地得以全面垦殖，并为工业提供原料。他写道：“广种薄收，农惰成习，蒿莱满目，弃货益多，况山童野濯，河废湖淤，宜树宜艺！远寻楚汉陂屯之遗，近采靳辅沟田之议，大开农场，示以试验，人歆于利，效法必多，故训农为一要。农既生物，待工而成……因麦以磨面，因豆以榨油，因粱粟以酿酒，因油蜡以制烛皂，因牛羊皮以练革，因蚕以良绸帛，因砂以为玻璃。或自无而有，或自粗而精，俱可相度土宜，生财利用，原料成熟，人渐于勤。故勤工为一要。无水利无以利农，则湖河宜辟（水之大者，曰淮，曰沭，曰

---

① 张謇. 导淮计划宣告书［M］//李明勋，尤世玮，编. 张謇全集：第 4 册. 上海：上海辞书出版社，2017：245.

② 张謇. 江淮水利施工计画书［M］//李明勋，尤世玮，编. 张謇全集：第 4 册. 上海：上海辞书出版社，2017：399.

③ 马克思. 资本论：卷一［M］. 马克思，恩格斯. 马克思恩格斯文集：第 5 卷. 北京：人民出版社，2009：724.

沂，曰泗，曰滁，曰涟，曰丰，曰睢，曰涡；湖之大者，曰硕项，曰桑墟，曰成山，曰青冢，曰张庄，曰吕孟，曰微山，曰赤山，曰昭阳，曰青伊，曰骆马，曰仓基，曰雁麦，曰连汪，曰峰山；河之大者，曰泡河，曰薛河，曰泇河，曰彭河，曰浍河，曰沱河，曰潼河，曰武河，曰蔷薇，曰白洋。以上均统所规画之界内而言）。”办理这些事业当然需要巨额资本，而这些资本可以通过市场方式解决，“无资本无以得工商，亦无以利农，则银行宜大小贯输。”①

1907 年，张謇在《议办导淮公司纲要》公开阐明，准备承受“口炮党”的诟议，“牺牲个人名誉，以易两省六府数百万人之不鱼”，向外人承借无任何抵押、不牺牲任何利权的外债来治淮。待有利可图后，再吸收和利用国内的资本：“然则导淮之役，即难如登天，亦必不容束手而待。惟是公司之集资，缓局也，集资至千万，难题也；集资千万，而治一数千年无人过问之河，骇举也……无所得款，迫而思借。会有欧人愿以千万借与謇、鼎霖，而不索抵押，不干事权者，乃与议借。借之能果成与否，能千万否，现尚未决。既借则期其成，以借为股之招。诚见事成，诚见有利，相率而投资，吾搢绅父老之心理如此。股集则我治淮资本之主位也。”②

1913 年 11 月 8 日，张謇发表《实业政见宣言书》，认为解决中国问题首在法治，中国不是缺乏资金，而是资金不敢流转，“于是一国之现金，非游荡而无所于归，即窖藏而不敢或出。”③ 他对利用外资持开放态度，而不抱排外心态：“美国慈善家昔助我以拯灾之资，今又许借我以兴工之款，邦交之义，可谓极盛。”④

尽管张謇主张治理者必须是受益者，但对于治淮成功后的利益，并非是由治理者独吞。他具体规划受益者的次序为：国家第一、苏皖省督抚第二、地方农商

---

① 张謇. 徐州应建行省议[M]//李明勋，尤世玮，编. 张謇全集：第 4 册. 上海：上海辞书出版社，2017：84.

② 张謇. 议办导淮公司纲要[M]//李明勋，尤世玮，编. 张謇全集：第 4 册. 上海：上海辞书出版社，2017：141.

③ 张謇. 实业政见宣言书[M]//李明勋，尤世玮，编. 张謇全集：第 4 册. 上海：上海辞书出版社，2017：258.

④ 张謇. 淮与江河关系历史地理说[M]//李明勋，尤世玮，编. 张謇全集：第 4 册. 上海：上海辞书出版社，2017：326.

业第三，公司等仅列四位。他写道：“（公司）入资一千万两，得地三五百万亩，亩值二两，本已收回，值设倍之，赢亦以倍。湖本淡水，朝涸成地，夕即可田。积淤百年，肥料优沃，粱粟皆利，于稻尤宜。一岁一亩得谷一石，出米五斗，平价二圆，除赋与费，四即去一，以本权之，息亦四分。若乃丰收，谷不止石，获利益厚矣。”他把颍州、凤阳、泗州、徐州、淮安、海州贫民列为第五位的受益人，特意把公司股票剖一为十，贫穷者也可投资获益；即便贫民不投资，也可成为新式公司的雇工：“公司全股，每五十圆，小票析为五圆者十。有力者一可当十人，力薄者十人可当一，得息视本，罔有差贰。并小票不能购者，可以应佃，人耕十亩，亦容六府之人三百余万矣。”①

可见，张謇导淮的理念秉持了近代文明社会的基本准则，是当时世界主流国家的常识，但对充满专制意识的中国近代社会而言，这一理念具有多方面的颠覆性。在封建官僚集团以利己而非以为公众服务为初心、传统行政权力仍然操控社会主要资源、市场机制残缺不全的情况下，这个理念具有明显的超前性。张謇导淮的目标没有达成，是旧体制的胜利，却是全体民众的巨量损失，寓示近代文明在传统中国举步维艰。

结　语

费吴生估计，以 1922 年为例，苏皖两省水灾损失达 61347 万余元。② 据陈果夫《导淮与粮食》所述，民国导淮委员会统计，1933 年以前，淮河流域每年损失合 333114818 银圆。1913—1925 年，北京政府每年财政收入（不包括公债及借款）在

① 张謇．议办导淮公司纲要［M］//李明勋，尤世玮，编．张謇全集：第 4 册．上海：上海辞书出版社，2017：144．

② 宋希尚．说淮［M］．南京：京华印书馆，1929：128．

33390万至46160万元之间。① 也就是说，即使按最保守的估计，淮河水灾造成的损失几与北洋政府的财政收入相埒。这还是在黄河已经北归，洪泽湖平均水深仅三四米的情况下。至于洪灾造成的动辄万计乃至数十万计的人员死亡，则更是天价损失。可以说，专制朝廷对淮河的率性治理和长期蹂躏，使得近代淮北、乃至全国民众承受了大自然最狂暴的报复。

张謇通过开放资源、由市场进行资源配置的导淮方案可谓利商、利民、利国，但不利于官僚集团的把持垄断，也让对专制权力极为敏感的最高统治者产生犹疑。可以说，对于张謇治淮的利益增量，官僚集团锱铢必得；而他们又视对淮河各项资源操控所形成的利益存量为禁脔。一般民众对治淮所带来的实际益处不甚了解，多把盘剥他们、祸害他们的官僚集团的利益误作自己的利益，无法给予张謇以支持。大量的伪道德人士视公司追求盈利为罪恶，使许多商人不敢言利，不敢以利招徕投资者，任由大量的土地资源成为祸害百姓的灾薮，这类道德绑架也阻碍了淮河治理的市场化运作。

治淮受挫，不是张謇计划过于庞大，而是专制官僚集团捍卫自身利益的力量太过强大，近代文明在传统中国举步维艰。这是张謇导淮难以成功的真正原因。

---

① 杨荫溥.民国财政史[M].北京:中国财政经济出版社,1985:3.

淮河治理与里下河地区变迁渊源

雍　俊（扬州市地方志办公室宣传教育处）

里下河，并不是一条河，而是一个特定自然区域的地名。其范围西起京杭大运河里运河段，东至串场河，北自苏北灌溉总渠，南抵通扬运河，区域总面积1.5万平方公里。里下河之名源于里运河（简称“里河”，为京杭大运河的一段，又称内河、淮扬运河）与下河（串场河，也叫官河、大盐河）的首字。这片区域内河湖密布，是“四周皆筑圩，村庄俱临水，下田要乘船，上路不离桥”的水乡泽国。里下河地区也是江苏境内著名的低洼地带，西面是洪泽湖大堤，洪泽湖高高悬于头上；北面是黄河北去后留下的废黄河，亦高出平地数米；南面的通扬运河和东面的串场河，是两条高水河。“登堤而望，内若釜底，外若建瓴”，因此得名“锅底洼”。① 由于低洼的地貌形态，加上历史上一直是淮河入海与泄洪的重要通道，特别是黄河长期夺淮，淮河泛滥，导致里下河地区极易遭受洪水和内涝灾害。

一、黄、淮、运“滞洪区”的危害

淮河源于河南桐柏山，干流流经河南、安徽、江苏三省。古代淮河独流入海，

---

① 赵筱侠.苏北地区重大水利建设研究（1949—1966）[M].合肥：合肥工业大学出版社，2016：192.

利多害少，河槽宽深，海潮可上溯到盱眙县城。南宋绍熙五年(1194)，黄河决口于河南阳武，由徐州东南流经淮阴以北与淮河合流入海，导致黄河长期夺淮。黄河长期夺淮和京杭运河的开通，使黄河、淮河、运河交织在一起，息息相关。为了保证大运河的漕运安全，让淮河洪水平安下泄，历代往往将里下河地区作为黄淮运洪水的“滞洪区”，大水时破堤行洪，导致里下河地区屡屡遭受灭顶之灾。

明清时期，黄河长期经徐州南下夺淮，大量泥沙淤积，淮阴以下的淮河被淤成“地上河”。每遇大水，洪泽湖大堤开坝减水或决口，洪水东泄冲破里运河堤，经里下河地区漫流入海。明万历三年(1575)，黄淮并涨，淮决于高家堰，又决宝应、黄浦等湖堤15处；高邮湖决清水潭、丁志口等，“高、宝、兴、盐汇为巨浸”，经开扬州城东之沙河坝及芒稻河坝，水势才减。① 万历六年(1578)，潘季驯出任总河时，定下“蓄清刷黄”治水之策，在黄、淮、运总体工程实施中，把大筑高家堰(洪泽湖堤坝)视为首务。“堰高一丈五尺，厚五丈，基厚十五丈，大涧口则为月堰，广三十丈”，并“密布桩入地，深浪不能撼。桩内置版，版内置土，土则致自远，皆坚实者”，以拦蓄淮水。② 这使洪泽湖与堤内原有的万家湖、泥墩湖、富陵湖等洼地连成一片，形成了洪泽湖人工水库的雏形。为了防止淮河特大洪水时，大堤西北角之处的主要出口(称为清口)宣泄不及，还在洪泽湖南端的周桥设置减水坝，和周桥以南的天然减水坝共同起到溢洪道的作用。

明代万历年间，给事中汤聘尹、河道尚书凌云翼相继提出“导淮入江以避黄”“惟疏上流使入江，泄下流使入海”，皆未实施。万历二十四年(1596)，总河尚书杨一魁实施“分黄导淮”方略，于高家堰建闸，开毛塘湾、金家湾，建金湾及芒稻减水闸，始有少量淮水入江，是为淮河入江水道雏形。③

清代，里运河因淮河洪水、黄河倒灌的影响，经常决堤成灾，里下河地区受

---

① 江苏省地方志编纂委员会.江苏省志:水利志[M].南京:江苏古籍出版社,2001:105.

② 水利部淮河水利委员会,《淮河志》编纂委员会.淮河志:淮河人文志[M].北京:科学出版社,2007:37.

③ 江苏省地方志编纂委员会.江苏省志:水利志[M].南京:江苏古籍出版社,2001:105.

害最深。清初，里运河堤仍屡屡决口。从康熙元年到十二年(1662—1673)，有9年大水，8决运堤。在保漕运的同时，开始重视分淮入江。康熙元年，开入江河道的人字河(即今运盐河)。康熙十年(1671)，开石羊沟(今太平河)，建东湾、西湾滚水坝等。

康熙十六年(1677)，靳辅出任河督，除奉行潘季驯成法外，进一步明确了洪泽湖对淮河径流的调节作用，使洪泽湖水保持高于黄河的优势，以防倒灌，实现"蓄高刷黄"和"蓄水济运"，同时利用洪泽湖替黄分洪，"减黄助清"，多处建减水坝，黄河暴涨时，分黄河水南下入湖，加大洪泽湖水量，抬高水位。建周桥、高良涧、武家墩、唐埂、古沟东西减水坝，共6座。洪泽湖已形成一座巨型湖泊水库，古老的泗州城也于康熙十九年(1680)沉于湖底。

随着黄河淤垫日益严重，高家堰大堤仍在继续加筑，直到乾隆十六年(1751)，整个大堤北至武家墩，南至蒋坝镇，长17500丈的临湖面都筑有石工墙。大堤的滚水坝也由康熙三十九年(1700)的3座增至5座，也称为仁、义、礼、智、信五坝(又称"上五坝")。

到乾隆年间，又拓宽凤凰河、壁虎河等归江河道，扩大入江泄量，并将里运河东堤上的"归海坝"改在高邮南，改建和新建了昭关坝、车逻坝、五里中坝、南关新坝和南关坝5座归海坝(又称"下五坝")，与洪泽湖大堤上原有的仁、义、礼、智、信5座减水坝相适应。当淮河大洪水，入江洪水过大、宣泄不及，里运河水位太高时，即开"归海坝"，使洪水从里下河地区分泄入海。名曰"归海"，实际上是以人烟稠密的里下河地区为滞洪行洪区，淹没里下河，放任洪水任其自流入海。

清咸丰元年(1851)淮水异涨，冲毁洪泽湖三河口礼坝，使淮河洪水改由三河南下，穿高宝湖、邵伯湖，至三江营入长江。至此，淮河上、中游15.8万平方公里区域的来水，由原来入海为主改为入江为主，入江水道成为主要排洪水道，更加使苏北和里下河地区水灾严重。嘉庆、道光年间(1796—1850)，54年中有28年开归海坝，合计95坝次，平均每2年就有1年开坝，平均每年开坝近2道。1850—1938年，由于黄河改道北徙，这88年中有19年开归海坝，共开坝39次，平均每4年多有1年开坝，平均每2年开归海坝1道。①

每当归海坝开启，滚滚洪流从高处倾泻而下，瞬时淹没广大洼地，轻则农田被淹没、平地行舟；重则房屋飘零、人畜死伤无数，有许多记载描述了当时的悲惨情况。如咸丰元年(1851)七八月间，高邮县令夏实普目睹了车逻坝、中坝开放后，水淹里下河的情形，写下《冬生草堂诗录·避水词》：“一夜飞符开五坝，朝来屋上已牵船。田舍漂沉已可哀，中流往往见残骸。”这首诗形象、贴切地描述了里下河的悲惨情况，是里下河长久以来遭受洪水灾害的真实写照。②

二、“洪、涝、旱、碱、淤、潮、卤、渍”八灾俱全

里下河地区是个多灾多难之地，洪、涝、旱、潮、卤、渍、碱、虫、风等自然灾害竞相肆虐，其中以洪灾和涝灾为主。以处于腹地的兴化来说，据地方志书记载，从宋代绍兴四年(1134)至清代道光二十九年(1849)的716年之间，各种严重灾害竟达127次之多，其中水灾78次，旱蝗灾36次，其他灾害13次。近代(1849—1949)的100年中，灾害更为频繁，先后发生洪涝灾害30次，旱灾18次，随旱灾带来的卤灾9次。③ 里下河人民饱受自然灾害的苦难，由此可见一斑。

里下河地区地处亚热带向温带过渡地带，具有较为明显的季风气候特征，年平均降水量达1000毫米。每年6、7月份的强梅雨和8、9月份的台风暴雨，也是该区域经常有大洪水的直接原因。同时，里下河地区一直面临“四水投塘”的困境。它处于黄海、淮河、里运河三面高水的包围之中，形成一个相对封闭的水网。北部苏北灌溉总渠下泄洪泽湖水，西部有高邮湖、邵伯湖水漫决里运河堤，南部

① 水利部治淮委员会《淮河水利简史》编写组.淮河水利简史[M].北京:水利电力出版社,1990:259.

② 赵筱侠.苏北地区重大水利建设研究(1949—1966)[M].合肥:合肥工业大学出版社,2016:198.

③ 江苏省水利厅.江苏治淮50年(1950—2000)[Z].内部资料,2000:199.

有江淮分脊线通扬运河，东部濒海易受海潮顶托、卤水倒灌。每逢雨水季节，除了本地区囤积的涝水外，外部涝水从四周高地倾泻而下，汇注入洼地；沿海海堤单薄残缺，海水往往长驱直入，漫没洼地。加之排水路线长、内部排水河道不通畅，更加重了洪涝灾害的程度。

清代至民国时期，里运河东堤修建了归海五坝，当洪泽湖水位涨到一定高度时，即开坝分泄淮洪，里下河顷刻之间就成泽国；一遇天旱，为保漕运，运河之水就不让流入下河，里下河则是河底朝天，民不聊生。在民国短短的 38 年里，里下河地区常常受到洪、涝、旱、潮灾害的交相侵扰，给人们印象最深的就是 1931 年的大水灾。“据统计，1931 年江淮大水造成 370 万人死亡，受灾农田近 1.5 亿亩。有研究者认为，这次水灾是有史以来死亡人数最多的自然灾害。”“江苏北部运河之东之区域，受灾最为惨重。”① 1931 年 8 月 3 日，运河水位猛涨，高邮水位已达一丈九尺，运堤危险万分，遂强行开放车逻坝、南关坝、新坝放水。8 月 25 日，里运河水位猛涨，运堤南北 150 公里间同时告急，溃决漫溢达 26 处之多，高宝湖水尽往东注，里下河平原尽成泽国。高邮城北决口就有 4 处(挡军楼、庙巷口、御码头、七公殿)，其中“尤以挡军楼所决最巨，竟至一百六十六丈”“人烟稠密，商店林立的闹市一瞬间变成白茫茫一片”“死伤失踪了一万多人”。②

1928—1929 年，里下河地区连续两年大旱，并引发蝗虫灾害。里运河水竭，航运断绝。串场河干涸，河底能跑人。里下河地区所有河港湖荡大部见底。蝗蝻害稼，卤潮倒灌。岁大饥，民多流亡。“稻不抽穗、豆不结荚，人畜饮水无望”“飞蝗遮天蔽日，疾疫流行”。③

水旱灾害给人民带来了深重的苦难。“大涝时，洪水从四面八方铺天盖地而来，可乘舟入市，城外庐舍人畜漂没无存。”“大旱时，河湖干涸，河水断流，车在河底往来无阻”，民谣称“无水先旱，有水先淹，又旱又淹，夹棍讨饭”。④

---

① 黄加佳.“一定要把淮河修好”[J].新华文摘,2022(2):98.

② 江苏省水利厅.江苏治淮 50 年(1950—2000)[Z].内部资料,2000:190.

③ 水利部治淮委员会《淮河水利简史》编写组.淮河水利简史[M].北京:水利电力出版社,1990:371.

④ 江苏省水利厅.江苏治淮 50 年(1950—2000)[Z].内部资料,2000:199-200.

三、治水新生成千里大粮仓

里下河地区原有大小湖荡51个，沟河纵横，湖荡密布，水面积1024平方公里，占洼地总面积8%；年平均降水量1000毫米左右，且土地肥沃，气候湿润，有利于稻麦生长，丰收年粮食产量略低于苏南五市。如果将里下河地区水治好，将会出现一个新的粮仓。

历史上的先民对里下河地区进行过不同程度的治理。宋代名臣范仲淹，于仁宗天圣年间，修建成长达150里的抵御海潮入侵的长堤——捍海堰(后百姓称“范公堤”)。宋元以后，兴垦范围进一步扩大。他们环水堆土，造成高出水面的人工“垛田”、常年浸在水中只种一熟的“沤田”，以及射阳河沿岸沟垛相间的“汪垛田”，与水争地。① 明清两代，着重进行河湖整治，浚河通港，兴修圩堤，并在里运河东堤上建造涵洞10余座，发展自流灌溉。这些工程对里下河地区的农业生产曾起了一定作用。

1919年，清末状元、北洋政府全国水利总长张謇发表《江淮水利施工计划书》，主张淮水七分入江、三分入海，并规划了入江入海路线。1931年，国民政府批准了导淮委员会提出的《导淮工程计划》，使之上升为国家层面的治淮规划，可惜由于这些计划苦于国乱、国弱，加之外敌入侵，均无法大规模实施。

1950年6月淮河再次大决口后，周恩来总理两次主持政务会议，讨论治淮问题。在听取了淮河严重灾情和治淮的情况后，他激动地说：“水灾是非治不可。如果土地不洪就旱，那就土改了也没有用。”② 1950年7月20日到9月21日，毛泽东就治淮问题连续四次作出批示，要求标本兼治，根治淮河，当代大规模治淮事

① 陈克天.江苏治水回忆录[M].南京:江苏人民出版社,2000:439.
② 中共中央文献研究室.周恩来传(三)[M].北京:中央文献出版社,1998:973.

业破题开篇。10 月 14 日，政务院颁布《关于治理淮河的决定》，淮河成为我国第一条全面系统治理的大河。1951 年，毛主席发出“一定要把淮河修好”的号召，从长江北岸至徐淮平原，从黄海之滨到洪泽湖畔，深受水旱灾害折磨的水乡人民，踊跃投入了治水斗争。

江苏对于里下河地区的治理，分成两个阶段。第一个阶段是 20 世纪 50 年代初，治理里运河主要是从防御淮河洪水入手，解决排涝出路和内部水系整治。入江水道的治理，加快了这一地区防洪标准的提升。

1951 年，靠数十万民工肩挑人推，开挖了既可从洪泽湖引水供苏北农田灌溉，又能结合排洪的长达 168 公里的苏北灌溉总渠，初步形成了防御淮洪进入里下河的屏障。1953 年前后，按照淮河治理的总体部署，加高培厚里运河堤，加固归海坝，并堵闭里运河西堤上的通湖口门，使湖、河分开，减轻洪水对里运河堤的威胁，使里下河地区免受洪水危害。1954 年汛期，江淮流域虽发生类似 1931 年的特大洪水，其时，高邮湖水位高达 9. 38 米。但这次不但守住了里运河大堤，而且堵闭了通扬运河北岸及串场河南段西岸的所有口门，基本做到了“滴水不入里下河”，使里下河得以免遭一场浩劫。

1954 年淮河发生特大洪水后，至 1987 年期间，先后 3 次大规模治理入江水道。经过 3 次治理，入江水道已成为上起洪泽湖三河闸、下至三江营，全长 158 公里的淮河最大泄洪道，约占淮河洪水总量的 70%以上，关系到里下河地区 2000 多万人口、2000 多万亩耕地的安全。如今，扬州境内的淮河入江水道，行洪能力已达到 12000 立方米每秒，全市防御淮洪能力大幅度提高。

1954 年 10 月，江苏省召开了里下河地区规划座谈会，进一步明确治理重点是：疏浚射阳河、新洋港和斗龙港，港口兴建挡潮闸，加强排涝挡潮；灌溉总渠以北、通扬运河以南以及东台县串场河以东的外围高地，单独排水入江入海，不再排入里下河地区，免除“四水投塘”；同时控制黄海海潮入侵，这样里下河就无外洪和海潮侵入之忧。其后，按照“挡潮御卤，蓄泄兼筹，增加排水效能，降低里下河水位，防止灌溉水量流失，达到粮棉增产目的”的治理方针，修建了一系列水利工程，开挖了新通扬运河，疏浚了射阳河、斗龙港，于 1956 年、1957 年兴建了射阳河、新洋港挡潮闸，扩大了里下河涝水外排出路；又开工兴建万福、太平、金湾、芒稻等大中型水闸，为京杭运河减压。随后，逐步转入防旱防涝并举，进行耕作制度的改革，将一熟沤田改为稻麦两熟田。

第二个阶段是1960年之后，里下河地区的治理思路，逐渐发展为灌溉、除涝、防洪、防渍兼治的全面治理模式。江水北调跨流域调水工程的实施，不仅可以结合江都抽水机站，大规模地引江灌溉，还能抽排涝水，大大减轻了里下河的内涝危害，也为这一地区的农作物“沤改旱”等农业稳产高产措施打下了基础，为里下河的进一步治理创造了条件。

1961年，里下河地区发生大旱，机电排灌设备不足，有水不能上田，出现“满河大水闹干旱”，导致农业减产。沿运河和灌溉总渠的高地，夏收麦子的价值还不够车水的工本钱。

1962年9月，遭到14号台风及暴雨袭击，由于缺少排水动力，里下河地区61%的圩子漫圩破圩，900多万亩农田受涝。汛后，扬州地委书记胡宏向毛泽东主席汇报了里下河地区受涝情况。毛泽东说：“为什么老天爷老是欺负你们里下河，不欺负太湖呢！”① 这促使江苏下定决心，研究部署里下河地区治涝措施，大修圩堤，发展机电灌溉，提高抗灾能力，将里下河地区灌溉用水，由主要依靠淮水，利用灌溉总渠和里运河发展灌溉，转变为以引江水为主。

20世纪60年代，根据江苏省委“江水北调，引江济淮”的战略决策，在充分调研、论证的基础之上，开始兴建江都水利枢纽。作为扎根长江，北调东引、引江济淮的总枢纽，江都抽水站从1961年开工，分期实施，分期投入运行，整个工程历时17年，至1977年基本建成。整个工程由4座大型电力抽水站、9座涵闸、4座船闸、2条输水干河以及变电站、高压输电线组成，具有灌溉、排涝、调水、发电、航运，提供城乡工业、生活用水和沿海垦区洗碱、冲淤等多种功能，不仅江淮第一，而且国内居首，赢得了“古有都江堰，今有江都站”的美誉。

江都抽水机站一、二、三、四站建成后，截至2002年底，4个抽水站共抽水

① 陈克天.江苏治水回忆录[M].南京:江苏人民出版社,2000:441.

1270.1亿立方米，其中抽引长江水996.2亿立方米，相当于30个洪泽湖的灌溉蓄水量，抽排里下河地区涝水273.9亿立方米。由于江都抽水机站的建成，里下河地区基本上做到了挡得住、排得出、灌得上、降得下，保证了里下河这一“大粮仓”的粮食稳产高产。1978年，江苏遭遇特大干旱，淮水断流216天，洪泽湖干涸，江都抽水机站连续开机417天，抽引江水37.7亿立方米，配套工程自流引江水48亿立方米，加起来相当于4个洪泽湖正常年份的蓄水量，保证了里下河地区1000多万亩农田的灌溉，使大旱之年大幅度增产。这一年，扬州地区粮食总产达到40亿公斤，比上年增产10多亿公斤，超过了历史最高水平。①

江都抽水站的建成使用，使里下河地区自此有了引江设施和抽排入江的通道。如今，通过江都、高港等大型泵站“上抽”外排、湖泊(荡)群“中滞”、主干港道“下排”入海的综合治理，里下河区域内的涝水得到了治理。同时，到20世纪70年代初，400余万亩老沤田改造成为稻麦两熟田，里下河地区农业跃上了一个新台阶。通过开展大规模农田水利建设和依托长江构建起“两河引水，三线供水”格局，形成可靠的灌溉供水系统，使里下河地区仅靠水利工程调度运用就能应对洪涝灾害，让这里变成真正意义上的美丽水乡，享受鱼米之丰，成为全国著名的粮棉油生产基地和水产养殖基地。

---

① 中共安徽省委党史研究室等.治理淮河[M].合肥:安徽人民出版社,1997:388.

明清里下河地区水利文献举隅

戴甫青(扬州大学中国大运河研究院)

里下河地区位于江苏省中部，北自苏北灌溉总渠，南抵通扬运河，西起里运河(简称里河)，东至串场河(俗称下河)，总面积1350余平方公里，属江苏省沿海江滩湖洼平原的一部分，因为介于里运河、串场河之间，故称里下河。

里下河地区因为地处江苏省长江与淮河之间最低洼的地区，是历史上水患较为频繁与剧烈的地区，尤其是在“黄河夺淮”之后，黄河泥沙之患日趋南移，到了明清时期，随着京杭运河的漕运成为王朝生存的经济命脉，为了保障运河的畅通，不得已把里下河与运西地区强行“分割”，使得淮扬地区的水利无法统筹治理，而且为了保障洪泽湖大堤的安全，使其能够“蓄清刷黄”，以及运河堤防的安全问题，不得不将里下河地区作为黄淮下游洪水的走廊，以“牺牲”里下河地区人民的生命财产为代价，但在明清时期，里下河地区水利的治理，也没有被完全放弃，且成为运河沿线水患治理的重点之一。

在里下河地区的治水过程中，出现了不少水利方面的官私著述，主要可以分为三类：一是考证其水利治理的历史与河道变迁的著作，如明代胡应恩的《淮南水利考》、清代刘宝楠的《宝应图经》；二是专门针对这一地区水利治理，研究讨论治理策略的著作，如明代陈应芳的《敬止集》、清代张鹏翮的《治下河水论》、刘台斗的《下河水利集说》、朱楹的《下河集要备考》、冯道立的《淮扬治水论》、孙应科的《下河水利新编》；三是图说类，主要有清代冯道立的《淮扬水利图说》、徐庭曾的《邗沟故道历代变迁图说》。

一、考证水利治理历史与河道变迁类著作

考证其水利治理历史与河道变迁的著作，较为著名的有明代胡应恩的《淮南水利考》、清代刘宝楠的《宝应图经》。

（一）《淮南水利考》

胡应恩是南直隶淮安府沭阳县（今江苏宿迁沭阳）人，号西畹，生卒年不详，嘉靖时贡生，官至合浦知县，敕授文林郎，胡琏之孙。胡琏一门三进士、两举人。长子胡效才，正德丙子（1516）科举人，丁丑（1517）科进士，授河南道御史，擢真定府知府；次子胡效忠，正德乙卯（1519）科举人，授顺天府治中，擢京府通判；三子胡效谟，荫袭云南瀓江府知府，效谟勤于政事，精通水利，著有《复闸旧制》，为时人推重，胡渭、顾炎武等人著作中多次引用其文。胡应恩为胡效谟之子。胡效谟、胡应恩父子专攻水利方面的学问。胡应恩对淮水潮汐及海口淤塞的情况非常熟悉。

《淮南水利考》广泛收集明代万历五年（1577）以前历代史志、河渠等书中关于淮南（江苏淮河以南淮安、扬州）水利问题的论述，编年而排。该书上卷记述自《禹贡》起至南宋绍兴十四年（1144）间的淮南水利情况。其中，引用了大量历史文献，如《尚书》《左传》《孟子》《史记》《汉书》《三国志》《齐书》《宋史》《水经注》《漕运志》《治河通考》《一统志》《维扬志》等典籍，以及明朝陈瑄等有关治理淮南水利的历史记载。下卷记述南宋嘉定八年（1215）至明万历五年（1577）淮南的水利状况，引用了《嘉定山阳志》《漕船志》《治河录》《宋史》，以及丁士美《高堰记》、胡效谟《请复闸旧制书》、王宗沐《淮郡二堤记》，其中详细介绍了明代陈瑄治理淮南水利，以及淮南运河沿线堤、堰、闸、坝、涵洞、浅铺等设置等情形，是研究明代及之前淮

安、扬州一带水利史不可多得之书。

《淮南水利考》有南京图书馆藏明刻本，上海古籍出版社出版的《续修四库全书》中收录该书影印本。另国家图书馆有天尺楼抄本。前者不够清晰，后者多错字。

（二）《宝应图经》

刘宝楠(1791—1855)，字楚桢，号念楼，宝应人。嘉庆二十四年(1819)优贡生，道光二十年(1840)进士，历任文安、元氏、三河、宝坻等县知县。刘宝楠是扬州学派的杰出代表，《清代朴学大师列传》中誉刘台拱、刘宝楠、刘恭冕为“宝应刘氏三世”。

《宝应图经》卷首两卷，一是《历代县境图》，共14幅，其中“邗沟全图”，清晰标明了当年邗沟流经的路径，尤为珍贵；一是《历代沿革表》，详细介绍了西汉至明代宝应的名称、疆域等沿革情形。卷一为《城邑》，引用历代方志，介绍了历代宝应城的地理沿革。卷二为《疆域》，介绍了宝应的疆域范围，以及历代名胜之地。卷三为《河渠》与《水利》，该卷也是全书的重点，占全书的四分之一。书中详细介绍了当时已有河渠、湖泊、池塘的状况，引用大量的历史资料，对邗沟演变的历史过程进行了考证。尤其是总结了宝应境内的邗沟段自公元前486年始筑至明代万历四十一年(1613)中的十三次变迁，称之为“邗沟十三变”，使该书成为研究邗沟与里运河历史变迁的信史。卷四为《封建》，卷五、卷六为《人物》，卷末为刘宝楠次子刘恭冕于道光二十八年(1848)所作《书后》，介绍了《宝应图经》写作的过程，以及该书的重点介绍内容——邗沟的历史考证情形。

《宝应图经》辑录了《史记》《汉书》《后汉书》《三国志》等正史，《水经注》《太平寰宇记》《方舆纪要》等地理著作，以及大量的府志、县志中的相关资料，又有经过实地考察的第一手资料，详细考证了从两汉到清朝近2000年间宝应县行政区划变化、建制沿革、水系变迁等情况，尤其是京杭运河最古老的河段——邗沟的历史演变，为后人研究提供了翔实的历史资料。

《宝应图经》撰于嘉庆十四年(1809)，道光三年(1823)完成初稿，直到道光二十八年(1848)才定稿刊行。《宝应图经》有清光绪九年(1883)淮南书局刻本。2015年广陵书社出版《扬州文库》收录了该书的影印本。

二、 研究讨论里下河地区水利治理策略类著作

专门针对研究讨论里下河地区水利治理策略类的著作，较为著名的有明代陈应芳的《敬止集》、清代张鹏翮的《治下河水论》、刘台斗的《下河水利集说》、朱楹的《下河集要备考》、冯道立的《淮扬治水论》、孙应科的《下河水利新编》。

(一)《敬止集》

陈应芳(1543—1610)，字世龙，一字元振，号兰台，南直隶泰州卫(今江苏泰州)人。万历二年(1574)进士，陈应芳先后出任金华县和龙泉县的县令、浙江提学佥事、八闽布政司参议、河南按察司副使、太仆少卿等职。后年老归乡。

《刻敬止集序》中说，陈应芳“家泰州，濒河、海，每岁横溢，漕挽商舶之行弗利也，当事者议筑堤以防之。夫役财之费，经理至悉矣，元振犹为地方虑也，于是条列数千言上之于朝，大意谓工不欲缩，缩必暗派；财不欲省，省必空役；协济不欲偏，偏必独累，三者均为地方患，请加酌议”。于是他在《敬止集自引》中说道：“余也生于其乡，适丁其穷，不得已，披腹心，抒肝胆，为百姓请命，绘之图以昭晰其委，著之论以曲畅其说，灾木而代父老一言，冀当路有所考焉。”

《敬止集》卷首有万历乙未(1595)四月徐即登撰《刻敬止集序》，万历丙申(1596)四月陈应芳书于陪京公署的《敬止集自引》。该书卷一为图说，“图”收录了《泰州上河一》《泰州下河二》《泰州下河三》《高兴下河四》《兴化下河五》《宝应下河六》《盐城下河七》，共七幅图；“论”收录了《漕河建置一》《地方形势二》《五方

城治三》《广陵田赋四》《田赋分数五》《勘灾异同六》《水患疏数七》《减水堤闸八》《射阳诸湖九》《盐场海口十》《高堰利害十一》《正改漕兑十二》《农政专官十三》，附《泰州利病》。卷二为奏疏、公移、序文、碑文、传，卷三为尺牍。《敬止集》有明代万历刻本，清代编纂《四库全书》时被收入其中。1919 年韩国钧编撰《海陵丛刻》收录了该书。

（二）《治下河水论》

张鹏翮（1649—1725），字运青，号宽宇、信阳子，四川潼川州遂宁县黑柏沟（今属四川遂宁蓬溪县）人。清代名臣、治河专家。康熙九年（1670）进士及第，历任刑部主事、苏州知府、兖州知府、河东盐运使、通政司参议、大理寺少卿、浙江巡抚、兵部右侍郎、左都御史、刑部尚书、江南江西总督、河道总督、户部尚书，雍正元年（1723），任武英殿大学士。张鹏翮主持治理黄河十年，治清口，塞六坝，筑归人堤，采用逢弯取直、助黄刷沙的办法整治黄河。康熙三十九年（1700年，张鹏翮调任河道总督。他遵从康熙的旨意，认真办理，在陶庄引河对岸筑挑水坝，解除了清口倒灌之危；拆除董安国所筑海口拦河大坝，黄水畅流入海，达到漕运和民生两利的效果。《治下河水论》介绍了康熙年间下河地区水患治理的策略。对今天的治河工程也仍有重要的参考价值。《治下河水论》有民国陈恒和书林的《扬州丛刻》本。

（三）《下河水利集说》

刘台斗，字建临，宝应人。清代学者刘台拱弟，少而敏悟，乾隆五十一年（1786）举人，嘉庆四年（1799）进士，官工部营缮司主事。刘台斗传经学于其兄，尤究心于水利，凡治河得失，漕输利弊，无不洞悉源流。进士及第后，持服家居，讲求尤确。两江总督铁保、南河总督徐端上奏，将其留在江南河道，协塞减坝，奉旨以同知用。当时正逢黄河溢入射阳湖，众议有欲因势改建新河，由射阳入海者，台斗作议驳之，乃弗果行。十二年(1807)，署江西吴城同知。在任二年，补瑞州铜彭营同知，以病乞归。十八年(1813)，补原官，奉檄总运事，以劳顿卒。刘台斗未第时，即勇于为义，浚宋泾河，以溉民田，治城北刘潭筑堤，以捍水患。

《下河水利集说》记录了刘台斗汇集的有关下河水利的论述。上卷分建堤束水、疏通海口、运河东堤最要闸座、湖荡去路最要河道、范堤出水最捷闸座等五类，下卷分分泄入江、宣泄异涨、湖河递减三类，提出治河先治淮的观点。《下河水利集说》有清抄本。2006年广陵书社出版《中国水利志丛刊》收录该书影印本。

(四)《下河集要备考》

朱楹，字春腴，今浙江省湖州市长兴县人，嘉庆七年(1802)入赀授江南邳北通判，道光年间扬州府粮河通判，道光六年(1826)承挑下河，迁山盱同知，历署江南河库道、徐州知府，授淮安知府致仕归。

《下河集要备考》主要收录了顺治九年(1652)至嘉庆十九年(1814)有关下河治理的上谕和奏疏，主要选自《治河方略》《江苏下河钞本》《行水金鉴》《河防志》，各州县志乘诸书，并《南河成案》等书。其中，第一册收录了顺治九年(1652)至雍正十一年(1733)的上谕，以及靳辅、汤斌、孙在丰、凯音布、王新命、桑格、张鹏翮、范时绎、高斌等奏疏。第二册收录了乾隆元年(1736)至十年(1745)的上谕，以及赵宏恩、许容、那苏图、白钟山等奏疏。第三册收录了乾隆十五年(1750)至二十八年(1763)的上谕，以及高斌、傅恒、白钟山、嵇璜、尹继善、高晋、刘统勋、庄有恭等奏疏。第四册收录了乾隆三十一年(1766)至嘉庆十九年(1814)的上谕，以及李宏、高晋、裘曰修、铁保、戴均元等奏疏。书后有道光七年(1827)六月署扬州府粮河通判朱楹的按语，较为详细介绍了清初至嘉庆十九年(1814)淮扬一带河道治理的历程。通过《下河集要备考》中收录的这些有关下河治理的上谕和大臣的奏疏，可以了解到当时治理里下河水利的不同思路和措施及其得失。《下河集要备考》有清抄本。2006年广陵书社出版《中国水利志丛刊》收录该书影印本。

（五）《淮扬治水论》

冯道立（1782—1860），字务堂，号西园，江苏省东台市时堰镇人。道光元年（1821）恩赐为贡生，候选直隶州州判，咸丰元年（1851）制科孝廉方正，例授承德郎。青年时代的冯道立每见淮水泛滥，河湖四溢，水乡人民饱受水患之苦，便立志治水为民造福。他认真研究水利，常到实地勘察，参加过水利工程。为治理里下河地区的水患作出了很大贡献。他一生写有许多水利专著。

《淮扬治水论》与冯道立的另一著作《淮扬水利图说》相表里。《淮扬治水论》曾作为《淮扬水利图说》的附录刊行于世，汪本林《〈淮扬治水论〉跋二》说："往岁林与诸砚友曾将《水利图说》校订付梓，兹承镜湖叶君命，将《治水论》附刊于后，俾观图者互相对证，庶几一目瞭然，不致有迷津之叹。"《淮扬水利图说》以图为主，配以说文，较全面地体现了冯道立的治水思想，特别是淮扬一带的水利治理理念和方略。在《淮扬治水论》中，冯道立则概括出"治水之道，不出'疏''畅''浚''束'四法"。曾国藩任两江总督时，派遣两淮泰州分转杜筱舫亲临冯府访求《淮扬水利图说》，认为："迄今谈水利者犹奉为圭臬，则公之著述固名贵可珍也。"《淮扬治水论》有清道光十九年（1839）刻本，清光绪二年（1876）淮南书局刊本，民国二十二年（1933）高桢钞本，还有清道光二十年（1840）单独刊本。

（六）《下河水利新编》

孙应科（1777—约 1850），字彦之，或作砚芝、研芝，贡生，江苏高邮人，除《下河水利新编》，还辑有《四书说苑》，撰有《半吾堂文钞》。

《下河水利新编》卷首有道光三十年（1850）夏四月孙应科《下河水利新编序》，以及编纂该书的十条《例言》。在《序》中，孙应科说"迩来水患频仍，高邮首受其害，六邑次之。欣逢圣天子临御之初，即发帑金修筑漕河两岸，高邮之幸，亦六邑之幸也。科泽国余生，曷胜忭庆，夫复何言！惟是夙承祖训，桑梓敬恭，目击乡井仳离，不得不留心此事”，于是“爰广搜志乘，详述旧闻，而以鄙说附后，汇成一编，颜曰‘下河水利新编’，谨献当代大人先生钧座前。倘能俯赐览观，或蒙采摭管蠡之见，未必无补于高深云尔”。《例言》十条，分别介绍了编纂此书的标准、下河地区的范围、下河水利治理的组织与施工要求等。上卷为《七邑总述》，辑录了《皇朝经世文编》《皇朝通志》《河渠纪闻》《天下郡国利病书》《治水筌蹄》《行水金鉴》《续行水金鉴》等书中关于下河地区水利的论述，将里下河高邮州、兴化县、宝应县、泰州、东台县、盐城县、阜宁县七州县水利进行了总体论述。中卷分别介绍了高邮州、兴化县、宝应县、泰州、东台县、盐城县、阜宁县七州县水利。下卷主要是辑录者孙应科个人的治河建议，收录了《拟上当事书》《挑浚下河海口议》《移坝说》《守坝辨》《六漫沟议》《范公堤议》《子婴闸考》《射阳湖考》《修复泾河闸，增置白田铺闸议》《跋〈盐城县志〉后》。卷末为道光三十年(1850)夏宝晋的《跋》，盛赞此书“荟萃群言，参以己意，条分缕晰，如指诸掌”。《下河水利新编》有清抄本。2006年广陵书社出版《中国水利志丛刊》收录该书影印本。

三、图说类

图说类较为著名的有清代冯道立的《淮扬水利图说》与徐庭曾的《邗沟故道历代变迁图说》。

(一)《淮扬水利图说》

《淮扬水利图说》内有水利图八幅，分别为《淮扬水利全图》《淮黄交汇入海图》《御坝常闭水不归黄沿江分洩图》《漕堤放坝下河筑堤束水归海图》《漕堤放坝水不归海汪洋一片图》《东台水利来源图》《东台水利去路图》《东台杨堤加高图》及其图说。其中，《淮扬水利全图》包含北起淮河，南抵长江，西起洪泽湖，东至黄海之滨的河、湖、荡、盐灶、涵闸、桥梁、城镇等水系状况与水利工程等。《淮黄交汇入海图》范围西起宿迁，东到黄河入海口，其图说提出了“故治淮之法须先治黄”“为今之计，似宜坚筑堤岸、疏通支河，且再复开沙辇、扬泥车、混江龙等物，使沙随水行，水因堤束，纵有泛涨，可由堤上各滚坝分泄支河，庶几黄不倒灌，清口之水自交会而朝宗矣”。《御坝常闭水不归黄沿江分泄图》，其图说提出“淮水入海原是正道，但近日黄河壅注，定当大开江路方是”，并主张“凡通江之路均可因地制宜，开河建闸，俾每年漕堤开放若干丈，而此数处亦增放若干丈，此不但去路一多漕堤即可永闭，而沿途分泄江口亦不患水涌难受矣”。《漕堤放坝下河筑堤束水归海图》是为了治理漕堤以东水患而绘制，其图说提出“择泾河与车逻等处，因地制宜建筑长堤二道，束水下海，庶无旁溢”。《漕堤放坝水不归海汪洋一片图》反映了漕堤放坝以后，里下河地区水患灾害的范围、受灾原因等。《东台水利来源图》展现了东台水利来源状况，即“远水与暗水、浅水三处”，指出东台水旱灾害的地理因素与人为因素。《东台水利去路图》反映了东台境内水系排海去路情形，并指出东台水患是因为古河口与王家港“两河皆为沙淤，非时常挑浚，则尾闾不通，腹胀亦难消矣”。《东台杨堤加高图》，其图说言“杨公堤始于明御使杨澄”“为淮南十一场盐艘与四方行旅要道”“今若仿兼挑之法，筑堤带挖河槽，则河深堤高，不独商旅称便，而附近田畴均有裨益”。

《淮扬水利图说》八幅图的顺序，也是冯道立有意为之。其在后记中说：“以上八图非敢遽云知津，不过管窥之见，明其大略，《总图》之后即继以淮、黄交汇入海者。明乎！淮受黄欺，欲治淮者，当先治黄也。黄水如不能御，即当大开江路，故沿江分泄图次之，江水又不能容，则非开漕堤不可，即宜用筑堤束水法，庶不致散漫无归，故筑堤图又次之，若夫江海既皆不通，而漕堤之东又无高堤，则上坝一启，水即四散，田园淹尽，始至范堤，而汪洋一片之景象成焉。是图也，统计九州县地，周围可千有余里，水天一色，莫辨津涯，民间屋庐邱墓随水漂泊者不可胜数，仁人君子当亦有目击心伤者矣。至于东台僻处东隅，不过维扬一小县，然来源去路与运堤、马路等处亦予剥肤灾也。”《淮扬水利图说》有清道光十九年(1839)精刊朱墨套印本。2004 年线装书局出版《中华山水志丛刊》收录该书影印本。

（二）《邗沟故道历代变迁图说》

徐庭曾，字庆孙，扬州甘泉（今属江苏扬州）人，具体事迹不详。《邗沟故道历代变迁图说》前有光绪三十年（1904）作者《自序》，后为图八幅，依次为《邗沟故道图》《邗沟初变图》《邗沟再变图》《邗沟三变图》《邗沟四变图》《邗沟五变图》《邗沟六变图》《邗沟七变图》，并依次附图说一篇，考证了古邗沟从开凿至清代光绪年间的七次大的变迁。《邗沟故道历代变迁图说》对春秋以来邗沟的变迁做了较为清晰地论说与考证，对了解邗沟的历代变迁有一定的参考价值。《邗沟故道历代变迁图说》有光绪三十年（1904）刻本。2004 年线装书局出版《中华山水志丛刊》收录该书影印本。

总之，里下河地区的水利问题，虽然是明清两代朝野共同关注的问题，但由于受时代与科技水平的局限，不可能得到根治。直到中华人民共和国成立之后，确定了淮河下游开辟入海水道的方针，随着入江水道、入海水道等行洪渠道的建成，这一地区的水患才逐步得以缓解。然而回顾当代里下河地区水利的治理成就，其中历史积极因素或隐或现，各种官私著述中的有用观点，其积极性是不可忽视的，这也许就是所谓的前人著述的时代价值。

夹邪考：兼论邗沟东道与西道

马俊慧　胡洪海(宝应县社科联　宝应县委统战部)

一

里下河地区今指西起里运河，东至串场河，北自苏北灌溉总渠，南抵通扬运河的浅碟状低平原的地理单元。里下河地区是一个历史的地域概念，现在多称之为江淮东部地区。江淮东部地区的地域范围北自南北地理分界线，南抵长江，东至大海，稍大于历史上的里下河地区。而西缘则有不同的看法，主要有以大运河为界和以苏皖两省分界二说。然而以大运河为界，则将淮安市区、高邮市、宝应县等划属不同地理单元，以苏皖两省分界则将南京市划属不同地理单元。故需对今大运河以西、苏皖两省分界线以东区域的地理、历史、人文做综合考察。而这一考察的核心，便是里运河的形成。

里运河的形成是邗沟西道变迁的产物。汉末陈登穿沟是邗沟西道形成的开始，宋代河湖分开则是里运河形成的关键。由宋至今里运河演变的历史是清晰的，而宋以前邗沟的改道与演变，由于史料相对缺乏，则存在着诸多似是而非之处。而所有这些似是而非之处的众说纷纭，又与夹邪地望的不清有着重大关联。

夹邪，一作夹耶，作为地名，见于《水经注》，熊会贞言“其地无考，当在今宝应之北，山阳之南”①。夹邪与淮扬间古运河的中渎相关，探明其地望，对于研究京杭大运河淮扬段的历史变迁有重要价值。

历史上，对夹邪的地望作过专门研究的，是清代宝应籍的学者刘宝楠。他在《宝应图经》中详细考证了淮扬间古运河在宝应境内水道的历史变迁，概括为“邗沟十三变”。关于夹邪，他说：“夹耶不见史志，当是射阳、白马二湖之经流……黄浦闸岸即吴王所筑堰，黄浦溪其夹耶欤！”② 黄浦溪为今宝应县大溪河故道，东西横贯于县域北部。又说：“晋兴宁后水道由南而北者，自樊梁湖出津湖南口入兴宁渠，出津湖北口入夹耶，过白马湖入中渎……隋以前，射阳、白马二湖之间有支渠，曰夹耶，今黄浦溪其遗迹；津湖、白马二湖之间有支渠，曰夹耶，今宋泾河其遗迹。隋时夹耶在安宜县东北，唐迁今治，北枕白马湖，夹耶始贯城中……宋时，津湖之北古夹耶河汇为范光、清水二湖……宋泾河南接清水湖，北入白马湖，统名运河。”③ 樊梁湖、津湖今汇为高邮湖，安宜故城为汉平安城，在今宝应县城西南六十里，即今大运河西高邮湖北端，宋泾河在今宝应城内，南北纵贯老城区。故知此夹邪在今宝应县西域，又于老城区南、北端两度穿越今大运河。概言之：夹邪为水名，有三条水道，即黄浦溪故道、宋泾河故道，以及宋时汇为范光、清水二湖的古夹耶河，分别由今射阳湖、高邮湖始，汇于宝应县与淮安市交界的白马湖。

刘文淇据《淮安府志》“旧无溪”的记载，对刘宝楠“夹耶即黄浦溪”的推断提出疑问，说“是明中叶黄浦始有溪，以前未有也，则不得谓夹耶即黄浦溪矣”④。明时无溪不能说明汉时无溪，而“高家堰溃决，此地当其冲，屡塞屡坏”⑤ 恰提示曾为水流故道，故“旧无溪”当视为乃“旧有水道，无溪”之省称。

---

① 杨守敬，熊会贞. 水经注疏[M]. 南京：江苏古籍出版社，1989：2558

② 刘宝楠. 宝应县图经[M]//中国方志丛书. 台北：成文出版社，1966-1970：282-283.

③ 刘宝楠. 宝应县图经[M]//中国方志丛书. 台北：成文出版社，1966-1970：286-290.

④ 刘文淇. 扬州水道记[M]. 扬州：广陵书社，2011：4.

⑤ 叶长扬，顾栋高. 淮安府志[M]//续修四库全书：第699册. 上海：上海古籍出版社，2002：575.

二

刘宝楠对于夹耶的误判在于误读了郦道元《水经注》。郦云:“中渎水自广陵北出武广湖东、陆阳湖西,二湖东西相直五里,水出其间,下注樊梁湖。旧道东北出,至博芝、射阳二湖,西北出夹邪,乃至山阳矣。”① 若“旧道东北出,至博芝、射阳二湖”与“西北出夹邪,乃至山阳矣”连读,则黄浦溪与夹耶合;若“旧道东北出,至博芝、射阳二湖”为“自广陵北出武广湖东、陆阳湖西,二湖东西相直五里,水出其间,下注樊梁湖”的补充说明即注中注,则夹耶当为宋泾河故道或宋时汇为范光、清水二湖的古夹耶河。二者必居其一而不得并立,此刘宝楠之误也。

刘文淇说:“建安以前,邗沟运道由邵伯入艾陵湖,出高邮武广、渌洋二湖之间下注樊良湖。又由樊良湖东北出,至宝应博支、射阳二湖西北,出夹耶入淮。”② 不过是将刘宝楠由射阳湖西通白马湖之“夹耶”改为北通淮水之“夹耶”而已。此说影响甚大,田余庆先生《汉魏之际的青徐豪霸》一文即采此说。又说:“谓邗沟水又由射阳达白马湖,是误合《汉志》《水经》而一之。”③ 指刘宝楠以“(淮水)又东过淮阴县北,中渎水出白马湖,东北注之”④,合“渠水首受江,北至射阳入湖”⑤ 而一之。且不论其夹耶地望同刘宝楠一样,与郦注之下文“因穿樊梁湖北口,下注津湖径渡,渡十二里方达北口,直至夹邪”⑥ 不合,其对建安以前邗沟运道的解读,更是误合《汉志》与《水经注》而一之。

---

① 陈桥驿.水经注校证[M].北京:中华书局,2007:714.
② 刘文淇.扬州水道记[M].扬州:广陵书社,2011:4.
③ 刘文淇.扬州水道记[M].扬州:广陵书社,2011:4.
④ 陈桥驿.水经注校证[M].北京:中华书局,2007:713.
⑤ 班固.汉书[M].北京:中华书局,1964:1638.
⑥ 陈桥驿.水经注校证[M].北京:中华书局,2007:714.

刘宝楠的误判，就是因为忽略了夹邪是在津湖北口之北，黄浦溪故道的地望与此不合。故“旧道东北出，至博芝、射阳二湖”只能为“自广陵北出武广湖东、陆阳湖西，二湖东西相直五里，水出其间，下注樊梁湖”的补充说明。依刘文淇的解读，“旧道东北出，至博芝、射阳二湖”就成了“西北出夹邪，乃至山阳矣”的注中注，当置于其下。致误之由就是他认为“邗沟，一名渠水，一名中渎水，一名合渎渠，一名山阳浊”①，导致其对“吴城邗，沟通江淮”的杜预注“于邗江筑城，穿沟，东北通射阳湖，西北至末口入淮”② 视而不见。

其实，春秋邗沟水道，史籍中多有记载。宋祝穆《方舆胜览》引唐李吉甫《元和郡县图志》：“昔吴王夫差将伐齐，北霸中国，自广陵城东南筑邗城，下掘深沟，谓之邗江，亦曰邗沟，自江东北通射阳湖。今谓之官河，亦谓之山阳浊。”③ 乐史《太平寰宇记》云：“浊水，今谓之山阳浊。东南自州郭下，西北流经县北，流入于淮，即古之邗沟。……旧水道屈曲，多诸梁埭，隋文帝重加修掘通利焉。”④《通鉴·陈纪十》祯明元年“夏四月于杨州开山阳渎以通运”，胡三省注曰：“杨州治广陵，山阳县属焉。按《春秋》‘吴城邗，沟通江淮’，山阳渎通于广陵尚矣，隋特开而深广之，将以伐陈也。”⑤ 皆认为山阳渎是循邗沟东道所开。朱偰在《中国运河史料选辑》中也承此说：“山阳渎南起江都（今江苏扬州），北至山阳（今江苏淮安），沟通江、淮，大体上用的是吴邗沟故道。”⑥ 此外，宋人程大昌《禹贡后论》，邗沟“南起江而北通射阳湖以抵末口（入）淮者，吴故（渠）也。隋开皇七年开山阳渎以通漕运，山阳今楚州也，比射阳末口则为西矣”⑦，只是认为开皇邗沟入淮处的一小段，与春秋邗沟有所不同。刘文淇则言“隋文帝于扬州开山阳渎，盖由茱萸湾至宜陵镇，达樊汊，入高邮、宝应山阳河，以达于射阳……其开宜陵之山阳河，由里河

---

① 刘文淇.扬州水道记[M].扬州:广陵书社,2011:2.

② 孔颖达.春秋左传正义[M]//十三经注疏:下册.北京:中华书局,1980:2165.

③ 祝穆.方舆胜览[M]//中国古代地理总志丛刊.北京:中华书局,2003:793.

④ 乐史.太平寰宇记[M]//中国古代地理总志丛刊.北京:中华书局,2007:2462.

⑤ 司马光.资治通鉴[M].上海:上海古籍出版社,1987:1168.

⑥ 朱偰.中国运河史料选辑[M].南京:江苏人民出版社,2017:26。

⑦ 程大昌.禹贡后论[M]//景印文渊阁四库全书:第56册.台北:台湾商务印书馆,2008:115.

（内河）以达射阳，不复由从前之运道”①，也就是说文帝所开山阳渎即今江都至宝应境内山阳河一线非沿春秋邗沟故道，这正是因为其将魏、晋所开邗沟西道当成了春秋邗沟水道。又言“宜陵之山阳河，吴王刘濞时已开通，专以运盐，非南北通行之路，隋文帝始由此道入樊汉，以通来往，炀帝又开广之”②，只因开皇邗沟南段利用了刘濞运盐河（今老通扬运河一线），便将炀帝所开大业邗沟与开皇邗沟误合为一。故江苏海洋大学滕汉洋认为，“实际上，刘文淇的观点乃是在其对山阳地名误解的基础上推导出的”“乃是以后觇前、以今隶古”“唐宋时期即认为山阳渎大体依邗沟东道而开凿的传统说法，应是符合实际的”。③

汉广陵城在今扬州城西北，上为唐子城叠压，现存遗址已经考古发掘证明。邗城位置何处，但公元前486年吴城邗，公元前473年越灭吴，其间仅十余年，杳无形迹可寻亦在情理之中。史载邗城在汉广陵城东南，据《历史时期扬州城址变迁的遥感考古研究》，“今沿山河即为春秋时期的长江河道遗留下来的痕迹”④，故邗城当在汉广陵城内之东南。里下河地区最初是由长江、淮河水系冲积形成的。盐城师范学院凌申对此作过多方面研究：“早全新世，本区受海侵影响，7—6 ka B. P. 左右海侵达到高峰，整个里下河地区成为一个大的浅水海湾；中全新世，海面相对稳定，长江、淮河等河流挟带大量泥沙入海，古海湾被岸外砂堤所包围，形成泻湖；晚全新世，海岸东迁，古泻湖演变为湖泊沼泽，在人类活动与黄河夺淮的影响下，本区逐渐演变为里下河平原。”⑤ 晚全新世指2. 5 ka，即2500年前至今。也就是说，当吴王夫差沟通江淮的时候，今里下河地区大体为湖泊沼泽。由于长江水量远大于淮河水量，所以整个里下河地区在黄河夺淮前呈南高北低，而长江口北岸成陆最早，也最高，只要在长江北岸邗城穿沟，便可引水入其东北湖河密布的里下河地区，由江达淮。春秋时代，生产力水平还很低下，从当时尚在江边的邗城

---

① 刘文淇.扬州水道记[M].扬州：广陵书社，2011：8-9.

② 刘文淇.扬州水道记[M].扬州：广陵书社，2011：9.

③ 滕汉洋.隋文帝开山阳渎考论[J].档案与建设，2021(1)：73-76.

④ 阮铮铮，王心源，韩伟光，等.历史时期扬州城址变迁的遥感考古研究[J].安徽师范大学学报（自然科学版），2010，33(2)：175-179.

⑤ 凌申.全新世以来里下河地区古地理演变[J].地理科学，2001，21(5)：474-479.

下，开一条几公里的邗沟入湖可以理解，而按照刘文淇的说法，长达数十公里，无疑是近乎天方夜谭，又不利用沿线的武广湖或陆阳湖，偏得从二湖中间穿过，则尤不可解。

1957 年 3 月，在江都的陆阳湖围垦工程中出土古代铜兵器多件，后来征集到铜剑一柄，Ⅰ式铜矛两支、Ⅱ式铜矛一支。“从这组铜兵器的历史地理或形制来看，它们极似春秋时代吴国的文化遗物。”① 这就有力说明，“昔吴王夫差将伐齐，北霸中国”是从陆阳湖中经过的，非由“二湖东西相直五里，水出其间，下注樊梁湖”的水道通过。渠水乃人工开凿水道的通名，非专名，故《汉志》称吴邗沟为“渠水”。由陆阳湖（今称渌洋湖，已基本淤为陆地）向东北进入博芝湖（今兴化郭真湖、宝应广洋湖为其遗存，“博”“郭”和“芝”“真”乃音转）、射阳湖，即杜预注所谓“东北通射阳湖”。此即今日所称之邗沟东道。

三

刘宝楠论宝应运西水利时说：“唐以前，渠水高而淮水低，渠水辄泄入淮，梗运道，于是筑埭以蓄水、筑堰以束水，民田灌溉苦无水，故魏陂白水、唐辟诸泾，地形之高仰可见矣。”② 陈登穿沟前三百余年刘濞筑堰黄浦溪缘此，陈登穿沟近二百年后谢安邵伯筑埭亦缘于此。此二节刘宝楠《宝应图经》、刘文淇《扬州水道记》各论之甚详，不具述。谢安筑埭是武广湖（即今邵伯湖）形成的关键，也是邗沟西道今邵伯湖段的源头。而刘濞筑堰则使西来之水不至下泄，为陈登“更凿马濑”后白马湖的形成创造了条件。西道初开时，水量尚未充沛，故魏黄初六年（225）曹丕为舟师东征广陵，冬天退兵至精湖（即津湖），才会“战船数千皆滞不得行”③。

① 陈达祚，朱江．邗城遗址与邗沟流经区域文化遗存的发现［J］．文物，1973（12）：45－54.
② 刘宝楠．宝应县图经［M］//中国方志丛书．台北：成文出版社，1966－1970：293－294.
③ 陈寿．三国志［M］．北京：中华书局，1959：451.

谢安筑埭使邗沟所引江水不入“淮湖纡远”的东道而入山阳“已”通的西道，则进一步改善了今运河沿线及运西地区“水陆异路”的旧状。至于“二湖东西相直五里，水出其间”，也并非只能解读为武广湖、陆阳湖之间有一条南北向水道，亦可解读为两湖之间有多条东西向水道相接。刘文淇考证：“是召伯上下置埭非一处矣。”① 埭既非一处，埭与埭之间当然可以有水通流，故由“武广湖东，陆阳湖西”均可以“下注樊梁湖”。当时邗沟西道东侧非如今日之运河东堤为通衢大道也。

检《水经注》以“邪”名地者，“琅邪”最著。计22见，作为山名仅2见，余均为地名。又“琅邪郡”2见、“琅邪王”“琅邪国”各1见，亦地名；“琅邪台”“琅邪山”各1见，乃以地名山、名台。可见“琅邪”为山名，乃“琅邪山”之省也，绝不见以琅邪为水者。唯“琅邪渚”1见，为洛水入河之北的地名，虽不为琅邪之地，而其地并无水名“琅邪”者。另有“莫邪山”3见，“南邪山”1见，亦为山名；“涿邪水”2见，乃“涿水枝分入匈奴者”②，“邪”同“斜”，可勿论；“若邪溪”3见(其一省作“邪溪”)，亦不以“若邪”单出名水，当指若邪之溪。据《说文》，“邪：琅邪郡。从邑牙声。”“凡邑之属皆从邑。”“邑：国也。”③《左传》：“凡邑，有宗庙先君之主曰都，无曰邑。邑曰筑，都曰城。”④ 以今言之，邑就是聚落。邪即牙邑，正如邗即干邑，有可能是拟声名邑，但更有可能是指聚落所处的地理形态。《水经注》卷三十九“深水……又西北过泉陵县，西北七里至燕室邪，入于湘。”郦注曰：“水上有燕室丘，亦因为聚名也。”⑤ 杨守敬作“又西北过泉陵县，西北七里至燕室丘，入于湘”，改“邪”为“丘”，并认为：“盖因丘作邱，又讹为邪也。”⑥ 故熊会贞疑“夹邪为夹邱之误”⑦。“邱”“丘”非一字，《说

---

① 刘文淇.扬州水道记[M].扬州:广陵书社,2011:7.

② 陈桥驿.水经注校证[M].北京:中华书局,2007:322.

③ 许慎.说文解字[M].北京:中华书局,1963:135.

④ 孔颖达.春秋左传正义[M]//十三经注疏:下册.北京:中华书局,1980:1782.

⑤ 陈桥驿.水经注校证[M].北京:中华书局,2007:913页.

⑥ 杨守敬,熊会贞.水经注疏[M].南京:江苏古籍出版社,1989:3204.

⑦ 杨守敬,熊会贞.水经注疏[M].南京:江苏古籍出版社,1989:2558.

文》："丘，土之高也，非人所为也。从北从一。一，地也，人居在丘南，故从北……一曰四方高、中央下为丘。象形。凡丘之属皆从丘。"而"邱，地名。从邑丘声。"① 故"燕室邪"即为"燕室邱"所讹，与郦注"燕室丘"也非同指。细审郦注"亦因为聚名也"，是说燕室丘因燕室邪这一聚落得名，即因聚为名，固不需改"邪"为"邱"也。甲骨文"丘"作两山之形，丘本当为高阜与低地相错的丘陵高地，邱为丘陵间的聚落，则邪本当为"牙形"即平原上低凹之地中的聚落，取牙痕低陷之义也。故琅邪为盛产琅的平原低地聚落，其处之山则为琅邪山。燕室邪为燕巢形的平原低地聚落，莫邪为草木蔽日的平原低地聚落，若邪为梳发状的多条并列的狭长形低地聚落，而夹邪乃为回环形低地聚落也。低地多有水，则为池、塘、小溪、大川也。有水的平原往往为膏腴之地，故陕西关中平原又称八百里秦川、成都平原所在又称四川也。

故夹邪的地望，当为在郦道元生活之年代及以前，今高邮湖以北、白马湖以南的平原地带，其中有回环形的低地、有水，是适于人们生存、发展的膏腴之地。考诸地形，当为今宝应湖一带也。谢灵运《撰征赋》："发津潭而回迈，逗白马以憩舲。贯射阳而望邗沟，济通淮而薄角城。"②《说文》："回，转也。""迈，远行也。""逗，止也。"③ 是说从津湖到白马湖兜了个大圈子，其必为高邮湖至白马湖之间宝应湖水域无疑。惟其时尚未成湖，其中水道于立安宜县后称安宜溪。王象之《舆地纪胜》："安宜溪，《寰宇记》云'在宝应县西南四十里'。"④ 刘宝楠《宝应图经》引嘉靖《惟扬志》注洒火湖云"西通衡阳河及赤水涧，南接安宜溪，东北入范光湖"⑤；注忠心涧云"南接安宜溪，东北入氾光湖。有赤水涧，自县西南七十里入焉，有鱼池涧，自县西南八十里入焉"⑥。这一由今金湖县三河与宝应湖结成的大回环即安宜溪沦于湖之前所经。又：贯，穿也；济，渡也；薄，迫也。角城地

---

① 许慎.说文解字[M].北京：中华书局，1963：131.
② 沈约.宋书[M].北京：中华书局，1974：1749.
③ 许慎.说文解字[M].北京：中华书局，1963：169.
④ 王象之.舆地纪胜[M].扬州：江苏广陵古籍刻印社，1991：437.
⑤ 刘宝楠.宝应县图经[M]//中国方志丛书.台北：成文出版社，1966-1970：260.
⑥ 刘宝楠.宝应县图经[M]//中国方志丛书.台北：成文出版社，1966-1970：263.

处泗水入淮处，贯射阳者即贯山阳也。当日山阳非后之山阳县，山阳本射阳县地，《晋书·地理志》言义熙七年(411)“分广陵界置海陵、山阳二郡”①，《宋书·州郡志》亦云南兖州“山阳太守，晋安帝义熙中土断分广陵立”，又说“山阳令，射阳县境，地名山阳，与郡俱立”。② 其治当在今扬州市宝应县山阳镇、淮安市洪泽区岔河镇之间。在今山阳、岔河一带穿过往日射阳县地可到达淮水，于此渡过淮河，经泗口便进入泗水。若由白马湖向北入淮，再沿淮入泗，必经淮阴故城，而谢赋毫不提及，则灵运过淮水经今洪泽区、不经今淮安城又不言自明矣。《水经》云“中渎水出白马湖东北注之”，当为黄浦溪于刘濞筑堰后水流堵积，陈登穿沟，江水又至，遂潴为白马湖，湖不能容而东北入淮，由入射阳湖而改道入淮水。入淮口即为山阳口，北辰堰所在当为山阳口，非必为末口也。中渎固为白马湖入淮之水道亦可知也。郦注言“县有中渎水首受江于广陵郡之江都县”，断句当为“县有中渎，水首受江于广陵郡之江都县”。其水来自江，非谓由江至淮皆中渎也。文淇不察，遂误合邗沟、中渎而一之。

四

刘文淇以山阳渎为春秋邗沟，是误合大业邗沟与开皇邗沟而一之。而刘宝楠又以宋泾河故道为夹邪，则是误合大业邗沟与魏晋故道而一之。大业邗沟史料不多，后世言及炀帝开邗沟，皆据司马光《资治通鉴》“又发淮南民十余万开邗沟，自山阳至杨子入江”③。“关于炀帝开邗沟一事，绝非司马光的臆造，而是源自隋唐时人已有的记载”④，而宋泾河曾为邗沟故道更是实证。唐“储光羲诗‘十里次舟

① 房玄龄.晋书[M].北京:中华书局,1974:420.

② 沈约.宋书[M].北京:中华书局,1974:1055.

③ 司马光.资治通鉴[M].上海:上海古籍出版社,1987:1196。

④ 滕汉洋.隋文帝开山阳渎考论[J].档案与建设,2021(1):73-76.

楫，二桥通往来’，二桥即今城中嘉定、广惠二桥，跨宋泾河”①。圆仁《入唐求法巡礼行记》所记开成四年(839)二月廿三日，“戌时，过宝应县管内行贺桥”。廿四日，“卯时，到宝应县白田市。市桥南边有法花院。辰时，到宝应县停驻。近侧有安乐馆。”② 可确证宋泾河为大业邗沟故道。明清宝应运河在宋泾河南北两端向西拐了个大弯，形似弓背，是宋以后筑堤捍水护城形成的。文帝开皇邗沟之山阳渎在宜陵至茱萸湾一线，而炀帝大业邗沟之山阳渎则在白马湖至宋泾河北端一线，今宝应县山阳镇名即由山阳沟地名而来。以河名“宋泾”推之，其当为南北朝刘宋所开故道，经宋泾河，便可避开“苦无水”的夹邪旧水道。唐长庆年间“发青、徐、扬三州民凿泾以溉塘”，有徐州泾、青州泾、大府泾和竹子泾，今洪泽湖、白马湖间浔河即青州泾故道，草泽河即竹子泾故道，直到南唐保大十一年仍有“楚州刺史田敬洙请修白水塘溉田以实边”③ 之举，可见宋前今运西地区缺水之状况。亦可知正如今日大运河一样，隋唐大运河于交通功能之外，亦具有灌溉功能。

所谓合渎渠，即为大业邗沟新开。乐史《太平寰宇记》于江都县云“合渎渠，在县东二里”，又于广陵县云“邵伯埭，有斗门，县东北四十里，临合渎渠”④，刘文淇据以为：“盖中渎水由广陵城北出至邵伯，皆是渠水，不由湖。”⑤ 其实，乐氏引《州图经》明言：“大业十二年分江阳，又立本化县于郡南半逻合渎渠”⑥，这段水道由茱萸湾向西直至唐城遗址，正与今扬州市区所谓古邗沟合。

刘宝楠说：“宋真宗时，毁龙舟、新兴、茱萸三堰，始筑堤建闸，以泄横流，然但有水利而无其害也。至神宗熙宁十年，河大决于澶州曹村澶渊，北流断绝，河道南徙……河既分流入淮，淮不能容，潴蓄洪泽湖；洪泽湖亦不能容，则横灌宝应、高邮诸湖；诸湖亦不能容，则涨溢溃决。于是河心拦水埭堰，改为两岸捍

---

① 刘宝楠. 宝应县图经[M]//中国方志丛书. 台北：成文出版社,1966-1970:289-290.
② 圆仁. 入唐求法巡礼行记校注[M]. 白化文,李鼎霞,许德楠,校注. 石家庄：花山文艺出版社,1992:120.
③ 顾祖禹. 读史方舆纪要[M]//中国古代地理总志丛刊. 北京：中华书局,2005:1140.
④ 乐史. 太平寰宇记[M]//中国古代地理总志丛刊. 北京：中华书局,2007:2447.
⑤ 刘文淇. 扬州水道记[M]. 扬州：广陵书社,2011:58。
⑥ 乐史. 太平寰宇记[M]//中国古代地理总志丛刊. 北京：中华书局,2007:2447.

水堤防，堤高水峻，田庐在其下，恐冲决淹没，于是两岸置闸，泻其盛涨，而江淮始苦水矣。”① 今京杭大运河淮扬段源于沟通江淮之春秋邗沟，汉魏之际由于今运西地区农业灌溉所需蓄塘开泾，邗沟西道逐步形成，至隋唐终成南北交通之命脉，同时亦成为今运河两岸当日人民之“灌溉总渠”。宋代以后黄河夺淮，运西形成“高宝诸湖”，由于治水而修筑“越河”和“截湖为河”，几经改道，才演变为后来的里运河。

里下河地区地理面貌和人民生存环境的变化，是同邗沟的变迁息息相关的，旧里下河地区的交通格局，邗沟东、西道湖群人居的形成与消失，可以说都是邗沟变迁的结果。若是单纯从地理上划分，里下河地区西以里运河为界并无不妥。然而地理面貌和生存环境的变化，必然带来该地区人民生业和劳作即生存方式的变化和人文精神的变化，从文化的意义上看，邗沟西道所经地域，历史性地应成为里下河地域文化研究的对象和组成部分，以里运河为西界不仅割裂了历史，也从而破坏了里运河地域文化的完整性。研究里下河地域文化的范围应超出里下河地区，而以江淮东部地区为基准，西线应包含今日的运西地区，北线应前出至今废黄河(即古淮水)北岸。具体说，即今扬州、泰州、淮安、盐城以及南通五市。

邗沟东道和邗沟西道是里下河的两河流域，这片土地上的人民，正是在开凿、治理两河的斗争历史中，形成了具有鲜明特点的里下河地域文化。这样的历史和文化底蕴，是里下河人民的宝贵精神财富，同“至今千里赖通波”的大运河一样，将永远遗泽于这片土地上的人民。

① 刘宝楠.宝应县图经[M]//中国方志丛书.台北:成文出版社,1966-1970:294-295.

文化同归下的圩田景观文化比较

——以里下河圩田与贝姆斯特圩田为例

吴雨涵（南京农业大学人文与社会发展学院）

在我国农耕民族开发新土地的过程中，“圩田”作为一种中国南方地区特有的，通过修筑圩堤“内以围田，外以围水”的水利田范式，促进了农业经济的发展。里下河地区的圩田是我国南方最具规模的一例。数千年来，江河湖海的交错作用、水利工程设施建设、农业开垦及人居活动造就了里下河地区典型又独特的圩田景观，更创造出无可替代的里下河文化。里下河“兴化垛田”还成为世界灌溉工程遗产和联合国粮农组织确定的全球重要农业文化遗产（GIAHS）的“双遗产”名片。其实，圩田并非我国独有。现代的“圩田（polder）”概念源于17世纪的荷兰语“polre”。在欧洲的低地之国荷兰，尼德兰人也善于营造圩田。荷兰北部的贝姆斯特圩田作为“世界农业文化遗产”，记录着人类与水环境长期协同进化和动态适应的证据，和里下河圩田一样令人痴迷。

近年来，学界对圩田的研究热度不减，但国内外学者多是把圩田看作是一种水利工程现象及历史演进过程而进行研究，将圩田视为一种景观文化进行国内外类比的研究尚有欠缺。本文在中西文化同归的视域下，针对里下河腹地圩田与荷兰北部贝姆斯特圩田的水文地理和人工干预历史脉络进行比较，探讨中荷两地圩田水利设施、圩田景观发展与演变的动力，阐述水利系统、农耕系统和聚落系统之间的内在关系与特征，通过总结中荷两国圩田景观的共性和差异，为里下河地区圩田景观文化的保护和可持续发展提供启发和建议。

一、 里下河圩田景观发展的历史脉络

圩田不仅仅是可观可游的景色，同时也是可供展示的文化。里下河地区和荷兰贝姆斯特地区在水文地理环境、人居聚落环境发展的清晰历史脉络揭示了圩田景观文化发展和演变的动力，揭示了百年来劳动人民与自然环境之间相互博弈、相互选择、相互适应的古老智慧。

（一）里下河水文地理变迁：浅滩—潟湖—湖泊群—湖沼—自然水网

里下河，指的是江苏境内沿海江滩湖洼内的低洼平原，北至苏北灌溉总渠，南至通扬运河，东抵串场河，西侧以里运河为界，覆盖扬州、泰州、南通、淮安、盐城等主要城市。在地质环境运动和水文条件变化的双重作用力下，里下河大致经历了由海湾浅滩到古潟湖，进而变成湖泊群，并最终变成湖荡沼泽密布的自然水网平原的历程。

经考古证实，距今六千多年前，里下河平原还是一片浅滩。伴随着洋流运动和泥沙淤积，沿着海岸线逐渐形成沙堤，浅水海湾逐渐发展为古射阳潟湖。① 潟湖是指海的边缘地区，海水受到不完全隔绝或周期性隔绝而引起水质咸化或淡化的局部海水水域。在沙堤冲刷积累下，古射阳潟湖逐渐由半封闭的海缘地带转化为全封闭水域。海浪与泥沙经年累月的作用也奠定里下河周边高、中间低的基本水文格局。到唐宋年间，由于捍海堤阻碍了海水的入侵，江淮积水难以排泄，封闭的潟湖也自然地沉淀为大大小小的湖泊群。南宋建炎二年（1128）至清咸丰五年

---

① 凌申.历史时期射阳湖演变模式研究[J].中国历史地理论丛,2005(3):73-79.

(1855)黄河夺淮的700余年里，黄河所携带的泥沙被输送到里下河平原。① 在泥沙的沉积和淤浅作用下，一些互不相连的小型湖沼与陂塘逐渐出现，湖荡沼泽特征逐渐显现。常年的海沙沉积与河泥淤积也影响着里下河的土壤母质，形成了以长江冲积母质、黄淮冲积物、老冲积黄土性母质、湖淀沉积母质、沿海海岸冲积母质5种平原典型土质，② 决定了里下河圩田的格局发展。

（二）里下河圩田的人工干预历程：筑堤圈圩——百年辛勤兴造

为了抵御海水入侵和控制上游来水，里下河平原构筑了较为完备的海堤、运堤与河道防洪体系，这是圩田景观发育的基础。根据《新唐书·地理志》记载，唐大历二年(767)，在今江苏盐城市至阜宁县间串场河东岸，淮南西道黜陟使李承主持修筑“常丰堰”，“置以溉田”。宋天圣元年(1023)，张纶、范仲淹在屡圮屡筑的常丰堰的基础上，在盐城经泰州海陵、如皋至通州海门长582里海岸线上筑捍海堰，后统称“范公堤”。③ 范公堤在阻止海潮入侵的同时，也在一定程度上影响了里下河地区积水外排能力。

隋朝以后京杭运河贯通，为了调节运河水位，历代不断修建各种水利工程。到了宋代，朝廷执着于黄河改道也对运河流域产生影响。明清两代，为保障漕运，让里下河平原成为众水归海的必由之路。一到汛期，“内若釜底，外若建瓴”的里下河成了水涝严重的四水汇集之处。能够防洪排涝、通渠入海的水利设施成为保障人们生活的刚需。明朝初年，朱元璋下诏“驱逐苏民实淮扬二郡”，江南民众被迫迁徙到里下河平原，他们为里下河地区带来了太湖流域筑塘建圩的先进经验。广大的劳动人民开始规模化地围筑圩堤，在串场河以西、兴化东塘港以东有“昉

---

① 吴必虎.黄河夺淮后里下河平原河湖地貌的变迁[J].扬州师院学报(自然科学版),1988:132-138.

② 江苏省农业厅.江苏省里下河地区土壤调查报告[R].1957:9-11.

③ 胡应庚,陈钟凡.续修盐城县志:卷十五[M].盐城:盐城同乡会,1936:124-125.

自乾隆初年嘉道以来，筑者踵接”① 的描述。为调节人与水和环境的关系，千年来筑堤圈圩的兴造建设日渐兴盛。里下河腹地圩田格局从东部高爽地区向里下河全域逐步覆盖。

民国时期，里下河圩田的开挖、疏浚等水利建设仍未停止。新中国成立初期，里下河腹地的水域面积 3048 平方公里，随着运河大堤和通海四港等大型水利设施的建设，里下河地区的洪灾得到了有效控制，古代圩堤的实际防洪功能逐渐弱化，稳定的水网平原环境让里下河区域的圩田农业开垦模式得到了有机生长。

二、 贝姆斯特圩田景观发展的历史脉络

（一）贝姆斯特圩田水文地理变迁：泥滩—潟湖—湖泊群—内陆湖

西谚曰：“上帝创造了荷兰人，荷兰人创造了荷兰。”荷兰“The Netherlands”直译为“尼德兰”，意为“低地之国”。荷兰的绝大部分土地都是洋流冲刷出的三角洲以及与里下河地区形成条件相似的潟湖土地。从 13 世纪开始，荷兰人就意识到围堤筑坝、填海造田可以增加耕地，扩充生存空间。荷兰人在数百年与水抗争的过程中积累了丰富的智慧，与里下河的治理智慧星月交辉，相映成趣。

贝姆斯特湖位于荷兰北部的诺德省（北纬 52°32′，东经 4°55′）所处的沿海地区，是与瓦登海沿岸相互连接一直延伸到丹麦西南部的泥滩系统。圩田的整体范围即环绕着约 72 平方公里的贝姆斯特湖，“Beemster”得名于这个区域内一条名为“Bamestra”的小河。从自然特征来看，贝姆斯特圩田的轮廓源于自然泥炭湖泊。公元前 800 年前，今天看到的广袤湖区仍为厚厚的泥炭所覆盖。到了欧洲中世纪末期，区内的泥炭被人们挖掉。受到风暴、洪水和沼泽河流的侵蚀，Bamestra 这条小

① 郑之桥，赵彦俞. 重修兴化县志：卷十[M]. 南京：凤凰出版社，2014：78-79.

河逐渐扩大，中间形成一片狭长的水域和宽阔的河入口。通过涨潮和逐渐溢出的低洼泥炭斑块，滨海潟湖逐步转变为一个显著的与须德海自由连通的内陆湖。17世纪初，由于海水和海风的侵蚀，荷兰政府不得不决定进行大面积的围湖开垦以应对可耕地大量短缺的问题。1607 年，阿姆斯特丹北部陆地开垦活动中，贝姆斯特成为围垦的一系列湖泊面积中最大的一个。①

荷兰的圩田依据土质，可以分为海洋黏土圩田、泥炭土圩田、河流圩田以及艾塞尔湖周边圩田。贝姆斯特圩田是典型的泥炭土圩田。由于圩田土质良好的持水、吸水性能，且含有大量的分解不充分的植物残体，这也决定了贝姆斯特圩田的农业发展格局。

（二）贝姆斯特圩田的人工干预历程：湖泊复垦—科技资本助推

与里下河地区始于明初的大规模的造圩活动相比，贝姆斯特圩田的人工干预历程要晚数百年。贝姆斯特圩田的设立最早可追溯到 17 世纪，是荷兰最古老的填海区。17 世纪初，荷兰政府主导了这个工程。阿姆斯特丹的商人和高级政府官员负责筹措资金，一种湖泊复垦的独特生产方式被开创了出来。

1607—1612 年，土地复垦工作完成。新开发的土地海拔低于海平面 3.5 米。按照 17 世纪欧洲人对生存环境和谐关系的理想图谱，肥沃的泥炭土地按照规划被分割成一个个长 930 米、宽 185 米的长方形网格。矩形的小块土地是工程师的刻意规划，以便于租赁给以耕地和放牧为生的农民，同时也便于统一管理。

贝姆斯特圩田的湖泊复垦工作的快速达成，主要得益于 15 世纪风力驱动抽水磨坊的发明。16 世纪，风车旋转帽的发展使得对大湖泊的排水成为可能。17 世纪初，西蒙·斯特发明了一套由 3—4 个风车组成的工程装置，通过风能来进行湖泊排水，高效且节约人力。到了 19 世纪后期，风力排水法被蒸汽机排水法取代，圩

① Van der Ven. Man-made lowlands. History of water management and land reclamation in the Netherlands[R]. Utrecht: International Commission on Irrigation and Drainage, 2004.

田排水由抽水站完成。步入 20 世纪，排水装置被转换为柴油动力。①

三、 圩田景观演变动力与景观文化解读

从水文地理变迁、人工干预历史这两条主线去梳理里下河与贝姆斯特圩田景观发展的历史脉络，我们可以看到，无论东西方，圩田景观发展与演变的首要驱动力来自先民对治理水患、抗灾减灾的客观需要。〔咸丰〕《重修兴化县志》记载，自南宋黄河改道南侵，里下河水患频发。“四湖”“三河”及“一海”诸水投塘，人民生活在上游来水和下游海潮的夹击中，人工治理、改造自然是唯一出路。贝姆斯特圩田的营建也是如此。在海水与海风侵蚀的恶劣条件下，居民活动只能局限于气候多变、土地贫瘠、生活不便的山丘之上。围湖造田、湖泊复垦便是最优之选。

圩田景观发展与演变的另一驱动在于追求生活品质和经济效益的双重赋能。里下河圩田农业用地作为次生湿地，水陆边缘效应明显，丰富的生物多样性带来的农业经济效益极高。《戒庵漫笔》曾记载，圩区的分级分区综合利用可获得数倍于普通种植的利润。兴化垛田、桑基鱼塘等农业系统作为圩田土地利用的特色模式，生态和经济效益更高。圩田景观发展还使宗族社群凝聚。在串场河(古范公堤)一带，南宋出现了沿灌溉水渠方向散布的小规模村落(散村)，构成了乡村聚落的原始形态。在木炭资源并不丰富的贝姆斯特，人们发现了泥炭土种植谷物和油籽的优势，因而确定了农牧结合的最佳圩田利用方式。富裕的农产品也帮助荷兰在 14 世纪下半叶实现了人口的快速增长。

圩田景观发展与演变的根本驱动在于人的积极干预与改造欲望。在世界范围

---

① Droogmakerij de Beemster(Beemster Polder) NETHERLANDS [M]. UNESCO Region: EUROPE AND THE NORTH AMERICA. WHC Nomination Documentation, 1999: 889.

内，圩田的形式大致可归纳为低洼地围垦、近海产生湖泊排水后产生这三类圩田景观。① 虽然里下河地区和贝姆斯特地区圩田在自然条件上差异明显，但人类在圩田发展过程中起到的作用是决定性的。正如地理学家卡尔·索尔(Carl Sauer)所说："文化是催化剂，自然是媒介，形成的文化景观就是结果。"② 景观是人类与自然因素相互作用的结果，是"当地自然环境、知识技术与管理之间的相互作用下产生"。虽所处时代和社会体制不同，但中荷两地对自然改造的热情是一致的。南宋诗人项世安诗中写道："港里高圩圩内田，露苗风影碧芊芊。家家绕屋栽杨柳，处处通渠种芰莲。"据此亦可想见贝姆斯特圩田中训练有素的专业人员忙碌的身影。

近年，传统的景观文化解读的"范式"正在转型。对景观文化的解读应当叠加自然、栖息地、艺术、生态系统、思想体系、历史、场所和美学意识。③ 阐释景观在时间和场所上的关联，并在宏观、中观和微观尺度上分析自然要素和人工物产之间相互交错的关系，以景观变迁为抓手来了解人类深入自然系统并以实践持续干预自然的证据，是制定景观文化保护策略中最为重要的前提。

（一）里下河圩田景观文化解读

1. 自然斑块："水—田"交错的农田景观肌理

自唐大历年间，里下河地区受先后修筑的常丰堰、沿湖运堤等水利设施的外部要素影响，里下河腹地兴化地区的圩田也逐步形成东部高爽区域建大圩、中部低洼区域布小圩和西部湖荡区域零散圩—垛田的自然肌理特色④。东部的大圩地

---

① Centre for Civil Engineering Research and Codes(CUR) Hydrology and water management of deltaic areas[R]. Rotterdam:Balkema,1993:230.

② Sauer,C. O. 'The morphology of landscape' In J. Leighly(Eds.) Land and life[M]. A selection from the writings of Carl Ortwin Sauer. Berkeley,CA:University of California Press,1963.

③ 蔡晴. 基于地域的文化景观保护研究[M]. 南京:东南大学出版社,2016:88.

④ 师晓洁,吴迪,郭巍. 圩-垛田景观格局下的"水-田-村"布局模式[J]. 风景园林,2022,29(2):53-58.

区，地势高爽，高程在2.4—3.2米，多是河道浅窄，易旱不易涝。小圩地区经过测算，平均高程约为2.25米。在〔民国〕《续修兴化县志》中，小圩也被写成“鱼鳞圩”，即普通的合匡水田。经年累月形成了河道较少“框式”是小圩的特色，单元面积约为20.0—26.7平方米。① 西部湖荡区的平均海拔高程最低，为1.8—2.3米，以兴化的圩—垛田景观最具特色。由于此处地势最为低洼，河网支离破碎，本就不具备修建大圩的条件，土地只能被分割为更小的单元，智慧的当地人便就近堆土成垛。② 良好的通风环境反而形成了土壤肥沃疏松、适宜旱作的果蔬飘香的生产景观。

2. 生态模式：“农—林—渔”复合利用的生态景观韵味

里下河圩田除了突出的水资源调配功能灵活外，还具备突出的水乡生态韵味。独特的斑块状耕地形态、浇灌耕作方式使圩田土壤养分充足，种植的经济作物与传统的粮食生产相比经济效益更高；耐湿的植物在圩田土地上枝繁叶茂，圩田区域的植被覆盖指数也颇高；对水资源的充分利用，淡水渔业资源也相当丰富。圩上可种菜种粮种林，水中可养鱼养虾，河道中还可放养水禽。凭借独特的水土利用方式，聪明的圩田人用勤劳智慧孕育了一代又一代的圩上人。圩田也在当地人的生活中扮演着不可或缺的作用，复合利用的生态景观韵味尽显。

3. 场域精神：兼容并蓄的水乡景观文化

里下河地区的农业文化是人与水和谐相处的杰出代表。里下河地区吴楚共生，因而景观文化既有崇文重教、雅不废俗的吴越风骚，又显兼采众长、极具兼容的楚文化特色。混融共生的吴楚文化的物质成果与精神积淀在里下河大地上点燃，相激相荡。激出的是画意诗情与民间艺术的流连驻足，荡出的是劳动号子与水乡节俗的灵动咏唱。由于地理条件的卓然独特，现代化的农耕方式在里下河地区无法全面适用和推广。这也给罱泥、扒渣、罱水草等传统的农耕技能和农耕方式留足了安身之处与生存空间，使我们在今天仍能见证这些原始的农业技艺文化遗产。

---

① 王树生.兴化水利志[M].南京:江苏古籍出版社,2001:48-60.

② 闵庆文,孙雪萍,张慧媛.江苏兴化垛田传统农业系统[M].北京:中国农业出版社,2015:45-60.

（二）贝姆斯特圩田的景观文化解读

1. 自然斑块：几何模块化的农田景观肌理

贝姆斯特圩田竣工后，人们就开始欣喜创造他们心中的理想家园。人们统一在道路北侧和西侧种上植物，以便在绿化种林的同时保证阳光可以照耀其他的潮湿道路。最小的分配单位是长 9 米、宽 1.8 米的标准长方形，通过田块、排水渠和通道连接，可构成面积约为 900 平方米的单元模块，四个单元还可归纳为一个 400 摩根(1 摩根 = 0.85 公顷)的类似现代街区的方正区域。谷仓、干草和种子仓库、马厩、其他附属建筑甚至是街头的公共地区(类似公园)散落在模块化的几何式样的圩田之上。在这些乡村住宅中还出现了城市富裕业主作为娱乐农场享用的夏季住宅。从意大利北部传至荷兰的园林设计和园艺栽培风尚在这里越发崭露头角并活跃至今。

2. 生态模式：技术催生的经济景观韵味

贝姆斯特圩田土地的开垦初衷是以经济目的为导向的。通过“与水争地”，创造的新土地要在满足国家需要的基础上解放生产力，实现最佳的经济效益。后人总结项目成功的要素主要是：政府主导下投资资本的可获得性、国内稳定的政治经济环境、可靠可获得的技术手段、良好的企业家精神和合理的耕地价格。这五个要素的协同运作让贝姆斯特圩田工程取得了巨大的生态、经济、社会层面的成功。接受过土地测量和制图绘图规范训练的水利工程师、测量师也为土地的规划、“一揽子”分配、贫瘠土壤补偿制度提供了重要依据。贝姆斯特圩田多层的对称网格、平衡的轴线组织方式、灵活的模数矩阵还对欧洲现代城市规划理论带去了启示。

3. 场域精神：秩序井然的原真景观文化

贝姆斯特圩田的景观文化保护，遵从“任何根本性的扰动都会使整个地区的物理完整性处于危险之中”的谨慎态度。今日再去游访贝姆斯特这片自湖中辟水造地的壮丽圩田时，你仍可以感受到文艺复兴时期的原真景象。大量的乡村、田地、公路、运河、大堤和遗产建筑几乎和几百年前古典绘画中描绘的一样。那些与道路网格相互平行、相互补偿的运河网格，完全依照古典主义和文艺复兴时期的审美趣味排布。正因为此，贝姆斯特圩区这个创造性的规划杰作于 1999 年便被列入世界遗产名录。

四、 启示与重塑：中西文化同归

人类无时不刻不在求索，利用主观能动去创造完美的栖居条件，并一直将水视为最为仰赖和敬重的自然力。在“与水争地”的前科学时代，人类试图在改造自然的过程中赋予生命以新意义。圩田的出现正是缘于这种原始动因。里下河地区和贝姆斯特圩区一样，在历史上，都承受着巨大的来自自然的压力，对自然的改造实属无奈。虽然两处圩田建设的时间和社会环境有着差距，但都通过不断的探索和技术改造，逐渐形成了较为科学的因地制宜的水利工程布局，彰显着水资源管理的民族智慧。

里下河的圩田透过圩岸、杨柳勾勒的层次，映衬涟漪、芙蕖的幻影，催发的是江南独特的诗意美学；而贝姆斯特则运用理性的构建规则，强调稳健简单的尊严、历久弥新的可供复制的圩田标准范式。与中国尊重自然、讲求“天人合一”的观念不同，西方强调要对不受人类影响的“次等的自然”进行驯化，“积极地干预野蛮的自然”是西方人一种普遍的认知。中西两种认知并无高下，亦无对错，都富于创意和智慧想象力，这也使得里下河和贝姆斯特的圩田景观文化蓬勃的生命力对中国和欧洲其他地区的景观意趣产生了深刻影响。

与里下河一样，贝姆斯特圩田经过数个世纪的发展，仍持续在国家社会生活中发挥重要作用。斗转星移，有些景观要素已经或正在消失，而有些景观要素则转变了原先的功能。遵从“完整性”的保护态度，贝姆斯特圩田的传统肌理仍能完美适应现代的敏感审美和场所精神。贝姆斯特圩区景观文化保护强调土地利用的动态调整，沿着“谷物—牧场—养殖—温室—园艺球茎和水果”混合种植的开发路径转变。在立法和管理维护方面，以1616年的分配附属法律保护圩内“植物和树木”为起点，先后确立和深化了1988年《纪念碑法案》、1985年《农村发展法案》和1991年“北荷兰国家中央景观”等保护理念。荷兰教育、文化和科学部，荷兰自然古迹保护协会等机构都有在各自职权范围内行使定期监测和系统养护圩区的措施方案。

古老的圩田景观见证着人与水之间持续了数个世纪之久的此消彼长的相互作用，同时圩田水利工程对造成的生态破坏、水土流失、污染浪费等问题也无从回避。人类与水的关系亦由原始的纵情依恋到无意识的剑拔弩张，①[14]有意识地构建与水为友的和谐栖居场景亟待行动。里下河圩田目前整体形态良好，但在新型城镇化建设中也会面临困境挑战。在与荷兰贝姆斯特圩田的类比研究与相互关照中，注重历史文脉延续和生态环境保护，尊重传统农业生产模式，明确立法保护与梯度空间，动态优化产业发展模式，或许是可供提炼和借鉴的。

---

① 俞孔坚.追求场所性:景观设计的几个途径及比较研究[J].建筑学报,2000(2):45-48.

晚清民国时期的兴化圩田

曹生文(兴化市历史文化研究会)

一、“坝水西来”与兴化圩田的修筑

入清之后，清王朝大力推行“导淮入江”的治淮方略，不过黄淮水很难顺畅入江，而是经常滞留在高宝湖中，引发漕堤溃决。为保障漕运安全，清王朝在运河东堤上先后修建了5座减水坝，分别为南关大坝、车逻大坝、五里中坝、南关新坝、昭关坝，合称“归海五坝”。

修建“归海五坝”的目的，是在汛期时将黄淮水从运河引出，下泄到里下河，以此减轻漕堤的防洪压力，避免漕堤被洪水冲决，里下河由此成为泄洪区。

清代嘉庆、道光年间，“归海五坝”的开启十分频繁，几乎成为一种常态。据《淮系年表》统计，清嘉庆朝的25年间，共计开坝13次，其中嘉庆十五年(1810)到嘉庆二十五年(1820)，10年间开坝10次；道光朝的30年间，共计开坝15次，其中道光十九年(1839)到道光二十九年(1849)，10年间开坝8次。①

所谓“坝水”，是指“归海五坝”开启后，涌入里下河的泄洪之水。里下河外高内洼，坝水所到之处，冲毁村舍，淹没粮田，常常引发严重水灾。而兴化在里下河各州县中地势最为低下，每至夏末秋初，坝水不期而至，所过之处，房屋田

---

① 武同举.淮系年表全编:表13[M].1928(民国17年).

壤一切荡除，里下河民众眼见丰收在望，结果却颗粒无收，一年来的辛苦劳作，转眼之间付诸东流。

关于“坝水西来”时的兴化水情，清代《咸丰重修兴化县志》留有记载。清道光二十九年，兴化知县梁园棣在一则公文中说：“兴邑势居釜底，各水来易去难，此历来坝水下注之情形也。今四坝齐开，卑职即诣西南北三乡探量。高田受水四五尺，低田受水五六尺不等，禾皆淹没，无从抢割，亦难糊口，其庐舍被淹，居民或迁围内，或住小舟暂避水患。复勘得东乡近城数十里，无围田亩四五尺不等。至数十里外围岸，低者仅出水尺余，高者不过二三尺。”①

文中提到的“围内”“围”“围岸”，即通常所说的“圩田”。所谓圩田，是指由数十里甚至上百里的圩堤围出一片区域，农田村舍都在其中，以此来抵御洪涝灾害。

兴化圩田的兴建相对较晚，一直在清代中期才开始出现。清乾隆二十年(1755)，兴化东北安丰镇一带首先修筑圩田，因修建最早，所以称“老圩”，又称“安丰东北圩”，此后兴化各村镇纷纷仿效。《民国续修兴化县志》记载：

兴邑有圩围，昉自乾隆初年，嘉、道以来，筑者踵接。按其部位，在唐港东串场河西、界河南、海沟河北者曰老圩(即梁志安丰东北圩)。西邻夹于东西唐港间者曰中圩。再西夹于西唐港、渭水河间者曰下圩。度海沟河而南，东为合塔圩，东抵串场河，西为永丰圩。西迄东唐港，两圩之间，界以横泾河，南境则白涂河，河南在东唐港西者为福星圩(即梁志唐子镇圩)。越东唐港而东，为苏皮圩。又东越古子河为林潭圩。又东越横泾河为韩窑圩(又名安丰圩)。再东越塔寺河迄串场河，为新庄圩各圩，南境为车路河。又咸、同以后，范堤西有三角圩(在老圩东北隅，东界串场河，西北抵新河，南濒界河)。范堤东有双龙、南洼、七灶、六灶、八东、八西等圩。西北乡有合兴圩(合兴圩内有冯家垛、大兴垛、南宋庄、戚家舍，又有南邹庄、周滩口、东旺庄、

---

① 梁园棣.咸丰重修兴化县志:卷三[M]//中国地方志集成.南京:江苏古籍出版社,1991:107.

东沙沟)。①

兴化圩田主要集中于兴化东部地区，这一区域的前身是古老的射阳湖东部洼地，稻作业历史非常久远，是兴化粮食的主产区，出于农业生产的需要，这一地区率先修筑圩田。关于各圩的长度及形状，《民国续修兴化县志》留有详细数据：

老圩周长120余里，内有293座村庄，20余万亩圩田，圩高1丈9尺，圩顶宽1丈2尺，底宽2丈8尺，圩口238处。中圩周长50余里，内有36座村庄。圩高1丈8尺，圩顶宽1丈2尺，底宽2丈8尺，圩口29处。下圩周长60余里，内有48座村庄，圩高1丈5尺，圩顶宽1丈2尺，底宽2丈8尺，圩口42处。合塔圩周长100余里，内有200余座村庄，圩高2丈2尺，圩顶宽1丈3尺，底宽2丈5尺，圩口48处。永兴圩周长60余里，内有135座村庄，圩高1丈8尺，圩顶宽1丈2尺，底宽2丈5尺，圩口62处。林潭圩周长44里，内有18座村庄，圩高1丈5尺，圩顶宽1丈3尺，底宽2丈5尺，圩口25处。苏皮圩周长40里，内有16座村庄，圩高1丈5尺，圩顶宽1丈3尺，底宽2丈5尺，圩口28处。新庄圩周长32里，内有18座村庄，圩高1丈7尺，圩顶宽1丈3尺，底宽2丈，圩口21处。丰乐圩周长28里，内有13座村庄，圩高1丈7尺，圩顶宽1丈3尺，底宽2丈，圩口16处。福星圩周长44里，年久失修，尚余圩基。三角圩周长75里，内有20余座村庄，圩高1丈7尺，圩顶宽1丈2尺，底宽1丈7尺，圩口16处。南洼圩周长78里，内有20余座村庄，圩高1丈5尺，圩顶宽1丈3尺，底宽1丈7尺5寸，圩口12处。六灶圩周长78里，内有20余座村庄，圩高1丈5尺，圩顶宽1丈3尺，底宽1丈7尺5寸，圩口12处。八东圩周长48里，内有12座村庄，圩高1丈5尺，圩顶宽1丈3尺，底宽1丈8尺，圩口20处。八西圩周长71里，其余尺寸不详。双龙圩周长96里，内有28座村庄，圩高8尺，圩顶宽7尺，

① 李恭简.续修兴化县志:卷二[M]//中国地方志集成.南京:江苏古籍出版社,1991:461.

底宽1丈2尺。合兴圩周长40余里，圩顶宽1丈余，底宽4丈。①

与无圩之田相比，圩田因水旱灾害所造成的损失大为减轻。尤其是在晚清民国时期，自从圩田修成之后，绵延近百里的圩堤挡住了汹涌而来的坝水，每逢秋收季节，即使圩外白浪连天，圩内仍是一派黄云满野的丰收景象。

高邮、泰州、东台、盐城等州县圩田数量很多，相比之下，兴化圩田的规模就有些相形见绌。《民国续修兴化县志》说："旅行者自南而北，自东而西，邻邑圩堤屹然。独入吾境，则平衍萧散，河道宽扩，漫无约束。只东乡少数圩田，此实相形见绌，亟应建设。居患地而不谋防患，将何以自全?"②

在兴化西部中堡、沙沟一带分布有大片湖荡，取土不易，与其筑圩，不如堆泥成垛建造垛田；兴化县城附近以垛田为主，也不具备修筑圩田的地质基础；兴化中部如竹泓、钓鱼、大邹等地，地形相对零碎，所修筑的只是一些小型圩田；兴化南部圩南地区，清代时还隶属于泰州、东台，因此不在统计之列。综上所述，那种能够将村庄田亩都围在其中的大型圩田，只能分布于兴化东部地区，换而言之，兴化很难做到如邻近州县一样的"遍境圩田"。

兴化圩田有一套严密的管理制度，大致涉及三个方面：

其一，圩田管理组织的建立。大型圩田由村民推选出总董7到8人，中型圩田5到6人，段董各10余人，总董全权负责整个圩田事务，段董作为总董的下级，分管其中的某一段。无论总董、段董，都必须不怕苦不怕累，恪尽职守，为老百姓出力。

其二，圩田的日常维护。每年要趁农闲时组织村民加固圩堤，同时筹集相应款项，购买木桩、笆斗等必要的工料，分段堆放，以防不时之需；遇有突发情况，总董、段董要率领圩田内的全体村民上堤抢护，如果因不法行为造成损失，总董、段董可以带领受害人到县衙申诉，追究相关人员责任。

---

① 李恭简.续修兴化县志:卷二[M]//中国地方志集成.南京:江苏古籍出版社,1991:461-462.

② 李恭简.续修兴化县志:卷二[M]//中国地方志集成.南京:江苏古籍出版社,1991:462.

其三，圩田内矛盾的处理。坝水侵袭时，如果村民们都已尽力抗洪，但是还有因洪水而蒙受损失者，必须各安天命，不允许寻衅闹事，否则交县衙法办；水情紧迫时，由于在圩田内取土，一些田亩出现损耗，要酌情对相关村民做出补偿，特别是只有十几亩土地的小家小户，更要给予照顾。①

以上制度“明订规条”，显然是官府和民间共同协商后的结果。兴化圩田的兴建，并非纯粹的官方行为，《咸丰重修兴化县志》说：“亲民之官劝民筑圩，以卫田庐。”② 从中可以看出，这是一项由官府倡导、由民间组织实施的农业工程，体现出清代后期兴化民间力量的成熟与壮大。

由于圩田能够有效抵御坝水，洪涝灾害减轻之后，粮食产量大幅提高，水稻亩产量往往是无圩之田的 3 倍之多，因此到晚清时期，兴化中部竹泓、海南、钓鱼、大邹等地，也相继兴建了数量众多的小型圩田。这些圩田通常只有数十、数百亩，圩堤高出田身约数尺，圩顶宽不过五六尺，即通常所说的“鱼鳞圩”。

二、 兴化圩田的耕作制度

圩田修筑之后，并非一劳永逸，一些水灾十分严重的年份，圩田地区仍然会遭遇灭顶之灾。《民国续修兴化县志》记载：“(同治)五年，夏秋多怪风雨，清水潭决口三百余丈，六月二十七日，启车逻坝，二十八日启南关坝，田庐被淹殆尽，人畜溺毙无算，东乡八圩，先后冲破。”③

《光绪东台县志稿》记载：“同治五年夏，雨，决清水潭，水涨日数尺。刈稻者日工价十钱，收不及者尽沉之水。圩尽沉，城市及范堤皆过船。”④

---

① 梁园棣. 咸丰重修兴化县志：卷二[M]//中国地方志集成. 南京：江苏古籍出版社，1991：72.

② 梁园棣. 咸丰重修兴化县志：卷二[M]//中国地方志集成. 南京：江苏古籍出版社，1991：71.

③ 李恭简. 续修兴化县志：卷二[M]//中国地方志集成. 南京：江苏古籍出版社，1991：408.

④ 王璋. 光绪东台县志稿：卷一[M]. 抄本. 1893(清光绪十九年).

晚清时期，里下河的水稻种植具有某种抢种抢收的特征，多数在立秋之前就已完成收割。这其中的原因，和“归海五坝”的开启规则有关。清代规定，立秋后3天即可开坝泄洪，为此里下河各州县在修筑圩田的同时，纷纷培育选种能避开秋水的早稻品种。兴化有秋前五、随犁归、急猴子；泰州有早香、墨早、白早；高邮有四十日、望江南、江西早、赶上城。

清《咸丰重修兴化县志》记载：“谷之属：秋前五、随犁归(以上早禾)。早红莲、瓜熟子、兆金籼、抢场白、江芒、中秋糯(以上中禾)。香白子、御仙稻、鹤脚乌、了田青、黄花稻(以上晚禾)。”① 《民国续修兴化县志》记载：“早禾：急猴子、吓一跳、秋前五、四十子、六十子。中禾：大头归、中秋糯、麻觔糯、红糯子、早红莲。晚禾：香白子、御仙稻、鹤脚乌。”②

从中可以看出，兴化早稻品种越来越多，由2种增至5种，早稻的培育与种植在兴化已成主流。早稻经人工培育选种之后，生长期日益缩短，收获期日渐提前。《民国三续高邮州志》留有育种的记录：“旧稻之最早者曰‘秋前五’，其后农人以稻孙为种，逐渐早熟，秋前十日即可收获，因名曰‘急猴子’。复以急猴子之稻孙为种，又早数日，因名曰‘吓一跳’。”③

秋前五、随犁归等早稻品种的种植，给里下河的耕作制度带来严重影响，由原先的稻麦复种，或者双季稻，逐渐改为单季稻，一年一熟，只为度荒果腹。

民国时期，兴化部分地区仍然种植单季稻，一年只收获一次，每年立秋前后，稻谷入仓，此后不再种植谷物，秋冬季节都任由稻田浸泡水中，称作“沤田”。《民国续纂泰州志》说：“北乡多水田，种麦者少，只种稻一熟，谓之沤田。”④

水稻的种植，通常是在清明、谷雨之间下种，立夏、小满之间移植，白露、秋分前后收获。里下河水稻的收获期相对较早，一般会提前到立秋、处暑之间，而兴化更早，往往是在立秋之前。胡焕庸《江苏省之农产区域》解释了其中原因：

---

① 梁园棣. 咸丰重修兴化县志：卷三[M]//中国地方志集成. 南京：江苏古籍出版社，1991：71.

② 李恭简. 续修兴化县志：卷四[M]//中国地方志集成. 南京：江苏古籍出版社，1991：496.

③ 胡为和. 三续高邮州志补遗：实业志[M]//中国地方志集成. 南京：江苏古籍出版社，1991：628.

④ 程洪识. 续纂泰州志：卷三[M]//中国地方志集成. 南京：江苏古籍出版社，1991：567.

“盖里下一带，因淮水失治，易遭水患，农民多望于秋泛以前，提早收获，不然收割过迟，易被湮没也。”①

关于秋收之时兴化圩田农村的生活场景：夏末秋初，正是农事最忙时候，男人在田里收割，女人在灶前做饭，巷子里及人家门院前一片寂静，唯有丝瓜缠上了篱笆，母鸡生蛋后在草堆里咯咯地叫。突然有小儿女嬉笑着跑出门外，一转身又躲了回去。看看节气，立秋已过，高邮运河开坝泄洪，村前村后又要洪水汤汤了。

需要说明的是兴化东部圩田地区有近 80 万亩的土地受坝水影响较小，所以仍然种植中晚稻。《咸丰重修兴化县志》记载：“（圩田）内栽中晚两禾，中禾须八月初旬，晚禾须八月下旬始能刈获，惟期从此浪静风恬，天气炎热，尚可有收。”②

中晚稻尤其是中稻的产量相对较高，《咸丰重修兴化县志》说：“近因西水频仍，农家皆种早禾，然地土瘠薄，究不敌中禾之多。”③

由此可见圩田在兴化农业生产中的重要性。此外，中晚稻的种植，也为稻麦两熟创造了条件，稻麦复种制在圩田地区得以保留，兴化因此成为里下河的小麦主产区之一。《民国续修兴化县志》说：“县境西部土质轻松，只宜植早禾；东部土质黏腻，可植旱谷，有麦秋二季收获。”④

到民国时期，稻麦复种制仍是里下河圩田地区主要的耕作制度之一，胡焕庸《江苏省之农产区域》说：“本省耕植小麦之地，几于无县无之，北起徐海，南至苏沪，除滨海数县产量较少外，其余约作平均之配。各县麦作大都占全部耕地面积之半数以上。本省小麦，多系冬麦，秋冬下种，莅年五六月间收获，除高亢之旱地之外，其余低洼之水田区域，多与籼粳稻轮种。”⑤

据《江苏省之农产区域》统计：民国时期平常年份，兴化水稻产量约 350 万石，合 4.1 亿多斤，位列全省第 6；小麦产量约 100 万石，合 1.2 亿斤，位列全省第

① 胡焕庸. 江苏省之农产区域[J]. 地理学报,1934(9):3.

② 梁园棣. 咸丰重修兴化县志:卷三[M]//中国地方志集成. 南京:江苏古籍出版社,1991:107.

③ 梁园棣. 咸丰重修兴化县志:卷三[M]//中国地方志集成. 南京:江苏古籍出版社,1991:71.

④ 李恭简. 续修兴化县志:卷四[M]//中国地方志集成. 南京:江苏古籍出版社,1991:496.

⑤ 胡焕庸. 江苏省之农产区域[J]. 地理学报,1934(9):2.

17；稻麦总产量约5.3亿多斤，位列全省第5(全省共计61个县)①。同期兴化人口约57万②，以此换算，人均粮食年产量约为930多斤，显然有所富余，由此支撑起繁盛的粮食贸易。民国十九年(1930)，兴化县城39家粮行一共向外输出稻850万斤、米625万斤③，兴化成为里下河著名的鱼米之乡。

三、兴化圩田的社会生活

兴化圩田面积广大，圩内还存在很多纵横的河沟，这些河沟又称“内河”，内河将圩田分割成许多相对独立的田块，起初在这些田块上居住、耕作的，只是一些零散的家族，组合成规模很小的“三家村”。经过数十年乃至数百年的生息繁衍之后，家族日益壮大，人口逐渐增多，最终发展为数十人或者数百人的宗族，并在此基础上形成一个个聚族而居的村落，进而构成以宗族为主体的兴化乡村社会。这些村落通常以姓氏为名，兴化农村也就出现了很多如“朱家圩子”“刘家圩子”“赵家田”“卢家田”等地名。

兴化圩田的主要经济形式是“庄园经济”，这是一种自给自足的自然经济，它的好处在于：能够维持乡村社会的稳定。

地主在出租田地时，族人享有优先权，并且经长期租赁之后，又演变成主佃双方都默认的“永佃制”，这种租赁关系有时能绵延数代。随着土地权属的确定，地主与佃户之间关系也变得融洽，佃户收获后为表谢意给予地主馈赠，地主接受后也要给予回礼，谦和礼让，仁爱孝悌，构成合乎儒家思想的传统乡村社会。此外，人数众多的同姓族人聚族而居，一起拓荒垦地，兴修水利，共同抵御饥荒、盗贼，也使这种经济形式更为稳固。

---

① 胡焕庸.江苏省之农产区域[J].地理学报,1934(9):4-7.

② 兴化县米产调查[J].工商半月刊,1931,3(3):24.

③ 兴化县米产调查[J].工商半月刊,1931,3(3):29.

不过作为一种传统的小农经济形式，庄园经济也具有负面性。清代以来，里下河各州县重农轻商的观念非常盛行，几乎所有县志、府志都有记载。如泰州“多不事商贾”，高邮“不事末作”，宝应“只以田为业”，兴化“以农渔为业”，淮安“惮于远涉”。此种观念的形成，与里下河以圩田庄园为主的农耕经济不无关系。庄园经济自给自足的特性，村民们聚族而居的生活方式，使得里下河乡村日趋保守，在河流圩堤的阻隔下，所见所闻只限于眼前的一亩三分地，很难接受新鲜事物。近代以后，兴化工商业的落后，经济转型的迂缓，都和这种小农经济迟迟无法解体有关。

在兴化乡村社会里，人与人之间并不仅仅局限于以上所说的经济关系，还有血缘、姻亲、宗族等其他关系掺和其间。

首先是地主与佃户的关系：有些地主虽然是土地的拥有者，在经济上占主导地位，但是在宗族中按辈分排序，他却有可能是某个佃户的晚辈，由此形成一种混杂了经济和伦理的主佃关系。要处理好这种复杂的人际关系，需要整个社会从法律、道德、乡俗等多方面加以引导。总体而言，在兴化乡间，宗族、亲属之间的礼仪要优先于主佃之礼，佃户见到地主，如果彼此之间存在宗族、亲属关系，那么宗族、亲属关系优先，也就是说在某些重要场合，比如婚丧嫁娶、宗族祭祀时，甚至会出现地主向佃户行礼的场面。此外从道德、文化的层面来说，一直以来，体恤农民、以农为本的传统理念在兴化非常盛行，人们普遍认为，地主与佃户之间应该是一种平等的“宾主关系”。郑板桥说：“愚兄平生最重农夫，新招佃地人，必须待之以礼。彼称我为主人，我称彼为客户，主客原是对待之义，我何贵而彼何贱乎？”①

其次是村民之间的关系：兴化村庄受圩田地形的限制，相对较为封闭，村民们祖祖辈辈生活在同一个村落，“生于斯，长于斯，老于斯，祖宗子孙世代坟墓安于斯”。即使不属于同一个宗族，也会因为姻亲等其他原因而结成亲密的乡里关系，简而言之，他们彼此之间都是亲戚。此外在日常生活中，由于生产力的落后，

① 郑板桥.范县署中寄舍弟墨第四书清[M]//郑板桥.郑板桥集.兴化:兴化郑板桥博物馆编印.

同一个村落的村民必须相互合作，一起从事经济生产，或者共同耕种田亩，或者协作张网捕鱼，又或者集体出资延请教书先生，又或者村中有红白喜事出份子钱……当然邻里之间也会出现各种纠纷，但并非主流，历史上兴化圩田内部极少发生大规模的械斗，总之合作与互助贯穿了圩田内乡村生活的全部。兴化人常用“本庄的”一词来描述这种亲密的人际关系，由此可见，兴化乡村社会实际上是一个相对平和的人情社会。

兴化圩田内部除稻田、麦田之外，另有草田、圃岸以及高田。草田也称“荒田”，长满芦苇，秋天时农民收割苇草，装满船舱，运回家生火煮饭，多余的柴草卖给草行；圃岸和垛田类似，种植各种瓜果蔬菜；高田圩岸旁种各类经济作物，如黄豆、芝麻、大麦、棉花等，黄豆做酱、做豆腐，芝麻榨香油，大麦酿成酒，棉花织衣被。柴米油盐酱醋茶，衣食住用各方面物资，除食盐之外，几乎都可以关起门来百事不求人。这种封闭的自然经济模式与中国历史上其他时代、其他地域并没有本质的区别，自唐宋以降至晚清民国的千百年间，里下河兴化地区一直都是以自给自足为主要特征的传统农业社会。

从古代传统农业技术角度看垛田成因

周安翠(兴化市文物保护中心)

一、 史前先民择高而居的天性

远古时期全球范围存在大量的洪水记忆，相比于地震、火灾，洪水成为史前人类更为直接的生存威胁，人类逐水而居，在享受渔猎和农耕保障的同时也必须面对水的不可控力量。在史前时期，人类对自然环境的控制和改造能力有限，河流极容易泛滥成灾，在史籍中有诸多关于洪水的记载，《孟子·滕文公》:“当尧之时，水倒行，泛滥于中国。”常态洪水泛滥，泥沙在流水的冲击作用下会形成堆积高地，又称河流阶地，史前人类就在这些阶地上生产生活。常态洪水一般很难再淹过以往形成的河流阶地，只有出现异常大洪水才可能造成原有河流阶地被淹没，给人类带来毁灭性的灾害。这种淹没新石器时代人类遗址的洪水可以判定为异常洪水。

人类在适应环境的同时也在积极地改造自然，《淮南子·齐俗训》:“禹之时，天下大雨，禹令民聚土积薪，择丘陵而处之。”这是人类早期在与自然的搏斗中改造环境的开始。择高地生存居住甚至有意识地“聚土积薪”，改造和创造生存高地已经是刻进骨子里的本能。

古地理学家周廷儒先生也曾指出，人类遗址的分布规律与地貌格局有密切的关系，以浙江良渚古城为例，梅家里遗址发现的 32 座墓葬，时间距今约 4400—5200 年。浙江省文物考古研究所研究员王宁远介绍，根据发掘情况测算，梅家里遗址海拔约6—7米，营建在一个较小的自然山体上。说明当时良渚先民很可能首选天然高地，营筑人类生活居址和墓地。随着后来经济社会向稻作农业为主的生产型经济过渡，良渚先民逐渐人工堆筑台墩式聚落，向沼泽地深处推进，人工营筑了大量生活居址和墓地。在太湖流域这种小规模、散点状密集分布的聚落分布特征，从良渚时期一直延续到当代农村。① 对环境敏感的史前社会，古人类就可以通过营筑高地实现活动区域的扩展，在劳动力足够的情况下拓展至农业土地也是有可能的。

二、 低洼湿地的农业生产技术

（一）湿地环境的定居与农业

耶鲁大学政治及人类学学者詹姆斯·斯科特的《反谷》认为人类早期的定居生活很可能出现在湿地生态环境中，湿地满足生物多样性，人类依靠湿地采集渔猎，尤其像早期良渚遗址上生存的史前人类，沿海居住海洋生物也成为食物补给的一种，这种生物多样性大大提高了人类野外生存能力，生存资源稳定供给这才有可能长期生活在这一地区，形成相对固定的生活居住区。在定居生活中逐渐掌握了一定的农业技术，并由此发展出稳定农业生产。大禹分九州，扬州本就是涂泥之地，属于下下等，以兴化地区的蒋庄遗址为例，南京博物院对蒋庄遗址出土的植物种子做了分析，蒋庄遗址植物性主食资源的基本组合中稻和芡实占据绝对优势。稻在各类遗迹单位里的出土概率都在50%以上，芡实在不同遗迹中的出土概率虽有波动，但其整体普遍性是最强的，达到74.07%。由此可见，芡实等遗存所代表的采集经济活动在蒋庄聚落的生计中与稻作农业生产很可能是不相伯仲的。② 也就

① 毛珺，陆文华. 良渚先民爱在高处安家[N]. 浙江日报. 2009-6-4(5).

② 吴文婉，林留根，甘恢元，等. 植物遗存视角下蒋庄遗址良渚时期的聚落生产活动[J]. 中国农史，2019(6)：3-16.

是说稳定的农业定居生活是在资源丰富的环境中逐步形成的，先有了可供长期定居的环境，才有了驯化农业的出现。

定居中逐步掌握的农业生产技术又进一步巩固这种定居状态，从原先的游牧生活，到后来的定居生活，除了湿地系统生物多样性带来丰腴生存资料外，探索可持续、高回报的农业生产也是人类社会发展的技术保障。

（二）低洼湿地的土地利用

1. 高地种植。《禹贡》认为自然环境是人类活动的“大舞台”，《禹贡》对九州土壤进行了分类即辨方，并对不同的土壤有一个评判标准，位于扬州境内现在的里下河地区的滩涂之地是下下等，可见当时滩涂沼泽地区的土地利用仍是十分棘手的问题，纵观同类沼泽地的开发利用形态，里下河兴化的垛田、湖州的桑基鱼塘、太湖流域的溇港圩田可以说各有各的特色，都是本地人与自然相适应而形成的农业景观。

表一　九州土壤辨方

州名	土壤性状	土壤等级
雍州	黄壤	上上
徐州	赤埴坟	上中
青州	白坟，海滨广斥	上下
豫州	坟垆	中上
翼州	白壤	中中
兖州	黑坟	中下
梁州	青黎	下上
荆州	涂泥	下中
扬州	涂泥	下下

关于洼地利用。战国《吕氏春秋》托农神后稷之语，提出如下问题：“子能以洼

为突乎？子能藏其恶而揖之以阴乎？子能使吾土靖而甽浴土乎？子能使保湿安地而处乎？子能使雚夷毋淫乎？子能使子之野尽为泠风乎？子能使藁数节而茎坚乎？子能使穗大而坚均乎？子能使粟圆而薄糠乎？子能使米多沃而食之强乎？”意思为“你能把洼地改造成高垄地吗？你能将劣土改造为湿润的土壤吗？你能在盐碱地用垄沟排水洗土吗？你能使种子播得深浅适度并保持土壤墒情吗？你能使田里的杂草不滋长蔓延吗？你能使田地里的庄稼通风吗？你能使庄稼强壮，节多而茎坚吗？你能使庄稼穗大、籽粒饱满，麸皮又薄吗？你能使谷米有油性，吃起来劲道吗？”

古人早在先秦时期就对不同环境的土壤利用进行了思考，并提出了低洼地区的农田要把庄稼种在垄上，以及土壤改造和盐碱地洗土等土地利用问题，先秦时代古人对农业技术的探索已经迈出了步伐。《吕氏春秋》中更是提出了因地制宜的土地开发利用模式，“上田弃亩，下田弃甽；五耕五耨，必审以尽”。这是说对于高地旱田，要把庄稼种在凹下之处；低下的农田，要把庄稼种在垄上，不要种在凹下的地里。播种之前，要耕五次；播种之后，要锄五次，而且耕、锄一定要精细。

可以说像里下河这一带的垛田是洼地改造成高垄地进行旱地种植的典型，这与现今环境演变与自然灾害研究专家史培军教授提出的“小范围耕作区转移”理论异曲同工，小范围耕作区的转移与大规模人口迁移之间具有的环境内涵是完全不同的，这里提出的小范围耕作区的转移，指的是农户离土不离乡的移耕行为。史培军教授在一次报告中谈到，他在野外调查中发现，陕北的农户在天特旱的时候，往往将耕地由原来的台面、塬面上移向谷地，或地下水位稍高的地方，耕作区的转移一般为十几里至几十里。① 环境敏感地区的农业人口在面对不确定性时会衍生出一定的防御机制，而低洼地区选择高地农业种植是典型的小范围耕作区转移。

2. 淤灌与淤田。土地连续使用是高回报农业生产的首要条件，那么，保持土地肥力就成为农业生产最重要的技术保证。在中国古代农业技术中，对土地的保

① 韩茂莉．2000年来我国人类活动与环境适应以及科学启示[J]．地理研究，2000(03)：324-331.

养有着深厚的科学内涵。养分的补充形式，大概存在两种形式，一种即自我肥力补充的“内部补充形式”，不是通过人工施肥添加肥力，而是依靠撂荒休耕，培育绿肥，达到补充肥力的结果；另外一种为外部补充形式，即人工施肥。“内部补充形式”常见的就是短期和定期的轮荒耕作制，《尔雅·释地》认为：“田，一岁曰菑，二岁曰新田，三岁曰畲。”《说文解字》的作者许慎进一步阐释：“菑”是生满杂草的“不耕地”；“新”属于已经撂荒二年，正在复壮的土地；“畲”则是经过撂荒、复壮，准备耕垦的土地。

秦汉时期江南地区包括了现在的位于楚越之地的江淮和长江以南地区，《史记·货殖列传》记载：“楚越之地，地广人稀，饭稻羹鱼，或火耕水耨，果隋蠃蛤，不待贾而足，地势饶食，无饥馑之患。江淮以南，无冻饿之人，亦无千金之家。”这里提到的“火耕水耨”是江南原始农业常见的土壤肥力内部补充形式，火耕水耨的自然、社会环境，首先是地广人稀，没有条件在稻作生产上投入大量劳动力。又因有《汉书·地理志》记载：“川泽山林之饶”特别是“三江五湖之利”，湿地环境物产多样，“地势饶食”，尤其是水产品丰富，故“食物常足”，从而也没有必要在稻作生产上投入大量劳动力，火耕水耨最适宜的地区是濒海傍湖的水浑之地和冲积扇的河谷盆地，这里水源丰富，谷口有季节性涨落，并非常年积水。秋冬枯涸可以火耕，春夏多水可以水耨。所谓火耕水耨式稻作的本质特征，即是在耕耨环节上劳动投入少，有相对较高效益。

另外一种外部施肥在江南地区尤其是沼泽化的低洼地区以及河谷地带应用较广的肥田方法就是淤灌，淤灌的实践最早出现在我国北方的许多河流含沙量很高，河川水流含泥过多，对河道整治和引水灌溉都会带来一定的麻烦；但细颗粒泥沙，有机质很丰富，肥分高，是可贵的水土资源。例如黄河水泥沙中就有较高的速效性养分。据实测，在河南人民胜利渠渠首悬移质含有机质 0.88—1.00%，速效性氮为 0.0017%—0.0049%。① 因此，引灌高含沙水流，既利用水分浸润，又可实现淤泥肥田改土之效，一举数得。明清时期整个黄河所携大量泥沙一部分因洪泽湖

---

① 王家伦，张芳. 中国农田水利史[M]. 北京：农业出版社，1990：132.

决口倾泻至里下河低洼地区，加剧了古射阳湖体泥沙淤积、解体分化，元代的射阳湖是湖面广阔的浅水湖，明清射阳湖已经淤积成为零散的湖荡群，大量富含有机质的黄淮泥沙沉积在里下河腹地，为里下河的农业发展提供了肥沃的养料。

对现在的垛田进行理化分析，垛田全系人工罱积河泥堆叠而成，土壤物质系里下河洼地后期来源于黄淮冲积物的湖积物质，土壤呈黄灰色，土壤剖面中遍布螺蛳壳、蚌壳之类的侵入体。到处可见动物填穴和蚯蚓活动，局部地区在20—50 cm处出现埋藏腐泥层。土壤剖面上可以看到芦苇根孔，土壤保水力不强，因此不宜开辟为稻田。① 垛田的罱泥技术是垛田农业生产的核心环节，早期是垒土成垛，现在更多采用堆垛，先在湖荡里罱泥，取河底淤泥水草装满船舱，运至土垛旁，然后一次次往土垛上堆积。年复一年，将土垛堆起，最终成为可以种植的垛田。

罱泥技术不仅可以提高土壤肥力，而且可以冲洗盐碱，改良土质。战国、秦汉时期，人们对引用多泥沙水流的作用，已有明确的认识，并在实践中取得了成功的经验。郑国渠类似引洪放淤，洪水冲刷裹挟大量泥沙，对盐碱洼地进行淤垫，形成富含有机质的新土层，同时冲洗盐碱，改善土壤理化性状，为农作物创造有利的生长环境；白渠灌区的“且溉且粪，长我禾黍”，则属于旱作之浑水灌溉，兼收浸润和、肥田的效益。传统农业淤灌与垛田罱泥不仅可以提高土壤肥力、浸润土壤，更重要的是冲洗盐碱，改良土壤，实现沿海地区土地可持续利用。

在淤灌的基础上元代淮河流域发展出一种与水争地的淤田技术，元人王祯在《农书》中说，“今汉沔淮颍上，率多创开荒地”。除开垦荒地外，淮河流域人民还与沙争田，与水争田，变山为田，开辟了很多沙田、架田、淤田、梯田、圩田。纵观我国的土地开发史，实质上便是水与土密切结合开拓的过程，其中对于低洼沼泽地区的土地利用是中国农业技术中重要的一部分。淤田，即淤泥壅积为田，《农书》称：“中土大河之侧，及淮湾水汇之地，与所在陂泽之曲，凡潢纡洄互，壅积泥滓，水退皆成淤滩，亦可种艺。秋后泥干地裂，布撒麦种于上，此所谓淤田之效也。”利用大水退散后的壅积淤地进行旱作种植，不仅提高了土地肥力，而且

① 钱晓晴，陈清硕，封克．江苏省的垛田[J]．土壤通报，1996(03)：117-119.

提高了低洼地区的土地利用率。

江淮地区宋元时期还流行一种称为架田，亦称葑田的水上种植技术，作架于水上，于架上填土植艺。王桢解释说，“架犹筏也”，江南、两淮、两广均有葑田，“若深水薮泽……以木缚为田丘，浮系水面，以葑泥附木架上而种艺之。其木架田丘，随水高下浮泛，自不淹没”。葑田与垛田虽然外部形态极其相似，但在植物肥力供应和培育条件方面有本质差别。

3. 排水的沟洫系统。汉代我国北方的农田水利事业，经过武帝时代的大规模开发，大型灌溉渠系工程的建设暂时告一段落。西汉中期以后，农田水利建设的步伐从黄河流域逐渐向江淮流域及其以南地区迈进。相较于北方，南方气候湿润，雨量丰裕，丘陵地多，大平原少，地形比较破碎，山丘间次生，河谷广泛发育，所以，大型的灌溉渠系工程较少，而中小型的陂塘堰坝则得到广泛的发展，随之伴生的是像蛛网藤蔓一样的河渠系统。兴化人民开河排水、围湖造田、挖泥堆垛，目前在里下河地区，除东部的圩田，垛田集中在兴化西北境的原射阳湖淤积的湖荡区，随着水利的完善，河网日益细化，水系得到分级控制，形成了湖荡—外河—(水闸)—内河—池塘—沟渠—(水闸)—农田的水网控制系统。类似这种五级排水灌溉系统早在大禹时期就被应用于宫室排水，发展到西周时已经广泛地应用于农业生产，当时称作沟洫系统。

《论语·泰伯》称：“禹卑宫室，而尽力乎沟洫。”这是沟洫一词的最早记载。近年来考古工作者在洛阳矬李后冈第二期文化煤山类型遗址中，发现了宽2—3米、深约1米的水沟，证明夏代确有沟洫的存在。[①]《尚书·益稷》记载大禹治水以疏导为主，在“决江、浚河”“疏川导滞”的同时，“浚畎浍，距川”，疏排农田水涝，是顺理成章的。沟洫系统通过疏排宣泄达到“平治水土，使民得陆处”，为发展农业提供了土地基础。从考古发掘的情况来看，发现的多为商代修在居住地区的行水设施，其作用是为了排水与减少水患。结合甲骨文中的“甽”字等文字造型来看，沟洫排水系统在商代的农业生产中也有应用。周人井田中规划的沟洫，确是

① 吴汝祚.夏文化初论[J].中国史研究,1979(02):132-141.

一个有条有理的农田排水系统，而不像灌溉渠系。① 耕、遂、沟、洫、浍五级水沟，与今日垛田排水沟系中的沟渠、池塘、内河、外河、湖荡相类似，沟洫工程是按照控制范围的大小布置的，其深、宽逐级倍增。从田间的“耕”到最大一级汇流入天然河川的“浍”，一级比一级深，一级比一级宽，形成脉络贯通，宣泄畅达的自流排水系统。

在利用沟洫系统开发低洼沼泽进行农业生产的同时，古人也已经有了结合地势进行水土管理的意识，《诗·大雅·公刘》云：“笃公刘，既溥既长，既景乃冈，相其阴阳，观其流泉，其军三单，度其隰原，彻田为粮。”《诗·大雅·绵》叙述周人开发周原时写道：“乃疆乃理，乃宣乃亩，自西徂东，周爰执事。”所谓疆、理，即按照地理形势规划农田的疆域；“宣”是宣泄的意思，大约是指田间行水的甽；“亩”即垄，是高起的畦畤。周原地势西高东低，所以周人经营农地时，自西往东，“乃宣乃亩”，使“甽顺水势，亩顺甽势”，以利行水，免除暴雨径流四出弥漫祸害。这反映周人开拓耕地已经注意利用地势的高低、方位以及泉流的方向合理开发利用沟洫，保全有限的水土资源，促进农业的发展。

研究现存垛田，垛田的中心区域是高地，形成了组团的村落，以村落为中心整个垛田灌溉系统呈现放射状，通向周边的湖荡区，这也是顺应了中间高周边相对比较低的地势，放射状的沟渠系统有利于村庄向周边泄水，避免村庄、农田在洪水期被淹。里下河平原位于长江淮河之间，东临黄海，西濒洪泽湖泄洪区，在这种特殊的水域环境中各方物质能量相互作用，形成四周高中间低洼的“诸水投塘”之势，遇到严重的水涝难以正常宣泄。一般的沟渠系统已经不能满足洪涝期的排水需求，继而衍生出垛田这种人工堆砌达到四五米的高地旱作农业。也就是说垛田是里下河地区通过沟渠排水系统与高地防水系统相结合应对极端洪涝的旱地种植农业景观。

① 王家伦，张芳. 中国农田水利史[M]. 北京：农业出版社，1990：43.

三、 外部条件——人口爆发式增长与射阳湖淤积

（一）人口爆发式增长

实际上，春秋、战国时期，苏北平原西北部仍是早期聚落集中分布的地带，但是汉代以后情况开始有了变化。人口开始向东部地区迁移定居。汉代已开始在今里下河中部设立射附县，在海滨沙洲上设立盐渎县，表明早期的聚落向东的扩展。① 今宝应县射阳湖镇是汉时射阳县治所在，在其南部留下了数量很多的汉墓群。墓葬分布在人工堆积成的墩台上，从射阳湖镇赵家村起，一直延伸到天平乡的天平庄附近，东西长约4.5公里，在此范围内，墓墩数以千计，若悬盂覆釜，大小土墩800余处，占地1200亩，号称“九里千墩”，表示这里曾有密集的聚落群。从其广泛的分布来看，可以反映出，射阳湖低洼地的汉代居民已经开始通过有目的地修筑人造高地减少水灾对人类活动区的侵害。唐宋时期为躲避战乱，大秦汉虽有增长，但尚未形成尖锐的人地矛盾。

表二　元明清时期兴化地区人口变化表

时间	户口（户）	人口（人）
元代	3160	8628
明洪武二十四年	9535	65020
永乐十年	9093	65020
嘉靖三十一年	11637	76729
万历十一年	15861	129470

① 吴必虎. 历史时期苏北平原地理系统研究[M]. 上海：华东师范大学出版社，1996：113.

（续表）

时间	户口（户）	人口（人）
清顺治十四年		32998
嘉庆元年		305005
道光二十九年		337052

资料出处:《江苏兴化地区垛田的起源及其价值初探》

元末时兴化人口数只有3160户，8638人，到明洪武九年(1376)，人口数增加为11889户，75732人，短短数年之间，人口数增长为原先的9倍。① 目前兴化还流传着"洪武赶散"的传说，也就是江淮一带出现由政府主导的大量外来人口迁入，同时地方也因为明清王朝的各种鼓励政策人口不断增长，导致人地矛盾激化，对耕地的需求扩大。除继续开垦条件优越的土地，随着盐业的衰落，东部沿海地区的盐碱地也被陆续开发。在这种情况下，射阳湖的大面积淤积形成了大量的滩涂湖荡、沼泽湿地也在极端的人地矛盾中成为重要的开发对象。

对于低洼河谷地区，通过沟洫系统除水涝已经是农业生产中常见手段，渠道系统的保持和维护需要大量劳动力，在商周时代所谓井田沟洫系统，仅仅局限于当时典型的井田区的较小地域中，而要完成和维护这局部地区的沟洫工程，没有千千万万劳动者的共同劳动，也是不可能的。甚至在三国时期江淮地区的土地开发主要也是依靠军屯，最典型是邓艾军屯，战争结束以后军屯开发模式不再，江淮地区大面积土地重新抛荒，只能靠鼓励民屯。大量的集中人口是大规模土地开发的首要条件，尤其是在条件恶劣的湖荡沼泽区。明清时期里下河地区爆发式的人口增长是兴化湖荡区沼泽地得到开发利用的首要条件，确保了垛田蛛网密布的河渠系统有足够的人力维持，以及垛田这种费时费力的传统农业生产得到维系，而垛田这种高投入的农业生产也只能用来生产瓜果蔬菜或者油料等适合商品交换，回报率较高、种植周期短的经济作物。

① 葛剑雄，曹树基. 简明中国移民史[M]. 福州：福建人民出版社，1993：346.

（二）射阳湖大面积淤积

如果说明清大规模的人口爆发是首要条件，那大面积的湖荡湿地是垛田景观形成的物质基础。兴化西北境的五湖八荡的由来，还要从史前时期的古泻湖也就是射阳湖说起。最早的射阳湖是一个浅浅的海湾，湾内是海水，潮汐和长江带来的泥沙，封住了它和大海的通路，变成了内湖。北宋《太平寰宇记》里说，射阳湖阔30丈，长300里，有千里江湖之感的大湖气派。射阳湖之名最早见于北魏郦道元的《水经注》："昔吴将伐齐，北霸中国。自广陵城东南筑邗城，城下掘深沟，谓之曰韩江，亦曰邗溟沟。自江东北通射阳湖。《地理志》所谓渠水也。"春秋时期吴王修邗沟东北通向射阳湖。由唐至宋，是射阳湖的黄金岁月。射阳湖有过作为运输河道的历史，经山阳渎入射阳湖，由北沙淮河口入海，北赴登莱津沽。

南宋绍熙五年(1194)陈损之修筑绍熙堰后，里下河地区有了较明显的初步开发。前已述及，北宋范公堤修建后，对里下河低地的发展起了促进作用，潟湖淡化和土壤脱盐作用加快，尤其是在沿主要水利工程一带，因为具有藏溉之利，土地开发较好。北京大学教授吴必虎在早年的《历史时期苏北平原地理系统研究》中认为在宋代里下河地区兴修水利，有灌溉之利，古射阳湖淡化，土地去盐碱化的阶段已经出现台田(垒土种植，沟洫洗土)、垛田这种种植模式。其中台田模式在黄河下游分布较多，也具备抬地特征，且具有排水网络结构，虽然台田的这两大特点主要是为了治盐碱，但两者在形态和功能上有诸多相似。兴化地区也出土过宋代的军用水壶上标记有异体字"垛"，这一异体字在兴化明清文献中屡见不鲜，明清家谱、官方编纂的县志中也是沿用这一异体字。由于兴化明清以前的文献资料散佚严重，文献资料与出土实物没办法相互印证。

元代时，射阳湖面已渐渐遭受黄淮泥沙的侵淤，元代文学家萨都剌写的《雨中过射阳》诗云："霜落大湖浅""孤蒲雁相语"。从这些诗句中可以推知元时湖虽很大，但因淤积湖水很浅，孤蒲等湿生植物生长茂密繁盛，基本丧失了作为运输河道的功能，沼泽型湖泊化明显。明清时期黄河南迁，射阳湖淤积更甚。明弘治七年(1494)，刘大夏等人采取“北岸筑堤，南岸分流”的治河方略，堵塞黄河北流全绝，全流分道南下入淮。到明后期，分支入淮的局面也趋于结束。嘉靖二十五年(1546)以后，《行水金鉴卷三十九》载，“南流故道尽塞”“全河尽(出)徐、邳，夺泗入淮”。潘季驯采用“束水攻沙”的治水方针，并为历代沿用。到万历四十四年(1616)黄河河道基本上稳定在今废黄河所在的流路上，整个黄河所携大量泥沙一部分因洪泽湖决口携带至里下河等低洼地区。兴化西北境是古射阳湖的核心区，运河以东湖群正是古射阳湖体接受泥沙淤积、解体分化而形成。20 世纪 80 年代，兴化有大纵湖、吴公湖、郭正湖、平旺湖和得胜湖等五大湖，湖泊周围还有团头荡、官庄荡、王庄荡、广洋荡、花粉荡、沙沟南荡、乌巾荡和癞子荡等八个荡，构成了我市西部、西北部地区的湖泊群，而这也是垛田的主要分布区。

2022 年，兴化市农业农村局组织相关部门对兴化境内现存的垛田区保护范围进行集中测绘，通过保护区测绘图可以发现垛田大部分都是集中在湖荡周边，目前兴化西北境整个湖荡群系古射阳湖核心区淤积分化。关于垛田的成因，笔者认为主要从内外两方面分析：

第一是外部条件，主要两个因素：一是爆发式的人口增长是垛田景观形成的内在动力，明清里下河地区人口的爆发式增长为垛田景观的形成提供了集中劳动力，大量人力用于集体开发垛田，在罱泥淤灌实现土地增肥和垫高防涝的同时，解决人口增长引起的社会矛盾，满足老百姓的土地需求；二是射阳湖的沼泽化形成大面积湖荡滩涂是垛田景观形成的物质基础，兴化位于射阳湖核心区，射阳湖淤积形成了兴化现在的五湖八荡，大量的滩涂和湿地为垛田开发提供了物质基础，黄河流域携带的大量富含有机质的泥沙沉淀为垛田农业模式的可持续性提供了养料。

第二是内部条件，中国几千年传统的农耕文明是垛田的技术保障，垛田的出现并不是短时间内一蹴而就的奇迹，也不是凭空出现的奇观，它是以丰富的农业技术为依托的。垛田是里下河地区通过沟渠排水系统与高地防水系统相结合的应对极端洪涝环境的旱地种植农业景观。春秋战国的低洼土地高地种植，商周用于排水的沟洫系统、秦汉的淤灌肥田、宋元的淤田开发，都能在垛田生产中看到中国古人的农业生产智慧。

从地理学视角谈里下河地区军事抗战文化

张　磊(湘潭大学马克思主义学院)

地处江苏省中部(简称苏中)的里下河地区，内部水网交错，是典型的平原水网地带，地理环境的独特性造就了中国革命时期里下河地区军事斗争的特殊方式，进而构建起里下河地区独立的军事斗争文化。本文仅从地理学这一视角切入，探求中共在全面抗战时期里下河地区面对的环境和采取的应对方法，对创建和巩固苏中抗日民主根据地、坚持抗战的历史予以研究。

一、 里下河地区抗日斗争的困局

《孙子兵法》曰："夫地形者，兵之助也""知天知地，胜乃可全"。此说明在战争中，地理环境的影响是巨大的，有时甚至可以成为左右一场战役胜负的关键。因此，研究中国共产党人的军事斗争，切不能忽视地理环境的影响。李金铮提出的"新革命史"理论，较早提出从地理学视角研究中共党史的可能性，说"在生态方面，自然环境与革命政权、革命策略等是一种怎样的互动关系，具体而言，就是自然生态环境对革命政权的策略、手段和行为有何制约？反过来，革命政权的策略、手段和行为对当地的自然生态环境又产生了哪些影响？"① 同时，应星也

① 李金铮.再议"新革命史"的理念与方法[J].中共党史研究,2016(11):98-108.

强调："地理学的视角尚未被自觉地、完整地应用到中共党史研究中。"并从地理学的视角研究了中共的政党组织形态①及影响红军崛起的诸地理因素。② 程森从环境对抗日根据地的影响及根据地军民对自然地理条件的改造利用出发，研究了华北平原抗日根据地的挖道沟运动，指出："中国共产党敌后抗战史的叙事和研究应补充一个重要的环节——自然地理条件及其被利用和改造的历史，从而使敌后抗战史更为丰富和完整。"③ 郭宁则以政治地理学为切入点，将权力空间关系应用于中共党史研究之中，探讨了中国近代空间格局与中共革命进程之间的关系，以及中国革命对中国政治空间的影响。④

诚然，若从地理环境上看，苏中抗日根据地是典型的平原水网地区，许多地方跬步不离舟楫，无陆路交通可言。如"《山堂老索》云：淮东川泽之国，凡小洲大潴，水势环绕，人所不到处，皆水寨也。"⑤ 这样的地理环境，完全不同于中共军队长期活跃的山岳丘陵地区，因此，在里下河地区进行抗日斗争，首先面临着重大战略转变的困局，即由山地游击战向平原水网游击战的战略转变。但是，由山地游击战向平原水网游击战的战略转变，并不是一蹴而就的，而是要经历一个较长期的探讨、实践和论证过程。

早在1938年，毛泽东就在《论抗日游击战争的战略问题》中指出："江北的洪泽湖地带、江南的太湖地带和沿江沿海一切敌人占领区域的港汊地带，都应该好好地组织游击战争，并在河湖港汊之中及其近旁建立起持久的根据地，作为发展全国游击战争的一个方面。缺少了这一方面，无异供给敌人以水上交通的便利，是抗日战争战略计划的一个缺陷，应该及时地补足之。"⑥ 但在里下河的平原水网地

---

① 应星，荣思恒．中共革命及其组织的地理学视角（1921—1945）［J］．中共党史研究，2020（3）：47-66．

② 应星．主力红军在"五湖四海"的崛起（1927—1930）——再论中共革命的地理学视角［J］．中共党史研究，2022（4）：24-40．

③ 程森．战争、地貌改造与社会动员——华北平原抗日根据地军民挖道沟运动研究［J］．近代史研究，2021（6）：16-30+160．

④ 郭宁．革命与空间：中共党史研究的地理学视野［J］．党史研究与教学，2022（5）：45-50．

⑤ 顾祖禹．读史方舆纪要［M］．北京：中华书局，2005：1136．

⑥ 毛泽东．毛泽东选集［M］．北京：人民出版社，1991：421．

区进行游击斗争，与山岳地区和华北平原有显著的不同，这里“无山可凭，也无地道可钻，在这里开展游击战争要比那些地区困难得多”。①

彭雪枫率领新四军第六支队初到平原水网、河湖港汊地带进行游击战争、建立根据地时，“面对四通八达，缺少隐蔽，无山可据，无险可凭的广阔平原”而“不习惯、不适应”。② 因此，1940 年 6 月，黄克诚率领八路军第二纵队主力南下豫皖苏后，向中央建议：淮北、苏北地区“大兵团开入活动能否立足建立根据地值得考虑”。③ 由此可见，“他们(彭雪枫、黄克诚等)对于离开山地丘陵，到苏北平原水网地带打游击，还是抱持担忧心理，担心无法适应平原水网地区的环境而踌躇不前。”1940 年 7 月 20 日，刘少奇面对分歧，致电陈毅并黄克诚，耐心解释：“苏北之兴化、盐城东西地区，有纵横数百里之水网，大部队及重快部队完全不能活动。物产丰富，有水道交通”，此地区“我们可以取得”。④

同年 12 月 9 日，经过沟通和在水网地区的实践，黄克诚在向中央的汇报中指出“盐城、宝应、淮安完全水网，不能走汽车、骑兵，河流均可走民船，水网地区建根据地完全符合中央的意图”。⑤ 新四军第六支队司令员彭雪枫在对实际战争经验的总结时，指出“游击战将不为地理的条件所拘限”，平原游击战是可以打的，甚至一些战士们心理上起了一种“平原游击似乎较之山地还要舒服些”的变化。⑥ 实践证明，在平原水网地区建立抗日根据地、进行游击战争是完全可行的。因此，苏中抗日根据地与众多平原地带抗日根据地的成功建立，让中国共产党完成了由山地游击战向平原水网游击战的战略转变，摒弃了军事斗争非依靠山区不可的固见。这一重大转变，不仅丰富了中国共产党创建根据地的经验，更加强了

---

① 中共江苏省委党史资料征集研究委员会，江苏省档案局. 江苏党史资料：第 3 辑[M]. 南京：江苏省档案局编印，1985：151.

② 刘银生. 华中抗日根据地的建立及其特点[J]. 上海海运学院学报，1994(01)：96-102.

③ 李雷波. 中共“发展华中”战略中的八路军、新四军及其角色转换[J]. 中共党史研究，2020(6)：103-118.

④ 中共中央文献研究室. 刘少奇传：上[M]. 北京：中央文献出版社，1998：391-392.

⑤ 中国人民解放军历史资料丛书编审委员会. 新四军文献(1)[M]. 北京：解放军出版社，1988：698.

⑥ 陆诒. 皖北敌后访彭雪枫[N]. 解放日报，1940-8-11.

敌后军民的抗战信心和决心。

二、 里下河地区的群众动员运动

“兵民乃胜利之本”。平原地区无深山密林的掩护，不利于游击战的开展，但同时，平原也是人口稠密的区域，假如能“把广大的人民推动到抗日战线上来，把广大的人民造成游击队的‘人山’”，那么“不管什么样的山，也没有这样的山好”。① 正如一位敌后记者所云：“平原游击战争的创造是依据什么条件成功的？说来，在基本上当然是动员了广大群众，造成‘人山人海’来配合游击战争。但利用伟大的群众力量，地理条件的缺憾是可以克服的。”② 因此，平原水网地区敌后游击战的成功，除了在于对平原地形的利用和改造，还在于对广大人民群众的动员和统一战线的有效开展。

1943 年 6 月，苏中第四军分区在反“清乡”斗争总结中强调指出，民兵们“在一个月的‘清剿’中为主要的斗争力量，不但担任了情报侦查工作，而平毁敌据点、拆桥破路、伏击敌人，特别捕捉‘清乡’人员起极大的作用”。③ 为激发群众和民兵保卫家乡、配合打击日伪军的积极性，根据地党委在群众中提出了一些具体的行动口号，如“路有一沟，沟有一桥，敌到抽桥，我到搭桥”和“多打坝，少盘河，破要道，难通过”④ 等。这些号召在斗争中取得很大成绩，使得日伪军公路修不成、篱笆做好又被破坏，下乡“扫荡”无人带路、进入水网区

---

① 徐向前.徐向前军事文选[M].北京:中国人民解放军出版社,1993:47.

② 徐学增,李秀清,陈铭.中外记者笔下的第二次世界大战[M].北京:东方出版社,1987:167.

③ 中国人民解放军历史资料丛书编审委员会.新四军文献(3)[M].北京:解放军出版社,1988:267-274.

④ 江苏省档案馆.苏中人民反扫荡反清乡斗争:下[M].北京:档案出版社,1985:293-298.

走不出来；与此“同时群众自己更将这些口号具体化起来，并创造了很多新的方法”。①

仅1943年春到当年7月，高邮县就发动了26.13万人次的群众，在大小河道中共打了315道坝，使日军的汽艇完全无法通行。陆上破路斗争也十分激烈，群众夜间破路，敌人白天抢修，群众夜间再破，使日寇汽车成了“蜗牛车”。敌人失去了交通优势，人民抗日武装由被动转为主动，不仅避免或减少了自己的损失，而且有效地打击了敌人。② 再如在兴化，从1943年秋至1944年春，仅老圩、永合等4个区，就有58万人(次)投入了改造地形的运动。“群众们自带干粮、工具和建坝材料，毫无报酬，共筑封锁坝79条、交通坝414条。倘若如此巨大的工程，没有民兵和成千上万群众的参与和无私奉献的精神，是根本无法办到的。除了拦河筑坝，阻止敌人军用汽艇行驶外，还在偏僻狭小港汊处建水下暗坝，抗日军民的小木船行驶自如，而敌人汽艇无法行驶……这样的‘水上长城’，是人民的创举，它使敌人陷入寸步难行的困境”。③ 实践证明，只要做好“耐心而艰苦的群众工作”，使敌人深陷“一种草木皆兵的境况”，“游击队和广大群众打成一片，混为一体，成一种到处看不见我们的游击队，然而到处都是我们的游击队”④ 的状态，那么即便没有林木茂密、峰峦重叠的山地环境，也能创造出平原水网地形下的“人山人海”游击战术。

---

① 中国人民解放军历史资料丛书编审委员会.新四军文献(3)[M].北京:解放军出版社,1988:285-311.

② 《江苏人民革命斗争群英谱》编委会.江苏人民革命斗争群英谱:高邮分卷[M].南京:江苏人民出版社,2001:8-9.

③ 《江苏人民革命斗争群英谱》编委会.江苏人民革命斗争群英谱:兴化分卷[M].南京:江苏人民出版社,1998:12.

④ 陆诒.皖北敌后访彭雪枫[N].解放日报,1940-8-11.

三、 里下河地区的地形改造运动

苏中抗日民主根据地的创建，离不开中国共产党与时俱变的战略思想转变，但“平原游击战可以打”的底气来源于何处？“游击战将不为地理的条件所拘限”的原因是什么？纵观广阔的苏北平原、无深山密林之阻隔，其得以坚持抗战的主要原因是“能因地制宜地利用各地平原地貌、地物等地理条件，实施灵活多样的游击战术”。① 由此，中国共产党领导下的两支劲旅之一的新四军，在里下河地区依据河沟纵横、水网密布的“地利”条件，并加以有利于我、不利于敌的改造，使水网地形成为“我之蜜糖，敌之砒霜”，有效地坚持了敌后游击战争，保证了抗日根据地的巩固和发展，进而取得了中国人民抗日战争的胜利。那么，里下河地区人民进行了哪些地理上的改造呢?

据粟裕回忆:“我们开展了改造地形的伟大群众运动。苏中大部为水网、半水网地区，相当一部分地区非舟楫不通。敌伪‘扫荡’这些地区使用汽轮，每条河流都是他们的水上公路，行动比我们木船迅速得多”，在这样的状态下，苏中抗日根据地军民发明了“在河流上构筑明坝、暗坝、交通坝、阻塞坝”，同时“改造桥梁，变大桥为小桥，固定桥为活动桥”，再者“改造道路，改大路为小路、直路为弯路”。② 概括起来说，里下河地区地形改造的方式就是在河流上筑坝和在陆路上改造桥梁、改造道路。

第一种类型，在河流上筑坝。因日军拥有现代化的水上交通工具，即速度快、火力强的汽艇。在“抗战初期，日军凭借汽艇的水上优势，在河湖港之中横冲直

① 程森.战争、地貌改造与社会动员——华北平原抗日根据地军民挖道沟运动研究[J].近代史研究,2021(6):16-30.

② 粟裕.粟裕战争回忆录[M].北京:解放军出版社,1988:266-267.

撞，肆无忌惮地对里下河地区的军民疯狂进行大‘扫荡’”。[①] 依靠汽艇的水上优势，日军形成了在水网地区的主要作战方法，“利用河网汽艇，运动神速”而逼抗日军民转移困难，以此“四面封锁包围再以步兵登陆，四面包抄，实施对某一地区或一点的‘扫荡’”。[②] 因此，里下河地区军民蒙受巨大损失和牺牲。有鉴于此，开展河流筑坝运动刻不容缓。坝的类型分为交通坝和封锁坝：所谓交通坝，就是利于我军之用、限制敌军之用的河流上之坝，坝是“同时兼有‘封锁’与‘交通’双重作用”，而“封锁坝按其器材构成与表现形式的不同，又主要可分为软坝、硬坝、明坝和暗坝数种类型”。所谓软坝是“将许多大树倒在河里，杂以稻草，有的复上泥土，专挡敌人汽艇”；硬坝则是在软坝的基础上，“用碎砖瓦，杂以树棍，打成五六丈宽的大坝，切断交通，使敌人难毁难炸”；所谓明坝，“坝体高出水面，外部明辨可见”；暗坝则是“坝体都藏在水平面以下，从外部看不到”，这种坝体“表面上看去，河道畅通，小船亦能通行无阻，而敌汽艇遇上暗坝就搁浅，来去不得”。[③] 里下河地区军民在不同环境中，具体情况具体分析，采取不同的打坝形式，对新四军部队进行积极支援或对敌军进行有效限制。

第二种类型，在道路上改造桥梁。在水网地区陆上行军，必依靠桥梁的连接。因此，在桥梁上做文章，“把船只封起来，把桥梁拆了”，就增加了日伪军在其占领区的作战困难。[④] 平原水网地区游击战的经验，彭雪枫在总结时如是说：“豫皖苏边广大平原的河流小溪淤地很多，桥梁亦多，炸坏一座桥，可使敌之汽车于一个时间内不能横冲直撞，而我就可以安然远扬了。”[⑤] 由此，里下河地区开展了“抽桥运动”与“搭桥运动”。所谓抽桥，“既是为了阻止敌人进来，又是为了截断

---

① 兴化县政协文史资料研究委员会. 兴化文史资料：第 10 辑[M]. 兴化：兴化县政协文史资料研究委员会编印，1985：31.

② 中国人民解放军历史资料丛书编审委员会. 新四军文献（2）[M]. 北京：解放军出版社，1988：297.

③ 中共扬州市委党史办公室. 扬州革命史料选第 3、4 合辑（纪念抗日战争胜利四十周年专辑，1945－1985）[M]. 扬州：中共扬州市委党史办公室编印，1985：92－112.

④ 江苏省档案馆. 苏中抗日根据地[M]. 北京：中共党史资料出版社，1990：35.

⑤ 彭雪枫. 平原游击战的实际经验[N]. 八路军军政杂志，1939－6－25.

敌人退路，使其进不来，溜不掉”，而言之搭桥“主要是便利我交通”，方便对日伪军进行合围或根据地军民安全撤离。桥的“抽”“搭”都是视具体情况灵活可变，“原来有桥的，现在桥拆了，改到原来没有桥的地方，还改装成活动桥，可以随时架起来，随时拆掉它”，这使各村庄可随时各自独立或相互联结，村庄之中、之间“弯弯曲曲，像迷宫一样，陌生的人，不容易进去，跑进去也不容易跑出来”。①

第三种类型，改造陆上原有道路。主要形式分为破路与筑路：破路的目的是阻断日伪军的交通、补给。如自南向北的通榆公路是日伪军的主要交通干线和重要补给线，里下河地区的地方民兵，利用夜晚破坏公路路段，在每隔一里多的距离，就把路面破开一个两三间屋基大的坑口，以阻断日伪军的交通、补给。筑路目的是“更加便于我军大范围交通和军事行动，坚持水网地区的抗日斗争”。1943年6月，根据地的高邮县委、县政府，则“发动数万群众，在七沟八汊、芦苇茂密、杂草丛生的大草荡里，穿荡筑路，仅十几天时间，就筑起了南北从侍官庄到董家潭长达十五华里，东西从蒋戴庄到北官垛长约十华里的4条穿荡大路，将荡区的主要村庄连成一线”，这大大便利了新四军游击部队的行动。②

至于地形改造在军事斗争中的实践，各地区亦不尽相同。例如，高邮地区水深而狭，若能有效利用并改造此处地形，那必将事半功倍。这正如古人所言：“高邮岸峻而水深狭，若奇兵伏其侧，焚荻舟塞其前，而以劲兵蹙其后，可尽擒也。”③ 1944年6月，日伪军向高邮进发的途中，由于沿途有几道封锁坝，汽艇无法开进，敌人只得划着木船奔袭，后又遇大坝阻拦，在拉船过坝时，被站岗的民兵发觉，立即鸣锣报警，各地游击部队利用交通坝，迅速展开兵力，从而在短时间内达成合围的目的。此时的日伪军前为大坝阻截，后被通过交通坝增援过来的游击部队合围。经过一场激烈的战斗，日伪军伤亡惨重，仓皇撤退。

---

① 江苏省档案馆. 苏中抗日根据地[M]. 北京：中共党史资料出版社，1990：571.

② 中共扬州市委党史办公室. 扬州革命史料选第3、4合辑（纪念抗日战争胜利四十周年专辑，1945-1985）[M]. 扬州：中共扬州市委党史办公室编印，1985：92-112.

③ 顾祖禹. 读史方舆纪要[M]. 北京：中华书局，2005：1133.

1944 年 3 月，在抗击日伪军的苏北地区有名战役——车桥战役中，“为了克服当地水网纵横、我军行动不便的困难，战前即有三万多农民群众在曹甸、安丰等地筑路、打坝，很快就修成了顶宽一丈、出水约五尺，总长为三十余里的五条大坝，为我参战主力数千人奔袭敌人据点铺平了道路”，而为了阻击日伪军的增援部队，“张桥区群众及民兵，还在平桥以北、三堡以南的大运河线上开沟挖塘，破坏淮安与宝应间的公路；安丰区民工切断了宝应至车桥、曹甸的大路；石塘区大批民兵在淮安到车桥公路沿线站岗放哨，埋设土造地雷，使日军援兵每跨一步都要付出代价”。①

结　语

里下河地区军民改造地形的实践证明，利用并改造地形乃是平原水网地区人民在中国共产党的领导下坚持敌后游击战的一种伟大创造。它既改变了敌我力量的对比，有效地打击了日伪军、维护了里下河地区群众利益；也保证了苏中抗日根据地的巩固和发展。1944 年，《苏中报》在评述改造地形对抗日游击战争的巨大作用时，这样描述：“七年以来敌寇凭……便利的交通网来封锁与分割我华中各个根据地，但我新四军配合人民实行普遍的改造地形，筑堤坝、挖道沟、破公路、埋地雷，使敌之企图归于失败。”② 可见，在中国共产党领导下的里下河地区人民，创建的地形改造运动成效显著，从而形成了里下河地区军事抗战文化。

综上，在中国人民自 1937 年七七事变、全面抗战爆发后，中国东部的江苏沿海地区军民，为坚持抗战作出了巨大的努力和特别贡献。而中国共产党在江苏中部这片“通江达海”的兵家必争之地上，建立起苏中抗日根据地。其中，在苏中

① 陈丕显. 陈丕显回忆录：苏中解放区十年[M]. 上海：上海人民出版社，2002：257.

② 新四军和华中抗日根据地[N]. 苏中报，1944-8-20.

抗日根据地的腹地，即里下河地区，中国共产党人着力探索出平原水网地区敌后游击战的战略战术，完成了由山地游击战向平原水网游击战的适时战略转变。当然，“对于战争中的地形条件，应该辩证地去看。水网地形其实是既有利又有弊，只要充分发动群众，加强对地形的改造，加强部队的适应性训练，就可以变对我不利为有利，变对敌有利为不利”。① 本文从地理学的视角探究里下河地区的军事斗争问题，旨在深化对里下河地区抗战史的研究，进而可以使中国革命史研究更加丰富多彩和体系完整。但笔者绝非“地理决定论”者，而是强调研究中国革命史的一个重要视角，尤其在拥有特殊地理环境的地区，如苏中抗日根据地、洪湖革命根据地、浙东抗日根据地等，或许能够更加深入地探究。

① 粟裕. 粟裕战争回忆录[M]. 北京:解放军出版社,1988:267.

流域文化

LIUYUWENHUA

明清文学视野与里下河地域传统文化的特质

陈书录(南京师范大学文学院)

“野水阔无垠，东连碧海涌。”① 江苏中部以兴化为中心、以海滩湖洼为基础的平原洼地，西起里运河，东至串场河，南至运盐河(通扬运河)，北至淮河入海水道，为里下河地区，虽然外形为“里下洼地”，而内涵确是“文化高地”。其文化特质是什么呢？这可以从多角度加以考察，其中从明清时期生长于里下河地区的吴承恩(1506—1580)、李春芳(1511—1584)、宗臣(1525—1560)、吴嘉纪(1618—1684)、郑燮(号板桥，1693—1765)以及施耐庵、王磐(？—1524)等著名文学家的视角，观察里下河地域的传统文化，别有一番河海文化的气象。这种河海文化与襟江(长江)带湖(太湖)的吴文化、枕山(宁镇山脉)臂江(长江)的金陵文化、江(长江)河(大运河)行地的维扬文化、依江傍海的苏东(尤其是南通)海洋文化等同中有异，具有某些特别的价值与意义。其中蕴含着水乡洼地、河海气象的生态文化，煮海力耕、农商同道的民生之路，柔情似水、箫心水韵的柔美品格，抗洪御敌、剑气刚胆的阳刚之气，百姓日用、心系民生的民本情怀。

① 吴嘉纪. 归旧居后，洪水复至[M]//杨积庆，笺校. 吴嘉纪诗笺校：卷七. 上海：上海古籍出版社，1980：231.

一、“海气荒凉门有燕，溪光摇荡屋如舟”——水乡洼地，河海气象

要说里下河地域文化的特色，首先看其地理环境等生态文化的层面。出生于里下河腹地兴化的明代文人李春芳，是嘉靖二十六年(1547)的状元，著有《贻安堂集》。他在《邑侯凌二洲台奖序》中说：“兴(兴化)故东海偏壤，势最洼下，在扬郡独为疲邑。比来淮泗横流，建瓴而下，咸以兴为壑，岁大无禾者垂十余年，流离转徙，奚啻过半?”① 以兴化为腹地的里下河地区为黄(东)海偏壤，势最洼下，淮泗横流，以此为壑，往往大水为患，百姓流离失所。显然，以兴化为腹地的里下河的地理环境可以用四字加以概括：水乡洼地。当然，里下河地区的“水洼”并非一些小小的水坑，而是有河水串场、黄海涌动的恢宏气势，正如李春芳在《长淮篇送贾参府乡丈返淮》中所描写的：“君不见长淮之水接天潢，襟带齐鲁引荆扬。怒卷千寻雪涛白，静磨一片青铜光。我朝运漕四百万，从兹级挽输神乡。东南扼亢此郡会，飞舟驾楫如烟翔。”② 水接天河，怒涛卷雪，气吞万里，一片河海气象；另一方面，有利于飞舟驾楫，挽输神州，为不可多得的漕运之乡。对于里下河地区生态环境的整体风貌，清初吴嘉纪(泰州东淘人)有两句诗加以概括：“海气荒凉门有燕，溪光摇荡屋如舟。”③ 河(溪)光摇荡，海气苍凉，颇有一番河海茫茫的气象。这种临海串河的里下河地域文化，与襟江(长江)带湖(太湖)的吴文化、枕山(宁镇山脉)臂江(长江)的金陵文化、江(长江)河(大运河)行地的维扬文化、依江傍海的苏东(尤其是南通)海洋文化等同中有异，在生态文化上有鲜明的特色。

---

① 李春芳.邑侯凌二洲台奖序[M]//贻安堂集:卷六.《四库全书存目丛书》影印明万历十七年李戴刻本.

② 李春芳.长淮篇送贾参府乡丈返淮[M]//贻安堂集:卷二.《四库全书存目丛书》影印明万历十七年李戴刻本.

③ 吴嘉纪.内人生日[M]//杨积庆,笺校.吴嘉纪诗笺校:卷一.上海:上海古籍出版社,1980:17.

里下河地区面临黄(东)海，河水串场，河之水，海之水，相互交汇成河海之水。里下河洼地，颇有特定的水乡特色。清代中期的郑燮(号板桥，扬州兴化人)在《送职方员外孙丈归田》中写道："鹤儿湾畔藕花香，龙舌津边粳稻黄。小艇雾中看日出，青钱柳下买鱼尝。村墟古庙红墙立，天末孤云白带长。借取渔家新箬笠，一竿烟雨入沧浪。"① 雾中日出，烟雨茫茫，渔家箬笠，藕花飘香，粳稻金黄，一幅洼地水乡画景跃入眼帘。明代中期的吴承恩(淮安山阳人)《西江月》词有异曲同工之妙："古岸垂杨钓庭，小桥流水疏篱。杏花茅屋舞青旗，人道他家好醉。日暖黄鹂共劝，雨余紫蟹偏肥。归时拼个典春衣，抱着瑶琴且睡。"② 小桥流水、古岸杨柳、疏篱茅屋、杏花青旗，地处苏北，却颇似江南，好一幅令人陶醉的水乡风景。还有肥蟹美味，黄鹂劝客，典衣换酒，抱琴醉卧，水乡景美而又生活和美。当然，里下河的水乡之景，并非都是那样平静和美，而是随着季节(时间)的变换悲喜交替，特别是一些年间的六、七、八月份，洪水泛滥之时夹带着忧愁乃至凶险。例如清初吴嘉纪《六月十一日水中作》："骤雨催堤决，奔雷向海驱。虚空浮屋宇，里巷入江湖。"③ 又如他的《与汪伯光二首》："八月潮汐落，草白范公堤。堤上堤下海云黯，鹙鸧哀叫风凄凄。""昨夜河涨太无赖，狂澜竟从衡门入；架木作巢茆屋中，一家人共鸡犬集。"④ 又如吴嘉纪《溱潼》中写道："溱潼水雾中，屋上栖野鸭。萍花莲叶遍里巷，野鸭飞下争喋喋。有船田父皆为渔，十口五口依孤蒲。蒲多村少心肠乱，网得大鱼无米换。亭午风顺客船来，烟生茅店人吹爨。可怜冷落红颜妇，凶年卖饭不卖酒。"⑤ 四面环水的溱潼，是著名的鱼米之乡，但遇到水灾凶年，人们深受水患饥寒之苦。

里下河是水乡洼地，其水患主要有二：一是西来的黄、淮洪水，吴承恩《瑞龙

---

① 郑燮.送职方员外孙丈归田[M]//卞孝萱,卞岐,编.郑板桥全集(增补本):卷一.南京:凤凰出版社,2012:15.

② 吴承恩.西江月(古岸垂杨钓艇)[M]//吴承恩集:卷四,北京:中国社会科学出版社,2014:157.

③ 吴嘉纪.六月十一日水中作[M]//杨积庆,笺校.吴嘉纪诗笺校:卷七.上海:上海古籍出版社,1980:228.

④ 吴嘉纪.与汪伯光二首[M]//杨积庆,笺校.吴嘉纪诗笺校:卷三.上海:上海古籍出版社,1980:84.

⑤ 吴嘉纪.秦潼[M]//杨积庆,笺校.吴嘉纪诗笺校:卷五.上海:上海古籍出版社,1980:168-169.

歌》中写道："忆昨淮扬水为厉，冒郭襄陵鸿无际。皆云龙怒驾狂涛，人力无由杀其势。"① 吴嘉纪《送乔孚五北上》(范公堤)中写洪水由西向东奔向里下河地区："及至河流向东奔，狂澜已没几千村。"② 二是东来的海潮冲击，从吴嘉纪《海潮叹》诗中可以感受到黄海潮水的汹涌："飓风激潮潮怒来，高如云山声似雷。沿海人家数千里，鸡犬草木同时死。南场尸飘北场路，一半先随落潮去。产业荡尽水烟深，阴雨飒飒鬼号呼。"③ 有时二者交相为害，吴嘉纪《赠张蔚生先生》诗中有云："天边泽水下淮扬，兴化波涛接海长。"④ 他还有一首《风潮行》诗，揭示里下河地区遭遇的触目惊心的水害："辛丑七月十六夜，夜半飓风声怒号，天地震动万物乱，大海吹起三丈潮。茆屋飞翻风卷去，男妇哭泣无栖处，潮头骤到似山摧，索儿负女奢寻路。四野沸腾那有路，雨洒月黑蛟龙怒；避潮墩作波底泥，范公堤上游鱼度。悲哉东海煮盐人，尔辈家家足苦辛。频年多雨盐难煮，寒宿草中饥食土；壮士流离弃故乡，灰场蒿满池无卤。招来初蒙官长恩，稍有遗民归旧樊。海波忽促余生去，几千万人归九原。极目黯然烟火绝，啾啾妖鸟叫黄昏。"⑤ "辛丑"，即清顺治十八年(1661)。这有史为证，《风潮行》转引《康熙重修中十场志》："顺治十八年，海潮至，淹庐舍无数。"⑥ 诗的前八句写震天动地的飓风海潮，"悲哉"之后写几千万黄海盐民葬身水患。诗与史互补，但诗歌有更多的细节描写，形象更为生动，悲伤之情更为强烈。

显然，里下河地区，既是水乡洼地，又有河海气象；既是鱼米海盐丰产之乡，又有洪水海潮泛滥之害。水利与水害并存，而水利则是里下河的命脉。

---

① 吴承恩. 瑞龙歌[M]//吴承恩集：卷一. 北京：中国社会科学出版社，2014：22.
② 吴嘉纪. 送乔孚五北上[M]//杨积庆，笺校. 吴嘉纪诗笺校：卷六. 上海：上海古籍出版社，1980：203.
③ 吴嘉纪. 海潮叹[M]//杨积庆，笺校. 吴嘉纪诗笺校：卷二. 上海：上海古籍出版社，1980：39.
④ 吴嘉纪. 赠张蔚生先生[M]//杨积庆，笺校. 吴嘉纪诗笺校：卷十一. 上海：上海古籍出版社，1980：329.
⑤ 吴嘉纪. 风潮行[M]//杨积庆，笺校. 吴嘉纪诗笺校：卷一. 上海：上海古籍出版社，1980：24.
⑥ 吴嘉纪. 风潮行[M]//杨积庆，笺校. 吴嘉纪诗笺校：卷一. 上海：上海古籍出版社，1980：24.

二、“东淘边淮地濒海，灶户煮盐农力耕”——煮盐力耕，农商同道

里下河地区既是鱼米之乡，又是海盐之场，正如曾国藩在《预筹三支水师疏》中所说：“淮扬之里下河产米最多，而盐场为大利所在。”① 郑板桥用“盐策米囊”概括里下河地区的物质生产：“盐筴米囊销岁月，崖花涧鸟避旌旗。”② 吴嘉纪《范公堤行，呈汪芾斯先生》诗中写得更为具体：“范公劳苦筑长堤，洋洋潮汐不复西。黄壤黑壤接庐舍，南场北场多鸣鸡。运盐搰搰车在野，获稻苍苍水映畦。”③ 范公(范仲淹)堤拒挡着海潮，堤内“黄壤黑壤”中盛产稻米，大堤附近的“南场北场”中盛产海盐。诗中说“黄壤黑壤”中“获稻苍苍水映畦”，为何要这样写呢?黄河淮水中的泥沙冲积成黄壤，与原有的洼地黑壤交织成里下河地域的土壤，而里下河地区往往是“三分田地七分水”，人们在湖荡浅滩里堆土成垛田，其中的“畦”原来是说田埂分成的小块田地，生长于里下河的吴嘉纪在诗中不说畦陌、畦径、畦堰等，而是用“水映畦”来状写那些好似漂在水上的农田(“垛田”)。《诗经·豳风·七月》中有“十月获稻”④ 句，说是十月(夏历)里来收获水稻。显然，“获稻苍苍水映畦”写十月收稻，秋水苍苍，垛垛稻田以水相映，一望无际，也是茫茫苍苍，状难写之状如在眼前，为里下河垛田留下“获稻苍苍水映畦”等形象生动的画卷，难能可贵。同时，里下河地区盛产海盐，因而时常出现“运盐搰搰

① 曾国藩.预筹三支水师疏[M]//曾文正公奏稿:卷十四.刻本.长沙:传忠书局,1876(清光绪二年).

② 郑燮.送都转运卢公[M]//卞孝萱,卞岐,编.郑板桥全集(增补本):卷一.南京:凤凰出版社,2012:40.

③ 吴嘉纪.范公堤行,呈汪芾斯先生[M]//杨积庆,笺校.吴嘉纪诗笺校:卷五.上海:上海古籍出版社,1980:149.

④ 豳风·七月[M]//程俊英,蒋见元,注析.诗经注析.北京:中华书局,1991:413.

车在野”的壮观。当然，明清时期里下河地区的稻米生产与海盐生产有盛也有衰，例如吴嘉纪《逋盐钱逃至六灶河作》诗中写道：“海水东北徙，新沙细草绿。稍稍芜盐池，纷纷买耕犊。煮海每绝粮，有地因播谷。雨多卤气消，露白禾苗熟。芳香炊在釜，子粒散如玉。珍产不择乡，何须地土沃?”① 至于说里下河地域的物质生产与经济活动，吴嘉纪《腊月四日，赠袁姊丈汉儒》中说：“紫荆昼无隶胥扣，道路夜有商贾行。东淘边淮地濒海，灶户煮盐农力耕。云黄陇亩稻将熟，烟暗茆茨鸡共鸣。”② 显然，明清时期里下河地区的物质生产与经济活动的形态可以概括为八个字：煮盐力耕，农商同道。

“煮盐”，是海盐生产；“力耕”，是农业生产，两者之间都有“商贾通行”：“日落牛簑归牧笛，潮来鱼米集商船。”③ “东淘贾客何雄豪，囊中光彩金错刀；货殖纷纷用千镪，白盐突兀如山高。”④ 兴化文人、明代状元“宰相”李春芳《竹溪王先生六十寿序》中说，江南句曲（今江苏句容）王竹溪“商游四方，其商而入他境也”“犹予（指祖籍为句曲的李春芳本人）父、祖之商于兴（兴化）也”⑤。江南句曲的王竹溪到里下河等苏北地方经商，与祖籍句曲的李春芳的祖父李旭、父亲李镗一样，都是外来商人。显然，明清时期里下河地区活跃着本地与外来商贾。这些商贾中既有巧取豪夺的贪商，也有义利兼顾的儒商。前者如吴嘉纪《逋盐钱逃至六灶河作》诗中云：“称货盐贾（山西人）钱，三月五培利。”⑥ 说包括山西商人在内的外地商人贪利忘义，后者如吴嘉纪《夏公来东淘业盐，赠诗两首》：“地偏野月来随

---

① 吴嘉纪. 逋盐钱逃至六灶河作［M］//杨积庆，笺校. 吴嘉纪诗笺校：卷十. 上海：上海古籍出版社，1980：286.

② 吴嘉纪. 腊月四日，赠袁姊丈汉儒［M］//杨积庆，笺校. 吴嘉纪诗笺校：卷十一. 上海：上海古籍出版社，1980：223.

③ 吴承恩. 平河桥［M］//吴承恩集：卷一. 北京：中国社会科学出版社，2014：38.

④ 吴嘉纪. 腊月四日，赠袁姊丈汉儒［M］//杨积庆，笺校. 吴嘉纪诗笺校：卷六. 上海：上海古籍出版社，1980：202.（按，该诗为吴嘉纪《夏次公来东淘业盐，赠诗二首》注引）

⑤ 李春芳. 竹溪王先生六十寿序［M］//贻安堂集：卷五.《四库全书存目丛书》影印明万历十七年李戴刻本.

⑥ 吴嘉纪. 逋盐钱逃至六灶河作［M］//杨积庆，笺校. 吴嘉纪诗笺校：卷十. 上海：上海古籍出版社，1980：285.

客，俗厚商人肯敬儒。”① 例如东台安丰米商吴秀芝：“安丰老布衣，足不入市肠苦饥。……奇哉里人吴秀芝（为业米肆于安丰者），卖米桥头生业微。……今年海边年又凶，谋生计拙故乡中。去年米价偿未足，尔更愀然伤我穷。人粜只授江右白（米名），吾赊独与桃花红（桃花米）。桃花米熟香甑釜，痴儿饱食忽起舞。”② 又如明代嘉靖年间状元沈坤之父沈蕙（淮安人），吴承恩《赠翰林院修撰儒林郎沈公合葬墓志铭》记载：“公（沈蕙）自少事贾，其贾也，顾无贾态贾情。屡贾于吴，与众贾异趣，坐是多不利。即有利，亦必尽市图书古玩不急之物以归，乡人同事者窃笑之。然遇人有急，能溺赴；有事，力伐不平者；有为不善，苦劝诫；人亦多公。”③ “多”者，赞美也。赞美其爱好“图书古玩”、急人之难、力伐不平、劝人为善等，颇有“儒商”风范。吴承恩的父亲吴锐也曾在里下河等地区经商，吴承恩《先府宾墓志铭》：“（吴锐）弱冠婚于徐氏。徐氏世卖彩缕文縠，先君遂袭徐氏业，坐肆中。时卖采缕文縠者，肆相比，率酒食邀熙，先公则不酒食邀熙。”④ 显然，明清时期里下河地区农耕、煮盐等生产发展离不开商贾通行，煮盐力耕、农商同道是其民生之路、发展之路。

然而，明清时期里下河地区煮盐力耕、农商同道的这条民生之路还有重重的阻力。其中一有官吏的横征暴敛导致农户之苦，如郑板桥《田家四时苦乐歌》中云：“云淡风高，送鸿雁一声凄楚。最怕是打场天气，秋阴秋雨。霜穗未储终岁食，县符已索逃租户。更爪牙常例急于官，田家苦。”⑤ 二有官府重重的赋税徭役导致盐户之苦，例如吴嘉纪《德政诗五首，为泰州分司汪公赋》（汪芾斯）诗中写道：“荒荒

---

① 吴嘉纪. 夏次公来东淘业盐，赠诗二首[M]//杨积庆，笺校. 吴嘉纪诗笺校：卷十. 上海：上海古籍出版社，1980：202.

② 吴嘉纪. 赠里人吴秀芝[M]//杨积庆，笺校. 吴嘉纪诗笺校：卷六. 上海：上海古籍出版社，1980：447.

③ 吴承恩. 赠翰林院修撰儒林郎沈公合葬墓志铭[M]//吴承恩集：卷三. 北京：中国社会科学出版社，2014：106.

④ 吴承恩. 先府宾墓志铭[M]//吴承恩集：卷三. 北京：中国社会科学出版社，2014：108.

⑤ 郑燮. 田家四时苦乐歌[M]//卞孝萱，卞岐，编. 郑板桥全集（增补本）：卷五. 南京：凤凰出版社，2012：168.

濒海岸，役役煎盐氓。终岁供国税，卤乡变人形。”① 三有官吏贪赃枉法导致的商贾之苦，例如郑燮《潍坊竹枝词》中云：“行盐原是靠商人，其奈商人又赤贫？私卖怕官官卖绝，海边饿灶化冤磷。”② 种种迹象表明，明清时期里下河地区由于官吏贪赃枉法、官府横征暴敛与连年水患等，大大阻碍了里下河地区煮盐力耕、农商同道的发展进程。

显然，煮盐力耕、农商同道，既是明清时期里下河地域民生之路、发展之路，也是多灾之道、多难之道。

三、“夜夜相思明月中，梦里箫声隔青嶂”——柔情似水，箫心水韵

一方水土养一方人，临海串河、水网纵横的地理环境等滋养着里下河人的文化性格，呈现出水文化的特征。水文化不仅有物态文化等层面，而且有心态文化的层面。道家著作《老子》中说：“天下莫柔弱于水。”③ 柔情似水、箫心水韵，是里下河人包括文化性格在内的心态文化的特质之一，诚如里下河（兴化）籍诗人李春芳在《览辉楼诗为莫中江赋》诗中所写的：“夜夜相思明月中，梦里箫声隔青嶂。”④ 月中相思，梦里箫声，蕴含着似水柔情，颇有唐代大诗人李白“箫声咽，秦楼梦断秦楼月”⑤ 的风韵。而宋代里下河（高邮）才子秦观的《鹊桥仙》词更是将

① 吴嘉纪.德政诗五首，为泰州分司汪公赋[M]//杨积庆，笺校.吴嘉纪诗笺校：卷六.上海：上海古籍出版社，1980：185.

② 郑燮.潍坊竹枝词[M]//卞孝萱，卞岐，编.郑板桥全集（增补本）：卷四.南京：凤凰出版社，2012：121.

③ 老子本义：第六十五章[M]//诸子集成.影印本.上海：上海书店出版社，1988：64.

④ 李春芳.览辉楼诗为莫中江赋[M]//贻安堂集：卷二.《四库全书存目丛书》影印明万历十七年李戴刻本.

⑤ 李白.忆秦娥[M]//李太白全集：卷五.北京：中华书局，1977：322.

柔情似水、箫声水韵推向绝妙佳境："金风玉露一相逢，便胜却人间无数。柔情似水，佳期如梦，忍顾鹊桥归路。两情若是久长时，又岂在朝朝暮暮。"① 真所谓望水知柔性，秦观以柔婉清丽之词赞美久长不衰的爱情。这种柔情似水、箫心水韵，在明清里下河文人诗词中多有反映。明代"七子派"之一的宗臣(扬州兴化人)《真州夜泊》诗中写道："江头明月白浩浩，江上行人愁芳草。长波风急龙卧迟，远塞霜飞鸿到早。谁家砧杵衣正单，十里芙蓉秋未老。玉人吹箫向何处，扁舟愁绝广陵道。"② 远塞征夫、广陵愁妇，伴随着霜天飞鸿，吹箫玉人，两地相思，脉脉柔情。宗臣《真州夜泊》诗写征夫思妇，而他的《月下曲》诗则写鸳鸯成双成对，夫妻柔情似水："月下吹紫箫，云间整玉佩。顾见鸳鸯鸟，一一自成对。"③ 至于说清初里下河(泰州东淘)布衣诗人吴嘉纪《录一年诗寄半千》中的"邗水箫声"则更有里下河的地域性："一岁吟将尽，迂情共者谁？只应入残雪，持去报相知。邗水箫声后，荒庵犬梦时。令君不孤寂，浊酒野人诗。"④ 邗水，邗沟，在里下河地区的西边，俗名里河。显然，"邗水箫声"更具有里下河人的柔性特质，深深地烙上了里下河地域文化的印记。

柔情似水、箫心水韵之中还蕴含着智慧。儒家《论语》中说"智者乐水"⑤，水文化也是智者文化，有聪颖灵动的特质。这在明清时期里下河的文学作品中往往活灵活现，"茫茫潮汐中，兀兀沙堤起。智勇敌洪涛，胼胝生赤子"⑥ 的诗句中体现了范仲淹与里下河地域广大民工战胜海潮的"智勇"——智慧与勇敢；"获稻苍苍水映畦"⑦ 的诗句中再现里下河地区人工改造、智慧创造的"垛田"，从一定意

---

① 秦观. 鹊桥仙[M]//杨世明,笺注. 秦观词笺注. 北京:中华书局,2021:59.

② 宗臣. 真州夜泊[M]//宗子相集:卷五. 文渊阁四库全书影印本.

③ 宗臣. 月下曲[M]//宗子相集:卷五. 文渊阁四库全书影印本.

④ 吴嘉纪. 录一年诗寄半千[M]//杨积庆,笺校. 吴嘉纪诗笺校:卷十四. 上海:上海古籍出版社,1980:410.

⑤ 刘宝楠. 论语正义:卷七[M]//诸子集成. 影印本. 上海:上海书店出版社,1988:127.

⑥ 吴嘉纪. 东淘杂咏·范公堤[M]//杨积庆,笺校. 吴嘉纪诗笺校:卷六. 上海:上海古籍出版社,1980:197.

⑦ 吴嘉纪. 范公堤行,呈汪苇斯先生[M]//杨积庆,笺校. 吴嘉纪诗笺校:卷十四. 上海:上海古籍出版社,1980:149.

义上来说这是中国传统社会中“智慧农业”的结晶；“紫荆昼无隶胥扣，道路夜有商贾行”① 的诗句中显示出里下河地区商贾的流动性、灵活性，适时而行，见机行事。还有吴承恩的《祭石麓公夫人文》中写钟灵毓秀的李春芳夫人：“闺阃毓秀，山川孕灵。”② 他的《围棋歌赠鲍景远》《围棋歌赠小李》都是写以智巧取胜的棋手：“架肩骈头密无缝，四坐寂然凝若梦。忽时下子巧成功，一笑成功海潮哄。”③ 以“海潮哄”烘托棋手的智巧，“智者乐水”之意清晰可见。智者文化还表现为有“智巧”有“勇略”，以柔克刚，比如明代中期里下河高邮散曲家王磐有一首小令［中吕・朝天子］（咏喇叭）：“喇叭，锁哪，曲儿小，腔儿大；官船来往乱如麻，全仗你抬身价。军听了军愁，民听了民怕，哪里去辨甚么真共假？眼见的吹翻了这家，吹伤了那家，只吹的水尽鹅飞罢！”④ 这首小令，表面上是借“喇叭”而咏物，实质上是嘲讽当时在运河上装腔作势而又中饱私囊的宦官。视角聪颖，幽默而又辛辣，含蓄而又痛快，有力地鞭挞那些依仗皇帝宠幸而为所欲为、祸国殃民的宦官，不愧为明代里下河散曲家以柔克刚、以智巧取胜的名篇佳作。

柔情似水、箫心水韵主要流淌在明清里下河文人有关日常生活的作品中，例如爱情诗词之中，在情爱等日常生活中呈现出柔性之美。东台西溪等地区是董永与七仙女传说的发源地之一，里下河地区的男女恋情、仙缘文化流传广远，也影响着文人的诗词创作。明代里下河（今江苏淮安）人吴承恩既是小说名著《西游记》的作者，也是诗词创作的高手，他的《临江仙》（七夕）词中将牛郎织女的传说更为悲剧化：“世传七夕星家节，斗牛以此为期。又言桥外雨霏霏。是他离别苦，相见亦悲啼。　此事有无君莫问，古今多少分离。与君开抱且衔。期间怀恨处，惟我最能知。”⑤ 秋雨霏霏，飞星传恨，年年离别苦，一夕相见悲，其间怨恨之处，惟有相恋相思之人入乎其内，方为知音，更知苦恋怀恨之情流淌于心间。他还有一

---

① 吴嘉纪. 腊月四日，赠袁姊丈汉儒［M］//杨积庆，笺校. 吴嘉纪诗笺校：卷七. 上海：上海古籍出版社，1980：223.

② 吴承恩. 祭石麓公夫人文［M］//吴承恩集：卷三. 北京：中国社会科学出版社，2014：114.

③ 吴承恩. 围棋歌赠鲍景远［M］//吴承恩集：卷一. 北京：中国社会科学出版社，2014：28.

④ 王磐.［中吕・朝天子］（咏喇叭）［M］//王西楼乐府. 张守中刻本，1551（明嘉靖三十年）.

⑤ 吴承恩. 临江仙（七夕）［M］//吴承恩集：卷四. 北京：中国社会科学出版社，2014：158.

首《菩萨蛮》词，其中写道："罗文玉茧泥金渍，彩毫刚写相思字。搁笔掩香襦，轻轻弹泪珠。 衡阳云雨暗，筝柱空排雁。金锁下葳蕤，书成知附谁。"① 掩泪写就相思字，书成难以付相知，与上文中的《临江仙》词截然不同，这首《菩萨蛮》词不着一个"苦"字，而"苦恋"之情蕴藏其中。不同于上述两首词中的抒情对象隐约其词，郑板桥《西江月》(赠饶五姑娘)中的抒情对象清楚明白——"饶五姑娘"："微雨晓风初歇，纱窗旭日才温；绣帷香梦半朦胧，窗外鹦哥未醒。 蟹眼茶声静悄，虾须帘影轻明；梅花老去杏花匀，夜夜胭脂怯冷。"② 梦中情人，朦朦胧胧，但却一往情深。他的《踏莎行》(无题)词中抒情对象则若隐若现："中表姻亲，诗文情愫，十年幼小娇相护。不须燕子引人行，画堂得到重重户。 颠倒思量，朦胧劫数，藕丝不断莲心苦。分明一见怕销魂，却愁不到销魂处。"③ 显然，其抒情对象是青梅竹马、"中表姻亲"的深闺女子。藕断丝连，两处苦恋，颠倒思量，销魂落魄。他的《酷相思》(本意)在苦恋中更进一层："杏花深处红如许，一线画墙拦住。叹人间咫尺千山路，不见也相思苦，便见也相思苦。分明背地情千缕，弃恼从教诉。奈花间乍遇言辞阻，半句也何曾吐，一字也何曾吐！"④ 两人苦恋，"不见也相思苦，便见也相思苦"，苦恋柔情似海深。

柔情似水、箫心水韵流淌在明清里下河文人的离别诗词之中，在亲人、友人离别等日常生活中呈现悲欢离合之情。清代里下河地域布衣诗人吴嘉纪《赠陆悬圃》诗云："水云深荻花，望君长相思。今夕是何夕？道途携手时。顾盼各涕下，君老吾更衰。蓬蒿销志气，慷慨亦徒为！地主悦宾客，玉佩出罗帏；歌声何婉转，舞袖复葳蕤。纷纭朱颜中，白发人徘徊。忽惊君在眼，心胸豁然开。冰虫不向日，

① 吴承恩.菩萨蛮[M]//吴承恩集：卷四.北京：中国社会科学出版社，2014：156.
② 郑燮.西江月(赠饶五姑娘)[M]//卞孝萱，卞岐，编.郑板桥全集(增补本)：卷五.南京：凤凰出版社，2012：179.
③ 郑燮.踏莎行(无题)[M]//卞孝萱，卞岐，编.郑板桥全集(增补本)：卷五.南京：凤凰出版社，2012：156.
④ 郑燮.酷相思(本意)[M]//卞孝萱，卞岐，编.郑板桥全集(增补本)：卷五.南京：凤凰出版社，2012：171.

蓼虫不嗜葵。或泣或愉悦，我心惟君知。”① 开头四句直指离别的主题，“顾盼”等十二句写分别的场景，最后四句抒写分别的感慨，离别之情或欢愉或伤悲，唯有挚友相知，结尾两句回应开头的“水云深荻花，望君长相思”等两句，情深意长，似水情深。吴承恩《如梦令》将箫声融入离别诗中，多为景语：“何处玉箫声咽，欹枕暗惊离别。檐外鹤归巢，松顶踏翻晴雪。重叠，重叠。梅影满窗横月。”② 以景语作情语，情景交融，情韵绵绵。

柔情似水、箫心水韵流淌在明清里下河文人的咏物诗词之中，在观赏兰竹菊梅等事物的日常生活中渗透审美情趣。吴承恩《梨花》诗云：“千花万花不甚爱，只有梨花白恼人。肠断当年携酒地，一株香雪媚青春。”③ “恼人”，撩拨人。前两句在“一”（一株梨花）与“千万”（千花万花）的对比中，突出梨花的可恼可亲可爱；后两句在今昔对比中说明当年肠断之地，今日尚有梨花妩媚，青春亮丽，深情厚谊寄予其中。他的《鹧鸪天》（题玉兰）借咏玉兰花而言情：“楚客争夸九畹方，天宫图上素娥妆。仙姿绰约知谁种，酒性温柔别有乡。　明月珮，白云裳，夜凉小阁对清扬。羡他已是无瑕玉，又占花中第一香。”④ 洁白无瑕、仙姿绰约、清香温柔，以拟人化的手法表达人间脉脉柔情。至于郑板桥《芭蕉》诗则是物我交融：“芭蕉叶叶为多情，一叶才舒一叶生。自是相思抽不尽，却教风雨怨秋声。”⑤ 既是写芭蕉，也是写自我，由物到人，风雨秋声中说不尽的相思之情，如绵绵秋雨，如不断流淌的里下河水。

显然，里下河地区的水文化滋养着里下河百姓的日常生活与文人的文学创作，其中蕴藏着柔情似水而又聪颖灵慧的品性，而明清时期里下河文学也将里下河地域文化不断艺术化，尤其是将日常生活不断审美化，从柔美及慧美等层面上将里下河地域文化不断审美化，将其优化成柔情似水、箫心水韵的美篇佳作。

---

① 吴嘉纪. 赠陆悬圃[M]//杨积庆，笺校. 吴嘉纪诗笺校：卷十一. 上海：上海古籍出版社，1980：312.

② 吴承恩. 如梦令[M]//吴承恩集：卷四. 北京：中国社会科学出版社，2014：156.

③ 吴承恩. 梨花[M]//吴承恩集：卷一. 北京：中国社会科学出版社，2014：54.

④ 吴承恩. 鹧鸪天（题玉兰）[M]//吴承恩集：卷四. 北京：中国社会科学出版社，2014：161.

⑤ 郑燮. 芭蕉[M]//卞孝萱，卞岐，编. 郑板桥全集（增补本）：卷一. 南京：凤凰出版社，2012：22.

四、“临照百务为隐情，一剑当空秋气横”——抗洪御敌，剑气刚胆

临海串河的地理环境不仅滋养着里下河人柔情似水、箫心水韵的文化性格，而且波涛汹涌的海潮与横冲直撞的洪水也练就了里下河人抗洪御敌、剑气刚胆的文化性格。往往是日常生活中多有柔美之性，临危遇险时多有阳刚之气，二者相辅相成，互为补充。这在明清时期里下河文学作品中也有生动的体现，例如明代“七子派”之一、兴化文人宗臣《赠伊文学》诗中写道：“山家何寂寥，高树来天风。貂裘日以蔽，龙剑何其雄。下可制巨鳌，上可断长虹。”① 高树天风，龙剑雄气，下制巨鳌，上断长虹，剑气刚胆的性格一展风采。同样展示这种风采的还有他的抗倭御敌之作《赠督台王公平倭序》、反对权奸之作《报刘一丈书》等，后者揭露与讽刺当时以严嵩为首的权贵和奔走于权贵之门的投机者，指陈时弊，跌宕锋利。出生于里下河腹地兴化的明代文人李春芳《长淮篇送贾参府乡丈返淮》诗云：“贾家将军最雄武，醉中射石曾饮羽。草檄犹能立马成，黄须鲜卑何足数。树麾拥节镇长淮，鸡犬不惊民安堵。地雄人亦杰，水洁才更清。临照百务无隐情，一剑当空秋气横。”② 马头草檄，射石饮羽，地雄人杰，清水临照，一剑当空，是何等雄武！尤其是“一剑当空秋气横”，淋漓尽致地展示了里下河地域文化性格的另一面——剑气刚胆。

宋代天禧年间，范仲淹调任里下河地区泰州西溪（今属江苏盐城东台市）盐仓监。为抵挡海潮的侵袭，保护老百姓的生命与生产，范仲淹肩负着“先天下之忧而忧”的社会责任感，率领沿海四万多民工，苦战多年，筑城一条长达一百八十

① 宗臣.赠伊文学[M]//宗子相集:卷四.文渊阁四库全书影印本.

② 李春芳.长淮篇送贾参府乡丈返淮[M]//贻安堂集:卷二.《四库全书存目丛书》影印明万历十七年李戴刻本.

多公里的大堤。元明清时期，一方面不断加固原有的范公堤，另一方面又从海安至吕四修筑海堤，使海堤延长到二百九十多公里，仍然统称范公堤。吴嘉纪《东淘杂咏·范公堤》诗中写道："茫茫潮汐中，兀兀沙堤起。智勇敌洪涛，胼胝生赤子。西塍发稻花，东火煎海水；海水有时枯，公恩何日已？"① 颂扬以范仲淹为代表的官民抗击海潮、剑气刚胆的精神。吴嘉纪还有一首《海安镇》诗云："古镇树修修，长河流泯泯。西顾吴陵大，东来楚尾尽。淮泗英雄起战争，将军此地架孤城。城土只今尚垒垒，吁嗟人事一朝改！来瓶去犊暮逡巡，草色愁杀行路人。"② 元末明初大将常遇春驻扎里下河时，曾进一步修筑海安镇城，所谓"淮泗英雄起战争，将军此地架孤城"。诗中所写的海安镇重建，其中还有明代嘉靖年间巡抚唐顺之的功绩，他率领军民在海安镇重建土城，抗击倭寇，抵御海潮，接连奏响英雄的乐章。淮安市高堰村有一段淮河堤防——高家堰，它的兴废关系着里下河地区的安危，因而明代吴承恩在《瑞龙歌》中将目光投向高家堰的治理："忆昨淮扬水为厉，冒郭襄陵鸿无际。皆云龙怒驾狂涛，人力无由杀其势。忽然溪壑息波澜，细草平沙得龙蜕。峥嵘豆角异寻常，犹带祥烟与灵气。神奇自古謦流传，蛰地飞天总成瑞。高家堰报水土平，世运神机关进退。司空驰奏入明光，百辟趋朝笑相慰。独不见当年神禹治九州，奏绩玄龟动天地。今兹吉兆协神龙，千古玄符迥相继。伫看寰宇遍耕织，万历千年保天位。"③ 这可以联系到《明史纪事本末》卷三十四中的记载："神宗万历五年秋八月，河决崔镇，淮决高家堰，横流四溢，连年不治。……(潘)季驯为之三年，而高家堰成。"④ 显然，筑高家堰而"水土平"，不在"神龙"而在"人力"，颇有"禹治九州"之功。虽然吴承恩的《瑞龙歌》借神力说祥瑞，但其中也蕴藏着以人力抗洪、"禹治九州"的坚韧不拔的刚毅精神。

在明清文人的视野中，同仇敌忾、齐心抗敌是里下河地域刚性品格的一个重要方面。吴承恩《赠沈十洲》诗是赠给里下河(今江苏淮安)状元沈坤的："东风朝马

① 吴嘉纪. 东淘杂咏·范公堤[M]//杨积庆，笺校. 吴嘉纪诗笺校：卷六. 上海：上海古籍出版社，1980：197.
② 吴嘉纪. 海安镇[M]//杨积庆，笺校. 吴嘉纪诗笺校：卷五. 上海：上海古籍出版社，1980：164.
③ 吴承恩. 瑞龙歌[M]//吴承恩集：卷一. 北京：中国社会科学出版社，2014：22.
④ 谷应泰. 明史纪事本末：卷三十四[M]. 北京：中华书局，1977：514.

散鸣珂，北极晴光带玉河。寒食中官传画烛，春衣侍吏捧香罗。蓬莱雪后烟花满，阊阖无心雨露多。染翰朝朝供研滴，凤池新绿酌恩波。”① 明代嘉靖年间沈坤率领“状元兵”抗击倭寇，据《天启淮安府志》记载：“(沈坤)嘉靖辛丑状元，天性鲠直，任气违俗。居母丧时，倭夷数千犯淮孔棘，公散家资，募乡兵千余，独居城外。倭纵火延烧，官兵切却，公率乡兵，亲当矢石，射中其酋，乘胜追击。城上人望呼曰‘状元兵’!”② 鲠直任气，亲当矢石，抗倭御敌，血性男儿的剑气刚胆既有典型性(沈坤)，又有成百上千乃至成千上万官兵的群体性。

“英雄何必读书史，直摅血性为文章。”③ “平生猛气向谁陈？击筑高歌意未伸。”④ 明清时期里下河地区的文人往往击筑高歌，发抒猛气，书写“血性文章”。如吴承恩《寄渔石唐公》中云：“彩笔昔曾干幕府，十年淮海忆岩廊。雄风共仰安边策，文斗遥明执法光。春草南陔回衮绣，鱼竿白石弄沧浪。青山已信公真隐，肯为乾坤出野堂。”⑤ 明嘉靖年间唐龙(号渔石)曾总督漕运兼抚凤阳等府，因而有“十年淮海”之说。该诗虽然是为唐龙致仕后所写，但其中仍然有“雄风共仰安边策”豪情壮志。清初吴嘉纪曾拜谒岳武穆(岳飞)祠，有《谒岳武穆祠》诗一首，诗云：“祠宇魏然俯一城，背人瞻拜泪纵横。草荒石径牛羊乱，风急山门鼓角声。河北当年经与敌，中原今日复谁争？檐前历历江南岫，怅望徒伤野老情。”⑥《续纂泰州志》中说：“岳武穆祠在泰山墩。万历三十四年，钱塘张鸣鹗备兵泰州，在山顶建屋三楹，奉王遗像，以石刻秦桧及妻王氏像跪于前。”⑦ 吴嘉纪此诗虽然抚今思昔，面对着荒芜祠庙而潸然泪下，但依然闪回南宋“河北当年经与敌”中岳飞抗金的

---

① 吴承恩. 赠沈十洲[M]//吴承恩集：卷一. 北京：中国社会科学出版社，2014：40.

② 宋祖舜. 天启淮安府志：卷十六[M]. 北京：方志出版社，2009：737.

③ 郑燮. 偶然作[M]//卞孝萱，卞岐，编. 郑板桥全集(增补本)：卷一. 南京：凤凰出版社，2012：5.

④ 吴嘉纪. 舟中赠王子番[M]//杨积庆，笺校. 吴嘉纪诗笺校：卷十. 上海：上海古籍出版社，1980：293.

⑤ 吴承恩. 寄渔石唐公[M]//吴承恩集：卷一. 北京：中国社会科学出版社，2014：43.

⑥ 吴嘉纪. 谒岳武穆祠[M]//杨积庆，笺校. 吴嘉纪诗笺校：卷十三. 上海：上海古籍出版社，1980：397.

⑦ 吴嘉纪. 舟中赠王子番(引《续纂泰州志》)[M]//杨积庆，笺校. 吴嘉纪诗笺校：卷十三. 上海：上海古籍出版社，1980：397.

英雄形象。郑板桥《贺新郎》(陆种园先生一首 吊史阁部墓)中写道:“十万横磨刀似雪,尽孤臣一死他何怕,气堪作,长虹挂。”① 写抗清名臣史可法坚守扬州孤城,面对着“十万横磨刀似雪”的清兵,宁死不屈,献身报国,气吞长虹,光耀千秋。

以上诗词中,岳飞、史可法等英雄形象均以真实的历史人物为原型,而吴承恩《二郎搜山图歌》则是虚构“二郎神”形象,与神魔小说《西游记》有密切的题材(“二郎神”形象)关系:“李在唯闻画山水,不谓兼能貌神鬼。笔端变幻真骇人,意态如生状奇诡。少年都美清源公,指挥部从扬灵风。星飞电掣各奉命,搜罗要使山林空。名鹰搏拿犬腾齿,大剑长刀莹霜雪。猴老难延欲断魂,狐娘空洒娇啼血。江翻海搅走六丁,纷纷水怪无留踪。青锋一下断狂虺,金锁交缠擒毒龙。神兵猎妖犹猎兽,探穴梼巢无逸寇。平生气焰安在哉,牙爪虽存敢驰骤。我闻古圣开鸿蒙,命官绝地天之通。轩辕铸镜禹铸鼎,四方民物俱昭融。后来群魔出孔窍,白昼搏人繁聚啸。终南进士老钟馗,空向宫闱啖虚耗。民灾翻出衣冠中,不为猿鹤为沙虫。坐观宋室用五鬼,不见虞廷诛四凶。野夫有怀多感激,抚事临风三叹息。胸中磨损斩邪刀,欲起平之恨无力。救月有矢救日弓,世间岂谓无英雄?谁能为我致麟凤,长令万年保合清宁功。”② 这是吴承恩的一首题画诗,有诗有序。诗的开头四句直接点明题画诗,写“貌鬼神”的《二郎搜山图》。“少年”等二十八句叙事,写二郎神搜山,斗魔救灾,神通广大。“野夫”等八句抒写感慨,呼唤救世英雄,期盼社会太平,表达了救民于水火的情怀。诗的全篇寓真于幻,寓哀于嬉,虚实变化,神奇怪诞,充满着浪漫色彩。在此,特别要指出的是,诗中所写的抗击对象为“猴老”“狐娘”等妖魔,但其中突出了翻江搅海的水怪:“江翻海搅走六丁,纷纷水怪无留踪。”在当地遭受的“民灾”之中点明有“沙虫”,“沙虫”生活在沿海滩涂一带沙泥底质的海域。这便有临海串河的里下河地域特点,说明诗中具有抗洪御潮(海潮)的性质,充分体现了抗洪除恶、剑气刚胆的坚强性格。这里有必要提到中国古典小说“四大名著”中的《水浒传》《西游记》。

---

① 郑燮.贺新郎(陆种园先生一首 吊史阁部墓)[M]//卞孝萱,卞岐,编.郑板桥全集(增补本):卷五.南京:凤凰出版社,2012:150.

② 吴承恩.二郎搜山图歌[M]//吴承恩集:卷一.北京:中国社会科学出版社,2014:26+27.

《水浒传》是明代小说中的一部英雄传奇。关于这部小说的最后写定者，有施耐庵说、罗贯中说、施罗合作说及托名说等，现在一般认为是里下河腹地兴化文人的施耐庵。这部英雄传奇中塑造了一系列的英雄形象：一组是宋江等“替天行道”者的形象，一组是怒杀仇敌而被逼上梁山的林冲、景阳冈打虎而又疾恶如仇的武松、拳打镇关西而又倒拔垂杨的鲁智深、反贪官又反招安的“黑旋风”李逵等英雄群像。这群英雄最后的结局是“神聚蓼儿洼”，《水浒传》中说是“楚州蓼儿洼”①，明确地指向里下河洼地的淮安(楚州)等处。《西游记》是明代著名的神魔小说。关于《西游记》的写定者，有邱处机说、李春芳说、吴承恩说等，目前多认定为里下河(今江苏淮安)文人吴承恩所作。《西游记》开创了中国文学中的一个神话新世界，塑造了各色神魔形象，尤其是曾在“水帘洞”中活动过的孙悟空不受拘束，勇于反抗，大闹天宫，后又随唐僧西天取经，一路上三打白骨精，智斗牛魔王与铁扇公主，历经九九八十一难，到西天成了“正果”，被封为“斗战胜佛”②。文如其人，包括施耐庵、吴承恩等文人在内的里下河地域群体文化性格与《水浒传》中的英雄群像及《西游记》中的孙悟空等“斗战”精神，相互交融，相互激荡，激发出剑气刚胆的豪情壮志。

显然，里下河人的文化性格主要有二重性：一是柔情似水、箫心水韵；一是抗洪御敌、剑气刚胆。往往是日常生活中多有柔性之美，临危遇险时多有阳刚之气，每当洪水海潮、敌寇侵犯的关键时刻激发出抗洪御敌、剑气刚胆的豪情壮志，谱写出一曲曲悲壮的英雄之歌。

---

① 施耐庵，罗贯中. 水浒传：第一百回[M]. 北京：人民文学出版社，1997：1308.

② 吴承恩. 西游记：第一百回[M]. 北京：人民文学出版社，2007：1160.

五、“百年绝少生人乐，万族无如灶户穷”——百姓日用，心系民生

吴嘉纪《谒心斋先生祠》诗中写道：“我亦生斯里，先生称大贤。人传元以后，学在汉以前。破庙惟余草，残炉不见烟。阶墀卿相满，拥褐忆当年。”① 吴嘉纪诗中所说的“心斋先生”指王艮(1483—1541)，字汝止，号心斋，泰州安丰场(今属江苏盐城东台市)灶户出生。他“商游四方”，自立门户，是明代泰州学派的创始人。他倡导“圣人之道，无异于百姓日用”②，深受“我亦生斯里”的吴嘉纪及郑板桥等明清文人及广大百姓的推崇，成为里下河地域心态文化的主要特质。“百姓日用之道”也是明清里下河文学创作的指导思想，例如郑板桥《板桥自叙》中有“夫子自道”：“板桥诗文，自出己意，理必归于圣贤，文必切于日用。”③ 明确宣示自己“百姓日用、心系民生”的创作主旨。又如吴承恩的《夏日》诗云：“高堂美人不禁暑，冰簟湘帘梦秋雨。岂知寒燠运天功，为我黎民宝禾黍。”④ 高堂美人在酷暑中盼望秋凉，而黎民百姓希望夏秋之际的天气正常变换，以适度的高温利于庄稼生长。将二者进行对比，在一抑一扬之中展示诗人“百姓日用、心系民生”的创作心态。

如果说从“百姓日用之道”入手可以把握里下河地域文化心态的主要特质，那么，清初吴嘉纪《赠张蔚生先生》诗则是里下河地域“百姓日用、心系民生”文化心态生动的艺术写照：“早夜煎盐卤井中，形容黧黑发鬔鬔；百年绝少生人乐，

① 吴嘉纪. 谒心斋先生祠[M]//杨积庆,笺校. 吴嘉纪诗笺校:卷十三. 上海:上海古籍出版社,1980:398.

② 王艮. 王心斋全集[M]. 南京:江苏教育出版社,2007:10.

③ 郑燮. 板桥自叙[M]//卞孝萱,卞岐,编. 郑板桥全集(增补本):卷九. 南京:凤凰出版社,2012:293.

④ 吴承恩. 夏日[M]//吴承恩集:卷一. 北京:中国社会科学出版社,2014:50.

万族无如灶户穷！海色昏昏啼怪鸟，榛声猎猎起悲风。此中疾苦谁曾问，今日张君昔范公。”① 首联塑造面部黝黑、头发松散、辛勤劳苦的盐民形象，颔联“百年绝少生人乐，万族无如灶户穷”两句将“百姓日用、心系民生”的文化心态生动地艺术化，而且更有关心海边煮盐灶户的地域特色。颈联营造海色昏昏、悲风猎猎的煮海煎盐的恶劣环境，尾联抚今追昔，更加突出了今昔两位“心系民生”的能吏形象——宋代修筑范公堤的范仲淹、清代兴化县令张可立。

怀着“百姓日用、心系民生”心态的吴嘉纪，尤其关注里下河地域特定的群体：“场东卑狭海氓房，六月煎盐如在汤。走出门前炎日里，偷闲一刻是乘凉。”② 首句点明此诗是写沿海盐场的灶户。这首绝句又一版本为：“白头灶户低草房，六月煎盐烈火旁。走出门前炎日里，偷闲一刻是乘凉。”③ 前两句写盐民在酷暑中煎盐的艰难困苦，后两句笔锋一转，将寻常瞬间细事写出，所谓“偷闲”“乘凉”，于俳闲中见苦涩。构思精巧又自然流畅，随手拈来又句句有悲有泪。吴嘉纪的《挽船行》写里下河中牵绳挽船的婆媳：“疫困驾船人，人船双趦趄。老姑起把舵，新妇为纤夫。尚存异乡息，自憎薄命躯。夏日悬中天，灼死岸旁树。缠头苦无巾，裹足犹有布。数罢商人钱，拭泪盼官路。路长纤绳短，挽船不敢缓！”④ 本应是男子汉牵绳挽船，但由于疫情困扰改为“老姑”“新妇”，在“灼死岸旁树”的酷暑中牵绳挽船，裹足而无缠头巾，热日暴晒，拭泪前行，何等艰辛，何等悲凉！

天灾水患中的灾民，是吴嘉纪诗词创作中的聚焦点。吴嘉纪《朝雨下》诗中写道：“朝雨下，田中水深没禾稼，饥禽聒聒啼桑柘。暮下雨，富儿漉酒聚俦侣，酒厚只愁身醉死。雨不休，暑天天与富家秋；檐溜淙淙凉四座，座中轻薄已披裘。

---

① 吴嘉纪.赠张蔚生[M]//杨积庆,笺校.吴嘉纪诗笺校:卷十一.上海:上海古籍出版社,1980:329.

② 吴嘉纪.安丰场绝句四首[M]//杨积庆,笺校.吴嘉纪诗笺校:卷十五.上海:上海古籍出版社,1980:467.

③ 吴嘉纪.绝句[M]//杨积庆,笺校.吴嘉纪诗笺校:卷一.上海:上海古籍出版社,1980:10.

④ 吴嘉纪.挽船行[M]//杨积庆,笺校.吴嘉纪诗笺校:卷六.上海:上海古籍出版社,1980:178.

雨益大，贫家未夕关门卧，前日昨日三日饿，至今门外无人过。”① 天灾水患之中，颇有“朱门酒肉臭，路有冻死骨”意味。与之异曲同悲的是吴嘉纪《凄风行》：“凄风细雨何连绵？昼暗如夜飞湿烟。几千万家东海边，六七十日无青天。生计断绝，老人率先就下泉。孩提无襦，长随母眠；阿母眠醒，腹馁不得眠。壮者起望西邻，乞食尘市，不复来还。回望东邻，八口闭柴扉，扉外青草春芊芊。水响溅溅，鬼泣涟涟。”② “几千万家东海边”，可见受灾的空间之广；“六七十日无青天”，可见受灾时间之长，“孩提”“阿母”“壮者”乃至邻居“八口”无一幸免，真所谓“鬼泣涟涟”，天愁地惨。吴嘉纪《流民船》描写又一番景象：“泗水涨入淮，千里波滔天。极目何所见，但有流民船。横流相荡激，篙短不得前。家人满船中，肢骨撑朽舷。人生非木石，饮食胡能捐？呜呼水中央，日暝风飒然。拨棹欲何之？远投烟火处。岁俭窃盗多，村村见船怒。男人坐守船，呼妇行乞去。蔽体无完裙，蔽身无败絮。娇儿置夫膝，临行复就乳。生长田舍中，那解逢人诉！一米一低眉，泪湿东西路。”③ 既有“千里波滔天”“横流相荡激”的洪水泛滥的宏大场景，又有体无完裙、身无败絮的船妇别夫离儿、低眉行乞的细节描写。展示天灾水患之中的民生疾苦触目惊心，惨不忍闻。

里下河地区百姓的苦难，不仅有天灾水患，还有污吏人患，这就是吴嘉纪《临场歌》中所写的“掾豺隶狼”：“掾豺隶狼，新例临场。十日东淘，五日南梁。趋役少迟，场吏大怒，骑马入草，鞭出灶户。东家贳醪，西家割彘；殚力供给，负却公税。后乐前钲，鬼咤人惊；少年大贾，币帛将迎。帛高者止，与笑月下，来日相过，归比折价。笞挞未歇，优人喧阗；危笠次第，宾客登筵。堂上高会，门前卖子。盐丁多言，棰折牙齿。”④ 将征收课税的官吏比之“掾豺隶狼”，与《诗经》中的《硕鼠》相比有过之而无不及。这些“掾豺隶狼”横行盐场，鞭打灶户，巧取

① 吴嘉纪. 朝雨下[M]//杨积庆，笺校. 吴嘉纪诗笺校：卷一. 上海：上海古籍出版社，1980：25.

② 吴嘉纪. 凄风行[M]//杨积庆，笺校. 吴嘉纪诗笺校：卷一. 上海：上海古籍出版社，1980：31.

③ 吴嘉纪. 流民船[M]//杨积庆，笺校. 吴嘉纪诗笺校：卷五. 上海：上海古籍出版社，1980：142+143.

④ 吴嘉纪. 临场歌[M]//杨积庆，笺校. 吴嘉纪诗笺校：卷二. 上海：上海古籍出版社，1980：8.

豪夺，祸害百姓；而对于刻意逢迎的富商大贾，则是酒肉朋友，狼狈为奸。

明清里下河地区将“百姓日用、心系民生”心态融入诗词创作之中的，其最为著名的作家有两位，一是清初的吴嘉纪，一是清中期的郑燮(板桥)。虽然郑板桥的生平经历与布衣吴嘉纪有所不同，曾是乾隆年间的进士，又曾为山东范县、潍县县令，但他明确主张“板桥诗文，自出己意，理必归于圣贤，文必切于日用”①。付诸文学创作实践，有《田家四时苦乐歌》《孤儿行》《逃荒行》《悍吏》《私刑恶》等。例如他的《田家四时苦乐歌》中写道：“云淡风高，送鸿雁一声凄楚。最怕是打场天气，秋阴秋雨。霜穗未储终岁食，县符已索逃租户。更爪牙常例急于官，田家苦。”② 天灾水患，秋粮歉收，又有县衙催租，爪牙敲诈勒索，农民之苦如雪上加霜。见多识广的郑板桥既关注农家之苦，也体察商贾之苦：“行盐原是靠商人，其奈商人又赤贫？私卖怕官官卖绝，海边饿灶化怨磷。”③《逃荒行》中所写的灾民苦难更是触目惊心：“十日卖一儿，五日卖一妇，来日剩一身，茫茫即长路。长路迂以远，关山杂豺虎，天荒虎不饥，肝人伺岩阻。豺狼白昼出，诸村乱击鼓。嗟予皮发焦，骨断折腰膂。见人目先瞪，得食咽反吐。不堪充虎饿，虎亦弃不取。道旁见遗婴，怜拾置担釜，卖尽自家儿，反为他人抚。路妇有同伴，怜而与之乳。咽咽怀中声，伊伊口中语，似欲呼爷娘，言笑令人楚。”④ 郑板桥以“万事不可言，临风泪如注”⑤ 的悲伤之情，展示一幅卖儿卖妻、断骨折膂的灾民逃荒图。郑板桥的《悍吏》诗则是在天灾人祸中重点揭露凶暴的官吏：“县官编丁著图甲，悍吏入村捉鹅鸭。县官养老赐帛肉，悍吏沿村括稻谷。豺狼到处无虚过，不断人喉抉人目。”⑥ 恶吏像豺狼在村里横冲直撞，敲诈勒索，乃至“断人喉抉人目”，无恶不

① 郑燮.板桥自叙[M]//卞孝萱,卞岐,编.郑板桥全集(增补本):卷九.南京:凤凰出版社,2012:293.

② 郑燮.田家四时苦乐歌[M]//卞孝萱,卞岐,编.郑板桥全集(增补本):卷五.南京:凤凰出版社,2012:168.

③ 郑燮.潍县竹枝词[M]//卞孝萱,卞岐,编.郑板桥全集(增补本):卷四.南京:凤凰出版社,2012:121.

④ 郑燮.逃荒行[M]//卞孝萱,卞岐,编.郑板桥全集(增补本):卷三.南京:凤凰出版社,2012:90.

⑤ 郑燮.逃荒行[M]//卞孝萱,卞岐,编.郑板桥全集(增补本):卷三.南京:凤凰出版社,2012:91.

⑥ 郑燮.悍吏[M]//卞孝萱,卞岐,编.郑板桥全集(增补本):卷一.南京:凤凰出版社,2012:18.

作，惨绝人寰。又如他的《私刑恶》诗中写道："官刑不敌私刑恶，掾吏搏人如豕搏，斩筋抉髓剔毛发，督盗搜赃例苛虐。吼声突地无人色，忽漫无声四肢直，游魂荡漾不得死，婉转回苏天地黑。本因冻馁迫为非，又值奸刁取自肥，一丝一粒尽搜索，但凭皮骨当严威。累累妻女小儿童，拘囚系械网一空，牵累无辜十七八，夜来锁得邻家翁。邻家老翁年七十，白梃长椎敲更急。雷霆收声怯吏威，云昏雨黑苍天泣。"① 恶吏搜刮民财，严厉残暴，滥用私刑，斩筋抉髓，草菅人命，殃及无辜，令人惨不忍睹之状较之杜甫的《石壕吏》《垂老别》有过之而无不及。泪墨成书，目击成诗，闪烁着写实精神的光辉。郑板桥还以"百姓日用、心系民生"心态走出里下河，走向齐鲁大地等。乾隆十一年(1746)，他任潍县(今山东潍坊市区)知县之初，借画竹表述对百姓疾苦的关切之情："衙斋卧听萧萧竹，疑是民间疾苦声。些小吾曹州县吏，一枝一叶总关情。"② 这首题画诗借竹发端，托物取喻，是郑板桥关心民生疾苦的经典之作。

"横看成岭侧成峰，远近高低总不同。"③ 观看庐山如此，观照江苏地域文化也是如此。多年以来，我们已分别从吴文化、金陵文化、维扬文化、徐淮文化、苏东海洋文化等传统文化区的视角考察江苏地域传统文化，又分别从南京、苏州、无锡、扬州、南通、徐州等十三市区的视角考察江苏地域文化，现在又另辟蹊径，平添里下河地域文化的新视角，更加全面、系统地考察江苏地域文化，这对于进一步继承与弘扬优秀文化传统，推动江苏文化强省的建设，推动包括里下河地区在内的江苏经济与文化的同步发展，具有历史与现实的深远意义。显然，文化研究视角的创新，有利于包括里下河文化以及江苏文化在内的地域文化研究的方法创新与理论创新。本文方法与理论上的创新之处主要是以明清文学的视角考察里下河地域文化，这是由于文学往往是融入特定历史时期在场者(如里下河文人)的见识与情感的历史形态与审美形态，二者相亲相近，相辅相成，相得益彰。如果

---

① 郑燮.私刑恶[M]//卞孝萱,卞岐,编.郑板桥全集(增补本):卷一.南京:凤凰出版社,2012:19.

② 郑燮.潍县署中画竹[M]//卞孝萱,卞岐,编.郑板桥全集(增补本):卷十一.南京:凤凰出版社,2012:338.

③ 苏轼.题西林壁[M]//苏轼诗集:卷二十二,北京:中华书局,1982:1219.

将二者比之为“水”与“人”的关系，那就是里下河文人吴承恩《西游记》中所说的“美不美，乡中水”“亲不亲，故乡人”①，其根基都是蕴藏在地域性的“乡”土之中。正是以蕴藏着地域性的“乡”土为“根基”，便形成“乡中水”与“故乡人”之间相亲相近与互动互补的关系。从这种意义上来说，明清文学与里下河地域文化可以形成互动互补的视角，因而我们以明清文人的视角分别从五个方面论析里下河地域文化的特质，进而又以文学的视角总论里下河地域文化的整体特色，这可以借用郑板桥的《竹石》诗：“咬定青山不放松，立根原在破岩中。千磨万击还坚劲，任尔东南西北风。”② 在“东南西北风”——或许是河上之风、海上之风、湖上之风、江上之风乃至狂风暴雨的恶劣环境中，青青翠竹既有像碧清湖水一样的幽洁，竹箫声声，情韵悠悠，颇有箫声水韵、柔情似水的品格，又有咬定青山、经得起“千磨万击”，受得住四面狂风的坚韧不拔的精神，颇有剑气刚胆的品格。再联系郑板桥“衙斋卧听萧萧竹，疑是民间疾苦声”等诗句，于《竹石》诗中又可见“百姓日用，心系民生”的民本情怀。总之，“一滴水见太阳”，郑板桥的《竹石》是诗人个性乃至里下河地域群体性格的生动写照，是里下河地域传统文化的整体象征，其独特的文化价值与审美价值水乳交融，交相辉映。

---

① 吴承恩．西游记：第五回[M]．北京：人民文学出版社，2007：55.

② 郑燮．竹石[M]//卞孝萱，卞岐，编．郑板桥全集（增补本）：卷十一．南京：凤凰出版社，2012：357.

里下河称谓与曹叔远说小考

王振羽(江苏凤凰出版传媒集团)

里下河，因为水乡泽国，而此水繁杂，有海水的倒灌，有淮河的曾经被黄河夺入，有运河的南北贯通，有长江之水的介入，如今，还有南水北调的东线横穿。这一方水土，水多元而汇聚，人因此而灵动。且来说说里下河之称谓与南宋曹叔远之关系，再略说里下河的腹心兴化与其文化一瞥。

里下河，多说是里河与下河的合称。里河是京杭大运河淮扬一段的称谓，如长江的荆江、皖江、扬子江一样。大体与范公堤平行在其东侧的串场河则被称为下河。串场河初为唐代修筑海堤时所形成的复堆河，是盐文化的摇篮。自宋代至清朝，沿新修捍海堤即范公堤一线串通富安、安丰、梁垛、东台、何垛、丁溪、草堰、小海、白驹、刘庄、伍佑、新兴、庙湾等13个盐场而叫“串场河”。自阜宁至上冈，串场河沿岸之范公堤在其西岸；上冈至东台段，范公堤在其东岸，绵延逶迤，河水缓缓。

里下河地区，就是指江北里运河与下河之间这一地域，是长江与淮河之间最为低洼之地，大致有兴化、宝应、东台、盐都、建湖等10个县级行政区，涉及泰州、扬州、盐城、淮安、南通，总面积约1.35万平方公里。

里下河乃碟形洼地，其南是通扬运河和沿江高沙地，其西是大运河大堤，其北是黄河故道，四周都较里下河为高，甚至高出不止一米、两米，甚或五米。此地域以兴化最为低洼，此碟形洼地，也俗称“锅底洼”。其间水网密布、河道纵横，是名副其实的水乡泽国。

地质时期，里下河地区几番海水进退，几番沧海桑田之变。距今7000年前，海岸线大致在赣榆、海州、灌云、灌南、涟水、高邮、扬州一线。此后，海平面渐趋稳定，自新石器时代绵延到汉唐，此一沿海海域在波浪作用之下，逐渐堆积成岸外沙堤。兴化发现有古潟湖条件下咸淡水交汇的动物群蛏子，即是例证之一。曾是潟湖中心的兴化，相当长的历史时期内，茭苇丛生，大小湖泊犹如贯珠相连，而以射阳湖为最大。大约3000年前，潟湖在江淮诸多支流注入的影响之下，水质逐渐淡化而成为淡水湖。秦汉时期，里下河日渐涸出，逐步形成一些人群聚落，繁衍生息。

北宋以前，里下河地域环境堪称优越。宋金对峙时期的1128年，杜充以水代兵，意图阻挡金兵，导致黄河南徙，夺淮入海，破坏了淮河下游水道系统，里下河地区从此灾害频发。黄河频繁溃决，浊水泛滥，填海造陆，淤塞湖泊，打乱原有自然水系，包括里下河在内的整个淮河下游地区的自然环境随之嬗变。黄河是中华民族的母亲河，是黄河文明乃至华夏文明的摇篮。她多次改道，大的改道至少有6次，每次改道，都是伤筋动骨，伤及苍生。1855年，黄河最后一次大改道，此后江北黄河故道成为废河。1938年，抗日战争非常时期，挖掘黄河，以水代兵，黄泛区贯通豫皖苏，饿殍遍野。1948年，花园口堵口合龙，黄河再回主溜河床。

《明史》《清史稿》有关《河渠志》载，黄河溃决在明代有45次、清代有47次，惨绝人寰的大水灾频仍，里下河受祸尤深。《河渠纪闻》载，康熙九年(1670)五月，狂风暴雨掀起的巨浪将高家堰冲决5丈多，塌陷石工60余段，“又漫翟坝而下，直注高宝湖，风水大涌，塌崩如雷，高、宝、泰田庐尽淹”，而兴化以北无城郭室庐。据《清史稿·河渠志》统计，自顺治四年(1647)至同治五年(1866)，共决运堤14次，平均15.6年一决。每次决堤，里下河均惨遭其害。“倒了高家堰，淮扬二府不见面”“一夜飞符开五坝，朝来屋顶已行舟”，如此苏北民谚，形象描绘了堰、堤决启对里下河地区的巨大危害。

下河名称最早始于宋。明代称东下河，清代为下河。对下河解释，说法有两：一是指里运河之东各河总称；二是里运河之东地势低下，为有别于运河堤防以西之上河，故名为下河。民国时，因其处于里运河之东，故易名为里下河。

下河之名的来源与扬州运河河道关系密切。公元前486年，吴王夫差率吴越之师跨江而来，北上中原，争霸称雄。他利用江淮之间的众多湖泊，开挖邗沟，沟通江淮，以通粮道，载送兵丁。此后，这一地域不断得到开发，成为战略要地、鱼米之乡。邗沟开凿，直到宋代初年，其东西相平，陆地相连，河湖相通，天长等地山丘来水由西向东自然排往大海。后为解决邗沟水源不足，自宋代开始，筑堤界水，使邗沟以西凹地汇而成湖。因筑堤将东西分割蓄水，便出现堤西水位高，堤东水位低，高的叫上河，低的称下河。

南宋绍熙元年(1190)，曹叔远在《五龙王庙记》中讲到高邮清水潭以东“俗号称下河”。由此可见，“下河”之名，始于宋。

曹叔远出生于1159年，去世在1234年。他字器远，初名叔遐，浙江瑞安人，曾任涪州通判、工部郎、袁州知府、太常少卿、礼部尚书、徽猷阁待制等。曹叔远是宋代方志学的重要人物，曾撰《永嘉谱》，又主持编纂《江阳谱》《李渠志》等。曹叔远尝从朱熹游，以《春秋》魁乡试。绍熙元年(1190)登进士第。他因忤韩侂胄被外调通判涪州，历四川麾节、遂宁知府。嘉定七年赴湖北漕幕，后入朝为工部郎，出知袁州。绍定元年(1228)，曹叔远被内召，任秘书少监。端平元年(1234)卒，年七十五，谥文肃。《宋史》有传，称其为“正人端士”。

曹叔远任潼州提刑时，与州牧李公植一道，修复潼州府城，“捍护成都一路”，叶适为之作《潼州府修城记》。他知袁州时，颇有作为，当地得以大治。修筑李渠，功绩尤大。李渠自唐宪宗元和四年(809)至宋理宗宝庆二年(1226)的四百余年，因未及时疏浚，堵塞十分严重，水旱灾害频繁。曹叔远发动群众，完成浚疏。袁人相庆，刻印《李渠志》，详细写明沿渠所经山川地形，水势高低、大小、险易，离江的远近、曲折，以及某处宜疏，某处宜凿，某处宜堵，某处设斗贮水，某处用桥以便往来，某处用减少沟若干，某处用接水沟若干，清楚明晰，为以后水渠维修提供了翔实依据，李芳春作《重修李渠记》。嘉定七年(1214)七月，曹叔远赴湖北漕幕，叶适作《送曹叔远》:“曹子苦心怀百忧，古人远矣思同流。平生未得雄豪力，今日便肯卑微休。麻源洞里琼叶雨，南草市上芦花秋。十年老语为谁了，西望沧江空白头。”

曹叔远十分敬重其师陈傅良。他不辞劳苦，辑成其师遗著《止斋文集》。他在序言中称颂其师："深抱大业，至于化裁，推行不动声色，使人回心而向道者，其纲领条目，靡不该具。""其任重道远，终老未曾一日敢忘于斯焉。""呜呼，盛矣，邹鲁之统绪，河洛之承续，千载以来，不知其能几见也。"

曹叔远勤于著述，是永嘉学派的重要学者。他著有《永嘉谱》《周礼地官讲义》《中庸注疏》《诸经要解》《春秋书法起例》《宣和御寇纪事》《蘧经集》《家塾手编》等。《永嘉谱》立年谱、地谱、名谱、人谱四目为总纲，而系子目。年谱志建置、沿革诸大事并编年纪之；地谱志山川、疆域、名胜、古迹；名谱志物产等；人谱志官师除罢、选举人物。这是古地志中首创体例，前所未见。其"四谱"体，横分门类，义例严谨，使志书体例趋向完备定型。《宋史》称他"尝编《永嘉谱》，识者谓其有史才"。他所编的《永嘉谱》《江阳谱》被辑入《永乐大典》。

康熙时期，里运河西侧有车逻、南关等归海坝的坝水流入，北面与黄淮冲积平原的黄河相隔，南面有通扬运河的水流入，东侧串场河沿线入海口因年久被沙土淤浅，比兴化、高邮河身反高，形成四面高，中间低，四水投塘之势，因此之故，常把该范围称为下河七州县，即山阳(今淮安区)、宝应、高邮、江都、兴化、盐城、泰州七州县。雍正以后增加甘泉、东台、阜宁等县。道光初年，里下河范围未变，州、县增至十个即山阳(今淮安区)、宝应、高邮、甘泉(今扬州市区西北)、江都(今扬州市区东南)、泰州、东台、盐城、阜宁、兴化。

民国初年，里下河内有宝应、高邮、江都(今扬州)、泰县(今泰州)、东台、兴化、盐城、阜宁、淮安9县。

京杭运河作为漕运要道，服务北国、中原。历代政府为保证漕运通畅，遇到大水之时，就要打开里运河东堤的"归海五坝"，分泄洪水，里下河地区成为滞洪区。1931年夏秋之际，长江流域发生特大洪水，江淮并涨，运河河堤溃决，里下河平原汪洋一片，300多万民众流离失所，7.7万多人死亡，140万人逃荒外流，淹没耕地1330万亩，倒塌房屋213万间。抗日战争期间，日军难以进入里下河平原。1939年3月，淮阴清江浦被日军攻占，江苏省政府迁往里下河腹地兴化县。此后，新四军也进入里下河地区。

今里下河范围与清代稍有不同，西至里运河，北至苏北灌溉总渠，东至串场河（河东至东海部分，今称为沿海垦区），南至新通扬运河。里下河大致从东南向西北缓缓倾斜。

水乡兴化位于里下河地区腹部，东与东台、大丰为界，南与江都、姜堰毗接，西与高邮、宝应接壤，北与盐城隔河相望。昭阳古镇为楚将昭阳食邑，至今已有2100多年历史。水乡泽国兴化因四面环水，交通不便，地处偏僻，向有“自古昭阳好避兵”之说。《兴化县志》载：“我邑独少宛马来，大泽茫茫不通陆；外人羡着桃花园，万钱争租一间屋。”乌巾荡是兴化城北紧贴城边的一处湖泊，相传因岳飞抗金，在此射下金兀术的乌巾而得名。传此处也是《水浒传》作者施耐庵笔下梁山泊原型之一。施耐庵曾就乌巾荡吟诗一首：“昔人曾去桃花源，我辈今到芦苇荡。蓝天白云映碧波，绿树丛中是故乡。”

因兴化地面低洼，农田易受渍涝灾害，民挖河泥垫高农田，形成小块高地与密如蛛网的河汊，此为垛田。兴化有垛田镇、大垛镇、狄垛镇等，皆因此而来。兴化河港纵横，油菜金黄，菱藕飘香，块块隔垛宛如漂浮于水面岛屿，有“万岛之国”之美誉。每年春季，油菜花开，蓝天、碧水、“金岛”织就“河有万湾多碧水，田无一垛不黄花”的奇丽画面。大纵湖形成于宋朝衣冠南渡之前，距今已有800多年历史。1929年曾挖掘东晋城古迹遗址，从所发掘出的古街道、古井及墙基的残迹和挖出的铜来看，经有关考古专家论证，东晋城在北宋宣和元年（1119）所建。总之，里下河，不是一条河，是指里下河平原或里下河地区。

今天的里运河，南从扬州邗江瓜洲古渡，北至淮安清江浦清江大闸，长170余公里，流经扬州、淮安，为贯通苏中苏北河运干道。下河以东台海道口为界，分南北两段，由海安（紫石县）向北流经富安、安丰、梁垛至何垛场，为南串场河；由海道口向北流经丁溪、草堰、白驹、刘庄、伍佑、新兴、庙湾，为北串场河。

20世纪50年代，治理淮河，开辟苏北灌溉总渠入海水道，修建王河闸，扩大淮河入江水道，整治里下河平原入海诸河港以及其他宣泄洪水河道，整修洪泽湖、运河大堤和海堤。此后，再无重大洪水灾害发生。

贯通里下河地区的长江通道，今已建成的跨江大桥有江阴长江大桥、润扬长江大桥、泰州长江大桥、苏通长江大桥、五峰山长江大桥、沪苏通长江大桥，常泰长江大桥也即将建成。

瞩目这一地域，多有言说。有说范仲淹的勤勉有为以苍生为念的忧乐文化，有说施耐庵的曾经追随者张士诚以《水浒传》来演说替天行道敢于抗争的革命文化，有说孔尚任曾任职此地感于天翻地覆、世道沧桑撰就《桃花扇》的戏剧文化，有说郑板桥嬉笑怒骂枝叶关情、难得糊涂的旷达放逸文化，有说刘熙载月旦文字评说诗文的品评文化，凡此种种，不一而足。

这里曾是低洼平原众水汇聚之地，有他的包容吸纳；这里曾经忧患多受磨难，有他的自强不息；这里有他的四面来风八方风雨，有他的多元繁杂；这里有他的水乡风韵、春风骀荡，有他的俏丽婉转。施耐庵、孔尚任、郑板桥、汪曾祺、毕飞宇都是传奇，都有故事，都是里下河灵动的传说。

扬州水文化的生态性

齐　俊(南京农业大学人文与社会发展学院)

从古至今，水作为生存之本、文明之源、生态之要，孕育了人类文明，滋养了生命，促进了社会生产。① 文化作为人类特有的精神意识，呈现了人类的信仰、观念、知识、思维等，这种精神意识表现在人类的行为方式之中，凝结于人类的创造物中。通常我们把扬州区域文化称为“水文化”，不仅是因为扬州傍运河而生，运河之水培育了扬州文化，还因为扬州文化具有“上午皮包水，下午水包皮”的特色。扬州的确是一座水城，城内除了大运河穿城而过和瘦西湖外，还有一条小秦淮河，那是扬州古城唯一留存的一条内河，在清代这里及两岸街区也是扬州最繁华的地段。② 扬州文化既然被称为水文化，其必然具有与水的属性密切相关的一些特质。扬州水文化的特质在于它的生态性。

一、 水文化的生态本征

文化是人类社会发展的条件，是人类在与环境的相互作用中产生和发展的。文化具有地域性，在不同的地域，文化会有不同的特点。水是生态圈各层次、各

① 朱海风.中国水文化发展前沿问题研究[M].北京:人民出版社,2020:152.
② 刘军等.水与流域文化[M].北京:中国水利水电出版社,2015:115.

要素相互作用和连接的中介。水是生命的摇篮，犹如生命离不开水，人类社会同样离不开文化。水的性质表征了生态圈的本质特性，因水而生、缘水而成、随水而兴的扬州水文化必然蕴含了水的生态特性。

（一）水文化的先天生态基因

文化观念来源于人类与自然以及人与人的相互作用，与地理有着天然的联系。文化把人统合起来构成一个区域的群体，并依据文化形成一定的规则，维系人群的关系，构成稳定的社会结构。文化的诞生不仅与地域相关，还与人的生活方式和生产方式等因素相关。扬州文化的形成，不仅在于长江与运河交叉的特定地域，还因为这一特定的水乡地域影响了这一区域居民的生活方式和生产方式。

扬州北枕邵伯湖，南眺扬子江，东依大运河。滚滚流淌的江、湖、河水润泽出这片物华天宝的绿洲，同时也孕育出这座水上之城。公元前486年，吴王夫差在扬州开凿了大运河的起始段——邗沟。隋代，又以邗沟为基础挖掘大运河，连通五大水系，进而使扬州成为全国水运交通枢纽。邗沟古运河作为扬州城的“母亲河”，贯通了扬州的湖网水系，确定了扬州的街巷格局，邗城依邗沟而建，孕育了扬州城市，是扬州这座城市的起点和命运的开始。

水是流动开放的，流动开放把多元素、多层次联接在一起，支流把各个水域联接成整体，运河挖掘、疏通、引流工程把人组织在一起，形成相互关联的整体。扬州区域河网密布，运河的开凿把多个湖泊联接在一起，又把扬州地区与全国的河运相连接，形成多种要素相互联系的整体。这些要素成为扬州水文化生成的先天因素，成为后来水文化发展的基因。这种基因后来成为水文化生成的特色，即水文化的本质属性，这就是扬州文化所具有的中和性、流动性和包容性。在后来的河运和文化发展中，运河水又进一步培育了扬州文化的这些先天特质。

（二）水文化的自然、社会环境

一种文化的生成必然是由早期的宗教信仰、生活方式和生产方式所共同决定的，这与一个群体生存的自然环境及资源的状况相关联，所谓“靠山吃山，靠水吃水”就是这种关系的反映。运河是扬州城市的依托，水也就成为扬州文化的重要特征。扬州处于大运河与长江交汇的位置，具有得天独厚的水文地理条件。大运河贯通南北，把海河、黄河、淮河、长江、钱塘江五大水系沟通起来，形成了全国性的“水网”，扬州就是这些水系的沟通点。扬州的地理方位，决定了其在整个运河史、运河文化带上具有无可替代的枢纽作用。

运河开凿使不同环境要素在人力作用下相互联系，在此，原住民见证了地貌的变化，经历了自然元素的人工整合过程：河流系统主干流-干流-支流成为一个多层次的体系。大运河除了具有自然河流的属性，还具有社会属性，原本并不相通的河流在人力的引导下连接起来，原本分散的农民通过组织开河、加固堤围、挖沟导流感受到了集体的力量，认识到了整体组织的重要性，以此培育了整体观。

因为水与人们的生活密切相关，水也是古代主要交通方式，所以古代城市大多依水而建，但像扬州这样与水密切交融的城市却为数极少。扬州踞于长江和淮河之间，扼守着长江与运河两条水运大动脉的交汇点，南北货物在此转运；同时，又是入海口岸，是外贸货物的重要转运港口，四方文化在此融合，形成了扬州独特的商业地位和文化形态。

（三）与运河水运关联的兴盛

文明与水息息相关，世界大河流域都见证了不同地域的文明进程。文化是社会发展的驱动力，由于文化本身是随着时间的变化而变化，因而文化观所经历的发展变化则经过不同的发展阶段，或许最终将达到其发展循环的终点。但随着某种不同外来文化的介入，便开始某一文化观的更新，或进行某一新的文化附加在原有观基础之上的演化过程。

在中华民族的发展史上，大运河为发展南北交通，沟通南北经济、文化等方面的联系发挥了巨大的作用。历经2000多年的沧桑，大运河像时代的记录者，既见证了绚烂与繁华，也经历了平淡与衰落。从社会演变过程来看，扬州水文化的兴衰与运河密切相关。水文化在扬州因河而生、因河而成，也因河而衰。

大运河赋予了扬州文化中心的地位，使扬州在文化上保持了一股独特的吸引力。扬州经历了西汉、隋唐以及康乾年间的三次辉煌。大运河的开凿，使得南北交通便利，大量北方居民涌入，在此定居，人口的剧增成为古代扬州城市兴盛的原因之一。扬州也是众多商贾文人汇集之地，“烟花三月下扬州”表明唐代扬州已名扬海外。据漕运、盐务、河务三大要政之利，明末扬州成为漕运枢纽和全国最大的盐业中心，彼时盐商聚集于此，扬州经济、贸易、文化都发展到了顶峰。清代，扬州是两淮转运河管理的中心。嘉庆初年开始，大运河河道淤塞，清政府腐败加速，随着铁路开始修建，大量货物逐渐通过铁路运输，依靠河运的扬州也开始衰落。扬州千年的历史变迁，可以说是同运河共兴衰最为典型的城市之一。

二、 水文化的生态特质

作为自然生成的最高层次，生命诞生于水，离不开水，生命也一定秉承和延续了水的重要特性。文化是最高层次生命——人类的特有属性，能够不断上升的文化也一定隐含了类似于水的特性。生态文化从生态视角对自然的认识拓展到对社会关系的认识，是一种能使人与自然协调发展、和谐共进，促进实现可持续发展的文化观。生态系统是维系生命生成生长的环境，生态性的本质是促进生命生成生长的秉性，从系统角度看，生态性表现为多元多层次、平和包容、流动开放。扬州水文化具有多种特质，集中表现了生态性的特质，这种生态性的特质体现在生产方式、生活方式和地域文化中。

（一）多元多层次性

扬州戏曲文化呈南北融合多元化的特点。康乾时期，扬州戏曲十分繁荣，盐商云集，家班兴盛，各种声腔在此演绎，促进了戏曲的交融和传播。为迎接皇帝南巡，“两淮盐务例蓄花、雅两部，以备大戏。雅部即昆山腔，花部为京腔、秦腔、弋阳腔、梆子腔、罗罗腔、二簧调，统谓之乱弹”。① 扬州本土戏曲文化在此基础上萌芽，并形成了具有地方语言特色的扬剧、杖头木偶和扬州评话。扬剧是“在香火戏及花鼓戏的基础上，吸收民歌小调及扬州清曲而发展起来的……其音乐如同淮扬菜肴一样，也刻上了南北交融的烙印。事实上，无论北方音乐的粗犷、豪迈、壮伟，还是南方音乐的软绵、婉约、柔美，都被扬剧音乐演绎得淋漓尽致”。②

扬州方言具有“亦南亦北，南北过渡”的特征，③ 扬州区域内部语言存在差异，呈多元化特征。一般意义上的“扬州话”指扬州城区方言，称为“街上话”，同时还有“山上话”、“洲上话”、下河话、仪征话、高邮话。“街上话”与“山上话”差别较大，江都话却与“街上话”相去无几。④ 此外，运河作为江淮语言文化传播的纽带，使地域文化呈多元统一的特征。扬州部分方言与泰州、淮安、盐城等地方言表达方式相同，例如扬州话“巴家”用来形容勤俭持家，与洪泽、镇江相同。“我应不应该来”用扬州话说是“我派来不派来”，此方言语法表达与盐城、姜堰一致。⑤

温润的气候环境、充沛的雨水量、江河湖网交织，形成了扬州得天独厚的作物品种和独特的生产方式。扬州水产资源丰富，品种多样，尤以江河湖鲜出名，清代文人李斗在《扬州画舫录》中描写了扬州丰富的水产：“郡城居江、淮之间，南

---

① 李斗. 扬州画舫录[M]. 南京:凤凰出版社,2013:21-109.

② 陈晓. 扬州运河文化中的戏曲元素[J]. 剧影月报,2021(01):71-72.

③ 黄启泰. 亦南亦北扬州话——扬州方言研究述略[J]. 档案与建设,1999(03):57-58.

④ 陆勤. 近五十年来扬州方言语音变化研究[D]. 南京:南京师范大学,2003.

⑤ 季华权. 江苏方言总汇[M]. 北京:中国文联出版社,1998:777.

则三江营，出鲥鱼，瓜州深港，出鮆刀鱼；北则艾陵、甓社、邵伯诸湖，产鱼尤众……坝上设八鲜行，八鲜者，菱、藕、芋、柿、虾、蟹、蜱螯、萝卜。”①

扬州园林自古就闻名遐迩。《扬州画舫录》中有“杭州以湖山胜，苏州以市肆胜，扬州以园亭胜，三者鼎峙，不分轩轾”之句，早在乾隆嘉庆年间，甲天下的是扬州园林。当时由于扬州的盐商富甲天下，他们用大量的财富来建造园林，非常奢华，仅扬州城内私家园林最盛时就达200多处。扬州园林不但具有皇家园林的金碧辉煌与高大壮丽，且具有大量江南园林中的建筑小品，风格自成一派。扬州园林中尤以寺庙园林、官筑园林、私家园林出名。坐落在扬州古城北隅的“个园”，为清嘉庆年间盐商黄至筠所建，“以竹石为胜，除多竹外，以笋石、湖石、黄石、宣石分峰叠山……个园的规模及园中山水花木楼堂构景，都远远超出诸文士之园”②。

（二）包容融合性

水的物理性质，相对于固体呈柔弱的属性，相对于气体又具有一定的粘性。水的化学性质属中性，既没有碱的剧烈溶解性，也没有酸的强力腐蚀性。相对而言，水是平和、柔顺的液体，具有最广泛的融合和包容性，由此滋养的扬州(包括江南沿岸区域)水乡文化，最突出的性质即是平和。水能上天入地，也可说是包天包地，能渗入、融解、中和各种非生物，滋养一切生命体。四通八达的水网，使不同地域相互串联成了共同的通道，形成了共同的意识标准和文化观念。

包容融合的品性。“扬州文化宽容野逸，富于包容力凝聚力。”③ 扬州人性格比较温和，拥有相互包容的品性，个性不张扬，语言和行为方式都表现了温和的品性。扬州人语言轻柔，发音多带有“嗲”气，即使吵架时也少见怒发冲冠、声嘶力竭的情形。人们之间发生了矛盾冲突时，常试图以说理的方式解决问题，当事

① 李斗.扬州画舫录[M].南京:凤凰出版社,2013:21-109.
② 许少飞.扬州园林史话[M].扬州:广陵书社,2014:173.
③ 董国炎.扬州评话发展史[M].南京:江苏凤凰文艺出版社,2019:74.

人大都会找家族的长辈或一些当地德高望重、社会地位较高的人来“评评理”。“扬州的波光潋滟锻造了扬州人智慧博大、温和宁静的如水品格。”①

多味兼具的菜肴。淮扬菜在烹饪技巧上讲究炖、焖、煨、焐的文火烧煨烹调，在造型上讲究色、香、味、形、器五方面具美。扬州菜肴品种多元，味也多元，各种味都俱全，但都平和，并且饭桌上放有多种调味的小罐，通常基本的咸淡、酸辣等可由就餐人自由掌握。每道菜也具有多元倾向。扬州满汉全席是在康乾满汉席的基础上推出的，堪称中华第一满汉全席，其具有南北兼容的饮食文化底蕴。淮扬菜的发展经历了悠久的历史，具有深厚的文化底蕴，体现了包容融合的特质。

兼之过往的画派。李斗在《扬州画舫录》中写道：“扬州书画家极多，兼之过客往来，代不乏人。”“扬州画派”由乾隆年间活跃在扬州画坛的一群革新派画家组成。由于他们追求一种奇特而不入主流的风格，被正统画派视为“怪物”，通常称为“扬州八怪”。扬州八怪画派的作品大胆突破了形式主义画风的束缚，以一种清新、生机勃勃的姿态振奋了画坛。外部文化的接纳、吸收、渗透和交流形成了扬州文化的多元特点，多种风格共存，相互包容，互相融合。

（三）流动开放性

水是自然流淌的，具有流动性、渗透性。水无孔不入，好像明察，取出取入，万物就此洗涤洁净。水的渗透并不改变事物，只是稀释物质。水是物质和能量传播的中介，水同样是开放的，是系统开放的促进和推动因素。

扬州人喜欢动，对新事物总怀有向往的精神。新中国诞生前，许多扬州人前往上海、苏州等地谋生。外出的扬州人大多掌握一些技艺，在迁移的过程中传播了扬州文化，著名的“扬州三把刀”便是由外出的扬州艺人传播至海内外的。流动性还表现在日常生活中，扬州的街坊邻里之间喜欢串门，只要有空闲，就会串门聊天，扬州人称“嗒淡话”。

---

① 王向东. 秀美·和谐·宜居——扬州人居文化解读[J]. 中外企业家,2010(8):97-100.

扬州文化的许多元素源于外部流入，大运河使人口的较快流动成为可能。处于大运河与长江交汇口，扬州是水陆交通的重要枢纽，河运川流不息，商旅来往频繁。评话起源于北方，清代流传到了扬州，并在扬州繁荣起来。明清时期不同民族、不同地区的人群通过运河来到扬州，国外传教士、商旅者等沿运河访问扬州者也较多，李约瑟考察中国时说道："如果说中国曾有一个特征比其他方面更能给早期的现代欧洲旅行家留下印象的话，那就是为数众多的航道和运河。"① 鉴真大师从扬州东渡日本，进行宗教文化交流，"鉴真东渡弘法，圆仁跨海求经，一个出发点是扬州，一个目的地是扬州。扬州作为唐代东方大港，不仅有中日两国佛教僧徒的对航，而且还有相当大的一部分林邑、安国、婆罗门等国的僧人，经由扬州，东游日本"。②

三、 水文化的文化生态启示

人类社会的发展正在向更高级的文明迈进，未来文明是生态文明。生态思想起源于环境恶化，人类反思自身与自然的关系，醒悟到近代形成的人类中心主义的价值观是引起环境危机的主要原因。随着研究的深入，人们认识到建设生态文化目标，维持生态文化系统平衡对社会的发展来说至关重要。但对于什么是生态文化，生态文化系统如何建设，似乎还认识不足。扬州独特的区域生态文化与生态系统密切相关，我们可以从水文化的特质得到建设生态文化的启示。

（一）要素融合互补观

文化多元化是社会进步的条件，单一的文化不会推进社会的真正进步。文化

---

① 李约瑟. 中华科学文明史[M]. 上海:上海人民出版社,2003:169.

② 顾风,刘尚杰. 扬州文化研究论丛:第四辑[M]. 扬州:广陵书社,2009:149.

发展是在保持自身多样性基础上进行自我调节的过程，不同文化间的互动制约也维持着文化生态整体的平衡。多样的文化是创新发展之源，是长久积淀后难得的历史财富，保护不同民俗文化的多样性，才能在多种文化争鸣过程中完成自主选择和自我调节。中国各民族生活在复杂而多样的生态系统与自然环境之中，产生了丰富而多元的民族生态文化。① 系统的上升、进化、进步是在原基础上增加复杂性。多元要素使系统能够重构复杂的结构，从而能够具有更多发展的可能，有利于在环境变化时，更能够保持自身；多要素又使系统在突破时具有多种可选择的方向，系统突破的选择是随机的，并不能确认最有利的方向，只有更能适应环境的方向才能够上升发展，其他的则因不适应环境而淘汰。多要素能够为生态系统增加上升、进化的机会，人类社会发展的历史证明，一个区域、一个时期文化的繁荣昌盛必然是文化形态的多元化。

在生命层次，群种的多样化是生命进化的生态条件，人类诞生之始，如果生态系统没有出现热带雨林，就不会产生猿类生物，没有猿类生物，也就不会有我们人类的诞生。人类社会及其文化观念是复杂的系统，保证复杂性是社会观念进步的前提，如果已有的东西都得不到保证，创新就没有意义。创新并不能保证对错、“好坏”，只能经过验证、检验、比较，选择其中之一继续前进。单一化的系统是没有进路的，所以，文化观念必须保持多元化，允许各种观念，甚至是对立的观点存在。一个组织、一个区域、一个国家，如果文化单一化是没有发展前景的。我们既要有人口集中的大城市模式，也要鼓励具有文化特色的中小城市发展，要各有特色，避免雷同重复。“‘千城一面’会使城市失去其固有的文化特征，也失去了城市的‘根’与‘魂’。”②

在观念的探索生成中，真正上升突破的路径是唯一的，因为我们并不能确定哪条通道是正确的，绝大多数探索都是在“试错”，在若干的“试错”中恰巧碰到了正确的路径，从而推动了理论的进步。此外，元素越多，综合也越全面。所以，

---

① 尹仑.民族生态文化认同与中华民族共同体[J].原生态民族文化学刊,2021,13(01):17-26.

② 单霁翔.大运河飘来紫禁城[M].北京:中国大百科全书出版社,2020:171-173.

多元化提高了理论进步的概率，是必须坚持的原则。

（二）结构平衡和谐观

生态文化的另一特质是平衡和谐观。生态观是人类观念的进步，古代哲学和近代科学观也都是在平衡、和谐的环境中突破诞生的。生态系统的功能作用是维系生命的生长，生命生长需要平衡状态与和顺的环境。平衡是积蓄能势，选择突破口、突破方向的阶段。无论是人类个体，还是社会群体，观念的形成和突破都是在平衡状态实现的。社会观念的进步是人类反思自身的结果，紧张、动乱、战争都不会有观念的真正进步，因为这种状态不允许人们的反思。非平衡不稳定的环境会引起生命对生存的忧虑心理，首先要考虑的是自身的生存问题，不会考虑选择什么方式生存的问题。

生态文化要求人与自然关系平衡、人与人关系的和谐。群体需要通过观察、比较，形成预期，产生社会意识，形成社会观念。生态文化是从人与自然关系到人与人之间的关系，从个人自身到其他组织的逐渐扩大过程，这是生态文化发展的路径。农业社会是对自然的完全依赖，人对自然是完全被动的；工业社会中人类把自然作为认识改造的对象，以自然的主人自居，任意消耗自然，导致环境恶化，这种观点已被认识到是不可取的。人与自然的关系、人与人的关系都需要保持平衡和谐的状态。

扬州城市在发展中仍然保持了水文化的特色。在扬州，人们也许看不到车水马龙和高楼大厦林立，这里就像运河之水，没有波澜壮阔、汹涌澎湃，却在静静地、持续地流淌。在当今追求繁花丽景的都市潮流中，扬州再一次展现了水文化的特质：平衡、稳定、有序地行进，始终以居民的生活幸福、心理快乐为文化理念。和谐社会取决于正确的文化观，生态观对人与自然关系的构建以及人类社会的可持续发展来说至关重要。

（三）整体动态开放观

生态文化是各种观点、观念的传递、交流、交叉、渗透和融合的文化。平衡和谐不是固定不变的结构，而是动态的稳定。水无流动则杂质滋生，是不利的生态环境。活水表面似平静，内部则有多种方式的流动。系统上升到高层次需要开放，吸收新的养分，实现结构的重组。

和谐稳定的生态文化是各种观念的传递、交流、渗透和融合的文化，也是文化的扩散过程。地理条件为文化的产生和扩散提供了可能性，“世界文明的主要发祥地都曾有相对优越的自然环境，在从猿到人的进化过程中，猿或人的主要食物都是植物，而热带和亚热带地区的野生植物最为丰富且能长期生长。”① 每种文化发展的结果又有很大区别。由于移民、领土扩张和商业往来，不同文化常发生混合或替代。文化从这个源地向外传播、扩散后形成的分布范围是“文化区”，同一“文化区”内，某一种或多种文化要素，以及反映这些文化特征的人的行为方式和人工创造物呈现一致性的特征。

运河的开挖使不同区域通过水运联系起来，使各个封闭的水域开放，不同层次的河流形成整体系统。多元化元素并不是各自孤立的，而是相互联系的，扬州水文化能够在当今各种文化潮流冲击中保持自身的特色，这表明多元多层次是一种富有弹性的结构，在受到外力冲击作用时，能够通过变形，消减冲击，存储能量，保持系统整体的稳定。

结　语

老子曾言“上善若水，水利万物而不争”，孔子言“水有美德”。古代思想家

---

① 周尚意.文化地理学[M].北京:高等教育出版社,2004:101.

在对水的观察中领悟到人类应具有的符合万物之道的行为方式和准则。水是生态系统最为重要的子系统，渗透了生态系统各要素和层次，生态系统的各种属性都来自水，呈现水。水既是生态系统的一个子系统，又是连接、渗透各要素层次的中介，是把生态系统连接为整体的作用方式，生态系统的各种重要属性都隐含在水中。扬州水文化起源于水、成长于水、兴盛于水，体现了水的平和、包容、开放的品质。在当今各种文化观念交叉时代，水文化提供给我们一种选择，如水的文化使信仰和观念自然平顺地渗入社会之中，使人们感受它的滋养，自觉地接受洗礼，规范自身的行为，这是人类社会所追求的理想状态。水文化没有给我们带来看得见的功利，但我们却能感受到社会文化的进步正是朝着这一方向。世界文明发展史表明凡是能够稳定行进，进入世界文明前列的文化必然隐含了水的特质：多元互补、平衡和谐、动态开放。

里下河“锅底洼”上的文化高地

——兴化人文荟萃现象探因

莫其康(泰州市历史学会)

里下河地域是苏中以兴化市为中心的一碟形洼地平原。兴化市约占里下河地域总面积的18%、总人口的15%，是里下河地域的大市(县)。从地形上分析，兴化是里下河地域建湖、兴化、溱潼三大洼地中最低洼的地方，俗称“锅底洼”。但从文化上考量，兴化是里下河地域的文化高地，素以历史悠久、人文荟萃和文化遗产众多而闻名于世。兴化是一座有着6000多年人类生存发展史和2000多年封邑史及文脉传承史的江淮古邑。从古代的施耐庵、郑板桥、刘熙载、宗臣、陆西星等文化名流和明代“三阁老”以及李氏等望族的闻名遐迩，到现当代作家群、院士专家群、国际象棋大师群的崛起和发展，群星璀璨。兴化知县欧阳东凤在主修《兴化县新志》时认为：兴化“人文蔚起，学问好修不减邹鲁。若乃省阁名公、朝廷元辅、谏垣台宪、秘书藩臬、心膂股肱之佐先后踵出乎其乡，诚缙绅之渊薮、人才之都会也”。兴化人文荟萃的原因是多方面的。从人的行为和观念归因来考察，不外乎两个主要因素：一个是自然环境因素，另一个是社会结构及人的因素。

一、 异彩纷呈的人文现象

明清时期，兴化有《水浒传》《西游记》《封神演义》《梼杌闲评》“四部名著”问世。刘熙载孙女刘韵琴1915年于上海《中华新报》发表反袁小说《大公子》，被认为是中国白话小说创作的先驱。当代，兴化又涌现出一批卓有成就的作家、评论家：毕飞宇既是茅盾文学奖获得者，也是鲁迅文学奖获得者，小说《推拿》入选“新中国70年70部长篇小说典藏”。王干的《随笔选》、朱辉的《七层宝塔》、庞余亮的《小先生》，也先后获得鲁迅文学奖。兴化籍作家中还有18人次获得“紫金山文学奖”。继兴化市被中国小说学会授予全国首家“中国小说之乡”称号后，中国作协中华文学基金会又授予兴化市“中国文学之乡”称号。

宗臣的代表作《报刘一丈书》，收入《古文观止》及课本，名扬天下。以元末隐逸诗人成廷珪为“诗家鼻祖”，以李沂为核心，以李氏、王氏家族兼及寓兴的文士为成员的“昭阳诗派”，名动一时。清初邑人诗家宗元鼎，与兄元观、弟元豫和侄子瑾、子瑜，时称“广陵五宗”。清隐士陆廷抡，与宗元豫、李沂合称“昭阳三隐”。清中叶，郑板桥诗作《逃荒行》《思归行》《还家行》被认为有杜甫“三吏”“三别”遗风，“衙斋卧听萧萧竹”一诗更是传诵至今。邑中巾帼诗人有李国梅、徐尔勉、季娴等20多位，亦多有诗文杰作。徐尔勉的遗诗《寄李季子》，令一代诗宗王渔洋赞赏不已。当代诗坛久负盛名者，当数复旦大学已故教授喻蘅，作品入选历代《五绝精华》《七绝精华》《律诗精华》等集，获陈兼与、吕贞白、钱仲联等名家盛赞。

自元至清，县志收录的邑人著述有320多种，其中14种著录于《明史·艺文志》。《四库全书》收录邑人古籍5种，存目10多种。除遭禁毁和散佚的著作外，2010年有馆藏古籍1部入选《国家珍贵古籍名录》，5部入选《江苏省珍贵古籍名录》。明代理学先贤韩乐吾被誉为“东海贤人”，有《韩乐吾集》存世。乾隆进士任大椿和顾九苞分别为《四库全书》纂修官和校录。晚清以来，文章学问足以传世久而弥芳者，当推刘熙载与李详(字审言)二人。刘熙载是一位正直的君子儒、杰出的学问家，其《艺概》是古典美学的经典之作。李详素以国学大师著称，与陈垣、鲁迅、胡适等12人同为特约著述员，且位于前列。钱钟书将李详与章太炎并举，胡乔木为《李审言文集》题签。现当代涌现出的著名院士、科学家主要有：我国植物生态学与地植物学的奠基人李继侗，中国提名诺奖第一人的著名化学家钮经义，著名石化专家朱亚杰，获国家最高科技奖的著名内科血液学专家王振义，著名辐射物理学家李德平等。后起之秀中，有港珠澳大桥岛隧工程项目总工、总经理林鸣，美国国家医学院院士王存玉等。

明清时期，境内有寺庙600多处、丛林14所，素有“兴化出高僧”之说。顺治皇帝所册封的三位国师中，就有原兴化龙珠寺开山始祖木陈道忞和兴化上方寺祖庭方丈玉琳通琇两位。明清两朝，兴化佛门中受两朝皇帝册封、召见、赐紫的有弘量、莲峰等9名大德高僧，明末清初东南佛教界领袖弘储，宝严寺明度(铁船)大和尚皆为享誉海内外的高僧。近代著名佛教居士高鹤年，有《名山游访记》行世。佛学尊宿霜亭，续建被太平天国战争夷为废墟的镇江金山寺，出任主持后亲笔书写佛经数十部，其传法弟子，如香港超尘法师、上海淦泉法师、金山慈舟法师(兴邑人)、淮安梦初法师等皆为高僧。曾任上海玉佛寺住持的释震华法师是现代中国卓有成就的“佛门史学家”，其名著当推《中国佛教人名大辞典》。道教名人名著中，以元代全真名道柴元皋真人所著的《百心箴》和明代内丹东派创始人陆西星真人所著的《方壶外史》影响最大。兴化为江苏省宗教工作重点市。

由宋发端，邑中陆续涌现出600多位有文字记载的书画家，其中尤以清代的禹之鼎、李鱓、郑板桥、莲溪影响最大。旧由郑板桥亲笔题写的四牌楼上所悬匾额，旌表明清“诗画名家”12人：陆沧浪、李沂、顾符真、陆震、李鱓、王国栋、顾于观、李恢、李光国、魏标、黎体淳、顾锡爵。清以降，邑中书画名家有陆骖、理昌风、徐退、吴小道、陈锡侯、徐兆彬等20多位。现当代书坛画苑，以黄后庵、李宗海、江南春、喻蘅、徐石桥和周志高、傅家宝、朱天曙、张兴来、潘高鹏等为代表的一批老中青书画家，传承有序。

2009年，兴化成为全国第一个“国际象棋之乡”，并被中国国象协会授予“中国国际象棋高水平后备人才培训基地”称号。2008年和2010年，年轻的侯逸凡分别成为国象历史上最年轻的获得男子国际特级大师称号的女棋手和最年轻的国际象棋棋后，此后曾三度获得世界冠军。从兴化走出的国象之星还有国际象棋女子国际特级大师谷笑冰、郭琦，国家大师聂昕、刘曼犁、胡月、刘可心，亚洲棋联大师袁烨等，其中18人次获得世界冠军，9人次获得亚洲冠军，88人次获得全国冠军，多名高手已成为全国乃至世界棋坛的领军人物。

兴化中医博物馆和中医馆，被省中医药局确定为首批中医药文化宣教基地之一。历代名中医有80多位，其中有世界现存最早的老年病理学专著《寿老奉亲书》的作者、南宋嘉熙年间兴化县令陈植；以治头风著称的名医郭大本；治好皇后眼疾被元仁宗赐号“金针先生”的郭忠；治愈世宗之疾的明代御医沈露。清末“兴化医派”的杰出代表为赵海仙和魏荫塘。慈禧太后及两江总督张之洞召赵海仙把脉，皆托病不赴，唯清末状元张謇登门问疾，此事被传为佳话。韩国钧、张之江、余井塘等社会名流皆慕名问医魏荫塘；德国医学博士患伤寒亦求诊于魏，一剂而愈，而对中医大赞。张氏世医三昆仲，尤以张涤珊医术最为精湛，曾为慈禧太后驾前侍卫祁某治愈积痾而声名远播。现当代名医有医史学家陈邦贤、寓港中医学名家陈太羲、名中医汪履秋等。

全市拥有中国历史文化名镇——沙沟古镇1座，有省级历史文化街区2处、不可移动文物229处，其中文物保护单位110处。国家级文保单位有上池斋药店、蒋庄遗址、兴化垛田3处。蒋庄良渚文化遗址，2015年度被列入“中国十大考古新发现”之中。兴化垛田“四流环抱，黑壤骨立”，被联合国粮农组织确定为全球重要农业文化遗产，被国际灌排委员会列入(第九批)世界灌溉工程遗产名录。有省级文保单位有影山头遗址、施耐庵墓(陵园)、郑燮墓、明清古城墙、成氏宅第、杨家大院、万兴大典、李园等12处。有市级文保单位95处、住建部门认定并挂牌的历史建筑52处，还有许多古建筑和传统民居坐落于幽深古巷之中。境内有华中二分区革命烈士陵园、苏中公学旧址、里下河地区首个农村党支部成立地东浒村等红色文化遗产数十处。入选国家级非物质文化遗产代表性项目的有3项，即竹泓传统木船制作技艺、茅山号子和清明节·茅山会船。入选省级非遗项目的有施耐庵与《水浒》传说、板桥道情、兴化民歌等12项。

二、人文荟萃的自然环境因素

（一）多水的自然环境为作家的文学创作提供了源头活水，兴化成为“中国小说之乡”

古代兴化四面环水，广袤无垠、纵横交错的田园水系和一望无际的大平原，成为《水浒传》描写梁山水泊“周围港汊数千条，四方环绕八百里”的原型蓝本。兴化多有叫“浒”的地名，如“水浒港”“东浒垛”“西浒垛”“东浒头”“西浒头”等。从作者将《江湖豪客传》易名为《水浒传》的变化历程来看，可以看出故里地名“水浒港”对《水浒传》得名的直接影响。当代作家马春阳的作品《十二道水车》《换麦记》《水洼粮山》《施耐庵的传说》和毕飞宇的《平原》、朱辉的《白驹》、庞余亮的《薄荷》、刘仁前的《香河》等，无一不是作家用笔书写故乡神韵。这是故土哺育作家的成就，也是作家对家园最好的报答。对于20世纪80年代以来涌现出的“兴化文学现象”，著名作家赵本夫认为：“多水的兴化养育了兴化才子们出色的领悟力……他们为我们再造了一个文学的兴化，其实也是为我们再造了一个文学的中国。”①

（二）在与水患长期搏斗过程中形成的水文化，培育了兴化骄子自强求善的优良品性

兴化历史上水患不断，素有“洪水走廊”之称。在与水患长期搏斗的过程中形成的水文化，使兴化骄子养成了顽强拼搏、吃苦耐劳、聪慧机敏、自强求善的

---

① 赵本夫.“生活就是苦中作乐”——序《刘仁前:〈香河〉》[M]//刘仁前.香河.北京:人民文学出版社,2018.

优良品性。无论是陆西星九试不第遂弃儒为道，功法自成一家，终为一代宗师，还是郑板桥为人为艺，以“咬定青山不放松”自励，成为扬州八怪之翘楚，以及年仅 17 岁的侯逸凡能够成为国际象棋新科棋后，都是品性使然。“在美国人眼里，侯逸凡的成功，不仅代表了中国人的聪明才智，更是代表了一种国民精神：对教育的重视，对机遇的珍惜，以及‘出奇地讲纪律、肯吃苦’。”① 无疑，兴化精英人物的成功，其中蕴含了兴化“水文化”的精神因子。

（三）得天独厚的自然环境成就了水韵兴化的魅力，被外人羡作桃花源

〔康熙〕《兴化县志》载李恢《闻昔行》诗云：“我邑独少宛马来，大泽茫茫不通陆；外人羡作桃花源，万钱争租一间屋。”元末先后任松江同知和嘉兴路同知的顾逖《赠施耐庵》诗云：“此地不是桃源境，何处桃源好避秦？”乾隆四年(1739)进士任陈晋《偶怀家乡风景》诗云：“三十六垛菜花圃，六十四荡荷花田。虽无险峻奇风景，恰得平流自在天。”这块“风水宝地”，吸引了许多名流雅士来此交游、寓居。孔尚任在兴治水期间，下榻枣园续撰《桃花扇》，还邀请冒襄、邓孝威等名硕到兴化聚会论文；清初宝应名彦王岩寓兴期间，总纂〔康熙〕《兴化县志》；“西南巨儒”莫友芝，受曾国藩委托，于同治十年(1871)赴兴化寻找文宗、文汇两阁被焚后散失的图书，不幸病逝于邑中；清季名士、余姚阮本焱流寓兴化，有《谁园诗钞》行世；其子阮性传所著《兴化县小通志》，具有较高的文献价值；清顺治年间“武林画派”创始人蓝瑛来兴避祸，书童禹之鼎受其真传，得以成为肖像画大师；何绍基于咸丰年间避战乱依同乡魏源侨寓兴化，与邑人成沂为莫逆之交；清初著名文学家和出版家张潮，与兴化文友的深情厚谊在其《幽梦影》的评语及其所编丛书中显而易见。明清时兴化人文鼎盛，客籍文士慕名而至，本邑成为享誉江淮的文化中心和文人墨客的诗意家园。典籍中载有许多诗家题咏“昭阳十二景”的诗词，他们为兴化的文化发展和社会进步作出了宝贵贡献。民间素有“人到兴化心就花”

① 周楠，赵婷婷．“最年轻的世界棋后”诞生背后[N]．解放日报，2011-02-14.

之说，道出了其时的繁华。抗战期间，国民政府江苏省主席韩德勤曾将省政府迁驻兴化，小城一度成为政治中心。2017 年 4 月 26 日，时任江苏省委书记李强在兴化调研时指出，兴化生态环境好，有文化、有故事，要把里下河尤其是兴化建设成为江苏的“大公园”。康熙年间，兴化知县张可立在重修《兴化县志》中说：“兴化东濒海，北距淮，湖波浩荡，城郭居其中，一泽国也……其水势回绕，风气之秀，发为人文科目之盛，甲于江淮。贤相名铨、乌台梧掖之贤者后先接踵。”刘熙载《答问海子池》一文中还提及有人发问：“吾邑生才之盛，非一州一郡之所易有，岂地脉之灵异在斯耶?”“地以文灵，文以地著”，三分绿水、七分沃土及全球重要农业文化遗产“垛田”地貌与亚热带湿润季风气候合成了得天独厚的自然生态禀赋。在这块风水宝地，人文荟萃应是渊源有自。

三、人文荟萃的人文地理因素

（一）一代先哲范文正公“流风余韵”的浸润

兴化教育源远流长。办学最早、影响深远的官学，当数范仲淹于兴化任上亲自创建的本邑有史以来的第一座孔庙，在庙内设立第一所“官学”——兴化学宫（比他在家乡创办的号称“苏学天下第一”的苏州州学还早 10 多年）。其在学宫里建“文会堂”和“清风堂”，以儒兴学，延请挚友滕子京等来兴讲学，开启了兴化的一代文风。兴化历史上若干个社学、书院、学堂、学校都起源于此。他倡修的“捍海堰”，百姓感其恩泽，世称“范公堤”。后人在他当年的旧衙署中建“景范堂”。这位“先忧后乐”的文正公，对宋代以来兴化经济社会的长远发展厥功至伟。

在一代先哲范文正公“流风余韵”的影响下，自宋至清，历代兴化县官传承不息，多重教崇文。一时传为佳话的是，当年郑板桥穷得连到南京应乡试的盘缠也没有，就曾得到县令汪芳藻的资助和扶持。

自范仲淹在兴建学宫始，明初兴化共设社学 144 所。科举时代，众多的社学和发达的私学为兴化培养出大批名士。郑板桥幼年随父郑立庵就学，16 岁从陆种园(震)学词，郑父和陆师皆为邑中饱学之士。除了良好的家庭传统教育影响，刘熙载年轻时亦师从多位名师。他在《昨非集》卷三《忆师训》中，表达了对恩师的感戴之情。

地方官员还采取入志、树碑立坊、题匾等一系列激励措施，旌表邑中俊杰，推动人才脱颖而出。自明代至民国所修的 5 部县志，均编有人物专篇，列有进士、举人名录，记载名宦、武勋、乡贤等人物事迹。明清时期兴化名人牌坊、祠堂、匾额遍布，形成了独特的坊表文化、祠堂文化、匾额文化。仅儒学街上所建的名人牌坊就有 13 座。名人祠堂在城区更是比比皆是。至今城中四牌楼上还高悬着 47 块匾额，旌表历史名人 75 人 81 人次。这些举措对士子的激励和地域文化的引领作用是不言而喻的。兴化"崇文重教"的乡风，影响和孕育了一代代后昆的禀赋、气质与志趣。

(二) 明初移民整合生成的优化效应

饱受元末战争摧残的兴化经济与全国一样，几近崩溃。为恢复经济、加强统治，明太祖大力推行垦荒重农、移民屯田政策，"驱苏民以实淮扬"(史称"洪武赶散")。兴化民间至今仍称睡觉为"上苏州"，称打呼噜为"上虎丘"。移民实际上也是一种文化的流动，随着众多江南移民入籍及士绅家族隐逸兴化，移民文化中的吴文化与本土楚文化的整合，兴化文化整体上得到优化和提升，形成了"吴头楚尾"的文化特征，兴化人才因此兴旺起来。

施耐庵好友顾逖、郑板桥挚友顾于观等顾氏后裔，其始祖六三公，宋元之际从苏州迁入；大学士高谷的祖父高椿"元末避兵姑苏，洪武初复归维扬，始占籍于兴化"；状元宰相李春芳"先世句容人，迁兴化"；明初，吴甡家族始迁祖吴方正携四子自姑苏迁居兴化；明兵部左侍郎魏应嘉祖籍湖州；明代万历进士王继美"先世海门余西场人，以倭警徙兴化"；① 据《兴化成氏家谱》记载，兴化成氏也是

① 黄建林. 文字狱与兴化王氏家族[N]. 兴化日报:楚水周刊,2015-10-23.

从苏州迁徙过来；郑板桥也是苏州移民的后代，据《书带草堂郑氏族谱》记载，始祖郑重一于明洪武年间自苏州迁居兴化北城内之汪头；“元末以前，刘熙载先祖世居苏州”,① 辗转来兴化。可以说，兴化俊彦十之七八，出自移民家族。明初移民整合生成的优化效应，有力地促进了兴化经济社会发展。由此，明清两代兴化人才脱颖而出，当属情理之中。

（三）世家大族、社团组织的引领和推动

宋元时，兴化有顾、陆、时、陈四大家族，明中期又涌现出李、吴、解、魏、高、宗、徐、杨八大家族。李氏是江淮地区一流的世家大族，李春芳开启了这个家族数百年辉煌的序幕，此后李氏家族人才涌出，子孙多矢志业儒，逐步形成了“一门五尚书，四代九进士”的盛况。兴邑历史上可考的举人有300多名、进士100多名，仅出生在儒学街世家大族的进士就有34名。明代兴化出了“三阁老”：“五朝元老”高谷、“状元宰相”李春芳、“平章纶阁”吴甡，还有一位武状元解学熊。兴化世家大族间竞相科举仕进之风及其产生的“从众效应”，对整个地域文化的影响是深远的。而这种影响甚至又跨越地域和时间的限制。仅清中期的“扬州八怪”，兴化一邑就出了两怪。扬州学派更有多位代表人物出自邑中世家大族。兴化明清小说“四部名著”，除《水浒传》外，《西游记》(吴承恩之恩公“华阳洞天主人”李春芳校定)、《封神传》(李春芳之好友、陆氏家族后裔陆西星著)、《梼杌闲评》(李春芳五世孙李清著)，作者都出自世家大族。② 李详在《新修李氏族谱序》中就曾说过：“余家为淮南冠族，自先文定起家，纶阁科第，蝉嫣踔越，两朝通儒达士先后并出，海内公然见推，无敢有异词者。”③

兴化文人素有“结社”的传统。明嘉靖年间，宗臣与进士出身任职于京师的

---

① 刘年庆.刘熙载墓及其祖茔归葬永丰沙仁村始末[M]//莫其康.刘熙载研究.南京:凤凰出版社,2012:366.

② 莫其康.兴化“四大名著”作者刍论[J].内江师范学院学报,2011(5):1-8.

③ 李详.新修李氏族谱序[M]//李氏世谱:卷首.师俭堂刻本,1928(民国17年).

好友结成诗社，遂有“后七子”之称；明代有“泰州学派”传人韩贞；明末清初有以兴化遗民群体诗人为主的“昭阳诗派”；清中叶，诞生了以郑板桥、李复堂为代表的“扬州八怪”；清乾嘉时期，涌现出“扬州学派”前期代表人物顾九苞、任大椿，晚清又有“扬州学派”殿军李详；在沪上，有以刘熙载为山长的“龙门书院”，引领风骚。这些社团及学派成员之间，大都志同道合，声气相求，相互切磋和提携，合力营造出更大的人才成长空间。

进入21世纪，随着毕飞宇、庞余亮、朱辉、刘仁前、姜广平、顾坚等多位兴化籍作家推出多部家乡题材的文学作品，这种身边的“榜样群”往往使文学后来者跃跃欲试。随着兴化作协所建的楚风文学沙龙、城乡中小学所建的文学社等社团组织，如雨后春笋，生机勃发，为兴化文学新军的成长提供了有利条件。加之地方党政群团组织的自觉支持和推动，使得兴化作家群不断发展扩大，渐而成为里下河文学流派的中坚力量。

（四）因运河文化兴起的维扬文化的滋养和辐射

兴化在历史上向属扬州，1996年起随同泰州一起另立分辖。但无论是隶属扬州还是泰州，也无论是从情感上还是文化认同上，三地依然是水乳交融、密不可分。大运河文化及由此形成的维扬文化，扬州盐商和海陵盐监及诸盐场伴生的“海盐文化”，惠及昭阳故地，兴化在运河文化及维扬文化的摇篮里承接着滋养和辐射。扬州八怪、扬州学派和泰州学派，在兴化各有其代表人物，他们用文化和艺术，维系着扬、泰、兴三地间的血肉联系。郑板桥的“扬州兴化人”一印，更是以地属扬州为骄傲。兴化籍当代作家毕飞宇、王干、顾保孜、费振钟、庞余亮、刘仁前等，年轻时都曾在扬州求学，得扬州文化之真传。他们的作品彰显出浓郁的维扬文化意蕴，又洋溢着物华天宝的乡土气息。扬剧、道情等剧种在兴化有着广阔市场和众多戏迷。兴化人沿袭不息的“早上皮包水，晚上水包皮”的悠闲生活，与扬泰并无二致。兴化地域既保留着楚水古风，又承接着吴地雅韵和扬泰风骚，兼容并蓄，形成了钟灵毓秀的古韵今风。丰富而厚重的文化生态，使兴化成为里下河“锅底洼”上的文化高地。

地情与历史的必然

——“泰州学派”诞生于里下河的原因探究

仇继超(邗江中学)

泰州学派从“格物致知”出发，主张“百姓日用即为道”，将愚夫愚妇与圣人同列，视大众衣食住行、自然欲求为“圣人之道”，渴望建立“人人君子，比屋可封”的理想社会，打破了理学对人性的压抑和控制。泰州学派由明代里下河本土哲学家王艮于正德年间创立，不仅为士农工商各阶层广泛接受，而且吸引一批矩学名士追随、研习和弘扬，逐步演进为晚明显学，开启了中国封建社会第一次真正意义上的思想启蒙。①

泰州学派为什么会诞生于里下河？主因是，明代中后期商品经济日渐繁荣，资本主义开始萌芽，封建统治阶级的剥削和压迫更加残酷。但是，“苏松常太”等地商品经济更为发达，为什么没有诞生呢？思想是客观世界在意识中的反映，并经过思维活动形成的观点或观念体系。这样看来，里下河独特的地情和历史，王艮对先哲思想的批判继承和“究天人之际”的主观愿景，才是泰州学派诞生的必然原因。

① 白寿彝. 中国通史[M]. 上海：上海人民出版社，1999.

一、上古治国的“与民共之”“民本思想”的演进发展，“榷盐利禁”对两者的严重偏离，是泰州学派创立的实践参照和理论基础

6000年前，里下河东境尚为月牙形滨海潟湖，良渚时期演进为湖荡密布的滨海平原，并有先民繁衍生息，大禹治水带来蒙昧开化。《禹贡·淮海惟扬州》记载“岛夷卉服，厥篚织贝”，说明大禹在江淮治水归海时，境内尚为沙岛密布的河湖之域，淮夷先民身着草编的衣服，进贡用贝壳穿成的手工艺品。西汉孔安国将《禹贡》“任土作贡”，释为“禹制九州贡法”。周代商时，箕子陈《洪范九畴》，建议武王实行“食货为八政之先，农为食货之本”方略。① 周代始设盐官，但王廷并未征榷专卖，盖“三代之时与民共之”。②《诗经》“溥天之下，莫非王土”说明，统治者主要承担“守土为民”责任，而非“强而征之”。“咸从泽润、味籍和调”的盐如此，与“百姓日用”相关的其他食货同样如此。

“榷盐利禁自管仲始。”③ 管仲建议齐桓公“煮海业盐”而获金万余斤，④ 国家以“百姓日用”牟利见于史端。“吴越尚未榷也，秦赋盐利二十倍古，汉兴循之而未改”⑤，吴王阖闾时期里下河东境沿海便已产盐，大一统的秦廷才开始“征榷”食货。“榷盐利禁”偏离了上古“食货为先”“与民共之”方略，“百姓日用”受

① 宋史：卷一百七十三[M].上海：上海古籍出版社，1986.

② 嘉靖惟扬志：卷九[M]//江苏省地方志编纂委员会办公室.江苏历代方志全书.南京：凤凰出版社，2018：72.

③ 嘉靖惟扬志：卷九[M]//江苏省地方志编纂委员会办公室.江苏历代方志全书.南京：凤凰出版社，2018：72.

④ 嘉靖惟扬志：卷九[M]//江苏省地方志编纂委员会办公室.江苏历代方志全书.南京：凤凰出版社，2018：72.

⑤ 嘉靖惟扬志：卷九[M]//江苏省地方志编纂委员会办公室.江苏历代方志全书.南京：凤凰出版社，2018：72.

到强权的荼毒和侵害。善于“师古”的儒家学说，思接上古治世，基于“仁政”核心，旗帜鲜明地提出“民本思想”，并历经思孟学派、宋明理学一路传承演进至泰州学派的“百姓日用即为道”主张。

儒家得道以民。① 孔子主张“为政以德”“见利思义”，倡导“因民之利而利之”。曾参主张“明德，亲民，至善”，明确“格物致知、诚意正心、修齐治平”途径，立足“财聚则民散、财散则民聚”世情，倡导“伐冰之家不畜牛羊，百乘之家不畜聚敛之臣”，强调“民利”不可夺。子思“不信民弗从”观念，强调取信于民。孟子主张“民为贵，社稷次之，君为轻”，将仁政具化为“省刑罚，薄税敛”。他提醒梁惠王吸取“黎民不饥不寒，然而不王者，未之有也”和“暴其民甚，则以身弑国亡”的经验教训，体恤民生。荀子主张“贵贱有等，长幼有差，贫富轻重皆有称”的“隆礼重法”，但也提出“以农为本、开源节流、节用裕民”的富国论。西汉陆贾直接指出“王以民为天，民以食为天”。这些观点都将“民生”“民利”作为“民本”要件，但仍落于“劳力者治于人”的窠臼，明显带有乞怜统治者“恩予”之嫌。

宋明理学从性善论出发，强调个人的主体地位，将“民本思想”具化为人人可“致良知以为高”②。程颢、程颐、朱熹等人认为“理”是宇宙万物起源，将“善”赋予社会而成“礼”，强调社会责任与历史使命，主张在“格物致知”中成就理想人格，从而造就中华民族“重气节”“守德操”的文化性格。但其“灭人欲存天理”主张，衍生出“三纲五常”“君权神授”道统，将“人欲”与“天理”人为割裂，明显是对“民本思想”的绝对化偏执。阳明“心学”则尊重个人的“良知良能”，主张“格物致知”“知行合一”，力求拗救。王守仁在《四句教》中将“天理”具化为“没有私心物欲遮蔽的心”，阐明人的意念有善恶之分、天理向背，但“良知”能知善明恶、为善去恶，做到“行之明觉精察处即知，知之真切笃实处即行”，③ 强调个人的善恶知行，是治国理政的先决条件。

---

① 周礼[M]郑州：中州古籍出版社，2018.

② 明史：卷一百九十五[M]. 上海：上海古籍出版社. 1986.

③ 王守仁. 传习录[M]. 北京：开明出版社，2018.

泰州学派师承阳明“心学”。哲学思想上主张“格物致知”，提出“身也者天地万物之本也”,① 强调个体的本原和主体地位。政治理想上主张“百姓日用即为道”，认为“百姓日用条理处，即是圣人之条理处”②，强调社会生活、人伦日用为一切归依，而不应是谁的“恩予”。教育理念上主张平民乐学教育，奉行“不以老幼贵贱贤愚，有志愿学者传之”。③ 黄宗羲在《明儒学案》评价“南中之名王氏学者，阳明在时，王心斋、黄五岳、朱得之、戚南玄、周道通、冯江南，其著也”，肯定了泰州学派对阳明“心学”的传承和突破。

二、历时千年的盐漕繁荣，“国用为先”的王朝政略，使里下河呈现出经济发达而又民生艰难的独特世情，是泰州学派创立的客观条件和现实动因

从《史记》吴王刘濞“招集亡命煮海为盐”的记载，左思《吴都赋》“海陵之仓，则红粟流衍”的描述可知，里下河西汉时已是全国知名的盐业盛地和粮食产区。汉武帝吸取“广泽大川不以封”④ 的教训，构建民制、官收、商销的盐政体系，以盐利资军国政费，开启了境域2000年的盐漕繁荣，却因“国用为先”框架下的“榷盐利禁”，带来里下河人民的深重灾难。

盐课贡献奇高。唐盐铁使刘晏“只用淮盐遂济国用”⑤，天下之赋盐利居半，宫闱服御、军饷和百官俸禄皆仰给焉。⑥ 唐有“四场十监”，淮盐时为里下河东境

---

① 王艮. 王心斋全集:语录[M]. 南京:江苏教育出版社,2001.

② 王艮. 王心斋全集:语录[M]. 南京:江苏教育出版社,2001.

③ 王艮. 王心斋全集:语录[M]. 南京:江苏教育出版社,2001.

④ 嘉靖惟扬志:卷九[M]//江苏省地方志编纂委员会办公室. 江苏历代方志全书. 南京:凤凰出版社,2018:72.

⑤ 霍韬. 淮盐利弊疏[M]//周右. 嘉庆东台县志:卷三十六. 南京:凤凰出版社,2020.

⑥ 嘉靖惟扬志:卷九[M]//江苏省地方志编纂委员会办公室. 江苏历代方志全书. 南京:凤凰出版社,2018:72.

之海陵、盐城、新亭三监。[①] 宋天圣年间，泰州海陵监8场产盐占淮盐三成，绍兴末年700万缗盐课已“过唐举天下之数”。[②] 乾道六年举国财赋“鬻海之利居其半”，而淮东盐课为两浙的4.4倍，里下河盐课当在“鬻海之利”的16%左右。[③] 明初，淮盐产量是宋的4.4倍。[④] 正德年间的“淮南中十场”盐课，呈现“寓内产盐之省会凡八而两淮为最，两淮产盐之区凡三十而中十场为最”格局，[⑤] 延及清道光年间仍未改变。

治盐之法奇峻。“榷盐利禁”的动机来源于巨额利润，历代王朝均趋利若鹜、峻法治盐。刘晏治盐时每斗仅售10文，至陈少游则加价至370文。[⑥] 宋有“斗米斤盐”之说，嘉祐年间“斤为钱四十，夏秋则百钱贰斤”，而“盐之入官，淮南每斤为钱四”。[⑦] 明正德年间，灶户制盐每引易粮约4斗，“淮南中十场”11500灶丁，年办正盐近23万引，丁均得粮80斗，尽管有余盐襄补，但盐丁拖家带口，劳动所得仅为度日口粮，而商人每引纳税白银1两，是永乐年间的近13倍。[⑧] 历代虽间或宽法，但峻法贯穿始终。西汉严令“私煮盐者钛左趾”，[⑨] 宋代私煎“一两杖十五，二十五斤配役一年，百斤以上刺面押赴阙”，[⑩] 明代则“贩私营与卖余盐者绞勿赎”。[⑪]

灶民盐丁奇苦。刘濞招集的“亡命”主要是无业流民，瓯越叛民被汉武迁入

① 新唐书:食货志[M].上海:上海古籍出版社,1986.
② 宋史:卷一百八十二[M].上海:上海古籍出版社,1986.
③ 宋史:卷一百八十二[M].上海:上海古籍出版社.1986.
④ 宋史:卷一百八十二[M].上海:上海古籍出版社.1986.
⑤ 汪兆璋,王大经.淮南中十场志:重修淮南中十场志序[M].南京:凤凰出版社,2020.
⑥ 嘉靖惟扬志:卷九[M]//江苏省地方志编纂委员会办公室.江苏历代方志全书.南京:凤凰出版社,2018:73.
⑦ 宋史:卷一百八十二[M].上海:上海古籍出版社,1986.
⑧ 霍韬.淮盐利弊疏[M]//周右.嘉庆东台县志:卷三十六.南京:凤凰出版社,2020.
⑨ 嘉靖惟扬志:卷九[M]//江苏省地方志编纂委员会办公室.江苏历代方志全书.南京:凤凰出版社,2018:74.
⑩ 宋史:卷一百八十一[M].上海:上海古籍出版社,1986.
⑪ 霍韬.淮盐利弊疏[M]//周右.嘉庆东台县志:卷三十六.南京:凤凰出版社,2020.

江淮。① 曹操赤壁战败，要挟境民北迁，境民尽数南渡流离。② 唐高宗将20多万高句丽俘民迁入江淮实边，③ 第五琦网罗流民来此充当亭户。北宋将通州作为流戍之区，建炎南渡严禁灶户流动，即便是投军或论罪充军的灶丁都要求回场煎盐。④ 明代“洪武赶散”的苏州阊门居民大都入充灶户。历代灶民均被统治者视为贱民而加以固化，苦难至深至重。明代灶民时有“六苦”：破屋缺食的居食之苦，物料紧缺的积薪之苦，举家上场的淋卤之苦，酷暑汗汤的煮办之苦，鞭挞随至的征盐之苦，奸商巧夺的赔盐之苦。⑤ 吴嘉纪“走出门前炎日里，偷闲一刻是乘凉”，正是其生动写照。

地形地貌奇特。“三河三堤”使里下河成为“内如釜底、外若建翎”的“锅底洼”。“里河”及堤始于夫差所开400里邗沟，后经隋炀帝增修而穿淮入河。串场河及范公堤始于唐大历间，李承首筑常丰堰，取土而成复堆河，宋开宝年间王天祐增修，天圣年间范仲淹、张纶、胡令仪筑成范公堤，拓复堆河为串场河。“下河”俗称泰东河，宋开宝年间徐的“复治泰州西溪河发积盐”，畅通东至串场河、西至泰州的运盐河。⑥“复治”说明“下河”至少五代便已存在。“杨公堤”俗称“泰堤”，明成化七年杨澄修建。⑦ 范公堤经数代补复延伸至800余里，盐场治所上堤布设，形成堤外煎办、堤内漕运、盐漕农三得其安格局。但南宋及明的黄河夺淮，使里下河水系与黄河淮泗相表里，“锅底洼”的高水受“三堤”阻隔，仅系串场一线入海。

改善民生奇难。漕运兴盐与排水兴农相左，始终是里下河无解困局。黄淮屡决，流沙随水垫高湖河，导致“少不雨即涸，输赋者苦之，担荷车载之劳重，国

---

① 史记:南越列传[M].上海:上海古籍出版社,1986.
② 三国志:吴书[M].上海:上海古籍出版社,1986.
③ 旧唐书:本纪第四[M].上海:上海古籍出版社,1986.
④ 徐松.宋会要辑稿:食货二六[M].北京:中华书局,2015.
⑤ 嘉靖惟扬志:卷九[M]//江苏省地方志编纂委员会办公室.江苏历代方志全书.南京:凤凰出版社,2018:462.
⑥ 周右.嘉庆东台县志:卷二十[M].南京:凤凰出版社,2020.
⑦ 张瓒.杨公堰记[M]//周右.嘉庆东台县志:卷三十六.南京:凤凰出版社,2020.

课益缩”,[①] 只能“以高宝兴泰为壑”[②] 而养水保漕，遇有“伏秋淫潦”，则“一望沮洳”。加之，西承洪泽湖、白马湖，内有高邮湖、宝应湖、邵伯湖，虽“三堤”开有水闸36座，仍时有严重水涝，甚至出现“五湖并发”崩坏“三堤”事件。自宋乾德至清嘉庆的近800年间，境内遭受海啸14次、涝灾106次，造成万人级伤亡5次，屡有“人相食”发生。[③] 明清两代累筹银百万两，开挖蚌蜒、梓辛、东台、川东等堤内外河流，均因串场河排水缓出，终归“治之而不审众水归墟之势，徒为逐节小补之谋”。[④]

社会环境奇乱。唐代以来，里下河俨然盐薮漕会，境内“公私盐运充实四远，舳舻往来恒以千计”,[⑤] 造就“是中十场者，东南之泉府而朝廷委输积贮之薮也”[⑥] 的至重地位，徽晋盐商本金、年利高达3000万两和900万两。[⑦] 境民趋之擅利巨海，不喜农耕，“虽衣冠士人，狃于厚利，或以贩盐为事”[⑧]。宋元之际境民粗犷尚武，地方官府与豪强猫鼠同盟，“富敌王侯”者与赤贫灶民同执一业。明代中后期则更加混乱，境内外富商豪民广占卤地，大量招集无业贫民私煎私贩，往往“挟兵负弩，官司不敢诃问”。[⑨] 淮安还有数千上万家顽民入境专贩私盐，出现过“挟刃率相旅拒在扬子江及各海港者，高樯大舶千百为聚，行则鸟飞止则狼踞，杀人劫人不可禁御”[⑩] 的严重局面。

里下河“六奇”的独特世情，实则系于盐利一端。历代以“百姓日用”牟利，盐丰则利厚，国用亦丰裕，故而榷盐利禁、严刑峻法，导致“良田为壑”的天灾人祸，“煎盐为牢”的灶户疾苦，“百姓为鱼”的民生艰困。因为盐利丰厚而致擅

---

① 佚名. 东台重修河堰记[M]//周右. 嘉庆东台县志：卷三十六. 南京：凤凰出版社,2020.
② 凌儒. 姚代巡开海口碑记[M]//周右. 嘉庆东台县志：卷三十六. 南京：凤凰出版社,2020.
③ 周右. 嘉庆东台县志：卷七[M]. 南京：凤凰出版社,2020.
④ 周右. 嘉庆东台县志：卷三十六[M]. 南京：凤凰出版社,2020.
⑤ 乐史. 太平寰宇记[M]. 北京：中华书局,2015.
⑥ 汪兆璋,王大经. 淮南中十场志：重修淮南中十场志序[M]. 南京：凤凰出版社,2020.
⑦ 杨杏芝. 扬州儒商志[M]北京：中国文史出版社,2015:8.
⑧ 宋史：卷一百八十二[M]. 上海：上海古籍出版社,1986.
⑨ 霍韬. 淮盐利弊疏[M]//周右. 嘉庆东台县志：卷三十六. 南京：凤凰出版社,2020.
⑩ 霍韬. 淮盐利弊疏[M]//周右. 嘉庆东台县志：卷三十六. 南京：凤凰出版社,2020.

盐巨利与农田荒弃同框，豪强巨富与赤贫草民共业，严刑峻法与民不畏死共存。“国用为先”的强权逻辑，导致里下河人民的“日用”遭受莫视。即便是“先忧后乐”的范仲淹亦主张“国用有余，然后宽赋役”。① 历代为何“国用不足”？考其“祖宗立国初意，以忠厚仁恕为基，然内则牵于繁文，外则挠于强敌，供亿既多”②，铺张奢侈与外族侵扰是其主客观原因。“洪武赶散”中“世为灶籍”的王艮，亲身经受艰辛劳苦，耳闻目睹“六奇”世情，创立泰州学派，提出“百姓日用即为道”主张，便有了丰厚的现实素材和强烈的情感动力。

三、历代先贤的崇儒重教，参谒孔庙的幡然顿悟，使王艮从“世为灶籍”转向“知学业儒”，继而投师阳明，是泰州学派创立的主观愿望和智力支撑

里下河既为盐漕重镇，历代亦遣“资深望重”之人主理。欧阳苏晏吕范富③等先贤崇儒重教，遍设县庠社学、书院贡院布道化民，带来“俗务儒雅，虽穷巷茅茨之下，往往闻弦诵声”④ 的文化兴盛，甚至“野士亦有文雅之风”⑤。明代更是科甲鼎盛、才俊辈出，既有清廉尚书冯谅、“五朝元老”高谷、嘉靖状元李春芳等济世名臣，又有诗书画“三绝”陆颙、《水浒传》作者施耐庵、扬州八怪之郑板桥等文艺大家。业儒立说之风在里下河逐步盛行。

王艮于明成化十九年出生于泰州安丰场(今东台市安丰镇)。父亲王守庵为其取名“银”，希望他日后能经世济用。安丰场“俗业盐，无宿学者”，王艮 7 岁进

① 范仲淹.议驰盐禁疏略[M]//周右.嘉庆东台县志:卷三十六.南京:凤凰出版社,2020.

② 宋史:卷一百七十三[M].上海:上海古籍出版社,1986.

③ 指欧阳修、苏轼、晏殊、吕夷简、范仲淹、富弼等,他们都曾在扬州或里下河地域内各州县、盐场为官生活。

④ 周右.嘉庆东台县志:卷十五[M].南京:凤凰出版社,2020.

⑤ 周右.嘉庆东台县志:卷十五[M].南京:凤凰出版社,2020.

私塾读书，因家贫中途辍学，仅“粗识《论语》《孝经》章句”，11岁随父兄淋卤煎盐。照正常逻辑，他本应循着祖上足迹，成为一名勤苦终身的灶丁。

天将降大任于是人也。王艮一生大致分为盥冷尽孝、谒孔知学、投师阳明、游学立说、安定讲学、东淘布道等六个阶段。在看似偶然、实属必然的传奇经历中，他完成了人生方向的转变和理想追求的嬗变，终成名世儒宗。然而，当世知学业儒者众，投师阳明者多，书院讲学、立说布道者亦不乏其人，为何只有他“阳明在时便声名显著”？只有泰州学派能掀起思想启蒙呢？这主要得益于他的天赋异禀和主观能动。

孝出天成是其知学业儒的必备基因。随父兄淋盐的一年冬天，因父晨起盥冷，王艮深深自责“某为人子令亲天寒盥冷而不知也，尚得为人乎”。① 自此，他代父从役，侍双亲按古礼晨省夜问，扫舍捧席。② “孝弟也者，其为仁之本与”③，王艮孝出天成，行纯心明。他由己及人，深知人人“知所以为善”。这是他信奉“有教无类”“性善论”和阳明“心学”的基础，并将“愚夫愚妇与圣人同列”的先验。王艮《格物要旨》《勉仁方》《乐学歌》《孝悌箴》等传世论著中，无不具有先天的平民视角。

自信达观是其出类拔萃的必备心智。19岁拜谒孔庙，他顿悟：“夫子亦人也，我亦人也，圣人者可学而至也。”④ 回乡秉礼为儒，他日诵《孝经》《论语》《大学》，常置书于袖中，逢人质难便“信口谈解，如或启之”⑤。他不耻下问，不泥传注，坚持“以经征悟，以悟释经”，达到“行即悟处，悟即行处”境界。⑥ 38岁那年，江西籍黄姓塾师惊叹其言论与阳明“心学”暗合，他便“王公论良知，某谈格物。如此同也，是天以王公与天下后世也；如其异也，是天以某与王公也”。⑦ 没有近

① 赵贞吉.王心斋先生墓志铭[M]//周右.嘉庆东台县志:卷三十四.南京:凤凰出版社,2020.
② 赵贞吉.王心斋先生墓志铭[M]//周右.嘉庆东台县志:卷三十四.南京:凤凰出版社,2020.
③ 论语:学而[M].北京:中国华侨出版社,2016.
④ 耿定向.王心斋先生传[M]//周右.嘉庆东台县志:卷三十七.南京:凤凰出版社,2020.
⑤ 耿定向.王心斋先生传[M]//周右.嘉庆东台县志:卷三十七.南京:凤凰出版社,2020.
⑥ 郭汝霖.东淘精舍记[M]//周右.嘉庆东台县志:卷三十四.南京:凤凰出版社,2020.
⑦ 赵贞吉.王心斋先生墓志铭[M]//周右.嘉庆东台县志:卷三十四.南京:凤凰出版社,2020.

乎狂悖的自信，焉能创立学说。

天下为任是其好学精进的必备胸襟。投师江西，王守仁见他个性高傲，改其名“艮”字“汝止”，希望他知行止、懂进退。他受到的心理暗示却是双山叠峰、顶天立地。他梦见天坠压身，万人奔号求救，他便“身托天起，见日月列宿失序，手自整布如故”。① 梦境是他“为天地立心，为生民立命”的理想投射。自此，他行住语默皆在觉中，“居仁”三个半月而悟“人之始”，② 拯救生民已由“思想自发”上升为“行动自觉”。

坚持真理是其创立学说的必备意志。吾爱吾师但更爱真理。在王守仁“致良知”“理在人心”的基础上，他自创“淮南格物说”，提出“身为天下国家的根本”主张。在王守仁“待君他日自明之”的教诲中，他却感叹“风之未远也，是某之罪也”，一车两仆北上游学，学术思想终于轰动一时、广为传播③。但他绝非欺师灭祖，王守仁仙逝，他哭迎桐庐，经纪其家，尊师之情何其殷切！“百姓日用即为道”主张，捅破“民本思想”的最后一层窗户纸，变“民生”“民利”的统治者恩予，为必须奉行的“天道”。他的“不爱人不仁”“不能攻己过而惟攻人之过者”④，将“反求诸己”具化为自我批评。

高风雅望是其终成儒宗的必备魅力。无论是应泰州知府王瑶湖之聘开馆讲学，还是在御史洪垣构筑的东淘精舍授徒，他都按《礼经》制深衣、戴五常冠，行则规圆方矩，坐则焚香默识，显得“襟怀洒脱，仪度雍容，直机流行，不事矫饰”，而“议论亹亹，曲中人心，讲诵訚訚乎有濂洛遗风”。⑤ 他屡受吴悌等人荐辟而不就，尽显“骨刚气和，性灵澄彻，风格高古，为又卓荦”，⑥ 李春芳等人朝议推崇，赵贞吉为他撰墓志，扬泰儒生奉为海内儒宗，耿定向建吴陵书院专祀。

---

① 耿定向.王心斋先生传[M]//周右.嘉庆东台县志:卷三十七.南京:凤凰出版社,2020.
② 耿定向.王心斋先生传[M]//周右.嘉庆东台县志:卷三十七.南京:凤凰出版社,2020.
③ 赵贞吉.王心斋先生墓志铭[M]//周右.嘉庆东台县志:卷三十四.南京:凤凰出版社,2020.
④ 王艮.勉仁方书壁示诸生记[M]//周右.嘉庆东台县志:卷三十六.南京:凤凰出版社,2020.
⑤ 吴悌.荐处士王艮疏[M]//周右.嘉庆东台县志:卷三十六.南京:凤凰出版社,2020.
⑥ 吴甡.请易名崇祀疏[M]//周右.嘉庆东台县志:卷三十六.南京:凤凰出版社,2020.

四、初心使命的传承发扬，“人民至上”的至高原则，使“百姓日用即为道”在当代成为现实，这是泰州学派创立的历史价值和更高实践

泰州学派“以悟性为宗，以格物为要，以孝悌为实，以太虚为宅，以古今为旦暮，以明学启后为重任，以九二见龙为正位，以孔氏为家法”。① 后世弟子李贤提出“穿衣吃饭是人伦物理”，徐光启提出“会通中西”的富国强兵主张，颜钧集700人致力实践“日用之道”，进士第一的焦竑“笃信卓吾之学”。尽管学说后被诬为异端邪说，但“百姓日用即为道”主张已被广泛接受，成为里下河文化基因，造就里下河人民务实勤劳、敢于创造的个性，并在马克思主义中国化进程中，在我党“为人民谋幸福、为民族谋复兴”的初心使命中，逐步变为现实。

毛泽东思想坚持群众路线，革命和建设“一切依靠群众，一切为了群众”。邓小平理论“社会主义的本质是发展生产力”“发展是硬道理”的论断，确定中国特色社会主义道路，坚持在经济建设中改善和实现民生。“三个代表”重要思想将“最广大人民的根本利益”，作为发展先进生产力、先进文化的出发点。科学发展观强调“以人为本”，尊重人民群众的主体地位。新时代中国特色社会主义思想秉持“人民至上”，将“人民群众的高兴不高兴”作为评判一切工作的标准。

在实践领域，里下河人民“百姓日用”得到充分的倡扬和实现。社会主义改造时期，东台县时堰区莫庄互助组刘春生，创造出“稻—麦—棉—绿肥”轮作换茬制度，受到毛泽东、周恩来接见。② 江渭清亲临视察，并在里下河普遍推广，使“鱼米之乡”焕发新的活力。改革开放时期，里下河人民投身全民创业，2010 年建

---

① 耿定向．王心斋先生传［M］//周右．嘉庆东台县志：卷三十七．南京：凤凰出版社，2020.

② 中共东台市委党史工作办公室．中共东台地方史［M］．北京：中共党史出版社，2012：154.

成“三市七镇”千亿级不锈钢产业集群。[①] 步入新时代，里下河人民响应“大众创业、万众创新”号召，继续实施创新驱动下的产业转型升级，涌现出悦达起亚、宝胜电缆、磊达水泥等百亿级领军企业，东台、兴化、建湖、高邮等全国百强县市，全面建成小康社会，创造出“产业强、企业强，区域综合实力强；村镇富，百姓富，城乡居民共同富”的地域特征。

六亿神州尽舜尧。困扰里下河的千年艰困彻底解决，“百姓日用”的千年期盼得以实现，芸芸众生成为执政兴国之本，并将在党的二十大明确的中国式现代化建设道路上，得到维护和升华。泰州学派的历史价值在于，“百姓日用即为道”主张的可行和可能，并为里下河人民注入“务实知进”的文化基因，也从一个侧面回答了“中国共产党为什么能，马克思主义为什么行，中国特色社会主义为什么好”的基本问题。

---

① “三市”指兴化、东台、姜堰（现为区），“七镇”指戴南、张郭、茅山、溱东、时堰、兴泰、溱潼等。产业规划由江苏发改委2007年制定出台。

里下河以及里下河文学

曹峰峻（江苏省广播电视总台）

我的家乡兴化地处里下河低洼处，有锅底之称。在我眼里，家乡除了无垠田野，就是纵横的水网和星罗的湖泊，所以我们水乡孩子基本都能无师自通地成为“混江龙”或者“浪里白条”。水有我们的童趣，水是我们的天堂。

尽管小时候精通“捉鱼摸虾”十法八式，尽管因为家处扬盐分界河边，并有了经常从水路穿越分界线的历史，但童趣的目光只关注家乡那河湖连片、沟塘成网的水天秀色，它宁静了我的思绪，像屋后树梢上永远挂着的一轮圆月，诗化了我童真的音容。所有关于我们水路来自何处，水的方位，水与外界关系，基本一无所知，直到成人后知道“里下河”这个词，却又一直只理解成是长江中下游，即从来没有从运河的方向探索“里下河”。直到1991年兴化遭遇百年未遇的特大洪水，我被抽调到电视台组织策划并编导几档关于水文化的节目时，才对“里下河”概念有了基本理解。

2019年12月14日，省作协与淮安市委宣传部联合举办第二届“运河文化论坛”，通过相关专家学者全面阐述和深度解读，对“运河”与“里下河”又有了一个全新认识，所能触及的视角更加丰满生动了。

一、运河与里下河

里下河不是一条河。里下河是个地区的概念。里下河地区其实应该是对“里运河”区域与“下河”区域之间的整体区域的命名。

里运河简称里河。里运河是连接长江与淮河的运河，历史记载最初在公元前5世纪开凿，当时叫邗沟。自汉以后，出于军事、经济或水利需要，历代均有整治，到1959年最后一次大规模疏通拓宽，形成京杭大运河苏中段。拓宽后，在运河西边，还保留了一段古运河，作为历史见证。今天的里运河，南从扬州邗江瓜洲古渡，北至淮安清江浦清江大闸，长170余公里。流经扬州、淮安，为通行苏中苏北河运干道。

里下河地区位于江苏省中部，西起里运河，东至串场河，北自苏北灌溉总渠，南抵老通扬运河，总面积13510余平方公里，属江苏省沿海江滩湖洼平原的一部分。因里运河简称里河，串场河俗称下河，平原介于这两条河道之间，故称里下河平原，即里下河地区。里下河地区涉及江苏省淮安、盐城、扬州、泰州、南通5市的部分地区。

关于里运河前世今生以及对里下河自然环境的影响，相关历史资料记载，公元前486年，吴王夫差为北上中原争霸，利用江淮间的众多湖泊，开挖了沟通江淮的邗沟，以通粮道。此后这里逐渐得到开发，成为富饶的鱼米之乡。但到了宋金对峙时期的1128年，听任黄河南徙，夺淮入海，破坏了淮河下游的水道系统，里下河地区从此成了灾害频发的地区。京杭大运河作为漕运要道，带来了交通之便。不过历代政府为了保证漕运通畅，在遇到大水时，常常不惜打开里运河东堤的“归海五坝”，分泄洪水，把里下河地区变为滞洪区，致使该地区水灾不断，人民经常蒙受巨大灾难。1931年夏秋之际，整个长江流域发生特大洪水，江淮并涨，运河河堤溃决，整个里下河平原汪洋一片，300多万民众流离失所，7.7万多人死亡，140万人逃荒外流(特别是到上海)，淹没耕地1330万亩，倒塌房屋213万间。

运河水系和里下河地区特有的地理环境也为保家卫国立下不朽的功勋。在抗日战争期间，由于里下河水网密布，基本是相连靠船的一片“泽国”，日军一是难以进入，二是进入难以防守，因此1939年3月，当淮阴清江浦(今淮安市清江浦区)被日军攻占后，江苏省政府就迁往里下河腹地的兴化县。

二、 里下河文学

运河与里下河给文学留下了不尽的思绪空间，留下了独特的创作视角，成为文学题材取之不尽的宝藏。

（一）水和水的诗意

“水”孕育了里下河文明，“水”是运河文化品格。里下河平原区地势低洼，湖荡相连，河网纵横，高邮湖、宝应湖、大纵湖等诸多湖泊如同一颗颗闪耀的珍珠被条条银色的河流串联在“项链上”，形成河湖连片、沟塘成网的水天秀色。于是，水的色彩、水乡风情、水的性格，在里下河文学流派作家文本中几乎随处可见。

大运河与淮河的交汇处在淮安。淮安旧称山阳，在一本叫《山阳遗志》的册子中，有这样的一段记载：“南来漕船……姻娅眷属咸送至淮，过淮后方作欢而别。凡随船来者，从集于淮北馆水亭。”这是水的风情，水的诗意。汪曾祺的“小说里总有水，即使没有写到水，也有水的感觉”。《大淖记事》以“水”开篇，《受戒》的经典结尾即为里下河水乡风光的优美抒写。徐则臣在长篇小说《北上》中写下这样一段话：“一条河活起来，一段历史就有了逆流而上的可能，穿梭在水上的那些我们的先祖，面目也便有了愈加清晰的希望。”夏坚勇的《大运河传》抒发了自然的水、涌动的水。从人文风情到地理物候，从光风霁月到水木清华，大运河周边的色彩、气息、生活情调在他笔下都有精细入微的描写。

里下河作家笔下水边风景总是多姿多彩。水岸的老屋，老屋前后桃花、菜园；水里游动的各式船只，拉纤和挂帆的商船、荡桨的渔船、摇橹的粮船、撑篙的农船，它们定格在各自情趣和民谣里；水边的声音当然还有纤夫的吟调、船工号子、担水的扁担吱吱声、女人河边淘米洗衣的嬉笑声、捶衣棍拍水打衣声……

里下河文学流派作家作品中蕴含着大量水乡特色元素，比如鲜活的水产、临水而建的栖身之所等等。作品中的人物亦似乎终日做着水乡的营生：顾坚的《元红》、刘春龙的《乡村捕鱼散记》、李明官的《范家村手记》等作品中捉鱼摸虾、摘藕采莲、挑箩把担、养鸭牧鹅，不一而足。刘仁前的《香河》便是用优美的笔触，细腻描述了清灵的里下河之水，作品中弥漫着氤氲的水汽，被文学评论家王干称之为“盛满水意和诗意的土地”。曹峰峻的作品也有大量的“水色”描写，如散文《家乡水街》：

水乡的河流像一条银色的项链，家乡的水街似颗明珠被串联在那链里。当原野上的绿风伴随着天际而来的碧波涌进水街，水街上的店铺货行就会依次顺着一块狭长的水镜两岸分别排开，你可以摇一条小木船从乡下来，从塘港河或者海沟河来任你随便，在饱眼两岸繁华和喧闹之后，随意把船靠在哪边的石级码头上。随意去谈你的生意，看你要约的买卖，船梆无需上锁，船也不必雇人看着，它会在等你的时间里蛮有情致地随波摇摆。

如果你有兴致走上虹式石孔桥，那是传说中的水街上唯一的虹式石孔桥，你可倚着栏杆自我“包装”将军阅兵的气势，让许多造形别致的木船在你检阅的水街上来往游弋；你也可以装扮文人气质，尽情欣赏女人们身着各种漂亮衣服在石阶上淘米、洗菜、洗衣戏闹的姿态和情趣。

那种风格是约定俗成的，是冲动后的嬉笑，是定格中的慢镜头。

（二）土和土的润色

受水文化的影响，水土温润出的土色构成了里下河文学底色。全国独有的农耕奇景——“垛田”等自然景观以及风车、水上森林、帆船、水车、棉田、稻穗等。电影《柳堡的故事》取景于里下河地区宝应，里面的小河、原野、风车构成了经典底色。首先映入眼帘的是风车，那是水乡最醒目的标识，也是水乡关于劳动、智慧、想象力审美趣味的诗意造型。风车无疑是水乡最高大的建构，即使是百年老树，也不会比它更高。汪曾祺的代表作《大淖记事》《受戒》关于“悬河”“御码头”“风筝”“船工”“渔夫”描写；毕飞宇的《平原》《玉米》，费振钟、王干、吴光辉的里下河文化散文系列关于水乡农民本色的描绘，曹文轩的《草房子》、朱辉的《白驹》、顾坚的《元红》、庞余亮的《薄荷》、刘春龙的《垛上》等，各种温润的水乡土色融化在人物的日常生活与灵魂背景里。

运河给了文学以浩阔、畅达，里下河收藏了文学的“洋洋大观”和水润的土色面孔。这些水润的土色中蕴藏着“水土”的性格，虽然它也和乡村里所有的河汊一样，河坡上长满了松软的茅草和盘根错节的马背筋，诱惑着你想在上面打个滚，或者站在河堤上俯瞰水流划出并润色出的旷野平原，不管是彩春、绿夏还是金秋、素冬，无论油画风格或者是水墨基调，那温情雍容又不失霸气坦荡的气度，弥漫于本土作家的情绪和语序中，仿佛粗犷而富于韵味的船夫谣，还有那桅杆顶端优美的弧线，甚至白帆下、风车下一望无际的菜花地里那个着小红袄的轻盈的身姿，无不凸显着生命最原始的质感，让你为这些朴实的美丽而心醉神迷。

里下河水土滋养出一方人文个性，也培育出一方文学风景和品格。曹峰峻的散文《故乡的艾菜》中，将家乡腊月家家都会腌制、炒作的“腊菜”原料“艾菜”的坚守清贫、朴实无华、抗风暴、耐严寒的坚韧本质属性概括成里下河的品格，并在文章里拟人化成母亲的形象：

> 艾菜又称苦艾，苦艾其实不是菜，只是一种野草，它总是在冬寒中长于冰封的田埂，深藏沟槽之角。春天的群芳斗艳不属于它，连似花非花的油菜也能渲染黄潮角逐花市，只有待春夏、秋冬在退潮中冲淡，在丰满中憔悴，苦艾才在乡间田埂上角逐飞奔，在很清静一角梳理阳光，很有分寸地开出淡淡的黄花。不管风暴和冰雪，它总能坚忍不拔地点缀幽黑的泥土，很有耐心地独守一方风景。
>
> 艾菜不只是冬天有，春季也会有，只是没人认识它，只是春花异草挤压它的空间，只是它原本无意争春。母亲的主动肯定，使艾菜在她希望里年复

一年地疯长，成为四季常绿的景观，同时母亲精深的理论和技艺也传遍了村里村外，每逢腊月，风腊的艾菜就在各家庭院里的晾衣绳上窜来窜去，翻墙走檐。整个腊月，母亲的神奇在风中荡来荡去，母亲银色的笑十分纯粹得一望无际。（节选）

（三）俗与俗之韵

水，也让里下河文学流派作家在作品中营造出“水俗”和水俗之韵。水俗之韵范围包括这个区域的文学所能描述的底层民风民俗以及引出的“俗韵”。生在里下河兴化、死在运河边淮安的兴化籍大文学家施耐庵用家乡的尽情“水俗”成就了梁山泊的“水浒之韵”，他所熟悉而被他肯定的性格豪爽、侠肝义胆、疾恶如仇的渔民、“水乡人”成就了《水浒传》的阮氏三雄、混江龙李俊、浪里白条张顺以及他们的“打渔杀家”“大破高俅水军”等“梁山英雄好汉之韵”。

汪曾祺的《故里三陈》《岁寒三友》等大量短篇小说，几乎都是描写里下河三教九流、引车卖浆者；毕飞宇的《平原》虽然将故事背景置于苏北平原，但所写的大抵是里下河小村落的乡民；顾坚的《元红》好像一株根植于民间沃土的奇树，布满阳光的河流、湿气、森林、飞鸟栩栩如生地跳跃在字里行间，始终氤氲着粗粝而浪漫的青春荷尔蒙与里下河风情；钱谷怀《南瓜花》在对里下河风俗的描摹中，人、事、物都成为风俗的一部分，这一特征尤为明显。

里下河文学“兴化作家群”出现一批作为“里下河的忠贞之子”“本色的乡土型作家”以及大批“本色风俗画卷”式的作品。如张学诗的《在炊烟和牧歌里》、罗有高的《飘在水上的花》、顾成兴的《乡情悠悠风车转》《耕牛》、戴中明《木船村纪事》、王锐的《人间烟火》、顾红干的《开在露珠里的小花》、单玫的《冬至的月亮》、董景云的《漂不走的芦苇船》、汪夕禄的《风吹麦浪》、王干荣的《槐香》等，田园、溪流、牧歌、炊烟，乡土、乡亲、乡音，乡土风俗“音画时尚”成为他们心中不变的主旋律，成为他们写作生命中永远美丽的歌谣。

正如文学评论家丁帆所言：“里下河集聚了一批风格相同、志趣相投的作家，创作了一大批反映这个地区风俗画、风景画、风情画的作品。”汪曾祺被赞誉为“风俗画”作家；刘仁前的《香河》三部曲被誉为“里下河风俗的全息图”；刘春龙的《垛上》被誉为“里下河风情录，垛田变迁史”；顾成兴的《老村庄》被誉为“当代里下河乡村的自然史”；曹峰峻的《生命不息》被誉为“里下河奋斗精神的书写者”。即便毕飞宇、曹文轩、鲁敏离开里下河多年，但他们对里下河风俗的描写，依然充满温暖动人的力量。

（四）思与思之考

里下河文学流派作家对人物的塑造充满了深厚的悲悯精神。他们的笔下没有“至善”也没有“至恶”，大多数是带点瑕疵与个性的小人物。汪曾祺的《岁寒三友》《故里三陈》充满了人道主义的脉脉温情；曹文轩用儿童的视角打量人性中的真善美；毕飞宇的《楚水》《平原》等作品，用细腻的笔触勾画了里下河乡村地域文化背景下人与人之间的隔膜，个体心灵自身的压抑与折磨；刘仁前的《浮城》《残月》关注外部世界入侵水乡后人性裂变、困境、挣扎与守望；费振钟的《兴化八镇》从里下河乡村存活空间解析了中国乡镇社会的解体与重建；曹峰峻的《错过的爱》提出了里下河农民生存与未来的思考。

而在徐则臣看来，重新反思大运河，它的意义怎么估量都不为过。“在我看来，如果说长江、黄河是中华民族先天意义上的母亲河，那么大运河完全称得上是我们后天意义上的母亲河。”徐则臣说：“如何梳理出运河可靠的历史以及如何在今天有效地唤醒运河，就成了一件重大的事。无论如何，关注运河的人越来越多总是好事。”

曹峰峻在20世纪90年代初出版的诗歌集《错过的爱》在抒写对里下河故乡热爱的同时，发出了“里下河农民出路的拷问”，比如其中获奖的《农民》一诗：

他们最先以锄和犁
在土地上发掘诗歌

女人用泪和着黄泥烤成碗
男人用汗水掺着黑土烧成陶罐
歌是第一片豆荚脆烈爆响
舞是遍地的油菜轻曼地翩跹
春播夏锄秋收冬藏
赤脚吻香四个沉实的季节
小米和大麦是最丰富的语言
仿佛亘坐的誓言和相念
伴随劳碌的一生
每个人都在土里长大
和水交谈爱情与未来
与庄稼相伴而眠
栉风沐雨壮实
为干旱饱食毒日
为涝灾痛饮苦水
作为一个出色的农民
只能用犁和锄将信念根植于土壤
在文字里唤出阵阵稻香

这些种种“直面”没有刻意进行强化、渲染，也没有一针见血，而是一种悲悯精神的再现。

三、“里下河文学流派”的形成与发展

20 世纪 80 年代初，江苏高邮籍作家汪曾祺以小说《受戒》《大淖记事》复出文

坛，在随后至今的三十余年间，在高邮邻县包括泰州的兴化、扬州的宝应，盐城的盐都、东台、建湖和南通的海安等地一大批生于里下河、长于里下河的作家，携其“里下河式书写”相继登上文坛，汇聚形成里下河作家群。众多优秀作品先后问鼎全国重要文学奖项，特别是毕飞宇先后荣获鲁迅文学奖、茅盾文学奖，曹文轩荣获“国际安徒生奖”，夏坚勇、王干、吴义勤、鲁敏、朱辉等荣获鲁迅文学奖，以及庞余亮、吴光辉、刘仁前、顾坚、罗望子、王大进、王树兴、刘春龙、顾成兴、钱谷怀等大量以描写里下河视角和主题的重要作家以及重量的作品出现引起文学界的广泛关注。这批作家的地域文学创作得到了文学界的充分认可，一个充分体现文学地理特点的文学流派——“里下河文学流派”逐渐形成。

“里下河文学流派”第一次被正式提出是在2013年，同时由《文艺报》、江苏省作家协会、泰州市文联等单位联合在泰州召开了七届“里下河文学流派”研讨会。多年来，苏中地区里河与下河之间区域的文学写作流派的存在之由、变迁之史、版图之域日趋明晰，其传统、内涵、价值、特征和成就被深入挖掘、梳理和阐释，同时，优秀作家作品不断涌现，创作和研究成果丰硕，队伍持续壮大，发展势头良好。“里下河文学流派”获得广泛认同和更多关注，成为中国文学版图上富有底蕴又充满生机与潜质的一抹亮色。

愿“运河和里下河文学”独树一帜于中国文学主阵地，灿烂于世界文学之林。

里下河地域现当代饮食文化粗览

章国荣（江苏省餐饮行业协会文化委员会）

里下河地域，位于江苏省中部，西起里运河，东至串场河，北自苏北灌溉总渠，南抵老通扬运河，总面积13510余平方公里，属江苏省沿海江滩湖洼平原的一部分。里下河地区涉及江苏省扬州、泰州、南通、淮安、盐城等重要城市。这里历史悠久，文化底蕴深厚。早在新石器时代，便有先民在此繁衍生息。汉朝时，吴王刘濞在此“煮海水为盐”，出现了“以故无赋，国用富饶”① 的强盛局面。境内滨江临海，物产丰富，尤产海鲜、河鲜、稻米、杂粮，素有鱼米之乡的美誉。这里的水土养育着一代又一代的人们，也孕育了此地的风土人情、生活习俗，尤其是在饮食文化上更是有其独到之处。

一、饮食概况

里下河地域主要以稻米为主食，辅以大麦、小麦、玉米及其他谷物。民国期间，生活水平中等以上的家庭一日三餐、两粥一饭，夏秋之交还掺以面食（面条、面饼、饺子等）。每到农历年底，很多人家蒸米糕、炕团、做面饼等作为馈赠亲友的礼物和岁末年初的早餐。贫苦人家则三餐不周，多吃粗粮，以大麦粥、粯子饭、

① 司马迁.史记（文白对照）[M].长春:北方妇女儿童出版社,2002:25.

玉米糁，或吃面疙瘩、胡萝卜饭，乃至用胡萝卜樱子煮饭。中华人民共和国成立后，人民生活水平日益改善，20 世纪 80 年代后，城乡居民主食基本趋同，都以米为主，很多城镇年长者考虑养生兼食杂粮。

早餐配有豆浆、大饼、油条、虾池、麻团等点心作主食。集镇上早餐小吃比较丰富，有面条、蒸饺、馄饨、烧卖、包子、馒头等，也有牛奶、面包等西点，很多人还喜欢早晨上茶馆(餐馆)吃早茶，点上干丝、点心、面条等，享受一种悠闲的慢生活。午餐为正餐，主食以米饭为主，菜肴荤素搭配。20 世纪 90 年代后，很多家庭晚餐亦吃干饭。农忙季节，因劳动量大，有一日四餐或一日五餐，即早饭与中饭之间、中饭与晚饭之间加餐，称之“腰餐”“接晌”。

进入腊月，一般百姓家便忙着做风鸡、灌香肠、腌咸肉、风咸鱼。腌好的腊货先在冬日的阳光下晒至微干，然后放至屋内阴凉处保存，留至年节款待亲友。也有人家等到年后肚里油水少时，做咸肉菜饭或裹粽子等。

里下河地域的菜蔬大多数是当地农户所种植的，有茄子、青蒜、番茄、毛豆、青菜，冬瓜、豇豆等。当地居民喜欢吃枸杞头、马兰头、马齿苋、荠菜等一些田间地头野生的菜蔬，冬季喜欢腌制萝卜干、雪菜、白梗菜等用于佐粥下饭，也有时磨制辣椒酱、豆瓣酱佐餐。肉类以猪肉为主，当地所产土猪非常出名，猪肉肥膘比较厚，肥膘色泽洁白，瘦肉颜色鲜红，这种肉吃起来味道鲜香醇厚。家禽以当地散养的草鸡、麻鸭、老鹅为佳品。

除农田菜蔬及家禽、牲畜外，还喜食河鲜、海鲜。里下河地域水网纵横交错，湖泊河塘星罗棋布，这里河水清澈，盛产螃蟹、青虾、鲫鱼、鳝鱼、小龙虾、河蚬、河蚌、莲藕、茨菇等水产品。东面濒临黄海，水产资源丰富，主要有带鱼、小黄鱼、梅童鱼、鲻鱼、白条虾、梭子蟹等海产品，以及临海滩涂所产竹蛏、蛤蜊、蛼子、文蛤、泥螺等贝类。

二、节令食俗

旧时新年初一天刚一放亮便开“财门”（大门），点燃香烛、鸣放鞭炮“接年”。接着晚辈起床给长辈拜年，长辈给晚辈吃云片糕，叫“步步登高”。然后早饭吃大蒜拌百叶（千张）、汤圆、米糕、红枣等。早饭后，亲友互相串门贺喜，俗称拜年。拜年的客人上门，各家皆用糖果、大糕、花生、瓜子和元宝茶（红枣茶）招待。

元宵节，从正月十三日开始（上灯），十八日结束（落灯），十五日是高潮。上灯日起，家家张灯结彩，民间有十三、十五日早上吃圆子的习俗，意为团团圆圆。到了正月十八落灯之日，早上吃面条，代表以后的日子顺顺畅畅。俚语谓“上灯圆子落灯面，正月十五过小年”。

二月初二，天气渐暖，春意萌动，即将开始新春，出嫁的女儿单身或带子女回娘家小憩，俗称“二月二龙抬头，家家撑船带女儿”。此习俗一直到现在都流行。二月二有吃撑腰糕、咸猪头等习俗。

清明节，是祭祖和扫墓的日子，也叫踏青节。是时，春和日丽，人们结伴而行，去郊游野外踏青，放风筝，编柳圈。民间有吃青团习俗，用麦青捣汁，加糯米饭、豆沙做糯米团。清明节正是白条虾、春鱼、河蚌、鲫鱼等海鲜、河鲜最肥美的时节，人们这时都争相购买品尝。

立夏在公历五月五日前后，民间有吃青蚕豆、煮茶叶蛋等习俗。蚕豆穿成串，鸭蛋用彩线织成的网兜挂于脖间。午餐要吃到“地三鲜”（即蚕豆、蒜苗、黄瓜）、韭菜涨蛋等菜肴。

五月初五为端午节，民间有裹粽子，洒雄黄酒，驱五毒，赛龙舟，祭屈原等习俗。是日，门前挂菖蒲、艾草，堂屋或门上贴钟馗画像。中午饮雄黄酒，食红萝卜、咸鸭蛋、炒苋菜、油爆湖虾、烧黄鳝等红色菜肴，称之为“吃五红”。

中秋节，民间有吃团圆饭的习俗。团圆饭全家人都要参加，如果有家人在外地赶不回来，要在桌上置一套碗筷，以示团圆。团圆饭有炸藕夹、烧麻鸭、芋头羹等菜肴。晚上敬月光，除了购买月饼外，还制作冷锅饼(嫩火饼)，敬月光时用的荷藕，必须是整藕，小枝小桠都要完好无缺，讲究的人家还会特意选九节藕。

重阳节，正是螃蟹肉质饱满的时节，民间有品螃蟹、熬蟹油、腌制酱生姜的习俗，旧时集镇上还有插小旗的重阳糕供应。

腊月初八，一般人家用糯米、花生、白果、赤豆、黄豆、青菜等八样食品煮粥，俗称“腊八粥”。相传吃了腊八粥，得神佛保佑，来年五谷丰登。此俗今虽已淡化，但吃腊八粥的习俗尚存。

送灶，腊月二十四日。民间有“送灶”的习俗。晚上，人们用灶糖、灶饭供灶神，点香烛，鸣鞭炮，焚纸钱，祈求灶神上天言好事，下界保平安。是日，家家吃青菜烧豆腐，意为“保平安”。

除夕，俗称“三十晚上”。家家贴春联，焚香点烛，拜祭祖宗，合家吃“年夜饭”，有几道菜是必须吃到的，即芋头、猪血、猪肝、肥肠、豆腐、鲢鱼、带鱼、十香菜，芋头寓意“遇好人”，猪血寓意“发血财”，猪肝、肥肠寓意“官长”，豆腐寓意“陡富”，鲢鱼寓意“年年有余”，带鱼寓意“代代有余”，十香菜代表“十全十美”。① 年夜饭不作兴用汤泡饭，民间传闻说出远门会下雨。

三、 宴席习俗

里下河地域的人们热情好客，注重礼仪，对宴席的席次是颇有讲究的。一般方桌，座位以面对门和横对桌缝依墙者为上席。而两个上席又以左为首席，右为次席；上席对面亦依“左上右次”为第三、第四席；两侧则为陪席。现在多为圆

① 王荫曾.亲民化的美食[M].香港:中国人文科技出版社,2014:566.

桌，通常有“圆桌无大小”之说，但实际上还按方桌的座次来分上下。如果操办婚庆大事，宾客众多，逢双者以中间偏左一桌为上。在这种场合，一般由主人特聘的“支客”负责接待和安排座位。坐上席者往往是新姑爷、长亲、娘舅、德高望重的长者或者职位较高的人。但入席时总有一番谦逊礼让，有时甚至要强拉硬拽，方肯入上席就座。

待客必有酒，无酒不成席。宴席上设“桌长”一人，坐于席侧位，一般为主人的至交、晚辈，以年轻、善饮、机灵能言者胜任，任务是及时斟酒。斟酒方式也有讲究，一是须按座次顺序，最后斟自己的杯子，二是斟酒时须胳膊肘向外，三是斟齐一巡之后，酒瓶须放在自己跟前，否则，视为对客人失礼不敬。当地人善饮，宴席中客人之间敬酒，必须逐个都敬到，然后客人再回敬，一桌下来，总要喝上几瓶酒。

宴席分为寿宴、婚宴、白喜（丧事）宴等。宴席习惯称为吃“六大碗”“八大碗”，又叫做“六碗八碟”“八碗八碟”，其实并不仅仅局限于这几道菜，而是一种通俗的请客称法，这在20世纪70年代之前非常流行，只要请客基本上都是这些菜，形式一致，内容一致；而且是一碗一碗地上，前一碗吃完才上后一碗，家家如此。

婚宴的菜点比较讲究，其中鸭子必上，有“押子”的好兆头，上圆子，代表团团圆圆，上粽子有“种子”“中子”的寓意。红烧肉必须是主人亲自端上桌，有今后生活红红火火之意。最后是厨师喊着“鱼——到——!”将两条红烧鱼端上来，客人回应“鱼免!”主人包红包给厨师，厨师将鱼端下去，留着主人“余存”，最后上汤、上饭，婚宴结束。

寿宴，一般来说，给五十岁以上的长者庆祝生辰才可称之为“做寿”，其他只能称为生日宴。“做寿”的前一天开始请客，称之为“暖寿”。寿宴必备蒸寿桃，主食为面条。面条先敬请寿星，寿星碗里面条吃完，家人还要为其再添加一点，寓意添寿添福，福寿绵长。

丧宴必备烧豆腐、炒汜粉，俗称豆腐饭，寓意后人荣华富贵，诸事无忌。丧宴过去上红烧肉是很隆重的事情，这道菜上桌也是要主人亲自端上席谢场的。

20世纪80年代之前，宴席上通常是大拼盘，热菜一般要上肉圆、皮肚、鸡、红烧鱼、红烧肉等传统菜肴。有的人家买不起鸡，就用瘦肉煮熟撕开代替。按照陈规，河里没鳞的鱼、乌鱼、甲鱼、螃蟹不上桌席。而20世纪90年代后，鳗鱼、鳝鱼、甲鱼、螃蟹成为高档菜，小碟、大盘、大碗足有20余道菜肴。21世纪初始，各种反季节蔬菜大量上市，一年四季均有新鲜蔬菜。荤菜类除野生外，养殖的鱼、肉、虾、家禽已成为家常菜肴。宴席时兴冷盘、热炒（虾仁、文蛤、鱼片等）、大件（整鸡、全鸭、蹄髈等）、甜菜（圆子、果汤）、点心（糕点、包子）。近年来，因多食荤腥（肉食）肥胖者增多，宴席转而荤素搭配。当地居民大多在宾馆、酒店置宴谢客；农村居民仍旧在家中摆宴，大多请家宴师傅上门承办。现在原生态食品受到青睐，诸如纯天然蔬菜、散养家禽蛋、纯食草料猪肉等，有机食品、绿色食品开始流行，但价格较贵。受外来菜系如川菜、湘菜、东北菜的影响，不少人渐喜麻、辣等重口味的菜肴。

四、早茶习俗

里下河地域的早茶文化底蕴深厚，有“早上皮包水”之说，早上人们喜欢上茶馆“吃早茶”①。“吃早茶”，除了喝茶以外还要吃一些诸如面条、干丝、点心之类的食物，有时候甚至还喝上几盅“早酒”。

吃早茶，茶是不可缺少的，其中龙井、毛峰、珠兰、碧螺春、猴魁等茶品广受欢迎。平常还喜喝自制的“荷叶茶”“菊花茶”“竹叶茶”“大麦茶”等，亦有以白开水为茶的习惯。

喝茶是要吃干丝的，干丝分为大煮干丝和生姜干丝两种，它的妙处和内涵实质是早茶中一道先声夺人的楔子。饿肚子吃早茶，既不能一上来给撑着，也不能给寡捞着，得先吃干丝搭嘴。茶茗好了，各道点心也就新鲜出笼。点心上桌也是

---

① 戈宝权. 回忆家乡味[J]. 中国烹饪,1981(3):5.

有考究的，包子的外形要呈鸟笼褶、荸荠鼓、鲫鱼嘴。肉包做好后要外壳暄软蓬松，肉馅成球不散，入口鲜嫩滴汤；糯米烧卖，皮如片玉、馅若玑珠，半透明的薄皮下面，棕褐色的馅心粒粒在目。点心的品种主要有肉包、豆沙包、菜包、蒸饺、烧卖等。早茶中的点心还会随着季节变化而增加新的品种，如春天用野生荠菜做成荠菜包，夏天用马齿苋制作的马齿苋包，秋天用捏颈萝卜做成萝卜丝包，冬天用百合头青菜做菜包，其味道是滑嫩鲜美，清香宜人。

点心吃完以后再来一碗面条，面条有阳春面、鱼汤面、干拌面、长鱼面、虾油面等，这其中最出名的是鱼汤面。鱼汤面的鱼汤制作考究，以野生鳝鱼的骨头、鲫鱼、猪筒骨用葱姜煸炒后，以大火慢慢熬制成浓白似乳的鱼汤。将面条煮熟后盛入鲜浓的鱼汤中，撒些胡椒粉和蒜叶，面条爽滑劲道，鱼汤醇厚鲜美。老吃客在吃鱼汤面时还喜欢点上盖浇，盖浇主要有脆鳝、肴肉、雪菜肉丝、肉酱以及四时小炒等，这些盖浇主要是与鱼汤面搭配而食，或香脆，或鲜嫩，或增味，为早茶中的特色亮点。

里下河地域的早茶文化不仅体现在早晨上茶馆，而且在民间也有着很强的普遍性。民间每遇生日、结婚等大事，乡人待客礼仪隆重，早餐都要请厨师专门上门制作早茶，有“早上六道茶”的说法。这六道茶为“炒米茶”“果子茶”“蛋茶”“糯米团”“酱姜拌百叶”和“肉圆下粉丝”。

来亲到友用开水加糖泡炒米，称之为炒米茶，这是特有的风俗。兴化名人郑板桥的家书云：“天寒冰冻时暮，穷亲戚朋友到门，先泡一大碗炒米送手中，佐以酱姜一小碟，最是暖老温贫之具。”这种泡炒米茶待客的感情是其他地方的人不能领悟的；逢年过节或者操办酒宴，乡人必先提前在家用油“浸果子”，以便泡“果子茶”，果子是用面粉或者糯米粉用水调成粉团，切小条油炸而成，入口香甜酥脆，民间有“吃果子茶说彀子话”（吉利话）的称法；所谓蛋茶就是在汤水中养熟的荷包蛋，一般是每人三个，吃蛋茶得小口地咬，轻轻地吸，入口极香，滑溜又黏稠，作为待客的礼俗一直备受青睐；糯米团有团圆之意，因而早茶中糯米团必不可少，做团和做汤圆差不多，只不过稍微大些，一般都是实心的，有的人家还要在里面包一些煮熟的赤豆，有的在做好的米团外面裹上一层涨透的糯米；酱姜拌百叶是将青蒜烫好切段，百叶切丝也用开水烫一下，加自家腌制的酱生姜，倒入麻油、酱油、白糖等调料，就是一道早茶中开胃爽口的美食；最后一道早茶就是肉圆下粉丝，这是乡人待客最隆重的早茶，肉圆做成乒乓球大小和粉丝一起加酱油等调料烹制，每人一小碗，有“金丝钓元宝”的美称。

里下河地域的早茶文化经久不衰，这是因为人们已经将丰富的渔农物产资源融入早茶中。经过一代代厨师的传承和改良，以制作精细、风味独特、经济实惠而逐渐成为里下河餐饮文化中的精华。

五、 菜肴特色

特殊的地理位置、人口构成以及时代特点，使得里下河地域的饮食文化形成自己的结构和特点。

里下河地域的菜肴选料严谨，制作考究，因材施艺，四季有别。注重吊汤，白汤如乳，清汤似水。浓而不腻，淡而不薄。口味醇厚，清鲜爽口。菜肴品种丰富多彩，调味咸甜适中。菜肴制作注重酥烂脱骨不失其形，滑嫩爽脆不失其味。蔬菜注重清淡本色，荤菜讲究原汁原味，菜肴风味属于淮扬菜的范畴。淮扬菜，指的是淮扬地区的流行的菜，主要是淮河与长江下游地区，包括扬州、泰州、镇江、盐城、淮安等地，而里下河地域正处在这一位置上。

近年来，里下河地域的菜肴在口味的变化上，兼收并蓄，博采众长，具备了鲁菜的红扒特色如“红扒五香鸭”“五香鸡”，粤菜的煲汤特色如“山菌骨头汤”“大蛏萝卜丝”，川菜的调味风格如“菜心牛肉”“麻辣豆腐”等等。此外，本土“炒长鱼”“熘肥肠”等则采用了本土的配料风格和烹炒方法，而在调味上又十分接近苏锡菜的口味；“芙蓉海参”“板栗黄焖鸡”“白汁鱼圆”等本地菜肴又吸收了北边徐海菜的风味。

这里的菜式丰富，烹、炒、焖、煎、炸、烩、煮、蒸样样都有，而且讲究色香味俱全，各式各样的佳肴让人赏心悦目。技艺高超的厨师创造了很多闻名遐迩的宴席，如“长鱼席”“全素席”“三头宴”“豆腐宴”“莲藕宴”“芋头宴”等。如今，一些文化学者与烹饪工作者联手创制了好多富有文化内涵的宴席，如扬州“红楼宴”、高邮“汪氏家宴”、泰州“梅兰宴”、兴化“板桥宴”等，使这些地方的菜肴烙上了文化的印记。

六、饮食方言

里下河地域关于饮食方面方言有着其独特性，是人们在长期的饮食生活中所创造的语言，有着深厚的文化底蕴，可以归纳为以下几个方面：

（一）烹饪原料在特定情况下产生的方言

里下河地域很多烹饪原料的叫法都很独特，有些叫法外地人听不懂，但就是这些叫法却彰显出独特的语言风格。如，饺子俗称“扁食”，饺子做好后排列竹匾中，称为“匾食”，“匾”与“扁”读音相同，后来就读成“扁食”。油炸猪皮称为“土鳔”，油炸好的肉皮无论从外形上，还是口味上都与鱼肚很近似，称为“土鳔”有代替鱼肚的意思。①

（二）烹调工艺形成的方言

一些烹调工艺，有其独特的术语，这些术语在一般的烹调书籍里是看不到的，是烹饪工作者口传心授而历经多年流传下来的，有着明显的地域特征。如“劕”，

① 章国荣.苏中地区饮食方言拾零[J].江苏地方志,2016(3):36-37.

音“齐”，鮆鱼。《说文》“楚人谓治鱼也”。治，《集韵》，理也，鮆、治同义。而我们现在所有的教材都不用，而用刮鳞、剖肚、宰杀等一系列的词语，虽然比较通俗易懂，但总觉得太烦琐了，而鮆一个字代表了这一系列的过程，不仅简洁而且更有文化内涵。“搋”，音“揣”，搋面。《辞海》用拳头揉曰搋，搋面即揉面。“浇案”，是指做冷菜，冷盘做好后厨师总是习惯性地把调好的作料浇淋在上面，然后上桌。

（三）长期生活习惯创造的饮食词汇

里下河地域的人们在长期的生活中，对一些语言进行了创造，这些语言叫法与别的地方有明显的区别，有些方言还有着深厚的文化底蕴。如在宴请客人时用得比较多的方言有“上菜”“走菜”“忑场”“满了”“宽座”等词语。宴席开始前端菜上桌叫“上菜”，这个“上”有恭候等客之意；客人来后开席，主人会吩咐“走菜”，也就是开始端菜上桌，一个“走”字含有不停地添加菜肴，让客人吃好吃饱；菜上慢了，会说成“忑场”，意思是让主人场面上过不去；菜肴不断上桌，这时客人就会说到“菜满了”，这里的“满”代表着丰盛的意思；酒席结束，客人会客气地说“宽座”，意思是移步到宽松之地，让宴请的桌子宽松下来，便于主人收拾。吃早餐叫“吃早茶”，就是喝茶吃点心的意思；早餐到午餐这中间有时候需要补充一下能量，吃一些点心，就叫“腰餐”或者“接晌”，我们从字里就能理解这一餐的意思了；午餐一般叫做“吃中饭”，这在很多地方都这样称法的；下午四五点这期间，介于晚餐之前有时又要吃一餐，这就叫“吃下午”或者“吃晚茶”；晚餐习惯称之为“吃夜饭”；如果熬夜的话，夜晚十二点以后再吃的话，那就叫“吃夜餐”，从每天的吃的称法上能看出人们长期饮食习惯创造出的词汇有着无穷的魅力。

（四）饮食方面古语词汇所形成的方言

里下河地域有很多方言为古语词汇。作为普通话，这些古语词汇已经不用了，但在《辞海》等书籍里还能寻找到这些词语的影迹，这些古语词汇的沿袭从另一方面来讲也说明了其悠久的历史文化。如“噇饭”在方言中是“无节制吃饭”的意思，有一点贬义，衍生出的词语还有“噇牢食”“噇倒头”“噇杀呃”……基本都是贬义词。

（五）为了避免餐饮中忌讳的字词而形成的方言

这一类方言是为了避免餐饮行业中所忌讳的字词而形成的另类的方言，这些方言与所要表达的意思不一样或者相反。如餐厅晚上关门称为“打烊”，不能说成是“关门”，那是不吉利的，即使关门也要说成“关门大吉”，如果厨房里让“收工”，那就称为“净场”，有打扫干净的意思。厨房失火，不能说烧起来了，而要要说成“走水”。鱼死了称为“文”的，活蹦乱跳代表“武”，而死了纹丝不动就称之为“文”，很形象化，这些方言我们只要去好好理解，就能明白其意思，而又不犯忌讳。

里下河地域的饮食方面的方言一般不作为书面词汇用，但口语交流时使用频率很高，这些方言历史文化渊源很深，反映饮食文化内涵十分丰富，有着很强的生命力，对于和其他地区交流里下河饮食文化有着至关重要的作用。

七、 文人赞咏

旧时里下河生活维艰，但里下河人对饮食的热爱丝毫不受影响，特别是在这里生活的文人对美食的赞咏，更是扩大了里下河饮食文化影响力。文学介入里下河美食，远在汉赋、唐诗、宋词时便已结缘，但以清代为盛。现在我们能欣赏到的清人咏食史、咏采料、咏菜点、咏宴席、咏厨艺、咏酒楼、咏食俗、咏茶话的诗篇至少在数百篇，使里下河饮食文化的格调更加高雅，大大提升了文化品位。

清人郑板桥在《思归行》中写道：“臣家江淮间，虾螺鱼藕乡。”直白地说出里下河美食原料：鱼、虾、螺、藕。同样，在他的《瑞鹤仙·渔家》中吟道：“美利，蒲筐包蟹，竹笼装虾，柳条穿鲤。”这其实就是一幅栩栩如生的里下河饮食的市井画卷。

清人林兰痴的《邗江三百吟》卷五中有《请春卮酒》一诗，诗云：“春风一到便繁华，忙整春盘异味夸。博得酡颜春色透，今年春兴在侬家。”这里所吟咏的春卮酒是里下河地区在春节期间的食俗，亲朋好友利用岁首佳期、农闲时光，相互请吃喝酒，是一项自娱自乐、加深感情、饱暖身心的有益活动。

清人康发祥的《海陵竹枝词》里的“秋来利益西风里，扁豆番瓜堆满墙”，为我们展开秋日里下河一派丰收的景象。

文人对里下河饮食文化的赞咏不仅体现在诗歌上，而且在很多文章随笔中亦能欣赏到，如当代美食大家汪曾祺先生在《端午的鸭蛋》一文中是这样写的，“平常食用，一般都是敲破‘空头’用筷子挖着吃。筷子头一扎下去，吱——红油就冒出来了。高邮咸蛋的黄是通红的”。汪老对咸蛋形象化的描写，让人读后口舌生津，很快就能记住高邮咸鸭蛋。

著名翻译家戈宝权先生是东台人。他在《回忆家乡味》一文中写道：“在我们家乡过去有这样一个习惯，凡是有客人来，都要请他上‘茶馆’吃顿早面。主要吃用鲫鱼做成的白如奶汁的鱼汤面，还可以叫一碗煮干丝和小笼汤包等。”寥寥数语，就让人了解到当地的早茶文化。

里下河地区的饮食文化通过文人笔墨的展示，绵延其中的便是这一地域的饮食文化特色，这种文化特色既有辛劳、美味、轻甜、微苦的生活气息，又有着其深厚的艺术性、趣味性和传播性。

独具特色的里下河饮食文化是这里的人们在长期的饮食实践活动中创造出来的物质财富和精神财富的总和，随着中国经济的高速增长，人民生活水平的大幅度提高，人们的饮食观念也发生了重大的转变，由过去对“味”的追求逐步转向对“营养”的追求。在饮食的风味流派上，也正在发生着前所未有的变化，各种味型相互渗透、相互融合。相信，在新的历史时期里下河饮食文化必将大放异彩，更好地服务社会！

村庄的记忆如何定型

——《王横村史》读后

卞楷文（复旦大学）

苏北里下河地区广泛流传着苏迁移民（即祖先来自苏州）的传说，几乎到了无人不自苏州来的局面。清以降，稍有发达的家族，会通过族谱来固定苏迁的记忆，一般民众则是通过口耳相传的方式传承移民记忆。近来，随着村一级志书的编纂，编写者采纳不同来源的村庄祖源记忆，缝合成一套能为大众接受的村庄历史谱系。然而，因为记忆的来源不同，成型的叙事中往往矛盾重重。如果无意续写历史神话，而是理解叙事矛盾生成的原因，探究这些矛盾背后反映的几套不同的祖源叙事框架，或可窥见村庄记忆的定型过程。下面笔者将以《王横村史》（以下简称《村史》）为例，讨论里下河地区乡村的祖源记忆如何生成与定型。

一、“王横”与“王泓”

王横村，隶属于江苏省兴化市垛田街道，位于兴化城区东郊，近年来以脱水蔬菜加工业而远近闻名。按照《村史》“概述”一章的说法，“历史上的王横村，是缩头湖（今得胜湖）中的一个无名的洲子（水中的高墩），四周被湖荡、芦草所包围，境内多沼泽及迷宫一般的河沟。相传王横村是北宋时期民族英雄岳飞手下大将‘马后王横’的子孙隐居之所。为纪念‘马后王横’，这些先人们把他们居住的洲子取名‘王横子’。‘王横子’这一叫法就由古至今这样一代代传了下来。”① 也就是说，王横原先是位于湖区的高墩，后来被先民开发。而根据当代村民的口头传说，王横村是岳飞部下“马后王横”的子孙繁衍之处。这段话简明扼要地说明了村庄的起源，也留下了我们追问的起点：王横实有其人吗？王横子的说法是何时出现的，意思就是“马后王横”吗？为什么有关王横的祖源传说会出现在湖区的村落中呢？

现今有关岳飞的存世史料并不见王横其人，反倒是清代小说《说岳全传》有“马后王横”的记述。王横出现于《说岳全传》第25回，出场角色是载岳飞与张保过江的艄公。小说中王横这般自述：“小人生长在扬子江边，姓王名横，一向在江边上做些私商勾当。只因好赌好吃，钱财到手就完。因思人生在世，也须干些事业，只是无由进身。”② 足见其是个缺乏社会常规上升渠道、亦商亦盗的水上人。尔后王横与张保随岳飞左右，征战四方，有“马前张保，马后王横”之说，直至第60回，王横在苏州殒命沙场。第74回，孝宗祭奠岳飞，并“封岳飞为鄂国公，岳云为忠烈侯……王横为平江驿土地，张保为义勇尉……其余阵亡诸将，俱各追封，建立祠庙，春秋祭祀”。③ 此处提及，王横被封为平江驿的土地，张保被封为义勇尉。

那为何此处村庄被称为“王横子”呢？“子”没有实际含义，此处不论。就“王横”而言，全国不止一地有这样的说法，河南省扶沟县白潭镇也有一个“王横村”，常州的横林据说也和王横有关。然而，《咸淳毗陵志》有记载：“有大横岘以承众流，今运河北也，东南有芙蓉湖，山横其间，故曰大横，今运河北岸有横林，去县二十七里，与山遥相望，昔有林木，故名横林。”④ 横林早有此名，反证附会王横之说起于清中后期，是随着《说岳全传》在乡间的流行而形成的说法。当然，兴化的王横子缺乏这样的文字证明，而且兴化城区周边带有“横”的地名并非王

① 王横村史[M].内部资料,2010:8.

② 钱彩.说岳全传[M].北京:中华书局,2009:140.

③ 钱彩.说岳全传[M].北京:中华书局,2009:448.

④ 横林之由来[EB/OL].(2020-03-27)[2023-09-07].https://mp.weixin.qq.com/s/n3R4ktIboCFoNCIhrmoWTw.

横一处，城南今231省道旁有陆横，城东数十里外有竹横(今竹泓镇)。“横”者何意？据曹生文先生的考证，明中期至清中期，竹横记为“竹泓”，因为乾隆时期须避“弘”字讳，故改“泓”为“横”。[①] 在里下河方言中，“泓”“横”同音，如此改动合乎情理。如果“横”是“泓”的替代品，那么王横、陆横村名中的“横”亦当作如是解。泓，《说文》释作“下深貌”，即“水深而广”义。竹泓南为白沙湖，陆横北为浪家荡，王横南为得胜湖，虽然今日地貌不一，但旧时均是湖区村落。可以推想，乾隆时期，得胜湖边一个名叫“王泓”的村落改名为“王横”(抑或毫无文字记述)；而随着《说岳全传》的广泛流传，乡里出现的读书人将村庄名字与王横的故事相勾连，并强调村中的王姓是王横之后。

二、 交叠的祖源叙事

论述至此，我们看似解决了提出的那些疑问，但仍不清楚这套祖源叙事是如何生成的。在说与王横有关的祖源叙事之前，我们先要回到《村史》，介绍一下村史中呈现的基于现存文字材料和与三代以内祖先有关的回忆而形成的另一套祖源叙事：

> 到了明洪武元年(1368)，朱元璋为了惩罚曾经支持张士诚的王横人，将这里的居民强行迁往良乡皇庄去了，又把昆山、苏州阊门一带的战俘、流民以及一些富家子弟，以抽丁的方式遣往苏北。当时迁往王横的有琅琊王氏王国英，后来，王姓人口中又分出一支王永年居住到西山(即今王西村)。还有“百忍堂”张星庭和吴、陈、高姓等人。[②] 最初的王横村相传是由王家洲、高

---

① 曹生文.清代的避讳制度与“竹泓”名称的演变[N].兴化日报,2022-02-11(3).

② 王横村史[M].内部资料,2010:8.

家洲子、张家洲子这三个洲子呈南北走向“一”字排列而成。①

据王横村王氏家谱载，王横村居住的为琅琊王氏的后人。是1368年从苏州阊门以抽丁的形式将富家子弟王国英及其书童陈氏、高氏一并迁往王横村落地居住的，因此，王横村王氏一世祖公认为王国英。至于原住居民中王姓家族，由于当时过着隐居生活，加上缺少文化，不可能修编家谱，很难有这方面的资料可查。经过600多年的繁衍，目前王横村王姓人口有2100多人……王姓现为王横村第一大姓。②

王横村张姓据张氏老人讲为“百忍堂”。其谱在“文革”中被烧毁。……到了明初的1368年，张氏也和王氏一样，原住人口被强行迁走，又从苏州阊门迁来了张星庭，此为本村张氏一世祖。目前本村张姓……居住人口800人左右，为王横村第二大姓。③

根据这套叙述，宋代就定居在王横的民众在明初被强制迁徙到河北一带，而移入王横的是苏州一带的豪民、战俘与流民。所谓“抽丁”，当与军户、灶户有关。王、张、高三个村落中的大姓均于此时迁入，王、张之间并无关联，而高氏先祖为王氏的书童。值得注意的是，因为王氏族谱的文字记述与口头流传的王横祖先说相互抵牾，因此在解释王氏祖源时，《村史》只能表述为“原住居民中王姓家族，由于当时过着隐居生活，加上缺少文化，不可能修编家谱”。这句话一方面说明编纂者对宋明时代的族谱编纂史并不了解，另一方面则从侧面反映出王横王氏家族在村落中的地位与传统时代族人掌握着一定的文化资本有关。

另外需要强调的是，所谓宋代原住民迁徙到良乡的说法，当是今日编纂者的解释。嘉靖《兴化县志》有载：“兴疆域南以蚌沿河为界矣。东南民，国初以欺隐迁三百户。后以蔡玄等盐徒徙五百户于良乡、涿州。以致土旷人稀，田地无主，渐

① 王横村史[M].内部资料,2010:4.

② 王横村史[M].内部资料,2010:123.

③ 王横村史[M].内部资料,2010:123.

渍被泰州豪右今年牧马，明年牧牛，兼之樵采，因而耕种。”① 又载：“先因孙关保奏称欺隐田粮事行，尽将土民迁徙良乡、涿州，以致土旷人稀，田地无主。”② 明初打击田粮欺隐甚严，洪武十七年(1384)朱元璋有上谕曰：

> 民有田则有租，有身则有役，历代相承，皆循其旧。今民愚无知，乃诡名欺隐，以避差役。互相仿效，为弊益甚。自今有犯者则入其田于官，能自实者免罪。③

恰是该年，兴化孙关保案发，到底是实有欺隐还是书吏做手脚，今已不得而知。总之，兴化东南蚌蜒河一带的居民获罪远徙。然而，这一切与王横并无关联，王横远在兴化东北角，位处白涂河岸边。《村史》这番解释恰是编纂者努力弥合文字记载与口头传说裂隙的体现。

叙述至此，我们可以来看一看包括王横的完整的口头祖源传说：

> 王横子，这个由高家洲子、王家洲子、张家洲子组成的村庄，相传是北宋时期抗金将领“马后王横”的子孙隐居之所。“马后王横”因不服秦桧等人给岳飞加上“莫须有”的罪名，在平江(今苏州)平江路大柳枝巷朱马交桥被冯忠、冯孝杀死后。为逃避秦桧等人的追杀，和“马后王横”亲如兄弟的“马前张保”安排他的妻、子雇用高姓船夫的船带着“马后王横”的子孙，顺江而下，来到了兴化城东12华里的得胜湖的绿洲上(今王横村)过着捕鱼、栽种蔬菜的隐居生活。在长期的生产生活中张、王二姓相互通婚繁衍，直至今日，村中乃有张、王二姓数代俵的说法。他们的人口越来越多，先前的船只已经不能满足他们居住，于是就按照高、王、张不同的姓氏各自占据水中的高墩，因此，形成了“高家洲子”“王家洲子”“张家洲子”。他们在这些高

---

① 胡顺华.嘉靖兴化县志[M].王强，校注.北京：方志出版社，2011：18.

② 胡顺华.嘉靖兴化县志[M].王强，校注.北京：方志出版社，2011：87.

③ 明太祖实录[M].台北：台北“中研院”历史语言研究所，1962：2545.

墩上建造房屋，围猎捕鱼、垦荒造田、栽种蔬菜，过着清淡平安的生活。这三个洲子就这样一直沿传了下来，形成了今天繁荣富强的王横村。

在口头的祖源叙事中，王横村主要由三大姓王、张、高组成，他们的祖先均可追溯到南宋时代。王氏的祖先是王横，张氏的祖先是张保，他们都是岳飞的部将，在岳飞死后被迫害，于是逃难到得胜湖边；高氏的祖先是运送二姓的船夫。张、王二姓互相通婚，而高姓不与。他们一开始住在船上，随着子孙繁衍才占据水中高墩，形成村落。

既然我们已经知道王横何以名王横，便不会被这套叙事的逻辑牵着走，而可以结合两套叙事来理解不同记忆的生成史。船居转为陆居、形成村落的说法，可能是编纂者为了缝合村落中不同人群记忆采取的说辞，却在无意中透露了水上人上岸的消息。兴化素称水乡，俞麟年作于同治年间的《昭阳从政录》中有记：

> 邑称水乡，凡沿湖荡而居、生活于网罟间者，不下数千家，所得鱼虾蜃蛤之属，悉载以贩江南北，名曰跑鲜。风雨暮夜，无刻停其劳顿，盖亦不减于夏畦也。

贩鱼所入，并不少于耕种，甚至更多，且形成了沟通大江南北的贸易网络。王横位于得胜湖边，王、张、高乃至村中其他姓氏的先祖，恐怕大多都曾是水上人。只不过王、张、高三姓上岸较早，形成了王家洲子、张家洲子、高家洲子。

王姓与张姓在漫长的岁月中积攒了一定的文化资本，修建祠堂，编纂家谱，并且互相通婚(所谓王张二姓数代俵)，而高姓则未能形成较强的家族势力，与王、张二姓有了距离，于是王横村中形成了王、张、高三姓的排序。族谱编纂时间早于《说岳全传》传入乡村的时间，因此王氏族谱中采用了清初开始流行的苏迁移民说，认定祖先明初自苏州阊门迁徙而来。随着《说岳全传》的传入与村落家族格局的奠定，加之王横在清中后期被定名为“王横”，王、张二姓的祖先被追忆为王横与张保，而无法安入“说岳”记忆的高姓祖先，则只能屈居为运送王、张二姓的船夫。

文本与口头的两套叙事有所交叠，又各有侧重。文本的记忆更侧重于强调村落大姓自明初以来的户籍身份，对土地有较为明确的所有权，而忽视浮居水上的历史。口头的记忆则依托乡村广泛流传的历史演义来夸耀村落祖先的社会地位，无意中却透露出旧有的水上人身份。这两套叙事的共同特点是，它们的生成都是为了解释王、张、高三大姓主宰王横村庄的既有格局。

三、 村庄记忆的定型

分析完交叠的祖源叙事后，我们便不得不追问：这样的格局是何时产生的？又是在什么样的节点完成定型？新编的《村史》会对既有的村庄记忆造成什么样的影响？

如果是以大姓为主角讲述乡村历史，那么祖源便是非常重要的记忆。但如果注意到芸芸众生的生活，显然日常的生计则比祠堂里的祖先更为重要。《村史》中这么叙述“村民生活”：

> 自古以来，王横村以草泽、垛岸为主，粮田几乎没有，村民大部分靠打鱼摸虾为生，只有极少数的大户人家种植一些蔬菜。当时村里有句顺口溜叫作：“村东是个小菜帮，村北是个老鸦堂，村南剐草张丝网，村西打工度饥荒。”由此可见，村民生活条件十分艰难。解放后，在共产党的领导下，广大农民翻身得解放，走过了从计划经济到市场经济的发展道路，终于过上了自由幸福美满的生活。
>
> 由于战争、灾荒、地租、多子等多种原因，王横不少农民失去了他们赖以生存的土地，成为雇农、佃农。清代和民国年间，王横村就有100多户雇农，长期在西高田(今高邮东部地区)及圩里(今中圩、老圩一带)做长工或打

> 短工。“大面巴(张学龙)上西高田，拼命一条”的说法就是最好的佐证。他们春天替人家踏车、插秧，秋天为人家割稻，生活极其艰苦。就连妇女生养也得不到休息，村民王和善的母亲玉珍子、姜学文母亲等，生养小孩的第三天就做工了。……“佬中央”到来时用民国币或银圆，韩军来了就要使用“绿田鸡”(韩币，由于票面呈绿色而得名)，新四军来了用“抗币”。这样翻来转去，人民无所适从，日常生活根本没有什么保障。……村民的经济收入十分有限，广大人民群众处于水深火热之中。①

所谓“自古以来”，其实就是清末以来，而《村史》中明显由田野访谈加工而来的材料，其提供者所述最远也不过是抗战时期。即使如此，这两段话依然提供了非常重要的信息。至少在清末民国，王横的土地“以草泽、垛岸为主，粮田几乎没有，村民大部分靠打鱼摸虾为生”，足证直至此时，村庄中大部分居民仍处于浮居与上岸的过渡形态，只有大族才能有能力挑垛种植蔬菜，并进行售卖。当时村落中流行的顺口溜也值得玩味，“村东是个小菜帮，村北是个老鸦堂，村南剐草张丝网，村西打工度饥荒”。如果结合《村史》中对王家洲子、高家洲子、张家洲子地理位置的描述②，可知村南是高家洲子，村北是王家洲子。然而这两个仅次于王姓的大族，一个是“老鸦堂”，一个是“剐草张丝网”，均是以捕鱼为生，可见我们在第二部分关于大姓水上人祖源的推断具有相当的可靠性。顺口溜还值得注意的一点是，村落的东南西北均被提及，唯独没有言及村中，而村中正是王家洲子。这一顺口溜很可能是王姓用来编排村落中其他居民、彰显本族优越的产物。至于“由于战争、灾荒、地租、多子等多种原因，王横不少农民失去了他们赖以生存的土地，成为雇农、佃农”的说法，应是基于革命史观的阐发，充满着岸上人的视角，与村庄的实情有所背离。既然大部分村民并无固定土地，也就谈不上“赖以生存”，成为异乡的佃农、雇农，也是浮生的一种方式。王横村的祖源记忆正是在

① 王横村史[M].内部资料,2010:50.
② 王横村史[M].内部资料,2010:4-5.

这样的社会背景下展开的。

明晰这一层后，我们更要理解，一个地域社会的成型，或者说村庄意识的形成，需要社会变动的契机。一个大部分居民浮居水上、靠捕鱼摸虾过活的村落，很难自发地形成某种共同的村落记忆。但如果面对共同的威胁，同处一地的人们则较易构成一致对外的共同体，从而构造出属于村落共同体的记忆。就王横来说，这一契机是同光时期北方难民的南下。《村史》如此记述村民们应对难民的历史：

> 在北方的难民(艾子)大量涌入南方时，为了维护村庄的治安，据村中不少老人讲，村民们在村董司张鹤美的带动下，捐款购买樟木兴建张家洲子前面的木桥。村南富户刘云山也个人出资兴建了高家洲子北桥。同时又购买了"水龙"及铁钩、水亮子等消防器材，并指派人日夜"打更"巡逻，防止那些"艾子"对村庄骚扰。①
>
> 清光绪年左右，村人张鹤美任董司的时候，北方的"艾子"不断地进入，为防止"艾子"骚扰，乡里购买了"水龙"用于防火。加上当时乡民的房屋都是草房，村里专门设立了打更队、防火队，派出专人负责"水龙"的保管与维修，做好防火防盗等工作。②

董司是村庄纠纷的调解者，王氏家族的王美方曾任此职。据《村史》言，他一方面开乡民议事先例，避免族长权力过大，一方面修筑王家祠堂。③ 如所言确凿，则王美方任董司时期，村庄中开始出现家族构建，作为地域社会的村庄初具雏形。而到了张鹤美任职时期，因为要因应北方难民对村庄的袭扰，村庄中的居民集资修筑公共工程，护卫村庄的"打更"巡逻也开始出现。这些村庄事务的出现，极大推进了村落共同体的出现。成形的村庄祖源记忆是对这一村落共同体的追认。但由于缺乏《村史》这般记述村庄历史的书籍，这套记忆一直以口头方式流传，与

① 王横村史[M].内部资料,2010:9.
② 王横村史[M].内部资料,2010:6-7.
③ 王横村史[M].内部资料,2010:6.

早先固定在族谱文字中的家族祖源记忆有所区隔。在形成村落共同体的过程中，富户刘云山固然出力不少，却因为缺乏家族势力而只能作为个体被铭记，难以出现在村落记忆中。王、张二姓牢牢把控着村庄权力，主导了村落记忆的内容。换言之，在清末防卫北方难民的过程中，有关王横起源的传说被王、张、高三族塑造出来，证明他们主导村庄的合法性。如果说王氏族谱的文字是村庄记忆的第一次定型，且还缺乏被村庄众人认可的合法性，依托于村民普遍了解的说岳故事的祖源传说则是村庄记忆的第二次定型，也是有关村落共同体记忆的第一次定型。

论述至此，我们便要开始检讨新编的《村史》。当代《村史》的编纂，有着强烈的官方背景，体例照县一级的志书依葫芦画瓢，内容中有关村落历史的部分很少，大多在叙述今日的村庄成就。缺少历史叙述既有历史原因，毕竟中国历代都不甚注意村落史料的收集，更鲜村落志书，也有现实原因，《村史》编纂是为了彰显当下的政府成就，推广村落的知名度，利用文化搭台来招商引资，陈年旧事并非编纂者着意所在。从这一意义上说，《村史》对村落历史的叙述方式，与前面分析的祖源叙事如出一辙，与其说是在讲述真实的历史，不如说是在为今天的局面寻找历史合法性。

正因如此，《村史》对村落历史的叙述，强调尽量完整的线索，不得不袭用既有的村落记忆叙述，而且要对不同的记忆缝缝补补，以达成外人看来颇能自圆其说的一套村庄历史叙事。以第十章“人口与计划生育”为例，强调王横的三次人口迁入高潮，一是南宋时期，一是明洪武年间，一是清康熙年间。① 第一次对应着王横、张保的传说，第二次对应着苏迁移民传说，第三次或才是水上人上岸定居王横的时间。《村史》显然无意剖析不同说法背后的逻辑，而是堆砌为三次迁入高潮，以证王横村庄历史悠久。至于对新中国成立以前苦难的叙述，更是比比皆是，前举佃农即是一例，兹不赘述。

文字一经形成，就会产生相应的影响。本文无意批评《村史》的叙述方式，而是认为《村史》的编纂将会使得王横的村庄记忆完成第三次定型。如若后人希望叙

---

① 王横村史[M]. 内部资料，2010：67.

述王横的历史，将需要以此为依托来展开工作。实际上，本文恰是这样的产物。与先前的记忆定型有所区隔的是，这次的《村史》编纂有官方背书，《村史》入藏公立图书馆，部分章节被摘录到互联网上供人浏览，有关王横村的知识不再是局限于村落内部的地方性知识，且具有了更为广阔的理解空间。

余 论

关于王横的故事到此为止，但从王横产生的追问并未停止。里下河地区有许多村落都讲述着三个异姓祖先开基的故事，它们没有王横、张保这般传奇，却异口同声地以洪武苏迁、插草为标为主题。移民传说之为传说，是因为当日史无可稽，后人附会过甚。我们相信，不同村庄的人们只是借助相似的故事讲述着他们自己独一无二的经历。他们的故事是什么呢？开不了一扇门，一定是钥匙不对。门就在那儿，我们能推开吗？

沙沟淡水渔业文化研究

颜国祥(兴化市沙沟镇进士坊工艺工作室)

沙沟镇地处里下河腹部，位于盐城、高邮、宝应、建湖、兴化五县(市)交会处。地理位置得天独厚，素有“金沙沟”之称。沙沟镇属于海滩演变的陆地，地势低洼，地面标高1.8—3.9米。境内有郭正湖、南荡、花粉荡、王庄荡、官庄荡，水势浩渺、水天一色，盛产鱼、虾、蟹等水产品，具有得天独厚的水上捕捞环境。公元前206年，先人们来到这块水荡。为了生计，他们先是打鱼摸虾，捉鳖掏蟹，继而种植养殖，创造了灿烂的淡水渔业文化。

一、 沙沟淡水渔业发展历史

(一) 历史上渔业生产和渔文化发展概况

古镇沙沟源于古射阳湖中一座小“岛”，叫作射阳渔村。春秋战国时期，此地先属吴、吴亡属越、越灭属楚。民间传说水产养鱼业祖师——范蠡辞官后曾与西施隐居此村，给村民传授过江南渔民拦簖捕鱼法。起初，沙沟先民在河沟、芦苇荡里用棍棒击鱼、竭泽而渔。后来，他们按照先辈流传下来的捕鱼方法，到周边的郭正湖、南荡等区域捕捞鱼、虾、蟹等水生动物，捕获的鱼虾蟹除供自家食用外，还拿到镇上和商家兑换一些生活必需品。在若干年发展过程中，先民们逐步形成网、罾、罩、罱、笼、卡、簖等十八个捕鱼帮别，发明了近百种渔法、渔具。沙沟渔民们还结帮取鱼，将捕捞范围扩大到大纵湖、高宝湖、洪泽湖等地。他们将捕获的各类水产品汇聚到古镇“鱼市口”进行交易，带动了古镇商贸业的繁荣和发展。

（二）改革开放前渔业生产的进步和渔文化的发展概况

中华人民共和国成立后，人民政府将渔民组织起来，于1950年成立了沙沟水产村。当时有渔民720户，2000多人口。很长一段时期内沙沟渔民的生产方式是：一家一户或一个帮别取到鱼后，一部分上交沙沟水产站完成任务，剩余部分自己叫卖。1968年后，国家对水上渔民实行陆上定居补贴，众多专业渔民告别了世世代代水上漂流的生活，开始了陆上定居，过上了和居民一样的生活。旧社会渔民生活在社会最底层，被称作“渔花子”，新社会他们不但在经济上得到改善，在政治上也翻了身。水产村历届党支部书记和村主任都是地道的渔民出身。支书陈金祥还被评为“江苏省劳动模范”。从1970年开始，沙沟公社专门建了养殖场，开始养殖淡水鱼的尝试，养殖的鱼品种除四大家鱼外，还有鳗鱼、甲鱼、乌龟等。

（三）改革开放以来渔业和渔文化发展概况

改革开放后，沙沟人民走水路、念水经、发水财，探索出特种、立体、生态等高效养殖模式。不但渔民养鱼，有技术的农民也承包水面养殖，在养殖机械方面也增添了增氧机、自动投料机、水质净化机等机械，至此，沙沟淡水养殖渔业发展走上了快车道。随着历史的变迁和捕捞阵地不断缩小，一些传统的渔具、渔法也逐步退出了历史舞台。为了保护和传承优秀历史文化遗产，沙沟镇对本地区的特色渔文化资源进行了抢救性保护，并进一步挖掘整理，取得了丰硕的成果。2008年秋筹建了国内首家“淡水渔业博物馆”。2010年以沙沟镇牵头申报的“兴化渔具制作技艺”被列入江苏省非物质文化遗产名录。2017年，经农业农村部综合评审，认定沙沟镇为“最美渔村”。目前，沙沟还是江苏省唯一以“渔文化”为特色的风情旅游小镇。

二、沙沟淡水渔业物种资源、渔具和渔技

（一）淡水鱼物种资源丰富

沙沟湖出产的鱼类有几十种之多。除青、草、鲢、鳙四大家鱼外，还有：鲫鱼、鳜鱼、虎头鲨鱼、昂刺鱼、鳗鱼、黄鳝、鳊鱼、白鱼、黑鱼、鳑皮鱼、鲹子鱼、罗汉鱼、锅巴子鱼、银鱼、河鲀鱼等等。其中银鱼、鳗鱼、河鲀鱼，由于自然生态条件退化，已在里下河地区绝迹。另有大青虾、螃蟹、甲鱼、乌龟等。

（二）淡水渔业工具多种多样

沙沟淡水渔业工具基本囊括了里下河地区的所有种类。有网、罩、卡、罱、笼、叉、钩、簖等等，达上百种之多。

（三）沙沟淡水鱼传统捕钓技法“十八帮”

俗话说：“靠山吃山，靠水吃水。”世世代代的沙沟渔民在沙沟湖内打鱼为生，创造了独特的“十八帮”捕鱼技法。

1. 捣网帮：古法用棉线编制成网，网口前沿约八尺宽，后舌四至六尺宽，两边站水(高度)约五尺。渔民一年四季除冻河外都捣网，生产时，一般是两人共同作业，在离岸边约四尺的地方放网，一人在船艄撑篙稳船，一人用脚支在捣网的横档上，双手操持乓篙将鱼赶入网中，起网即收获。

2. 卡帮：卡帮生产工具有小卡、大卡、小钩、划钩，一户多具。春季两只小船4个人一帮钩在大小河里划钩，捕获以鲤鱼为多。小卡以干面条为饵张鲫鱼为主，小钩以蚯蚓为饵，张捕黄昂刺鱼为主。

3. 簖帮：簖由木桩、毛竹搭配制成。一般春季至秋季打河簖，设在河流干道，根据河道大小确定簖的宽度，两侧设有“八卦阵”，鱼进了“八卦阵”就游不出来了，“八卦阵”上方有防止鱼跳出去的竹箔。簖拦捕大小多种鱼和青虾，秋季捕鳗鱼、螃蟹为多。

4. 老鸦帮：老鸦即鸬鹚，又叫鱼鹰。老鸦嘴尖且颔下有小喉囊，善潜水捕食鱼类。渔民在放出老鸦捕鱼前，在其脖子上套上一个皮圈，以防止它将捕获到的鱼吞下肚子。老鸦捕到鱼后，渔民将其挑起，取出嘴里的鱼。

5. 齿罩帮：齿罩帮生产工具有齿罩、长鱼丫子。秋季至春季都是打齿罩(冻河时停产)，捕捞大小多种鱼。夏季张鱼丫子，捕长鱼(黄鳝)。

6. 罱帮：罱篙为捕鱼工具，一般分为大罱和小罱，罱帮渔民一年四季除冻河外都是在大小河湖荡用大罱捕捞各种鱼。

7. 旋网帮：也叫撒网帮。古法用棉线制成旋网，现用尼龙线。将吊绳系在网上，常见有72吊、48吊和36吊，每根吊绳上约扣3个铁坠，网眼大小一寸左右，大网旋开后直径一至二丈。旋网上有一根长约三丈的粗绳，撒网的同时船往后退，一撒即收。

8. 丝网帮：丝网古法用蚕丝作为原料编织而成，高粱秸秆做浮子，网底系一粒锡坠子，一条丝网上有200浮。网眼一般是边长为1—7指大小的正方形，一指网捕小白条鱼，二指网捕虎头鲨(学名沙塘鳢)，三指网捕小鲫鱼，四指网捕大鲫鱼，五指网捕草鱼、白花鲢、鲤鱼、鳊鱼等，六指网和七指网捕4斤以上的青鱼、草鱼、鲢鱼等。

9. 龙罩帮：龙罩由毛竹篙子和网组成，呈椭圆形，罩网古法用麻线或棉线编成，网眼寸余，主架是由3根毛竹组合而成，网环周边有36根细绳系住网兜。由于天冷时鱼常在深水处活动，故常在冷天作业，生产时间一般为九月至次年清明前。龙罩下水，渔民随即用捣叉在罩网周边捣一圈，将鱼赶到网罩中，捣完后起网，常捕到草鱼、鲫鱼、鳊鱼等。

10. 篦簖帮：篦簖帮主要生产工具有篦簖、花罩、崩钩、柴钩、小索。篦簖帮渔民春季拉小索(就是很粗的草绳)，夏季张崩钩，以活小鱼为饵专张捕黑鱼。张柴钩，也是以活小鱼为饵张捕鳗鱼。到了冬季就是打篦簖，一般都有几只篦簖船甚至十几只船在一起把篦簖下在水滩上，围成一个很大的圈子。每个船从外围圈敲响当板，用捣篙将鱼赶进篦簖圈。然后渔民提花罩下水，人在花罩内踩，捕大小多种鱼。

11. 捣叉帮：主要工具为七星叉。七星叉的柄是小实心竹，长 3 尺 3 寸左右，底端一圈绑有七根长七寸的铁叉尖。作业时，一人左右手各持一柄叉同时操作。夏季，分别是夜间在河岸边、白天在荒滩中捣甲鱼和长鱼；冬季，在船上往河中捣排叉，可叉多种鱼。

12. 大网帮：也叫“簖网帮”。一年四季除冻老河以外都是拉大网。自从发展水产养殖生产后，大网帮大都替养殖户拉网捕鱼了。

13. 鳝鱼帮：即长鱼帮。主要工具有长鱼丫子、七星叉和黄鼠夹子。用竹篾片编成呈“7”字形的长鱼丫子，丫身长两尺多，直径约为 2 寸多，丫头约尺把长，丫身两头都有倒齿，丫头与丫身接口处也有倒齿，迫使长鱼进入丫子后只能向前游，最后进到丫头里，倒鱼的出口上有套子。一般以蚯蚓为饵，傍晚放到河沟或秧田里，夜里或凌晨收起倒出黄鳝。

14. 虾笼帮：虾笼外形结构及制作方法与长鱼丫子相似，笼身长约六寸，笼帽约三寸，笼身两端均有倒齿，虾从两端进入后只能往笼帽游。一根主绳上一般系有 200—300 只虾笼，张虾笼一般配在 5—10 月份生产。

15. 摸鱼帮：该帮不需要工具，只用双手摸鱼。常带一铁钩，遇有鱼窟时，若鱼窟较大，渔民便将手伸进窟里把鱼掏出；若鱼窟较小，就将铁钩伸进窟里把鱼勾出来。由于手长期在水中感觉寒冷，故常在河边架一小锅烧水，手觉得冷时就将手臂浸在温水锅中取暖，然后再继续作业。

16. 枪帮：打枪帮主要工具是猎枪，一般的枪都在 50 斤以上、120 斤以下，是由生铁铸造，也叫黑火药枪。枪帮的渔业民夏季以张长鱼、滩涂边捕草虾、张罗汉鱼为主。秋季至春季全都打枪，专业打野鸭、野鸡为生。

17. 臿网帮：生产工具有臿子、泥网、虾笼，一户多具。臿子由网子与毛竹组合而成，前沿宽约6尺，后舌宽1丈2左右，网兜站水(深度)6尺左右，只要河面不上冻，多在沟头作业。夏季夜间放网，捕多种鱼虾，白天张虾笼捕青虾，到了冬季拉泥网，捕多种鱼虾。

18. 大钩帮：也叫“找不到钩帮”。生产工具有大钩、大索(很粗的草绳)。夏季发大水时，在河汊水流之处挂上几道大钩，钩捕的是咬籽鲤鱼。冬季拉大索，鸡笼罩捕下层被大索拉拢到罩的鲤鱼。

三、沙沟淡水渔业饮食文化

（一）淡水渔业饮食文化的起源

沙沟民间有句俗语叫“湖水煮湖鱼”。说的是旧时渔民在湖中取到鱼后，就顺手舀碗湖水煮鱼了，这种原始的烧煮方法在郑板桥的诗中也有体现。板桥诗曰：“湖上卖鱼鱼最美，煮鱼便是湖中水。打桨十年天地间，鹭鸶认为我渔子。”沙沟是个千年商业古镇，历史上商贾云集，富商们来自江、浙、皖等地，他们对饮食菜肴特别考究，不但带来了各地的美食菜谱，还请沙沟的高厨用本地食材创新加工，经过若干代厨师的传承提高，形成了独特的沙沟渔业饮食文化。特别是凝春楼的全鱼席，更是扬名大江南北。

（二）淡水渔业饮食文化的表现和特点

在沙沟用各类鱼食材做成的菜肴，可谓是丰富多彩，琳琅满目。旧时，同春楼菜馆的厨师能做出十几桌花式不同的鱼宴。其早市面点上的浇头也多用鱼类食材制作，有“长鱼浇”“黑鱼片浇”“鲨鱼浇”等等。清时，双盛酒楼老板在鱼茸菜的基础上做成了“沙沟大鱼圆”，此鱼圆被下江南途中落驾的乾隆皇帝赞誉为“外皮如金，内肉似银”。早在2006年8月，沙沟大鱼圆作为泰州地域的44道名菜之一就入选了《中国名菜大典》。后申报为泰州市级非遗。至今，大鱼圆仍是沙沟餐饮业的招牌菜，深受食客们的高度赞美。

（三）淡水鱼饮食文化的传承和发展

近年来，沙沟镇为了传承和发展淡水鱼饮食文化，每年都举办“金秋美食节”，众多鱼圆专业户设摊展示，现场制作鱼圆，赢得食客好评。美食节中还举办乡土厨师菜肴比赛、鱼圆制作技艺比赛。由专家评委打分最后决出名次。沙沟镇地方政府为了挖掘传统鱼席菜肴，成立了“金沙沟水席馆”，水席馆在挖掘中弘扬，在传承中创新，每年都推出新的鱼席菜肴，引领和带动全镇餐饮业整体创新发展。

全鱼席菜谱：油煎大鱼圆、红烧鲫鱼、红烧昂刺鱼、红烧鳅鱼、大烧马鞍桥、爆炒黑鱼片、雪菜虎头鲨、刀子鱼包斩肉、拆烧甲鱼、清蒸白鱼、蟹黄豆腐、清蒸大闸蟹、醋熘鸡花鱼、活炝青虾、盐水虾、银鱼炖豆腐、炒长鱼、红烧小杂鱼、黑鱼汤。

四、沙沟传统渔业民间文化

（一）信仰与做会

做“七公会”祭祀七公老爷。传说七公姓耿，因好心救了八仙铁拐李，铁拐李赐他“招魂絮”，能将死鱼变成活鱼，从此耿七公的日子好过了，渔民有难处总找他去帮忙。后因渔霸要抢“招魂絮”，他将“招魂絮”吞食，从此成仙。逢年过节，沙沟渔民们都要带上供品祭祀七公老爷。以保佑行船平安，取鱼丰收，合家安康。堂门做法会。自古以来，在渔民中有做法会的习俗，正常每户人家每十年要做一次会。专替渔民做法会的有两种人，渔民叫他们“香火”和“堂门”。香火一般有好几个人，且有锣鼓敲打乐器伴奏。堂门即马弁，只有一人。做法会在渔家是件非常神圣且隆重的活动，十八帮中只有卡帮渔民做小会，大网帮、丝网帮、大钩帮等都是做大会，主家须在岸上借一处地方或搭上大棚进行。香火会要做上2—3天，香火们随着乐器伴奏说说唱唱，还不时地敲锣打鼓，气氛十分热闹，最多时有几百人参会。堂门做会时上身光着身，下身穿红裤子，扎红腰带，口穿银锥，手持一根长铁鞭，又跳又蹦，还不时口中念念有词。意在驱除了邪魔，渔家从此人口太平、捕鱼丰收、日子美满。

（二）传统水上酒席

渔家好客，家中大凡有事都要办酒席，请上亲朋好友热闹一番。船上办酒席毕竟不同于岸上人家，众人盘坐在船板上围成一圈，筷子酒杯放在各人面前，中间放一块板，板上面放上菜肴。开酒席前有一个习俗：必须摆六样菜先敬菩萨，然后才正式开席。

（三）渔家风俗习惯

过去的渔民以船为家，长年漂泊于水上，所以这个群体相对封闭，有着许多独特的风俗习惯。

1. 祭船敬菩萨。过去的渔民总是一家一户一条船，吃住捕鱼都在船上，船中舱都置有菩萨龛子，每日烧香敬供。新渔船钉好下水时仪式很隆重，要焚烧斗香，以整猪头祭神，供品中当然少不了一盘整鱼，然后燃放鞭炮宴请亲朋。外出去远处捕捞时，渔船头上要燃烧香烛，供上一碗刀头肉、一碗鱼，祈求菩萨保佑一路顺风，鱼虾满舱。

2. 渔民的婚嫁娶亲。在漫长历史时期内，沙沟渔民们都是早婚早育，男的20岁以内，女的17岁左右就结婚了。一户渔家儿子到了婚龄，父母就得为他准备一条新婚的船，有一个儿子就得准备一条船。亲事全由父母作主，有些男女青年直到结婚前才看到彼此的相貌。渔民带新娘分为两种，一是等亲，二是领亲。等亲是新郎守在家中，由喜妈奶奶、喜妈爹爹、男方代表1人再加上2个撑船的，共配5人乘发轿船去领亲。带回新娘时，船上一共就是6个人，这叫“去五回六”，寓意六六大顺。发轿船事先需彩妆一番，船篷上挂彩球，营造喜庆气氛。船篷上用木棍绑上竹筛，竹筛中间放一面圆镜，寓意驱除河面上的邪气，带来吉祥。船篷门前供有恭贺老爷神像，一路上点香燃烛。船头放有燃烧着木材的火盆，寓意小两口婚后的日子红红火火。领亲就是新郎直接随发轿船去女方家，将新娘领回家，人数也是“去五回六”。

3. 丧葬仪式。过去渔民没有房子，老人去世，遗体就停在船上。按照传统规矩，老人死后必须停在长子船上，但沙沟渔家有个习俗，就是如果长子在外取鱼一时赶不回家，就将老人遗体停在了子(即最小的儿子)的船上。

4. 渔家服饰。沙沟的渔民穿衣着装很有特色。年轻女子上身穿粉红衣，中老年妇女上身穿蓝色对襟衣，下身穿黑色裤。男人的上身穿黑色衣，下身扎一条瓦蓝色的粗布围裙，围裙盖过膝盖下方，以方便生产生活。渔家女孩从小披发，十岁后就开始留两个小辫子，戴银项圈，条件好的人家，姑娘耳朵上还戴只金耳环。男孩子一般从小剃光头，若是条件好的渔家“惯宝子”(特别宠爱的男孩)头上留个“桃子”(只留桃形的一撮头发，其余剃光)，桃子上的头发用红头绳打个小辫子拖在后面，而且戴银项圈、银脚圈。无论男女孩子，戴项圈戴到十八岁或结婚为止即取下。还有少数渔家小男孩从小体弱多病，家人怕他长不大，就在两个鼻孔之间穿孔戴个金环子，叫作“鼻驹”，喻义能像牲口一样健壮长大。中老年妇女的发型是两个辫子窝起来，梳成个鬏，鬏上横插一支银簪。条件不好的妇女，则用黑色条形布(俗称“勒子”)箍住一转头发。

（四）渔船禁忌

渔船上的规矩很多，概括起来就是禁言、禁物、禁人。禁言是说话时不能提及“翻”“沉”等不吉利的字，即便是与之谐音的字也不能说，如果非说不可，也只得用意思相近的词替代。如盛饭要说成“装饭”，睡觉翻身说“转身”，等等。禁物是新买的铁锅不能从船头经过；买来猪肉，定要放在篮子底，上面用菜盖严，方可拎入船舱。因为渔民尊木船为“木龙”，既然是龙就不能随便玷污。禁人是新娘子和坐月子、来月经的妇女及戴孝的人不能上船，这样会对主家船带来晦气。

（五）沙沟民间的鱼俗

在沙沟民间，男女订婚，男方初次上门要带四样礼，这四样礼中必不可少地要有四条半斤左右的刀子鱼(鲫鱼)，临走时，女方家要回礼两条鱼给男方。新房上梁落成，主家要敬菩萨，供品中除了刀头肉、果品外，还有一碗红烧鱼。老人过世，待遗体抬出门外，便有福气奶奶(儿女双全且有孙辈的老人)在盛满大米的木斗上插上一杆秤，秤钩上挂上两条鱼。逢年过节，不论贫富，家家户户都要煮上一碗两条的红烧鱼，供放在家神柜上，此鱼一般不吃倒掉河中，意在生活有鱼(余)后步宽宏。

（六）乡间熟语中的“鱼”

在沙沟民间，带“鱼”字的俚语还真不少，略举几例：“鱼汤鱼咸”（中饭菜）、“吃鱼不如取鱼乐”、“东沟里钓鱼西沟内放”、“取到鱼鳇板也会说话”、“三天打鱼两天晒网”。民谣中有哄宝宝睡觉的“宝宝僮，吃鱼冻；宝宝乖，吃鱼腮”，戏逗儿童的绕口令“钓鱼要钓刀子鱼”，等等。

五、 沙沟淡水渔村和特色渔业景观

水金渔村南临郭正湖，西连宝应柳堡，东邻沙沟古镇，北接沙广公路，沙官公路由南向北穿村而过。总面积约 3.3 平方公里，全村共 15 个村民小组，718 户，2284 人，耕地 1038 亩，水面 3151 亩。

（一）从水产村到水金村

中华人民共和国成立后，广大渔民走上合作化的道路，于 1950 年成立了沙沟水产大队，下设 44 个生产小组。2002 年镇区划调整，水产村和邻近的金星村合并为“水金村”，村部设在原水产村。

（二）从水上住家船到陆上定居

从 1976 年开始，水金渔村的渔民全部陆上定居了。宽阔的马路边，一幢幢式样新颖的两层楼房拔地而起。长长的小溪边传统的平房院落一字排开，渔民们家中天井宽敞，门前花圃内鲜花盛开。家家通上了自来水，户户人用上了现代家用电器，过着和镇上居民一样的生活。村中设有休闲健身场所 5 处，供村民锻炼身体。

（三）从普通渔村到江苏省美丽乡村、全国最美渔村

水金村有着得天独厚的自然生态资源，他们利用郭正湖、花粉荡、王庄荡养殖青虾、银鲫、黄金鲫、四大家鱼和蟹、甲鱼、鳜鱼等名特优无公害水产品，充

分发挥渔业资源优势，建生态养殖基地，促进村集体和渔民增收双重性发展。近年来，水金渔村大力挖掘渔文化潜力，以休闲渔业带动乡村旅游业，增加渔村发展活力。水金村是兴化市村级经济排头兵，先后荣获“泰州市科技示范村”“泰州市文明村”“江苏省文明村”和中国“最美渔村”等称号。最近已通过“江苏省美丽乡村”验收组初检。

（四）打造十八帮渔文化风情园

展示传统捕钓十八帮渔文化风情园位于水金村东侧，全区占地面积3860亩。站在码头向西北远眺，视野开阔，绿水清波，赏心悦目。十八面不同颜色的帮旗在风中猎猎飘扬，绿色的芦苇像波浪一样悠扬起伏，白色的鸟儿在空中自由飞翔，一派自然生态的水乡风光。为了打造好十八帮渔文化风情园，水金渔村加大资金投资，不但在园内增设了长长的木栈道、仿古凉亭、木桥，还购置了4条豪华游舫、18条乌篷小船。园区内还辟有野钓区、采摘区、戏水区、观荷区及农家乐餐厅，让游客们游园赏景，看十八帮捕钓，品湖荡水鲜，赏荷塘月色，尽情地领略水乡渔文化的深厚内涵。

六、沙沟淡水渔业文化遗产传承

淡水渔业文化遗产保护、传承和利用的问题，是新时期摆在镇村领导班子面前的一项大事。沙沟镇作了多种尝试：

（一）渔具渔法成为省级非遗

沙沟水乡先民根据渔获物个体大小，创造了各种不同的渔具、渔法。十八个帮别均有自身特色的手工工艺渔具和渔法。渔具、渔法历史悠久，渔具手工工艺也由初级发展到高级，如结网手工工艺则经历了藤网—草网—线网—尼龙网的发展过程，渔具、渔法才日益完善。沙沟渔具渔法是兴化、里下河乃至全国淡水产品生产中的一枝奇葩，特别是在里下河地区具有代表性。2010 年沙沟镇以《兴化里下河渔具渔法》的名称成功申报了省级非物质文化遗产。

（二）举行“十八帮”开帮仪式

2018 年 4 月底，沙沟举办古法捕钓“十八帮”开帮仪式，数百名渔民按各自帮别用各种渔具在河道里捕鱼，重现古法捕钓的场景。吸引四面八方游客观看，其场面非常壮观。

（三）建沙沟渔业展史馆

“为了将古老遥远的渔事鲜活在记忆里”。沙沟镇早在 2008 年秋正式筹建国内首家淡水渔业博物馆。该博物馆按照捕鱼的方式、工具、习俗等类别，以图文及实物的形式，集中展示里下河地区的渔业文化。如今该馆移至水金渔村内，分别以渔之源、渔之俗、渔之味、渔之器、渔之技、渔之获六个板块，以图文、声光电等形式，全面展示了沙沟渔业文化的特色和发展史。馆内展示的 200 多件传统渔具实物，有提罾、齿罩、花罩、枪船、篦篰、凳篓、大网、弓网、捣网等各种渔具，以及旧时渔民船上生活用品达百余件。

（四）让非遗成为渔民致富项目

水金渔村的村民都有加工渔具、编织鱼网的技艺，为了拓展村民的致富之路，村委会鼓励村民做长鱼丫子、鱼罾等出售。渔民陈福民是做地笼的专业户，每年地笼的销售额在 5 万至 7 万元。

（五）渔民当演员展现十八帮

大型彩妆灯会是沙沟民间传统的文艺表演方式，也是省级非物质文化遗产。每年的灯会都要将古法捕钓“十八帮”技艺展示搬到水上进行表演。十八条彩妆的渔船在彩灯的映衬下，缓缓驶出，撒网的撒网，捣叉的捣叉，平静的河面一下子热闹起来。值得一提的是这些撑船的、划船的、渔事表演的都是沙沟渔民。

（六）渔民成为省级非遗传承人

渔民唐宝才今年 70 岁，从小随父亲在湖上打鱼，至今还在从事捕捞取作业。他对各种取鱼工具和方式了如指掌，他目前是江苏省级渔法渔具传承人，每年的非遗保护日，他还应邀去泰州等地表演织鱼网技艺。

七、 沙沟淡水渔业产业文化

2019 年，沙沟全镇农业经济总收入 9. 89 亿元，其中渔业产值超过 2. 01 亿元；农民人均可支配收入 2. 1794 万元，其中 70%以上收入来自水产业。

（一）养殖模式多样效益良好

生态养殖模式。沙沟镇大力推行生态养殖模式，推行水体循环利用。从育苗到投喂，从用药到清塘，从管理到销售等各个环节，坚持“少用药、精用药、用可降解药”理念，生产绿色水产品。为引领生态养殖，已有 500 户养殖户参加了生态鱼养殖联盟。此外，还利用大型水域尝试“自由水面”生态养殖，在沙北村建立5000亩“自由水面”示范基地，推行“不投喂、不用药、不清塘、不电捕”四不模式，推动养殖业向自然生态性发展。① 藕虾共生的养殖模式。藕田内养殖的小龙虾，以腐烂的藕、茎为饵料，既净化水质，又可防止烂藕带来黑斑病。小龙虾排泄物为藕塘增加有机肥料，提高藕品质和产量，实现了良性循环。目前，沙沟镇藕虾共生已推广至8万亩。亩年均纯收入4000元左右，并为这种自然状态下生产的藕、虾分别注册“大礼红”“清水红”集体商标。渔光互补养殖模式。沙沟镇大力实施乡村振兴战略，招引了太阳能光伏发电项目，镇南荡有500多亩水面，如今上面发电，下面养鱼虾，成为当地养殖户的重要增收来源。

（二）休闲旅游渔业的发展

沙沟镇按照“游千年古镇、观湖荡风光、品特色佳肴、留沙沟情怀”的旅游发展定位。将嫁接麦和、驴妈妈等旅游运营团队，做大做强产业链，使古镇渔业走上了一条生态经济发展之路。发展渔村旅游业，渔民有了用武之地。经过近年的精心打造，十八帮渔文化风情园已初具规模，届时，十八帮的渔技表演将在园中进行，其中最引人入胜的是老鸦捕鱼。水金村渔民姜定海说，他今年59岁，20岁出头就子承父业加入“老鸦帮”，干起了放鸦捕鱼的营生，风情园建成，我们的老手艺也有了用场。可以在家门口表演，既有渔业收入，还有旅游收入。打造渔文化景观。沙沟“凫园”，是沙沟的一处园林景点，其中辟有“观赏鱼游览中心”。市民游客来到苇叶摇曳的湖荡边，看野鸭戏水，还可以赠饵打赏各种观赏鱼。位于集镇后荡的是里下河风情渔港。渔港占地400亩，港池、港道已形成。渔港定位以“游山玩水”中的“玩水”为主题，打造里下河渔业文化观光、休闲、养生、娱乐的福地。将渔文化展示与旅游活动起来。沙沟镇金秋有美食节，冬至有菩提文化节，春季有彩妆游走灯会，夏天有庙会踩街节。这些节中都离不开渔文化元素。如彩妆灯会节目中有“鲤鱼跳龙门”“渔翁撒网灯”等。庙会踩街节有“渔家

---

① 顾日升，姜洪义，刘辉. 沙沟渔文化，唱出好风情[N]. 兴化日报，2016-12-16(1).

蟹丰收”场面。美食节，便是琳琅满目地展示各种鱼宴菜肴了。

（三）拥有苏北最大的水产品交易市场

沙沟水产品交易市场是全省最大的淡水水产品源产地批发市场，辐射周边地区，带动面积近 100 万亩，水产品销往全国各地及韩国、俄罗斯等国。围绕发展现代渔业产业化，沙沟镇从 2012 年起，开始规划建设现代渔业精品示范园，2015 年建成了投资近 2000 万元、占地 100 亩的水产品市场销售区。2018 年又在市场设立了以黄鳝、甲鱼、青虾为主的特种水产品经营区。近年来市场年交易额达 50 亿元，其中四大家鱼 30 亿元、特水 20 亿元。①

小 结

纵观沙沟淡水渔文化的所有表述证明，沙沟渔文化代表了里下河淡水渔业文化。其理由为：一是沙沟地理位置独特，位于里下河腹部，为周边五县市之中心，连接南北，兼顾东西。二是沙沟四周皆为湖荡，水面资源胜过周边各地，淡水养殖规模也居其他地区之首。更为奇特的是，沙沟从最初的“射阳渔村”到当今的中国的“最美渔村”，竟都和“渔”一直密不可分，有着两千多年的历史文化积淀，难怪沙沟渔业文化如此丰富多样，精彩纷呈。

综上所述，沙沟渔文化是里下河渔文化的集中体现，研究沙沟淡水渔业文化就是研究里下河淡水渔业文化。

---

① 顾日升，姜洪义，刘辉．沙沟渔文化，唱出好风情[N]．兴化日报，2016-12-16(1)．

里下河水乡多姿多彩的民俗文化

——八谈里下河庙会

高玉华(泰州市历史学会)

一、 上、下河庙会活动的区别及差别

“多姿多彩的民俗，开放在水乡的四时风中”(刘渝庆《庙会》)。庙会以庙为中心、为依托，是一定地区社会、经济、文化、道德、伦理和各种信仰、观念的产物。① 如苏中地区上河与里下河在经济、文化、道德等方面有区别，带来庙会的演变、数量与质量，均有差别。

泰州是里下河的门户，笔者多年前为调查庙会，去过上河与里下河不少村舍，深有感受。上河的乡镇企业、个体小作坊，关心经济收入的增加，对文化、民俗不太注重。而里下河兴化市及姜堰区淤溪、俞垛、桥头、溱潼(兴泰)及海陵区北郊华港、罡杨等地，几乎村村有庙会。如原港口镇的下溪村，东西狭长约五里，原只有一座庙在东侧河边，西头十几位老太觉得跑去东庙敬香太远，由她们发起，自筹资金建了一座西庙，但迎会活动还是一起搞的。

---

① 高有鹏.庙会与中国文化[M].北京:人民出版社,2008:65.

二、 里下河庙会活动的特征及其功用

里下河庙会季节性特征明显，主要体现在春日庙会居多。这也是因里下河地域所处地理位置和特殊的社会历史条件而形成的文化特色。春天庙会多，一是为春耕做准备；二是为夏收前做准备。庙会的季节性特征，还体现在为神佛的诞生、忌日所举行的庙会，人们把佛也当做神灵。① 关帝、岳飞、观音是民间神庙享祭最多的三位神圣人物。如里下河一带有的村在农历二月十九、六月十九观音的圣诞及成道日均搞庙会。

庙会的集体性是一种有规则集会和无规则集会的统一。庙会聚集了贫富不同的社会各界。在神灵面前，人人都有信仰的权利。从总的来看，没有任何一种民间信仰，能像庙会这样具有高度的集体性，能包罗社会各种人物。② 如泰州东郊王墩的“二一九”庙会，在外地工作的吉副会长，每年能提前三天返泰参与缪会长的筹划。一位三轮车夫与路人说：“明天轮到我参与庙会抬神像，我非去不可，即使外人有千元给我也不干。”这是团结协作与信仰的结合，而敞开的内心话，又是多么朴实的言语！

概括地讲庙会文化的四种功用，一是娱乐身心；二是文化传播；三是促进商贸发展；四是规范社会即教育民众。庙会的教谕是建立在文化娱乐行为与传播过程之中。教谕的内容有二：一是关于民俗文化知识的教谕，二是进行道德规范的教谕。这种教谕是潜移默化世代相传的文化形式，是典型的寓教于乐，宗教的教义宣扬也隐寓其中。科学地认识上述功能，对于我们更好地把握、引导、改造、利用庙会，都有很好的借鉴价值。③ 回忆起 20 年前，当庙会刚恢复搞“上马”时，

① 高有鹏.庙会与中国文化[M].北京:人民出版社,2008:71.

② 高有鹏.庙会与中国文化[M].北京:人民出版社,2008:77.

③ 高有鹏.庙会与中国文化[M].北京:人民出版社,2008:86.

我们的会长们，也曾经受了正反面的严峻考验。当时一些胆小的镇、村干部，或是睁只眼闭只眼，或是对此活动采取“我们不支持，也不反对”之类的态度。文史专家、学者、相关干部，仅是从古典文献翻找史料，是很难把握全面内容的，只有在大量的深入一线考察中，感受理解庙会，才能真正懂得庙会。①

三、 里下河庙会文化的基本类型及庙会群的构成

划分庙会类型有多种角度，从祭祀性质上，可分为原始神庙会、宗教神庙会和世俗神庙会三大类。② 其中世俗神庙会是江苏省分布最广、影响最深的庙会，它体现出民间信仰的基本内容，一草一木、一山一水，到处都有神灵，也就会到处都有神庙和庙会。③

“见贤思齐”，在圣贤神庙会中得到普遍而具体的表现。最为典型的圣贤神，当为关羽和岳飞两位历史人物。两位圣贤，一位是“义”的代表，一位是“忠”的典范。无论城乡，大多有关帝庙宇，人们视关帝为守护神供奉。岳飞庙都在城镇、庙会神戏、社火中。④ 旧时仅泰州城区就有六处关帝庙，泰山公园土山也建有岳王庙。在旧时每逢农历二月十五岳王生日，都搞迎神岳王会。中华人民共和国成立后，泰州城区及四方信仰者每月进庙上香日，也都到岳庙敬香礼拜。

古代社会在相当长的岁月中，行业主要以作坊形式存在和发展，他们的技艺是以师傅授徒的形式，传播在行业内的，祖师崇拜的意义就显得非常重要。祖师神庙是他们行业聚会的重要场所，一年一度的庙会，既是他们明辈分，定等级的时机，又是他们相互尊重、增进友谊，提高技艺的时机。纪昀《阅微草堂笔记》中

① 高有鹏.庙会与中国文化[M].北京:人民出版社,2008:87.
② 高有鹏.庙会与中国文化[M].北京:人民出版社,2008:91.
③ 高有鹏.庙会与中国文化[M].北京:人民出版社,2008:97.
④ 高有鹏.庙会与中国文化[M].北京:人民出版社,2008:99-100.

曾提到“百工技艺，各祠一神为祖”即指此。如老君(即李耳)相传为铁匠、窖匠等与烧制、冶炼有关行业的祖师神，故民间有传：“火中求财拜老君，土里刨金拜鲁班。”其他如药王为华佗、扁鹊、孙思邈，与老君、鲁班相反，不是几种行业拜一人为祖师神，而是一种行业要拜几位为祖师神。再如女神嫘祖被敬为纺织业祖师神，丘处机被敬为玉器行业祖师神，杜康为造酒神，等等①。

人文浸染。今天我们的民俗学在发展中有意无意地回避了一个现实问题，有不少学者反对政府参与庙会文化，提出保护民俗文化生态。这确实是有必要的，但我们更需要在文化发展的实战中，理性地把握问题，如果过分讲究，对于民俗纯粹的原生态的维护，在事实上是不可能的。②

里下河地域庙会群的构成，首先是由于历史背景和文化传统的因素。相对地说，与人口的集中、社会的稳定、文化的丰厚、交通的便利、商贸的活跃、政策的宽容、宗教信仰的影响分不开的③。以规范和放纵相互约束、冲击，民间文化生活才有张有弛，既能教化，又能娱乐，为社会广泛地接受和传播。“民俗终岁勤苦，间以庙会为乐。”庙会在广阔的土地上之所以这样广泛存在，更重要的意义就在于它具有情绪调节的作用。④

民国时期，胡朴安在《中华全国风俗志》中，还详述了江苏的一些庙会，如正月十五敬祀茅氏弟兄得道成仙的茅山会、泰县正月初四的和合财神庙会等等。⑤

尊重传统文化，但尊重绝不是目的，重要的是合理保护与利用。庙会是一种特殊的社会现象，我们今天的民间文化遗产抢救与保护工作，既是对传统文化的继承，也是对于传统文化如何对现代文明挑战的回应。庙会包含着丰富的情感和信仰，它更是我们民间社会的百科全书。

---

① 高有鹏.庙会与中国文化[M].北京:人民出版社,2008:101.
② 高有鹏.庙会与中国文化[M].北京:人民出版社,2008:195.
③ 高有鹏.庙会与中国文化[M].北京:人民出版社,2008:201.
④ 高有鹏.庙会与中国文化[M].北京:人民出版社,2008:203.
⑤ 高有鹏.庙会与中国文化[M].北京:人民出版社,2008:263.

四、 里下河庙会活动的现状

当今社会，各地的庙会应着时代的变化趋势，而各有特色。不过很多庙会已脱离了过去那种庙里进行宗教仪式的活动，逐渐变为在公园或广场等较为开阔的地方举行。其主要内容也不再是往日的宗教活动，而开始向经贸、文娱等方面靠拢。我们认识到，从里下河庙会活动现状看，还存在着很多显而易见的问题，主要是三点。

（一）庙会形式由多样化向单一化转变

以前在春节及农闲期间，似乎每隔几天就可逛庙会，兴味十足，主要因素在于往日庙会形式丰富多样，各庙会都有自己的特点①，比如在里下河众多庙会中，逛者可上东岳庙求子而拴娃娃；可上财神或关帝庙敬财神；或上城隍庙为辟邪保平安而敬香火等。而现时不少庙会形式单一化，甚至千篇一律②。笔者所见，不少庙会主办者在村庄几条主要巷道一转便丢下老者(或穿黑长褂的居士)，领着演出文娱队伍，直奔远近企业去舞(龙、狮)呀唱(凤凰)的，目的是为拿红包。

（二）庙会主办者的道德取向导致成效迥异

那年农历三月三我乘车前往兴泰路上出名的马庄，“逛”庙会，马庄东约百米即为三垛村。上午两村庙会均为迎会日，发现近200米路两侧全是逛马庄迎会的观

---

① 彭笑芳,李军.庙会——中华传统民俗文化[M].北京:中国铁路出版社,2015:11.
② 彭笑芳,李军.庙会——中华传统民俗文化[M].北京:中国铁路出版社,2015:12.

众，有十几条过街横幅对支持马庄庙会捐款千元、万元以上的企业老板表示谢意。而三垛村庙会却冷冷清清，虽然庙墙上也公布老百姓50元、100元不等的捐款，但几个主办人却自己打牌，怎能赢得人心？

（三）新兴商业味儿浓，传统庙会味儿淡

庙会是具有文化传统深厚底蕴的事物。在以前因庙而起的各式各样的庙市，其商贸基本以当地特色为主，娱乐主要以民间杂耍为主，逛者自娱自乐，而现代庙会逐渐扩充了其势力范围，辐射到公园、广场。在庙会中融入了其他的经济娱乐项目，形成更为直白的经营理念和赚钱意识。逛会者不免疑惑，要去哪里才能真正过一把传统庙会的瘾？①

五、旧时几种特色灯会及其他习俗

青苗会（香火会）：旧时每年农历五月，农民就请香火借敬神以娱乐。青苗会由古代滩舞演变而来。与此会近似的还有“秋贡会”“跳跳会”“飞蝗会”及溱潼某庄的“春工会”等。②

荷花灯会：溱潼镇四周河湖港汊密布，旧时以种荷采藕为生，并在农历七月十四举行“荷花灯会”，以庆贺荷花仙子生日。荷花灯以蚌壳制成。据嘉庆《东台县志》载：“七月十五谓之中元节，焚锡箔、毛冒纸于路上，谓之利狐。各家用新稻做米饭祭祖先，夜晚放荷灯于河中。”和尚挂“盂兰盆”，称“盂兰胜会”③。

走马灯：最能代表泰州元宵节彩灯的是“走马灯”，这也是江苏境内元宵节特

① 彭笑芳，李军．庙会——中华传统民俗文化［M］．北京：中国铁路出版社，2015：13.
② 张明乔．泰州民俗史略：下［M］．北京：作家出版社，2011：461-462.
③ 张明乔．泰州民俗史略：下［M］．北京：作家出版社，2011：462.

有的灯。①

扯桅灯：旧时农历正月十三起，姜堰乡村在土地庙前(近水边)船民们竖十余丈高桅杆，穿上竹篦圈数十道，每道皆以麻绳相系，如龙骨，每圈挂灯笼若干。杆端系铃铛，尔后似扯篷帆一般，把一圈圈灯笼扯向夜空，红亮如彩球，甚为壮观，直至“二月二、龙抬头”始撤。②

跳马灯：溱潼的跳马灯，取材于汉代“昭君和番”的故事，骑马者七至十人不等，手执马鞭，有马队之首，队后有“昭君娘娘”一人③。

姜堰民间音乐：十番锣鼓，亦称“锣鼓篷子”，其曲牌源于昆曲和江南丝竹，场面壮观，司鼓者指挥出拉、弹、打。乐器有以二胡、四胡、板胡、三弦、琵琶和笙、箫、管、笛为主的演奏《梅花三弄》《柳青杨》《傍妆台》等。一般于庙会、灯节期间演奏。直至当下，笔者曾与几位大学音乐老师在某“观”内，欣赏到道教音乐的《将军令》等，体现出现在尚有“老能人”会玩“十番锣鼓”。④

江苏民协主席、东南大学教授、博导陶思贤说：“传统的东西，特别是民俗的东西，(含庙会文化)是我们了解先祖文化的桥梁，她的作用在于教化，她的价值在于指引，她的内容各有千秋，她的形式是代代相承、自觉传承。”

中国社科院、安徽大学老教授李汉秋认为：“传统节日是中华民族文化的活的现象、活的形态，这些年，传统节庆的气氛，城市不如农村，大城市不如小城市。”他指出：在传统习俗上，完全可以“旧瓶装新酒”。保持以前的传统，又要有新的时代特色。⑤

---

① 张明乔.泰州民俗史略：下[M].北京：作家出版社,2011:581.

② 张明乔.泰州民俗史略：下[M].北京：作家出版社,2011:581.

③ 胡亚庭,赵友才.溱潼小说[M].香港：中华文化出版社,2013:145.

④ 张明乔.泰州民俗史略：下[M].北京：作家出版社,2011:648.

⑤ 张明乔.泰州民俗史略：下[M].北京：作家出版社,2011:772.

六、 兴化渔家习俗——民间说唱及几种崇拜信仰

旧时兴化以农业为主。中华人民共和国成立前90%以上的劳动力从事农牧渔业生产，中华人民共和国成立后随着商业、交通运输业和各项社会事业的发展，在水利、工业、建筑、造船、供销和仓储、技术服务、卫生、教育等行业的人口从业状况发生较大变化。①

渔家习俗。渔家喜宴都是全家出席，男家款待一日三餐。每八人“一桌”，盘坐船头，有专船烧菜、上菜；女家次日请亲朋，同时招待男方至亲，谓“交代酒”。席间，新娘父母要招呼亲家，对女儿“多多带谅”。渔民小两口的“新房”就是船舱。他们在船上生儿育女，延续着一代代的渔人生涯。②

“渔帮”的由来。旧时渔民分散，独立劳作，但根据捕捞工具的不同，分为若干帮派，即所谓“渔帮”。有“大网帮”“捣网帮”“簖帮”“老鸦帮”。此外还有“卡帮”“罾帮”等。在渔业发达的沙沟区域，有古法捕鱼“十八帮”之说。③

明代嘉靖以后，兴化城日渐繁荣，寻常百姓和达官贵族在此筑屋定居，商业尚不发达，奢靡之风却渐盛。士绅之家攀比服饰之丽、宴席之丰。为正乡里风化，明朝“状元宰相”李春芳退隐还乡后，制定了《乡约事宜》。从婚嫁、丧礼、寿诞、会宴等传统习俗，针对时弊一一加以劝诱。昆曲这一江南剧种也传入兴化。宗臣“世科第”和城隍庙等处便建有戏楼。④

兴化民间说唱艺术、鼓儿书，脱胎于明代艺人柳敬亭。以唱为主，稍有夹白，表演时一人或数人，艺人在演唱间隙，用锣鼓敲打，铿锵的锣鼓点子来烘托气氛。

① 兴化市地方志编纂委员会. 兴化市志[M]. 上海:上海社会科学院出版社,1995:148.

② 兴化市地方志编纂委员会. 兴化市志[M]. 上海:上海社会科学院出版社,1995:800.

③ 刘春龙,费振钟. 兴化文化史稿[M]. 南京:江苏人民出版社,2019:155.

④ 刘春龙,费振钟. 兴化文化史稿[M]. 南京:江苏人民出版社,2019:178.

在每年城乡的庙会、乡会、行会上，或是渔民“香火会”（也称“童子会”），及“老君会”上，都能露一手。有时艺人们还会根据各会的主题加“点鼓腔”，即祈神求雨、祈求平安及风调雨顺等内容，以配合祭祀活动。①

对水神、三官的崇拜。在大泽茫茫的古兴化，水充满了神秘感。先人们对水既有情义，也充满了敬畏，上善若水，水善利万物，但骇人的水患也是水乡百姓延续千年的痛。人们面对洪水造成的灾害时，往往把祈求神灵，希望借助神力保护自己。“三官”即天、地、水三官，在水患频仍的水乡，人们祈求水官解厄，诉求尤为迫切。于是唐代的兴化出现了主祀三官的道观——安丰三奶奶庙。该庙主奉三官的母亲，即龙王的三个女儿，被称为“三奶奶”。明代以来，兴化城乡各地多设三官堂、三官殿或三官庙，并有民间的三官庙会。②

昭阳崇拜。楚国昭、屈、景三大贵族，昭氏居首。司马迁《史记》中的“楚虽三户，亡秦必楚”。昭阳名云，字阳，他具有文韬武略，从青年时代起，就率军攻城围邑，战绩卓著，因功累升至大将军。公元前323年，昭阳奉楚怀王命统兵攻魏国，一举攻取襄陵等八域，怀王将江淮之间，濒临黄海之地封为昭阳食邑。昭阳死后，葬于采邑所在地，封土成丘，称为昭阳山，所葬之地为“山子村”，山间祠宇称“昭阳庙”或“山子庙”。唐代这里设昭阳镇，置县以来，这里一直是县治所在。人们凭吊昭阳，每年春秋二季，前往山子庙祭祀，阳春三月以山子庙为中心，举行祭拜昭阳活动，称昭阳庙会。③

茅山会船。对祖先与亡灵的崇拜。兴化圩南一带清明会船，是一种祖先崇拜的特殊形式。头一年夏季就要“选船”，并用红绿绸布包扎篙子梢头，约定时间“试水”，最后进行“彩化”。旗杆上悬一面图腾不一的三角旗幡，代表自然庄的大船悬挂斜面龙旗，各会船向村外祭口、旧墓丛、古战场、险水湾疾驰而去，中午时分他们举行会船表演。④

---

① 刘春龙，费振钟. 兴化文化史稿[M]. 南京：江苏人民出版社，2019：412.
② 刘春龙，费振钟. 兴化文化史稿[M]. 南京：江苏人民出版社，2019：420.
③ 刘春龙，费振钟. 兴化文化史稿[M]. 南京：江苏人民出版社，2019：423.
④ 刘春龙，费振钟. 兴化文化史稿[M]. 南京：江苏人民出版社，2019：432.

七、 里下河周边地域庙会

（一）东台县民俗及庙会(辑录于《东台市志》)

社戏：抗日之前，农村在秋天丰收后，以村庄为主体，均有邀请民间戏班演戏谢神的习俗。如地方发生流行病，或遭水旱灾，也请戏班演戏。在广场竖立旗杆，扯上“许愿谢神”的黄色三角旗，所需费用挨户按田摊派，家家邀亲带友，藉以休息娱乐。

安丰庙会：每年农历三月十九为太阳会，此是盲人集会，每年在盲人中轮流举行。五月十三为关帝会、七月三十为地藏王会(实质为纪念元末农民起义领袖张士诚)。九月初九为华佗会，还有都天会、城隍会等。

（二）里下河地域海安神祇崇拜(辑录于《海安县志》)

敬神分三、五堂：三堂为观音、关帝、财神；五堂为佛、观音、关帝、三官、财神。除此还崇拜姜太公、钟馗、灶神、门神、火神、痘神等。

龙王：渔民信仰，每户船头都有木雕龙王菩萨。九月十七为龙王生日，抬龙王像求雨，并于河滩用贝壳、泥巴堆成龙形。船民于九月半至十七日，举办船行会，奉龙王。

耿七公：内河渔民信仰的神祇。其原型为明末清初的渔民领袖，急公好义，保佑渔民逢凶化吉。

鱼灵会：又称鱼篮会，十月初四举行，前后达半个月，到时八方渔民，到预定地点集会，搭高台、请僮子唱书，搞鱼灵会。头面人物出面经办、烧香，供猪头三牲敬神还愿。

灵官圣会：旧时丁所镇有关帝庙、灵官殿，九月十五兴灵官圣会，扎各样玻璃角灯，行会数里。

（三）里下河地域高邮民间信仰庙会(高邮市“非遗”文化资料)

甘垛镇河口庙会：相传镇海寺初建于唐贞观年间。农历三月二十八定为东岳庙会“长香期”，二十七日洗街，晚上暖寿，和尚诵经念佛，二十八日为正日，敬香、出会。

汤庄镇三月初六都天庙会：举行大型号礼活动。打头的手端一个红漆小板凳，上插一枝安息香。他们合着节拍，每走十步，一齐回头，放板凳于地，算是一拜，随即转向再走。这都是为了父母生病到城隍庙许愿，“拜香”是还愿。清《高邮州志》有相关记载。

临泽镇“十月朝”庙会：明万历年间的临泽庙会，被誉为“盂城兰若第一胜场”，其后“十月朝”便隐约成形。农历十月初一庙会开始，迎会从安乐寺出发，前面大锣开道，扛旗打着兵器，中间是城隍菩萨，由八人大轿请出巡街。许愿祈福、还愿酬神。如求子、求婚，为升学、就业，为修房盖屋、祛病消灾等。

八、 泰州（海陵区、姜堰区）部分庙会及溱潼会船节

庙会是“非物质文化遗产”保护项目之一。2015 年 11 月 7 日笔者在泰州市文化宫讲座上，开头用了五句话：“庙会的起源与演变，庙会作为一种特殊的民俗文化，既有祭祀信仰、净化心灵的一方面，又有通过各种民间文艺演出来娱乐神灵，实际娱乐自己身心，还有加强团结、交流信息和文化传播等，此外还能促进商品贸易活动、旅游观光等。”①

---

① 高玉华,毛华权.泰州庙会——城区民俗集萃[M].香港:中华文化出版社,2014:292.

唐甸庙会：最靠近泰州城区北郊的唐甸村，属里下河地域。每年农历三月初三都举行庙会，首先是祭天，东风拂晓，各氏家族都到积庆庵集中，参加祭仪式，然后是迎神赛会，并在江苏比赛中荣获舞龙灯二等奖。在 2014 年 6 月，该村“三三庙会”被批准为“泰州市非物质文化遗产”，并颁发牌匾。①

溱潼读书址村东岳盛会：1999 年重新修建的“洪善堂”供奉着东岳菩萨、祖师菩萨。至今还有光绪四年钦赐的石刻匾额：“佛法无边。”主题是求太平。从三月二十五即开始，叫“拜忏”，二十六日谓之“立坛”。请各路神仙驾临，然后唱香会，连续喝三天两夜，直至三月二十八。当日家家门口贴上太平符(庙上统一印发)。二十八日称为“打梢”，清早四名壮汉抬着迎会的东岳菩萨，后跟着香会，挨家送福。主家在院中放一碗水，一碗米，一双筷子及红包。

水上商谈处：(有石碑置于河岸)红色景点。陈毅同志根据党中央“击敌、联李、孤韩”的方针，于 1940 年 9 月 25 日，派管文蔚同志于深夜到溱潼西郊夏家汪与李明杨在船上商谈，为黄桥决战的胜利奠定了重要基础。

为何要选择夏家汪？两个原因：一是该地地貌复杂，芦苇丛生，河汊密布，十月的芦苇已到收获季节，如遇危急情况，可迅速转移；其次是李明杨和读书址有渊源关系。当时该村属东台县东莱乡管辖，而乡长袁学俊就是读书址人，他是李明杨的婚姻介绍人，两人私交甚好。在密谈中，管文蔚重申了我党的抗敌、联李的抗日主张，阐明顽军头目韩德勤企图借新四军之手，来消灭“二李”，以达独霸苏北目的。李明杨表示严守中立，后来事实也是这样做的。②

东查村三官庙会：苏陈镇向东偏北约几里路，有个姜堰辖区东查村，过了元宵节的正月十八，有“三官”庙会。当日清晨笔者去采写。下了一夜雨，如果白天还有雨，不知能否搞呢？在跑了几里路后，老远就听到人声鼎沸、锣鼓喧天，在靠近戏台的一精彩镜头：只见四壮汉抬着“三官菩萨”轿子，冒雨飞似向戏台冲去，这时一小伙子从路边人群分开，直向轿子一角奔来。原来是抢

---

① 高玉华，毛华权. 泰州庙会——城区民俗集萃[M]. 香港：中华文化出版社，2014：294.

② 胡亚庭，赵友才. 溱潼八说[M]. 香港：中华文化出版社，2013：11.

摘轿上角挂的铜铃（据说将铃挂于家中，能吉祥平安）。小伙摘到手后没注意地滑，摔跪地上，正好撞到抬轿者，壮汉也险些跌下，幸亏动作麻利，紧抓住肩上木杠子，双方二话没说，迅疾冲向戏台，而且四壮汉敏利、进退动作协调撞台三次，台上那位黄龙袍披身的“帝王”拱手示迎，全场欢呼“吉祥如意”。①

溱潼会船节：特别风俗的“水上庙会”。民国《中华全国风俗志》载：“泰县有一特别风俗，清明日乡下农人咸备大船几艘，每船约二十余人，立船之两边，咸执撑篙，在空旷河道上比赛，称为撑会船。”这里指的就是溱潼会船，1817 年至 1911 年的《东台县志》中有关溱潼会船的记载：“溱潼一带在清明节，大家撑船到东观附近集中，然后以篙撑船比快慢。”②

溱潼会船蜚声海内外，会船节已成为江浙沪国际旅游重点项目。1995 年中国江苏民俗风情首游式就在溱潼会船节上隆重举行。1996 年扬州琼花节，会船应邀参加表演半个多月。实践中的溱潼会船节诞生出节歌、节徽、吉祥物，铿锵有力的节歌便是《天下会船数溱潼》。

附：溱潼会船　辑录于央视电视剧本部分

（解说：中国历史文化名镇溱潼，位于南通、盐城、泰州三市交界处，古有“犬吠三县闻”之说。这里历史上就是里下河的政治、经济、文化中心。）

（解说：10 余村的会船聚集，会船比赛前都要通过选船、试水、铺船、祭祀等过程，最后才来参赛。）

字幕：祭祀。晨光熹微中，舵手把猪头、公鸡、花鱼“六只眼”请上船，然后在各村码头焚香、唱喏。篙手们陆续上船，也要叩头唱喏。人们以特有的会船形式，集中祭祀英灵孤魂，这不仅反映了溱潼人民高尚的爱国主义精神和巨大的民族凝聚力，而且充分体现了人本主义和社会和谐。

（解说：送头篙又叫送红，它体现了溱潼地区独特的民俗风格。这是把会船上

---

① 高玉华，毛华权. 泰州庙会——城区民俗集萃［M］. 香港：中华文化出版社，2014：172-173.

② 胡亚庭，赵友才. 溱潼八说［M］. 香港：中华文化出版社，2013：71-77.

挂的“红”，送给想养男孩的家。如果这对夫妇果然得子，不但宴请全船篙手，还要为下年会船送上一船篙子。)①

“最是菜花三月庙会，欢声动清明巷陌，慧祉满广仓福田。”

——本文首末的诗赋为刘渝庆老师作

① 胡亚庭，赵友才. 溱潼八说[M]. 香港：中华文化出版社，2013：79+81+85.

人文荟萃

RENWENHUICUI

衙斋卧听萧萧竹，疑是民间疾苦声

——循吏郑板桥知县山东

范金民(南京大学历史学院)

郑燮(1693—1766)，号板桥，江苏兴化人。16 岁开始读书，21 岁开始绘画创作，康熙五十五年(1716)24 岁考中秀才，雍正十年(1732)40 岁时南京乡试中为举人，乾隆元年(1736)44 岁考中为进士，乾隆七年 50 岁时授官入仕，结束了漫长而艰苦的读书卖画的兼业生涯，因而自称“康熙秀才雍正举人乾隆进士”。板桥始任山东范县(今分属山东、河南)知县，兼署朝城县，四年后即乾隆十一年调任潍县知县，乾隆十八年 61 岁时被诬罢官。前后为官 12 年，其州县官任期，不算漫长，也不算短暂。

板桥工诗擅画，自诩画、诗、字“三绝”。对板桥的书画成就，学界论述已极为丰夥，对其卖画为生的艺事生涯，人多耳熟能详。然则对于板桥的官宦生涯似尚缺乏专门的论述，对其为政操行实绩状况也殊少探讨论评。今专门撰文，作相应叙论，期能拾遗补阙，以呈现板桥的特有风采。

一、知县生涯

清乾隆十八年(1753)正月，在山东范县(今分属山东、河南)、潍县担任知县 12 年的郑板桥，被诬罢官。板桥两任知县，前后 12 年，不但未获升迁，反而因为民事而落职。但他心志明白，清操自饬，没有丝毫愧疚，因而毫无眷恋和不安，吟诗有句："老困乌纱十二年，游鱼此日纵深渊。……买山无力买船居，多载芳醪少载书。"① 又作诗道："乌纱掷去不为官，囊橐萧萧两袖寒。写取一枝清瘦竹，秋风江上作渔竿。"② 离任之日，板桥戴着风帽，身着毡衣，走出潍县衙署大堂，对接任的县令作揖道："我郑燮以'贪婪'而败，今日归装如此简单轻少，诸位君子位踞清流，雅操自尚，深受上司器重，指日之间即会高升，他日离开潍县之际，切莫忘了我郑某如此寒伧相。"归乡之日，只用三头驴子，一头驴子驮着小书童在前引导，一头驴子板桥自乘，还有一头驴子背上横着一块夹板，两旁挂着两包书籍。③ 板桥为官 12 年，在任期间又有书法绘画等卖艺收入，每年收入多达三千两银子，但他清操自饬，而且常以收入接济当地贫穷百姓和老家亲族，所以辞官时只有这些家当。

板桥始任知县的范县，属曹州府，县事序列列为"简"县。其基本县情，板桥描述："四五十家负郭民，落花厅事净无尘。苦蒿菜把邻僧送，秃袖鹑衣小吏贫。尚有隐幽难尽烛，何曾顽梗竟能驯！县门一尺情犹隔，况是君门隔紫宸"；④ "十亩种枣，五亩种梨，胡桃柿柏樺……桑下有梯，桑上有女。……驴骡马牛羊，汇卖斯为集。……长吏收出租，借问民疾苦，老人不识官，扶杖拜且泣。官差分所应，吏扰竟何极，最畏朱标签，请君慎点笔。贪者三其租，廉者五其息。即此悟官箴，恬退亦多得"。⑤ 范县小县，居民鲜少，农业种植，闾里穷困，市集鲜少，风俗淳朴，赋税提供能力很弱，对此，知县板桥是非常清楚的，他常常在农家体察实情。板桥又记，"布袜青鞋为长吏，白榆文杏种春城。几回大府来相问，陇上闲眠看耦耕"；⑥"喝道排衙懒不禁，

① 郑燮. 罢官作[M]//卞孝萱，卞岐，编. 郑板桥全集（增补本）：卷四. 南京：凤凰出版社，2012：126.

② 郑燮. 予告归里，画竹别潍县绅士民[M]//卞孝萱，卞岐，编. 郑板桥全集（增补本）：卷四. 南京：凤凰出版社，2012：126.（按，编者又注："《日本现在支那名画目录》郑燮兰竹石轴，题此诗，'囊橐'作'华发'。"）

③ 曾衍东. 小豆棚：卷十六[M]. 南山，点校. 武汉：荆楚书社，1989：298.

④ 郑燮. 范县诗[M]//卞孝萱，卞岐，编. 郑板桥全集（增补本）：卷二. 南京：凤凰出版社，2012：64.

⑤ 郑燮. 范县诗[M]//卞孝萱，卞岐，编. 郑板桥全集（增补本）：卷二. 南京：凤凰出版社，2012：69.

⑥ 郑燮. 范县呈姚太守[M]//卞孝萱，卞岐，编. 郑板桥全集（增补本）：卷一. 南京：凤凰出版社，2012：48.

芒鞋问俗入林深。一杯白水荒涂进，惭愧村愚百姓心”。[1] 在范县任上，县事并不繁杂，板桥不像其他县老爷，摆出喝道回避的官架子，而是常常布袜青鞋，在民间了解耕植情形。

在范县五个年头的官宦生涯，嘉庆《范县志》说他“通达事理，作养人材”。[2] 该志还举出具体事例，谓举人宋纬，家贫并日而食，仍诵读不辍，县令郑板桥深契之，赠以银两，不受。[3] 板桥则作文自况：“弹丸小邑，称是非才。日高犹卧，夜户长开。年丰日永，波淡云回。鸟鸢声乐，牛马群谐。讼庭花落，扫积成堆。时时作画，乱石秋苔。时时作字，古与媚皆。时时作诗，写乐鸣哀。……图书在屋，芳草盈阶。昼食一肉，夜饮数杯。”[4] 又致信其弟谓：“学诗不成，去而学写。学写不成，去而学画。日卖百钱，以代耕稼，实救困贫，托名风雅。免谒当途，乞求官舍，座有清风，门无车马。……小城荒邑，十万编氓。何养何教，通性达情。何兴何废，务实辞名。一行不当，百虑难更。……若不速去，祸患丛生。……宦贫何畏，宦富可惴，即此言归，有赢不匮。……吾既不贪，尔亦无恚。”[5] 在此编户不到十万人的小县，政务稀少，讼事更简，板桥高才，显得游刃有余，空闲时间较多，他的诗、书、画特长得以充分发挥。他此时的宦况是惬意的，心情是轻松的，日子是过得相当自在的。

潍县任上，《清史列传》评价板桥：“及居官，则又曲尽情伪，厌塞众望。官潍县时，岁歉人相食。燮大兴修筑，招远近饥民赴工就食，籍邑中大户，令开厂煮粥轮饲之，有积粟责其平粜，活者无算。时有‘循吏’之目。”[6] 叶衍兰等《清代学者像传》载：“官山东潍县知县，有政声。在任十二年，囹圄囚空者数次。以岁

---

① 郑燮. 喝道[M]//卞孝萱，卞岐，编. 郑板桥全集（增补本）：卷二. 南京：凤凰出版社，2012：69.

② 嘉庆范县志：卷二[M]. 石印本. 1907（清光绪三十三年）：12.

③ 嘉庆范县志：卷二[M]. 石印本. 1907（清光绪三十三年）：45.

④ 郑燮. 止足[M]//卞孝萱，卞岐，编. 郑板桥全集（增补本）：卷二. 南京：凤凰出版社，2012：82.

⑤ 郑燮. 署中示舍弟墨[M]//卞孝萱，卞岐，编. 郑板桥全集（增补本）：卷二. 南京：凤凰出版社，2012：85-86.

⑥ 清史列传：卷七十二[M]. 北京：中华书局，1987：5882.

饥，为民请赈，忤大吏，遂乞病归。去官日，百姓痛哭遮留，家家画像以祀。”① 乾隆《潍县志》记，乾隆十三年，知县郑燮主持大修潍县城，捐资倡众，不假胥役，修城一千八百余尺，垛齿城楼表里完整，而属县及县中绅士二百四十五人，共计捐银八千七百八十六两，各烟店公捐制钱一百二十千文。② 潍县人郎一鸣，赋性敦朴，乐善好施，板桥令潍县时，修城垣，建桥梁，凡县中一切大工役，郎皆慨然出倍资为众人倡，板桥专门赠联：“为善无不报，读书当及时。”③ 县署东南天仙宫东有南园，即明嘉靖时刘应节园，天启时增构。园主郭伟业等能诗工书，作为县令的板桥，与之为文字交，常常觞咏其中。④ 举人朱若宾，移居固堤镇，“一时贤令如赖光表、郑燮行部戾止，咸加礼下马”。⑤ 王衍梅有诗称颂板桥之为政，谓：“循吏不我重，文采不我轻。斯民食橄榄，齿颊余芳声。至今三贤祠，高怀栎园并。经纶固未展，遗爱存典型。”所谓三贤，是指当地贤吏周亮工、赖光表和郑板桥。潍县百姓感念板桥为政，特建三贤祠，奉祀其人。⑥ 这些记载或评价表明，板桥在潍县的七年，主要从事赈灾救饥、灾后恢复重建，平时则处理诉讼，囹圄为空，礼贤文人，奖助寒生，与当地名流时相觞咏，诗文酬唱，板桥于县政是竭尽心力的，其一应兴作举措是有益于地方民生的，板桥其人，是得到百姓的爱戴的贤令和循吏，地方因而为之建祠奉祀。

板桥的知县生涯，其家乡的咸丰《重修兴化县志》如此总述：“知范县，爱民如子。绝苞苴，无留牍。公余辄与文士觞咏，有忘其为长吏者。调潍县，岁荒，人相食。燮开仓赈贷，或阻之，燮曰：‘此何时？俟辗转申报，民无孑遗矣。有谴，我任之。’发谷若干石，令民具领券借给，活万余人。上宪嘉其能。秋又歉，捐廉代输。去之日，悉取券焚之。潍人戴德，为立祠。燮生有奇才，性旷达，不拘小

---

① 叶衍兰，叶恭绰.清代学者像传校补[M].陈祖武，校补.北京：商务印书馆，2017：344.

② 乾隆潍县志：卷二[M].刻本.1760(清乾隆二十五年).

③ 民国潍县志稿：卷二十九[M].铅印本.1942(民国三十年)：18.

④ 民国潍县志稿：卷十一[M].铅印本.1942(民国三十年)：1.

⑤ 民国潍县志稿：卷三十[M].铅印本.1942(民国三十年)：21-22.

⑥ 王衍梅.题郑板桥先生像[M]//卞孝萱，卞岐，编.郑板桥全集(增补本)：第二册.南京：凤凰出版社，2012：23.

节，于民事则纤悉必周。尝夜出，闻书声出茅屋，询知韩生梦周，贫家子也，给薪水助之。韩成进士，有知己之感焉。官东省先后十二载，无留牍，亦无冤民。乞休归，囊橐萧然，卖书画以自给。”① 板桥自身也内心充实，曾作《自咏》诗，自我总结：“潍县三年范五年，山东老吏我居先。一阶未进真藏拙，只字无求幸免嫌。春雨长堤行麦陇，秋风古庙问瓜田。村农留醉归来晚，灯火千家望不眠。”②

概括相关记载，板桥出任知县12年间，特别是后7年潍县知县任上，他爱民如子，熟知民间实情，回应民间诉求，处理民间纤悉必周，特别擅长审理民间词讼，案无留牍，不冤不滥，平时为官清正廉洁，礼敬文士，资助寒生，作育人才，修筑城垣，灾年采用一切办法大力救灾赈饥。板桥为政，深受百姓爱戴，时论以“贤令”“循吏”褒称之。离任之日，囊无余资，百姓痛哭挽留，家家画像祭祀，离任之后，潍县百姓特建三贤祠，列入当地“三贤”名宦，以示感念。

板桥的12年山东知县生涯，在任主要是处理民间词讼和赈灾救饥两方面，以下分别叙论。

二、揆情断案

板桥最为突出的宦绩，是他在任时判断词讼廉明公正，地方文献说他长期在任，案无留牍，境无冤民，囚犯很少，监牢几次为空，差不多出现了传统时代孜孜以求的“无讼”状态。这是十分不容易的事。

州县官理政，最重要的是两类大事，一类是赋税钱粮的征缴，另一类是刑名诉讼的判处。官员是贤明还是不肖，能干还是庸劣，都在处理这两类大事上体现

---

① 咸丰重修兴化县志：卷八[M].刻本.1852(清咸丰二年)：15.

② 郑燮.自咏[M]//卞孝萱，卞岐，编.郑板桥全集(增补本)：卷四.南京：凤凰出版社，2012：113.

出来。审理民间诉讼，更是官员贤否的试金石，而被不肖官员视为牟利发财的好机会，往往无事生事，小事锻炼成大案，吃了原告吃被告，向双方敲诈勒索。范县是穷县，每年赋税只有银15000多两，民风较为淳朴，诉讼官司不多；潍县规模稍大，人户二三万，十四五万人，赋税43600多两，稍为富裕一点，事务较为繁杂，但在全国来说仍是小县。板桥是康熙秀才、雍正举人、乾隆进士，诗、书、画学养很好，任职期间，主要靠写字画画补充官俸的不足，不求做官发财，决意不向百姓搜括，不向地方索取。

板桥遇到民间告状，秉奉无讼、案不留牍宗旨，及时处理，随时判断。凡是田房争讼、钱债往来、夫妻吵架、兄弟失和、婆媳矛盾、婚礼纠纷等琐细事务，板桥一般抱息事宁人态度，不受词状，不予立案，而是听任民间调解，由家庭、宗族内部或地方邻里、保甲协调处理。如今残留下来的板桥判词大约250条，很多是“不准”。如：“王廷美等有无恃强逞凶，词未审明，混复，不准。”“陈氏虽经改嫁，小丑律应归宗，何时藉词悔赖，不准。”“尔被孙万年等毒打，受伤何处，未据查明，自是节外生枝，不准。”“张凤池究系何人，想亦奉先自写自递，乱闹官牙，可恶之至，不准。”“既于四月二十日传柬，何早不具控？尔子不在家，又不将婚书呈验，凭何察核？不准。”“张复举在伊地内使土，且离尔坟尚远，不便告阻。至复举盖屋，如果侵占尔地尺余，自邀约地原中理讲丈退可也。”“郑生瑞等果将粮食器具私载潜逃，该庄何止尔一人呈控？明有别情，不将实情说出，不准。”即使准予立案，板桥的做法，是先交由地方自理，如“着亲族遵批，即日议复”“该族长词证秉公调处速复”“道远果否买货外出，着地邻查明结复”“该族长协同词证，秉公理处”等，大多类此。①

对于涉讼公庭的案件，板桥慎重研判，尽显智慧。他秉奉情、理、法三者兼顾的原则，既于法条律例有据，又不违碍人之常情，合乎情节事理，只要不违背法条，尽量做到判断合情合理。这主要体现在以下几个方面。

---

① 郑燮.判词四种[M]//卞孝萱，卞岐，编.郑板桥全集（增补本）：卷十.南京：凤凰出版社，2012：311-330.

一是关爱人性，体现人之常情。潍县有个崇仁寺，与大悲庵相对，有个年轻的僧人与尼姑私通，被附近邻里发觉，捆缚送官。和尚与尼姑私情相通，这是件有伤风化的大事，既有违清规戒律，又违背王法律条，理当重处。板桥见两人年龄相当，讯问又得知两人自小青梅竹马，后来为情削发出家，现在因旧情难忘，私下相通。板桥于是下令先让两人还俗，去掉僧尼身份，然后判令两情相悦的两人结为夫妻。想不到县令如此通情达理，两人千恩万谢，众人也纷纷赞叹。板桥如此判断，两人既非出家人身份，自愿结合在一起就不违寺庵戒规；两人自幼年起直至今日有情有义，虽无父母之命、媒妁之言，但一直在追求爱情自由，合乎人之天性，应予支持，作为父母官，县令代为作主，允许两人结为夫妻，合情合理。这是兼顾情、理、法的经典判案，正是时人极为讲求的理讼最高境界。当时就有人(也有人说是郑燮本人)写诗，记为美谈："一半胡芦一半瓢，合来一处好成桃。从今入定风规寂，此后敲门月影遥。鸟性悦时空即色，莲花落处静偏娇。是谁勾却风流案，记取当堂郑板桥。"① 类似之例子还有，大概是女家悔婚，板桥判道："尔女十五，婿年二十岁，年甲未为不当，亦难审断分拆，业经做亲，应连成理。彼此当堂具，销案。"② 此外，寡妇是否改嫁，权在其本人，任何人包括家人族人等均无权干涉。板桥所批诸多起寡妇改嫁案，完全尊重个人意愿，如批："孀居寡媳，应善为抚恤，何得纵子逼嫁？姑从宽准息，再犯倍处。"又批："矢志守节，其属可嘉，准据禀批照收执可也。"③ 大多与此相类。

二是明确产权，维护正当权益。有一生员买了田产，隐匿多年，一直未交契税和税粮，被人告发。板桥作出判决："查典买田宅不税契者，笞五十，仍追契内价钱一半入官，不过割者，其田入官。今该生隐匿多年，被人首告，理应详革究拟。姑从宽，着持契当堂验税，薄罚可也。"④《大清律》规定，收买田产，必须缴纳契税，及时过割，照定额交纳粮税。板桥熟悉典章，如此判决，完全遵照法律

---

① 曾衍东. 小豆棚：卷十六[M]. 南山，点校. 武汉：荆楚书社，1989：298.
② 郑燮. 判词四种[M]//卞孝萱，卞岐，编. 郑板桥全集(增补本)：卷十. 南京：凤凰出版社，2012：319-320.
③ 郑燮. 判词四种[M]//卞孝萱，卞岐，编. 郑板桥全集(增补本)：卷十. 南京：凤凰出版社，2012：316.
④ 郑燮. 判词四种[M]//卞孝萱，卞岐，编. 郑板桥全集(增补本)：卷十. 南京：凤凰出版社，2012：313.

规定，量刑恰当。坟地为私家所有，法律规定，不得侵冒。有人在荒年为应急出卖坟地，后来要以贵价赎回，买家却措勒不允。板桥判道：“既系坟地，又经告争，用贵价赎回，未便绝卖。但系荒年救急，应着崔凤彩认还一切使费，并出契钱原价放赎可耳。”① 板桥裁断原主在承担了先前的交易费用、契税后以原价赎回，从而维护了原业主的权益。有马显者出卖林树，韩四拦阻不成，出名告状。板桥作出判断：“马显出卖林树，与韩四何涉？遽行拦阻，其中必非无因。着尔等再行确查，据实声明，另行覆夺。”② 此案板桥取慎重态度，没有当场判断，而是要求双方提供进一步证据，并令相关者再行确查。

三是注重证据，力求不枉不滥。他特别注重人证物证，不留空隙。他曾判断：“王廷美有无恃强逞凶，该地保覆夺。”③ 又判一案道：“王朴庵被王六戳伤身死，尔将其全家兄弟人等悉行告上，已拖死王奋笃一人。王六叠夹几次，未得真情，现在严审。刑房理当伺候，有何偏袒？从来杀人者死，一人一抵，有何徇纵之处？因该犯病未痊愈，不能招解，何得听信讼师倚恃尸亲，屡行刁渎，凛之，慎之！”④ 再如如此批文：“屡批词证理处，乃抗延不理，是否唐贞违拗，抑系词证搁置不理？准拘词证复夺。”⑤ “据称腊月廿六日夜间，张玉滋将尔母抢去盗卖，娶主是何名姓？何处人氏？财礼若干？尔母是否情愿？现在何处？何早不控？抢去粮粟多少？家器系何名目？尔现年若干？详细开明，用代书戳呈夺。”⑥ 如此这般，大概都是板桥看出讼案的症结所在，现有证据不足，有些连基本证据都不足，也有些案件可能是节外生枝，牵缠过滥，板桥充分认识到刑名案件必须慎之又慎，因而尽量搜集有力干证，以作出准确判断。

四是注重教化，维护人伦纲常。律设大法，教化为先。板桥是孝子，恪守纲常，判案随处体现出这一点。如批离婚诉讼道：“据称王小胖出外五年不归，究在

---

① 郑燮.判词四种[M]//卞孝萱,卞岐,编.郑板桥全集(增补本):卷十.南京:凤凰出版社,2012:314.
② 郑燮.判词四种[M]//卞孝萱,卞岐,编.郑板桥全集(增补本):卷十.南京:凤凰出版社,2012:316.
③ 郑燮.判词四种[M]//卞孝萱,卞岐,编.郑板桥全集(增补本):卷十.南京:凤凰出版社,2012:311.
④ 郑燮.判词四种[M]//卞孝萱,卞岐,编.郑板桥全集(增补本):卷十.南京:凤凰出版社,2012:315.
⑤ 郑燮.判词四种[M]//卞孝萱,卞岐,编.郑板桥全集(增补本):卷十.南京:凤凰出版社,2012:314.
⑥ 郑燮.判词四种[M]//卞孝萱,卞岐,编.郑板桥全集(增补本):卷十.南京:凤凰出版社,2012:315.

何处？作何生理？有无音信？夫妇大伦，未便因贫而废，着王振先同原媒据实覆夺。"① 批兄弟控诉案道："同堂兄弟，视为仇雠，无怪乎于茂勉之不理于尔也。仍自央人理说。"② 批继嗣案道："既据张则荣之子昭穆不对，着族长词证等将小二用议立可也""既据刘显德次子刘小卜系应继，刘长生不得阻挠。即着尔等公同议立可也"。③ 批师生互讼案道："既据患病三月，耽误子弟，亦所不免，但斯文体统，非可斤斤较计，应彼此看破。"④ 既合情理，又体现长幼、兄弟、夫妇以至师生人伦大义。

五是往往右贫左富，偏护弱势群体。板桥幼年失怙，忍饥挨饿，因而对穷苦之人充满同情，判断案件，往往偏护贫弱穷人，而挫压富豪。任职范县时，有个富商嫁女，临到举行婚礼，因嫌女婿家贫穷，突然赖婚。女婿是个读书人，出于无奈，告到县衙。板桥先将贫士留在署中，紧接着檄令富商到庭，态度从容地对富商说，你的女儿确实不能做贫家妇，然而你怎么能不为你的女婿考虑呢？如果你能以千金更换婚约，则有我在，好事就不愁不成。富商按照板桥所说，如数交银。板桥再次对富商说道："你的女儿不能以使女的身份出嫁，我为你寻觅一个乘龙快婿如何？这一千两银子可作妆奁之资。"富商闻听此话，非常高兴。正当富商感谢不已时，板桥已命贫士出见，当场就在大堂上行起婚礼，跪拜如仪，然后携带女子和银两而去。此事颇快人意，足为嫌贫贪富者戒。板桥如此判案，时人称为"盛德"。⑤ 又有一例，有次盐店扭送一人到官，说是私盐贩子，要求官府惩处。板桥见被告衣衫褴褛，根本不是私盐贩子，便对盐店商人说："你要求责扑其人，我为你将他枷号示众，如何？"盐商很高兴，满口说好。板桥马上吩咐衙役，用芦席编成一面高八尺宽一丈的大枷樗，樗的前部开个孔，令那个小贩套在头上。板桥就在堂上取了大纸十几张，画满兰竹，令人将这些画纸都糊贴到枷上。胥役连

---

① 郑燮.判词四种[M]//卞孝萱,卞岐,编.郑板桥全集(增补本):卷十.南京:凤凰出版社,2012:313.
② 郑燮.判词四种[M]//卞孝萱,卞岐,编.郑板桥全集(增补本):卷十.南京:凤凰出版社,2012:314.
③ 郑燮.判词四种[M]//卞孝萱,卞岐,编.郑板桥全集(增补本):卷十.南京:凤凰出版社,2012:317.
④ 郑燮.判词四种[M]//卞孝萱,卞岐,编.郑板桥全集(增补本):卷十.南京:凤凰出版社,2012:318.
⑤ 李斗.虹桥录上[M]//扬州画舫录:卷十.扬州:广陵古籍刻印社,1984:221.

人带枷，押赴盐店，将盐店门面堵了个严严实实，顿时引得人川流不息，观者如堵，盐店根本无法做生意。一个时辰下来，盐商窘迫不堪，转而苦苦哀求。板桥开怀大笑，将枷号之人释放。① 板桥如此判案，看似有点荒唐，实则极合情理，而且相当高明。盖因盐是专卖品，买卖均由法定渠道，若私自贩卖，其罪较重，处罚甚严。因而常常有人诬称他人贩卖私盐，以垄断渔利，或挟嫌报复。即使确有小商小贩贩卖私盐，也是被生计所迫，不会扰乱大局。此种情形，板桥自然十分了解，所以如此判决，明显是在维护贫穷之人。

三、 赈灾救饥

乾隆十一年(1746)，板桥由范县知县调任潍县。潍县属山东莱州府，地处山东偏东北中部，县事序列列为“冲、繁、难”之县。对其经济发展和社会进步程度，板桥有《潍县竹枝词》长篇描述：

三更灯火不曾收，玉脍金齑满市楼。云外清歌花外笛，潍州原是“小苏州”。

斗鸡走狗自年年，只爱风流不爱钱。博进已偿三十万，青楼犹伴美人眠。

负郭园林竹树深，良田美产贵于金。谁家子弟能销费，为买温柔一片心。

……满城富豪好栽花，洋菊洋桃信口夸。昨日胶州新送到，一盆红艳宝珠茶。

大鱼买去送财东，巨口银鳞晓市空。更有诸城来美味，“西施舌”进玉盘中。

罗绮成箱绣作堆，春衫窄袖好新裁。闺人不肯持刀尺，断要姑苏定织来。

① 曾衍东. 小豆棚:卷十六[M]. 南山,点校. 武汉:荆楚书社,1989:298.

……两行杨树一条堤，东自登莱达济西。若论五都兼百货，自然潍县甲青齐。

腌猪滴血满城红，南贩苏州北蓟中。纵使千金夸利益，何如本富作田翁。

……绕郭良田万顷赊，大都归并富豪家。可怜北海穷荒地，并篓盐挑又被拿。

二十条枪十口刀，杀人白昼共称豪。汝曹躯命原拼得，父母妻儿惨泣号。

放囚出狱泪千行，拜谢君恩转自伤。从此更无牢粥饭，又为盗窃触桁杨。

马思南北是山田，石块沙窝不殖钱。坐得三分秋稼熟，大家欢喜说丰年。

征发钱粮只恨迟，茅檐蔀屋又堪悲。扫来草种三升半，欲纳官租卖与谁？

潍城原是富豪都，尚有穷黎痛剥肤。惭愧他州兼异县，救灾循吏几封书。①

由此首《潍县竹枝词》，可知潍县土地较为肥沃，盛产农副产品，腌猪是其最负盛名的特产，北销京师，南销苏州。又地处南北东西要冲，商业流通发达，百货云集，市肆繁盛，有“小苏州”之称，是山东东部最为繁华之地。因为经济发达，当地生活水平较高，尤其是富商大户良田美宅，罗绮成箱，斗鸡走狗，追求享受，生活奢靡，青楼销金，高档生活消费品大多来自繁华之地苏州或诸城等地。如此繁华发达地区，存在两大弊端：一是贫富分化极为突出，富商豪户纸醉金迷，穷奢极欲，而贫困下户，蔀屋茅檐，即使丰年，交租后身剩无几，难以为活；二是弱肉强食，窃盗成风，狱囚为满，社会极不稳定，生民没有基本保障。

特别不巧的是，板桥来得不是时候。当年，山东歉收，发生大饥荒，饥民遍地，斗粟值钱上万，以至发生人相食的惨象，板桥采取各种措施紧急赈灾。板桥准备将官方库存粮食赈济灾民。官仓放粮，按制度规定，须向上司申报，获得批准方可实施。因此有人出面劝阻，板桥慨然道：“此何时？俟辗转申报，民无孑遗

---

① 郑燮.潍县竹枝词[M]//卞孝萱，卞岐，编.郑板桥全集（增补本）：卷四.南京：凤凰出版社，2012：115-116.

矣。有谴，我任之。”板桥民生为重，敢于担当，不计后果。发放仓谷，令民出具领券，救活万余人。发放仓粮的同时，板桥统计县中富裕大户，令其设厂煮粥，供饥民轮流就食；凡是积粟之家，责其平价出粜粮食。进入秋季，年成歉收，灾情并未完全消退，板桥沿用北宋名臣范仲淹等人行之有效的赈灾做法，大兴工役，修筑城池，招徕远近饥民就食赴工，以工代赈，一举两得，救活百姓无数。次年春，潍县旱灾，又闹饥荒，后来陆续阴雨，形成涝灾。板桥再次采取各种措施赈灾。

此次灾情，十分严重。目睹民间背井离乡纷纷逃荒就食的惨象，板桥作《逃荒行》诗："十日卖一儿，五日卖一妇，来日剩一身，茫茫即长路。……豺狼白昼出，诸村乱击鼓……道旁见弃婴，怜拾置担釜，卖尽自家儿，反为他人抚。"① 灾荒之年，穷人卖儿鬻妻，仍然无法存活，只得逃荒，流落在外，各家各村，死气沉沉，甚至光天白日也豺狼出没。乾隆十三年，因连年灾荒，朝廷派大学士高斌、刘统勋等大员赴山东赈灾，板桥受命协助。此次赈灾，朝廷大员主持赈灾，大发仓粮，民间受惠，度过灾殣。板桥颇感欣慰，作诗有："相公捧诏视东方，百万陈因栖太仓。天谳播时人尽饫，好风吹处日俱长。"② 次年春，潍县仍然饥荒，但秋粮丰收，灾民返乡，板桥倍感欣慰，作《还家行》诗，以纪其事，其中有"死者葬沙漠，生者还旧乡，遥闻齐鲁郊，谷黍等人长。……念我故妻子，羁卖东南庄，圣恩许归赎，携钱负橐囊。其妻闻夫至，且喜且彷徨，大义归故夫，新夫非不良。摘去乳下儿，抽刀割我肠"句。③ 又作《思归行》，有"山东遇荒岁，牛马先受殃，人食十之三，畜食何可量。……何以既赈后，不能使乐康？何以方赈时，冒滥兼遗忘"句。④ 当年遭灾，逃荒在外，妻离子散，灾后归来，虽重圆旧镜，但又只能抛弃新家，丢下乳下婴儿。而大凡赈灾，其间弊端丛生，总有冒名领赈吞蚀赈款之弊，也有遗漏不到之处，灾地民庶，苦难深重，板桥作为父母官，灾后还在反思，扪

---

① 郑燮.逃荒行[M]//卞孝萱,卞岐,编.郑板桥全集(增补本):卷三.南京:凤凰出版社,2012:90.

② 郑燮.和高相公给赈山东,道中喜雨水并五日自寿之作[M]//卞孝萱,卞岐,编.郑板桥全集(增补本):卷三.南京:凤凰出版社,2012:96.

③ 郑燮.还家行[M]//卞孝萱,卞岐,编.郑板桥全集(增补本):卷三.南京:凤凰出版社,2012:91.

④ 郑燮.思归行[M]//卞孝萱,卞岐,编.郑板桥全集(增补本):卷三.南京:凤凰出版社,2012:92.

心自问，尽到民社之责与否，赈灾有无失着不周之处。乾隆十六年，海水漫溢，板桥至禹王台勘灾，作《禹王台北勘灾》诗谓：“沧海茫茫水接天，草中时见一畦田。波涛过处皆盐卤，自古何曾说有年。”

板桥担任潍县知县的前五六年间，水旱灾害连年，灾情严重，百姓流离失所，饿殍载道，板桥的工作主要是在赈灾救饥。时当灾歉年份，板桥是倾尽心力的，他采取了各种切实有效的措施，动员了官方、社会和民间各方力量，尽量减轻自然灾害对地方和百姓的损害。

四、罢官原因

对于板桥的12年知县任官，同时及稍晚于他的有些人评价不高，至于罢官原因，更是说法各异。福建建安人郑方坤《本朝名家诗钞小传》称：“既得官，慈惠简易，与民休息，人亦习而安之。而嵚崎历落，于州县一席，实不相宜。世方以武健严酷为能，而板桥以一书生，欲清净无为，坐臻上理，闻者实应且憎，不则怒骂谴诃及矣。”① 山东嘉祥人曾衍东认为，板桥“性倜傥，好为苟杂奇僻之行。又尝不矜小节，洒洒然狂达自放。如板桥者，使之班清华，选玉堂，摛词绘藻，相与鼓吹休明，岂不甚善，奈之何加以民社之任，颠倒于簿书鞅掌中哉！呜呼！造物生才不偶，有才者不能见用，用矣又违其才，均可惜也！后出宰范邑，自范而潍，每多废事”。② 江苏长洲人戴延年则说：“扬州郑进士板桥，曾任山东潍县令，恃才玩世，以是去官。”③ 江苏昭文人蒋宝龄也说：“板桥性疏放不羁，以进士选范

---

① 郑方坤. 本朝名家诗钞小传：卷4，板桥诗钞小传[M]. 龙威秘书：三集 第5册. 世德堂重刊本，36.

② 曾衍东. 小豆棚：卷十六[M]. 南山，点校. 武汉：荆楚书社，1989：298.

③ 戴延年. 秋灯丛话[M]//昭代丛书：戊集续编 卷23：5.

县令，日事诗酒。及调潍县，又如故，为上官所斥。”①

这些人均认为板桥有才，并高度肯定其书画成就，但朝廷用非其人，地方政务实非板桥所长，板桥鞅掌地方，恃才玩世，诗酒人生，未尽心力，以致每多废事误事。

对于板桥的为政风格及其罢官原由，时人有精彩记载。乾隆十六年，板桥还在任上，山东胶州人法坤宏落第归程，经过潍县，在友人席上，向二三商人问及板桥为政。群商回答：“郑令文采风流，施于有政，有所不足。”法问：“岂以诗酒废事乎？”商人答道：“喜事。丙寅、丁卯间，岁连歉，人相食，斗粟值钱千百。令大兴工役，修城凿池，招徕远近饥民，就食赴工；籍邑中大户，开厂煮粥，轮饲之；尽封积粟之家，责其平粜。讼事则右窭子而左富商。监生以事上谒，辄庭见，据案大骂：‘驮钱驴有何陈乞，此岂不足君所乎！’命皂卒脱其帽，足蹋之，或捽头黥面而驱之出。”法说：“令素怜才爱士，此何道？”商人答道：“惟不与有钱人面作计。”法笑言道：“贤令，此过乃不恶！”一众商人相顾愕然，离座而去。② 丙寅、丁卯即乾隆十一、十二年，法坤宏所记商人述说板桥行事，与其他记载完全吻合。但在商人看来，板桥在灾祲之时责令积粟之家平粜贫民、统计富裕大户开厂煮粥以救灾民，让人不堪承受；灾后以工代赈大兴工役是“喜事”。原来如此！板桥通过凭藉富商大户之力赈灾救饥开展灾后恢复重建的做法，损害了富商大户的利益，得罪了这些强势群体。板桥平时行事，又以审理民间词讼见长，但其理讼“右窭子而左富商”，偏护贫士弱户，“惟不与有钱人面作计”，如此裁断，那些富商大户极不认同，深以为苦。

然则如上所述，在潍县那样一个富商大户实力雄厚、两极分化突出的地方，遇到数十年无见的连年灾荒，要妥善地开展赈灾救饥，除了责令当地富商大户出资放血，以当地之财解当地之困，恐怕别无良法。就此而论，对富商大户弱肉强食之行为深感痛恨，对升斗小民之悲惨遭遇寄予深切同情，而理事往往偏护弱势

---

① 蒋宝龄. 郑板桥诗画自成一家[M]//程青岳批注，李保民校点. 墨林今话. 上海：上海古籍出版社，2015：13.

② 法坤宏. 书事[M]. 李桓，辑. 国朝耆献类征初编：卷二三三. 扬州：广陵书社，2007：7385.

群体的知县板桥，采用抑富助贫、藉富户之力救贫民之急，就是极为正常合理之举了。

此次大规模赈灾救饥以及板桥的凄惨下场，《清代学者像传》说他“岁饥为民请赈，忤大吏，遂乞病归”；咸丰《兴化县志》记为“上宪嘉其能”，后来“乞休归”。其实这些皆是曲隐之笔，并非实际情形。此次赈灾过后仅四年的乾隆十六年，板桥自记：“乾隆十二年告灾不许，反记大过一次，百姓含愁，知县解体。”① 从此板桥自记和后来板桥解任时自述以“贪婪”遭黜，则后续几年板桥责令富商大户粜粮济贫、设厂煮粥、捐资助工等做法，不仅不被上司所认可，反而被诬以“贪婪”之罪，而遭罢斥。

板桥有才，尤擅审理词讼，范县、潍县两县都是小县，钱粮词讼事务并不繁重，以板桥之才，足以胜任。板桥对生民之艰寄予深切同情，他关心民瘼，及时理政，时人说他“慈惠简易，与民休息”，当地地方志书说他“爱民如子”“绝苞苴，无留牍”“亦无冤民”，又说他“通达事理”，他自我评价是“山东老吏我居先”。板桥对民间实情是充分了解的，对地方治理是尽心尽力的。他有一诗：“衙斋卧听萧萧竹，疑是民间疾苦声。些小吾曹州县吏，一枝一叶总关情。”② 这样心中始终装着百姓的人，自然不能说他不适宜出任地方官，更不可因诗酒人生而废误了政事。在了解实情的基础上，板桥的举措是行之有效的，官方评价他“曲尽情伪，厌塞众望”，地方将他列入三贤祠，奉为循吏、贤令祭祀，有这样声望的人，自然不会是人地不宜、因酒误事之人。板桥还在潍县任上，当范县旧吏前往看望他时，他曾经吟诗：“范县民情有古风，一团和气又包容。老夫去后相思切，但望人安与岁丰。”并自注：“罢官后，当移家于范，约为兄弟婚姻。”③ 如果因作诗喝酒荒废了政事未尽到父母官的职责，板桥怎会还留下退官后移居为官之地的眷恋

---

① 郑燮. 潍县竹枝词[M]//卞孝萱，卞岐，编. 郑板桥全集（增补本）：卷四. 南京：凤凰出版社，2012：116.

② 郑燮. 墨竹图[M]//卞孝萱，卞岐，编. 郑板桥全集（增补本）：附录四. 南京：凤凰出版社，2012：116.

③ 郑燮. 赠范县旧胥[M]//卞孝萱，卞岐，编. 郑板桥全集（增补本）：卷四. 南京：凤凰出版社，2012：112.

之念？板桥曾经填词自我总结其官宦生涯：“十年盖破黄绸被，尽历遍、官滋味。雨过槐厅天似水，正宜泼茗，正宜开酿，又是文书累。坐曹一片吆呼碎，衙子催人妆傀儡，束吏平情然也未？酒阑烛跋，漏寒风起，多少雄心退！”① 字里行间，透露出板桥的心迹举止：不是他作为知县误废了政事，而是官职仕途耽误了他这个诗酒人才。

综上所述，板桥较长时间担任知县一级基层地方官，是称职的。他廉操自饬，念切民生，善理民事，尤长理讼，是深受地方和百姓爱戴的循吏贤令。他12年知县生涯，无亏官箴，未废民事，但他的为政风格，处理民间利益纠纷往往偏护弱势群体，平时处理民间词讼和灾年实施赈灾救饥又损害了某些人特别是那些富商大户的利益，得罪了那些富商大户，所以长期为官称职尽力，却不升反黜，以至罢归。板桥任官，衡之于循吏“清、慎、勤”三字经的至高标准，或许勤谨方面，仍有不足，而清慎二字，则当之无愧。因此，板桥的诗酒人生，却是他保持廉洁操守的看家本领，他以其艺事作品，换钱养生养家，一个常常思考于民何养何教、何兴何废的循吏，是断不会废事误事的。诗酒自有之，废事则殊少可能。

---

① 郑燮．官况[M]//卞孝萱，卞岐，编．郑板桥全集(增补本)：卷五．南京：凤凰出版社，2012：151.

郑板桥题画诗文简论

徐有富(江苏省文史研究馆)

清代康乾时期的扬州地区，经济繁荣，文化事业兴盛，特别是书画市场十分活跃，形成了以画家金农、郑燮等为代表的所谓“扬州八怪”。《板桥偶记》谈道：“王箬林澍、金寿门农、黄松石树谷，后名山、郑板桥燮、高西唐翔、高凤翰西园、皆以笔租墨税，岁获千金，少亦数百金，以此知吾扬之重士也。”① 如今还保留一份《板桥笔榜》，也即郑板桥当年出售书画作品的价格表，今亦录之如下：“大幅六两。中幅四两。小幅二两。书条、对联一两。扇子、斗方五钱。凡送礼物、实物总不如白银为妙。”② 这份笔榜大抵反映了当时扬州书画市场的行情。郑板桥《骨董》诗复称：“末世好骨董，甘为人所欺。千金买书画，百金为装池。”③ 所述未免有些夸张，从中也略可窥见当时扬州富商云集，爱好收藏书画的社会风气之盛。

郑板桥擅画竹、兰、石，创作素材不宽，但是他的书画作品却深受欢迎，广为流传，并产生了巨大影响，其中一个重要原因是他的题画诗文写得特别好，为他的画增色不少。他早就注意到了前辈画家题画诗文的重要意义，指出：“文与可墨竹诗云：‘拟将一段鹅溪绢，扫取寒梢万尺长。’梅道人云：‘我亦有亭深竹里，也思归去听秋声。’皆诗意清绝，不独以画传也。不独以画传，而画益传。”④ 郑板桥的题画诗文水平，同前人相比有过之而无不及。如清林苏门《邗江三百吟》卷七

① 郑燮.郑板桥全集[M]//卞孝萱,编.济南:齐鲁书社,1958:238.
② 郑燮.郑板桥全集[M]//卞孝萱,编.济南:齐鲁书社,1958:243.
③ 郑燮.郑板桥全集[M]//卞孝萱,编.济南:齐鲁书社,1958:74.
④ 郑燮.郑板桥全集[M]//卞孝萱,编.济南:齐鲁书社,1958:200.

《趋时清赏门·板桥题画》称郑板桥："晚年乞休归里，往来扬郡，字画易钱。时人但以字之怪，画之随意，不惜分金而换易之，而不知所擅长者，则在闲言戏语题幅中多妙趣耳。"① 本文试对其题画诗文的内容与特点略作分析。

一、内容

郑板桥题画诗文的内容丰富多彩。首先是能揭示画的主题，往往起到画龙点睛的作用。如其《潍县署中画竹呈年伯包大中丞括》："衙斋卧听萧萧竹，疑是民间疾苦声。些小吾曹州县吏，一枝一叶总关情。"②《清史列传·文苑传·郑燮传》对其关心民间疾苦的情况作过较为详细的介绍，称其："官潍县时，岁歉，人相食。燮大兴修筑，招远近饥民赴工就食。籍邑中大户，令开厂煮粥轮饲之。有积粟，责其平粜，活者无算。时有循吏之目。"③ 他的赈灾措施，自然也遭到一些权贵的反对，但他毫不动摇，并在一幅题为《竹石》的立轴中写道："咬定青山不放松，立根原在破岩中。千磨万击还坚劲，任尔东西南北风。"④ 最终他还是由于赈灾得罪大吏而辞官返乡。郑板桥曾谈起过这件事："乾隆十二年告灾不许，反记大过一次，百姓含愁，知县解体。"⑤ 叶衍兰《清代学者像传》也称其在任潍县县令期间，"以岁饥，为民请赈，忤大吏，遂乞病归。去官日，百姓痛哭遮留，家家画像以祀。"⑥ 而在去官前，他还特地画竹写诗，题为《予告归里，画竹别潍县绅士民》，诗曰："乌纱掷去不为官，囊空萧萧两袖寒。写取一枝清瘦竹，秋风江上作

---

① 郑燮．郑板桥全集[M]//卞孝萱，编．济南：齐鲁书社，1958：640.
② 郑燮．郑板桥全集[M]//卞孝萱，编．济南：齐鲁书社，1958：204.
③ 郑燮．郑板桥全集[M]//卞孝萱，编．济南：齐鲁书社，1958：545.
④ 郑燮．郑板桥全集[M]//卞孝萱，编．济南：齐鲁书社，1958：221.
⑤ 郑燮．郑板桥全集[M]//卞孝萱，编．济南：齐鲁书社，1958：320.
⑥ 郑燮．郑板桥全集[M]//卞孝萱，编．济南：齐鲁书社，1958：548.

鱼竿。”①

郑板桥还爱用山中之兰与盆中之兰的艺术形象，来表达他反对束缚，追求自由的思想。他爱山中之兰而非盆中之兰，曾明确指出：“兰花本是山中草，还向山中种此花。尘世纷纷植盆盎，不如留与伴烟霞。”② 他是反对画盆中之兰的，尝云：“画兰切莫画盆罂，石缝山腰寄此身。总要完他天地在，世间栽种枉多神。”③ 即使画盆兰，他所表达的仍然是冲破束缚，追求自由的思想。如《画盆兰劝无方上人南归》：“万里关河异暑寒，纷纷灌溉反摧残。不如归去匡庐阜，分付诸花莫出山。”④

郑板桥往往通过所画兰竹石来表达自己的生活情趣，而画中所表现的生活情趣由于题画诗文，能得到更加鲜明的反映。郑板桥有一篇题画文云：“余家有茅屋二间，南面种竹，夏日新篁初放，绿阴照人，置一小榻其中，甚凉适也。乾隆丁卯(1747)中秋前一日，兴化板桥郑燮画。”⑤ 乾隆丁卯即乾隆十二年，如前所述，该年他告灾不许，反被记大过一次，遂萌生辞官之意，于是通过对昔日在家乡的闲适生活的回忆，将要挣脱官场生活的羁绊之意婉转而清晰地表达出来了。在一首题画诗中，这层意思表现得更加鲜明：“深山绝壁见幽兰，竹影萧萧几片寒。一顶乌纱须早脱，好来高枕卧其间。”⑥

郑板桥于乾隆十八年(1753)罢官，同年撰《罢官作二首》充分表达了他重新获得自由的愉快心情，其一曰：“老困乌纱十二年，游鱼此日纵深渊。春风荡荡春城濶，闲逐儿童放纸鸢。”⑦ 深渊里的游鱼与春风中的纸鸢，都充分表现了作者辞官返乡后重新获得自由之可贵与快乐。郑板桥以卖字画为生。在他的题画诗文中反复描写过他那富有诗情画意的理想生活。如：“茅屋一间，天井一方，修竹数竿，小石一块，便尔成局，亦复可以烹茶，可以留客也。月中有清影，夜中有风声。

① 郑燮.郑板桥全集[M]//卞孝萱,编.济南:齐鲁书社,1958:204.
② 郑燮.郑板桥全集[M]//卞孝萱,编.济南:齐鲁书社,1958:209.
③ 郑燮.郑板桥全集[M]//卞孝萱,编.济南:齐鲁书社,1958:348.
④ 郑燮.郑板桥全集[M]//卞孝萱,编.济南:齐鲁书社,1958:213.
⑤ 郑燮.郑板桥全集[M]//卞孝萱,编.济南:齐鲁书社,1958:350.
⑥ 郑燮.郑板桥全集[M]//卞孝萱,编.济南:齐鲁书社,1958:385.
⑦ 郑燮.郑板桥全集[M]//卞孝萱,编.济南:齐鲁书社,1958:327.

只要闲心消受耳。”①

郑板桥画及题画诗往往表达其哲思与理趣而耐人寻味。如《峤壁兰》：“峭壁一千尺，兰花在空碧。下有采樵人，伸手折不得。”② 读者可从中联想到可望而不即的成语。读者还可以进一步想到采樵人之所以能将山中兰花移入盆中，拿到市场上出售，是因为兰花所置身的环境还不够高，如果置身于一千尺的峭壁上，那么樵夫就够不到了。这当然是一种比喻，它能让人从中获得一些人生感悟，譬如人们误入尘网，显然既有客观原因，又有主观原因。

郑板桥在画兰时往往要画上荆棘，并且还在题画诗文中说明了其中的道理。如南京博物院藏兰棘图有题辞云：“满幅皆君子，其后以荆棘终之。何也？盖君子能容纳小人。无小人亦不能成君子。故棘中之兰，其花更硕茂矣。”③ 画家以兰花比喻君子，以荆棘比喻小人，并注意到了两者的辩证关系。在《画芝兰荆棘图寄蔡太史》画中，板桥题诗云：“写得芝兰满幅春，傍添几笔乱荆榛。世间美恶俱容纳，想见温馨淡远人。”世界是由万物组成的，万物间存在着差别，因而也就导致了其丰富性，诗中所表现出来的兼容并包思想，无疑是科学的。郑板桥的题画诗还谈道：“莫漫锄荆棘，由他与竹高。《西铭》原有说，万物总同胞。”《西铭》是宋代哲学家张载的铭文，该文一开头就说，天地是人类万物的共同父母，人类万物皆为同胞。郑板桥甚至将善待荆棘提升到哲学的高度，因此其画作就更加耐人寻味了。

郑板桥的题画诗文还对书画理论进行了广泛而深入的探讨。郑板桥是主张师法自然的。尝称：“韩干画御马，云：‘天厩中十万匹，皆吾师也。’予客居天宁寺西杏园，亦曰：后园竹十万个，皆吾师也，复何师乎？”④ 他曾将“窗棂用匀薄之纸糊之，风和日丽，冻蝇触窗纸上，冬冬作小鼓声。于时一片竹影凌乱，岂非天然图画乎！凡吾画竹，无所师承，多得于纸窗粉壁日光月影中耳”。⑤ 他的创作灵

---

① 郑燮. 郑板桥全集[M]//卞孝萱，编. 济南：齐鲁书社，1958：393.
② 郑燮. 郑板桥全集[M]//卞孝萱，编. 济南：齐鲁书社，1958：212.
③ 郑燮. 郑板桥全集[M]//卞孝萱，编. 济南：齐鲁书社，1958：385.
④ 郑燮. 郑板桥全集[M]//卞孝萱，编. 济南：齐鲁书社，1958：358.
⑤ 郑燮. 郑板桥全集[M]//卞孝萱，编. 济南：齐鲁书社，1958：198.

感往往也来自生活，如其《为无方上人写竹》云：“雷停雨止斜阳出，一片新篁旋剪裁。影落碧纱窗子上，便拈笔素写将来。”①

其实，他对前人画兰竹的历史与经验，也作过深入的总结。不过他对前人的经验有所吸取，也有所扬弃，并最终形成自己的风格。尝云：“石涛和尚客吾扬州数十年，见其兰幅，极多亦极妙。学一半，撇一半，未尝全学。非不欲全，实不能全，亦不必全也。诗曰：十分学七要抛三，各有灵苗各自探。”② 苏轼《文与可画筼筜谷偃竹记》云：“画竹必先得成竹于胸中。”后来形成了胸有成竹的成语，而为人们所普遍接受。但是，郑板桥依据自己的创作经验，经过独立思考，提出了不同看法，指出：“江馆清秋，晨起看竹，烟光日影露气，皆浮动于疏枝密叶之间。胸中勃勃，遂有画意。其实胸中之竹并非眼中之竹也。因而磨墨展纸，落笔倏作变相，手中之竹，又不是胸中之竹也。总之，意在笔先者，定则也；趣在画外者，化机也。”③ 在郑板桥看来，眼中之竹、胸中之竹、手中之竹是不尽相同的，既要做到意在笔先，在创作时又要能随机应变，应当说这是符合书画创作实际情况的。

郑板桥绘画是主张简约美的，他有一副著名的对联：“删繁就简三秋树，领异标新二月花。”末题：“与韩生镐论文，郑板桥。”④ 这副对联显然是郑板桥本人创作经验的总结，“删繁就简”与“领异标新”是对其绘画特色与创造性的准确概括。他在一首三言竹石题画诗中明确指出：“一块石，两根竹。少好看，多不得。”⑤ 他于乾隆辛未(1748)秋题画云：“一两三枝竹竿，四五六片竹叶，自然淡淡疏疏，何必重重叠叠。”⑥ 读者也注意到郑板桥画的这一特点，如清金德英《题郑板桥赠兰竹画》云：“画兰不多三五茎，画竹不多三五竿。纸宽墨润腕力余，更添古石三五片。”⑦

---

① 郑燮.郑板桥全集[M]//卞孝萱,编.济南:齐鲁书社,1958:203.
② 郑燮.郑板桥全集[M]//卞孝萱,编.济南:齐鲁书社,1958:209.
③ 郑燮.郑板桥全集[M]//卞孝萱,编.济南:齐鲁书社,1958:199.
④ 郑燮.郑板桥全集[M]//卞孝萱,编.济南:齐鲁书社,1958:444.
⑤ 郑燮.郑板桥全集[M]//卞孝萱,编.济南:齐鲁书社,1958:511.
⑥ 郑燮.郑板桥全集[M]//卞孝萱,编.济南:齐鲁书社,1958:350.
⑦ 郑燮.郑板桥全集[M]//卞孝萱,编.济南:齐鲁书社,1958:617.

郑板桥笔下的兰、竹、石是具有象征意义的，尝云："介于石，臭如兰，坚多节，皆《易》之理也，君子以之。"① 复称："一竹一兰一石，有节有香有骨。满堂皆君子之风，万古对青苍之色。"② 从象征意义的角度看，兰竹无论多少都是一样的，郑板桥清晰地认识到："一枝瘦竹何曾少，十亩丛篁未是多。勘破世间多寡数，水边沙石见恒河。"③ 而究其实际效果而言，少反而胜于多。如郑板桥于《一枝竹十五片叶呈七太守》画中题诗云："敢云少少许，胜任多多许。努力作秋声，瑶窗弄风雨。"④ 画兰以少胜多是他自觉的感悟与选择，如他在《折枝兰》画中题诗道："多画春风不值钱，一枝青玉半枝妍。山中旭日林中鸟，衔出相思二月天。"时间是早春二月，一枝兰花只有半枝开得非常妍丽就说明了这一点。后两句当为想象之词，在树木繁茂的山中，在旭日的照耀下，鸟儿正在叽叽喳喳地叫着，表达着友谊与爱情。这是何等富于生机的画面。

所画兰竹越少，给读者留下的想象空间也就越大。宋人叶绍翁《游园不值》中的名句"春色满园关不住，一枝红杏出墙来"，诗人通过一枝出墙红杏，就让人感受到了满园春色。郑板桥为一幅画题诗云："一枝偶向崖边出，便晓山中篆簜多。"画家同样也通过崖边偶然伸出的一枝竹竿，让读者感受到了山中的无边竹海。"一枝偶向崖边出"与"一枝红杏出墙来"的构思同样巧妙。郑板桥晚年明确谈道："画有在纸中者，有在纸外者。此番竹竿多于竹叶，其摇风弄雨，含露吐雾者，皆隐跃于纸外乎！"落款云："乾隆甲申，七十二老人板桥郑燮写此。"⑤ 看来，垂暮之年的郑板桥殷切期望读者，不仅要读他的纸中画，而且更重要的是要品味他画在纸外的寓意。

---

① 郑燮. 郑板桥全集[M]//卞孝萱，编. 济南：齐鲁书社，1958：217.
② 郑燮. 郑板桥全集[M]//卞孝萱，编. 济南：齐鲁书社，1958：390.
③ 郑燮. 郑板桥全集[M]//卞孝萱，编. 济南：齐鲁书社，1958：357.
④ 郑燮. 郑板桥全集[M]//卞孝萱，编. 济南：齐鲁书社，1958：203.
⑤ 郑燮. 郑板桥全集[M]//卞孝萱，编. 济南：齐鲁书社，1958：356.

二、特色

郑板桥具有很好的审美观，他善于发现生活中的美。如谓："昨游江上，见修竹数千株，其中有茅屋，有棋声，有茶烟飘扬而出，心窃乐之。次日过访其家，见琴书几席，净好无尘，作一片豆绿色，盖竹光相射故也。静坐许久，从竹缝中向外而望，见青山大江，风帆渔艇，又有苇洲，有耕犁，有馌妇，有二小儿戏于沙上，犬立岸傍，如相守者，直是小李将军画意，悬挂于竹枝竹叶间也。"末题："乾隆戊寅清和月，板桥郑燮画竹后又记。"小李将军乃唐代著名山水画家李昭道，传世作品有《春山行旅图》。读罢此段文字，虽未见图画原作，亦可见其诗情画意盎然。

郑板桥的过人之处，还在于他能从丑中看出至美来。尝论画石云："米元章论石，曰瘦、曰绉、曰漏、曰透，可谓尽石之妙矣。东坡又曰：'石文而丑。'一'丑'字，则石之千态万状，皆从此出。彼元章但知好之为好，而不知陋劣之中有至好也。东坡胸次，其造化之炉冶乎！燮画此石，丑石也。丑而雄，丑而秀。弟子朱青雷，索予画不得，即以是寄之。青雷袖中倘有元章之石，当弃弗顾矣。"① 米元章即北宋著名书法家、画家米芾，善画枯木竹石。郑板桥批评米芾画石的理论与实践，旨在充分肯定自己发现丑石之美的价值与意义。当然在丑中发现美也不局限于丑石，他曾回忆道："昔游天目山，与老僧坐秘室中，闻幽兰香，不知所出。僧即开小窗，见矫壁千尺，皆芳兰披拂，而下又有枯树根，怪丑坏烂，兰亦寄生其上，如虬龙勃怒，鬐鬣皆张，实异境也。"②

郑板桥的画往往构思巧妙，其题画诗文常能恰到好处地展现其构思的巧妙之

---

① 郑燮.郑板桥全集[M]//卞孝萱,编.济南:齐鲁书社,1958:215.

② 郑燮.郑板桥全集[M]//卞孝萱,编.济南:齐鲁书社,1958:347.

处。如其《题破盆兰花图》："春风春雨写妙颜，幽情逸韵落人间。而今究竟无知己，打破乌盆更入山。"① 如前所说，郑板桥不喜欢画盆兰，此图画破盆兰花可谓别出心裁。尤其令人拍案叫绝的是作者采取拟人的手法，说该花盆是由兰花打破的，目的在于要重新回到山中，真是想人之不承想，想人之不敢想，这充分地表现了郑板桥艺术创作的创造性。再如其《修竹清石图》题画诗云："一块峰峦耸太行，两枝修竹画潇湘。湖南泽绛三千里，都入吾家郭外庄。"落款为："乾隆辛巳板桥郑燮写于扬州。"② 画家在扬州画了这幅壮丽的《修竹清石图》，他特地移来一块如峰峦般高耸的太行山巨石，又从三千里之外的湖南泽畔选取了两枝修长的潇湘竹，竹枝上还有许多褐色的斑点，传说那是娥皇、女英为悼念夫君舜所流下的泪水染成的。如此巧妙的构思，自然大大增强了画作的艺术感染力。再如其《折枝兰》："晓风含露不曾干，谁插晶瓶一箭兰。好似杨妃新浴罢，薄罗裙系怯君看。"花瓶中插上一枝箭兰，也许人们不以为奇，但是经过作者巧妙的构思，画与诗立即充满了美感。首句告诉我们这枝箭兰是清晨刚刚折下来的，还带着露水，特别新鲜。次句告诉我们这枝箭兰被插在水晶瓶中，其价值自然也就不同寻常。三四两句以我国最著名的美女，并且是新出浴的杨贵妃作比，她穿着一件薄罗裙，唐明皇正在色眯眯地欣赏着她，让她羞答答怯生生地显得不好意思，则这枝箭兰之美也就展露无遗了。

郑板桥题画诗文在语言上也具有极其鲜明的特点，那就是通俗易懂，生动活泼。郑板桥能在题画诗文中极其鲜明地表达自己的观点，让人读罢觉得痛快淋漓。他爱画兰竹，主要是因为它们能经受风雪的考验，四季常青，尝云："四时花草最无穷，时到芬芳过便空。唯有山中兰与竹，经春历夏又秋冬。"③ 复云："一二十片叶，三四两竿节。可以耐风霜，亦可欺冰雪。"④ 他还特别赞美了竹枝与狂风作斗争的精神："秋风昨夜渡潇湘，触石穿林惯作狂。惟有竹枝浑不怕，挺然相斗一千

① 郑燮.郑板桥全集[M]//卞孝萱,编.济南:齐鲁书社,1958:124.
② 郑燮.郑板桥全集[M]//卞孝萱,编.济南:齐鲁书社,1958:376.
③ 郑燮.郑板桥全集[M]//卞孝萱,编.济南:齐鲁书社,1958:391.
④ 郑燮.郑板桥全集[M]//卞孝萱,编.济南:齐鲁书社,1958:359.

场。”末题：“乾隆著雍摄提格姑洗之月，板桥郑燮画并题。”秋风过处，落叶满地，惟有竹枝，挺然屹立，令人神往。

他还具体而鲜明地描写了自己的理想生活：“三间茅屋，十里春风，窗里幽兰，窗外修竹。此是何等雅趣，而安享之人不知也。”① 并明确指出那些安享物质生活的富贵者，由于生活情趣低俗，是不懂得其中的雅趣的。他还在题画诗文中对此作了生动而深入的分析：“虬松怪石，异草名花，画槛朱楼，斜阳曲沼，此富贵人之园亭也。贵者骛于朝而不得归，富者骛于市而不得乐，何如一个闲人，数间茅屋，一块石头，几竿修竹，转得优游自适也。诗曰：一个闲人数间屋，阶下石头檐外竹。偶然读得好诗词，高声唱个无腔曲。”② 所谓“闲人”显然指像他这种无官一身轻，以卖画为生自食其力，而又有很高文化修养的自由自在的人。诗的末两句充分表现了他自得其乐的愉悦之情。

为了让读者一目了然，他在题画诗文中基本上不用典故，而喜欢采用日常生活中的流行语言，如“世人只晓爱兰花，市买盆栽气味差。明月春风白云窟，青山是我外婆家。”末题“乾隆丁丑秋七月，板桥道人郑燮画并题。”③“气味差”与“外婆家”都是口语，用“气味差”评价盆栽兰花的缺点，其缺点也就一清二楚了，而用“外婆家”来形容兰花的原产地，与明月春风白云相伴的青山，不仅通俗易懂，而且极富感情色彩，让人感到十分亲切。再如《逃荒行》：“十日卖一儿，五日卖一妇。来日剩一身，茫茫即长路。”④ 从内容到形式都让人觉得它是逃荒的难民自己创作的民谣。

郑板桥具有很强的诗词创作能力，但是在题画诗中他很少写格律谨严的七律、五律以及词，而是喜欢写格律相对宽松的七绝、五绝，乃至不讲究格律的民歌、时调，甚至顺口溜。三言诗如：“一块石，两竿竹，小窗前，清趣足，伴读书，戛寒玉。夜灯红，窗纸绿。”⑤ 四言诗如《题半盆兰蕊图》：“盆画半藏，兰画半含。不

---

① 郑燮.郑板桥全集[M]//卞孝萱,编.济南:齐鲁书社,1958:218.
② 郑燮.郑板桥全集[M]//卞孝萱,编.济南:齐鲁书社,1958:376.
③ 郑燮.郑板桥全集[M]//卞孝萱,编.济南:齐鲁书社,1958:371.
④ 郑燮.郑板桥全集[M]//卞孝萱,编.济南:齐鲁书社,1958:113.
⑤ 郑燮.郑板桥全集[M]//卞孝萱,编.济南:齐鲁书社,1958:357.

求发泄，不畏凋残。”① 五言诗如：“一节复一节，千枝攒万叶。我自不开花，免撩蜂与蝶。”② 六言诗如《篱竹》：“一片绿阴如洗，护竹何劳荆杞？仍将竹作笆篱，求人不如求己。”③ 七言诗如：“竹是新栽石旧栽，竹含苍翠石含苔。一窗风雨三更月，相伴幽人坐小斋。”④ 杂言诗如《题李鱓墨笔稻菜小轴》：“稻穗黄，充饥肠，菜叶绿，作羹汤。味平淡，趣悠长。万人性命，二物耽当。几点濡濡墨水，一幅大大文章。”⑤ 究其内容与形式，可以说是一首典型的顺口溜。《清史列传·文苑传·郑燮传》称郑板桥“善诗，工书画，人以‘郑虔三绝’称之。诗言情叙事，恻恻动人，不拘体格，兴至则成，颇近香山、放翁。”⑥ 这段话是评价板桥诗的，对郑板桥的题画诗当然同样适用。

题画诗文是书画作品的有机组成部分。遗憾的是，随着书画家诗文写作水平的退化，如今的书画家已经很少在自己的书画作品中题写诗文了。郑板桥的题画诗文为而今的书画家们提供了一个学习的榜样，愿题画诗文伴随书画创作获得蓬勃的发展。

---

① 郑燮.郑板桥全集[M]//卞孝萱,编.济南:齐鲁书社,1958:124.
② 郑燮.郑板桥全集[M]//卞孝萱,编.济南:齐鲁书社,1958:199.
③ 郑燮.郑板桥全集[M]//卞孝萱,编.济南:齐鲁书社,1958:222.
④ 郑燮.郑板桥全集[M]//卞孝萱,编.济南:齐鲁书社,1958:388.
⑤ 郑燮.郑板桥全集[M]//卞孝萱,编.济南:齐鲁书社,1958:413.
⑥ 郑燮.郑板桥全集[M]//卞孝萱,编.济南:齐鲁书社,1958:545.

北宋范公堤起自泰州城下

——写在范仲淹任职泰州千年之际

徐杰东(泰州市罡杨中学)

一、 范公堤的修建和延伸

泰州古称海陵。唐代以前，今串场河以东还是一片沧海，每当海潮漫涨之时，潮水常常淹没良田，毁坏盐灶，百姓流离失所，无家可归。唐代大历元年(766)，淮南节度判官黜陟使李承，修筑常丰堰，“东距大海，北接盐城，袤一百四十二里”①。宋真宗天禧五年(1021)，范仲淹监泰州西溪(今属盐城东台)盐仓，距今已逾千年。天圣二年(1024)，范仲淹目睹沿海居民的深重灾难，主动向他的上司江淮制置发运副使、泰州知州张纶建议，以常丰堰为基础再修捍海堤。张纶支持范仲淹的主张，上书宋仁宗，以范仲淹任泰州兴化县令，主持修筑海堤。天圣六年(1028)，堤堰终于筑成，长180里，脚宽3丈，面阔1丈，高1丈5尺。这就是人们所说的北宋范公堤，专指“天圣泰州捍海堰”，即狭义范公堤。

此后，在东台安丰场以南、旧小海场以北，历代官吏逐渐把捍海堰向南、北两边修筑延伸。北宋庆历年间(1041—1048)，通州知州狄遵礼于古横江南，筑西起石港、东至余西之捍海堰长约65里，史称“狄堤”。宋至和年间(1054—

① 脱脱.宋史:卷九十七[M].北京:中华书局,1985.

1056)海门知县沈起，自余西场至吕四场修筑海堰70里，史称“沈堤”。南宋乾道七年(1171)泰州知州徐子寅发动各方，筑自海安旧场(一说角斜)经栟茶、丰利至掘港堤堰，总长160里，史称“皇岸”。魏钦和张子正于淳熙年间(1174—1189)自富安桑子河以南经如皋境达许氏庄(今李堡附近许家洋)，修筑海堰长35里，补“文正公规略所未及”①，史称“桑子河堰”。元大德年间(1297—1307)兴化县令詹士龙，在范公堤北端筑堤延伸到阜宁。这样，北自阜宁南达吕四，全长290公里连成一线，这就是广义的范公堤。

本文以下所论述的是狭义范公堤，专指范仲淹和张纶修建的“天圣泰州捍海堰”。

二、 范公堤的北端起点是旧小海场

关于范公堤的北端起点，历史上有许多明确的记载：

1.《续资治通鉴长编》是南宋李焘(1115—1184)创作的编年体史书。该书记载：“纶表三请，愿身自总役。乃命纶兼权知泰州，筑堰自小海寨东南至耿庄，凡一百八十里，而于运河置闸，纳潮水以通漕。”②

2. 南宋杨仲良《皇宋通鉴长编纪事本末》所载③与李焘一样。

3. 南宋王应麟(1223—1296)著《玉海》中是这样记述的：“纶请身自董役，兼领海陵郡。五年六月辛卯，从之筑堰。自小海寨东南，至景庄一百八十里，于运河置闸，纳潮水以通漕。”④

4.《崇祯泰州志》记载：“州治东北一百五十里小海场，范文正筑捍海堤起虎

① 吕祖谦.修桑子河堰记[M]//王有庆.道光泰州志:卷三十一.刻本.1908(清光绪三十四年):4.

② 李焘.续资治通鉴长编:卷一百四[M].北京:中华书局,2004.

③ 杨仲良.皇宋通鉴长编纪事本末:卷三十[M].哈尔滨:黑龙江人民出版社,2006.

④ 王应麟.玉海:卷二十三[M].扬州:广陵书社,2016.

墩，即此地。”①

5.《嘉庆东台县志》记载：“虎墩，在县治西北六十八里旧小海场。范文正公筑捍海堰起自虎墩，即此地，载《泰州志》。”②

这些记载明确告诉我们：范公堤的北端起点是旧小海场(虎墩)。南宋时期的李焘，距离范仲淹生活的年代只有一百多年，而杨仲良、王应麟离范仲淹生活的年代也不过二百多年，他们的记述应当是可信的。值得一说的是，由于海岸线向东迁移，东台县旧小海场不在今天的小海镇，而是在今大丰区草堰镇以南，这一点经过东台市资深盐文化专家邹迎曦确认。

现在，有部分学者提出范公堤的北端起点在大丰区刘庄镇以北。这种观点主要见之于东台市档案局编辑点校翻译稿《西溪镇志》：范公堤“起自海陵东新城(今大丰市刘庄镇北)至虎墩(今大丰市草堰镇南)越小淘浦(今东台市安丰镇)向南至虎埠(亦名虎墩，今东台市富安镇)”③。但是，这种关于海陵“新城”的解释在历史上没有任何记载，只是他们的所谓的“点校翻译”，也就是一种人为的毫无历史依据的推测。

三、 范公堤的南端起点有两个

大家公认，范公堤主要修建在东台沿海地区。东台古称西溪，乾隆三十三年(1768)才从泰州分置为县。西溪古代地方志对范公堤的记载应该是比较客观和权威的。

据泰州《万历西溪镇志》记载：“范文正公任兴化县令尹。二年，遂兴斯役。起

① 刘万春.崇祯泰州志:卷一[M].崇祯刻本,8.

② 周右.嘉庆东台县志:卷之九[M].刻本.1817(清嘉庆二十二年):4.

③ 东台市档案局.西溪镇志[M].南京:江苏人民出版社.2016:5.

海陵东新城乡虎墩，越小淘浦以进。”① 考明朝泰州有招贤乡、东西乡、永吉乡、蒲津乡、宁海乡，并没有新城乡。如何理解这句话呢？原来在古汉语中“鄉”（“乡”的繁体字）和“嚮”（“向”的繁体字）是通假字，意思是朝向。最后一句话的意思应该是：起自海陵东新城，朝向虎墩，又过小淘浦而进。另外，《嘉庆东台县志》援引《晏溪志》的记载：“纶陈其事，请以仲淹任兴化县令。二年，遂兴斯役。自海陵东新城至虎墩（即今小海），越小淘浦（即今安丰）以南。”② 这里括号中的“即今小海”“即今安丰”八个字为清朝人补注，其他都是《晏溪志》原来的内容。根据这两段记载，范公堤出现了“海陵东新城”“虎墩”和“小淘浦”三个端点，这是为什么呢？

清朝泰州诗人康发祥（1788—？）有《海陵竹枝词》云：“海陵东去范公堤，垂柳垂杨一剪齐。”诗下注曰：“宋范文正公作泰州西溪官时，筑堤捍海，西自泰州，北至盐城，东抵通州，堤上垂柳可观。”③ 既然“虎墩”是范公堤的北端起点，可见范公堤可能分为两个部分，“小淘浦”可能是范公堤的东南起点，海陵“新城”可能是范公堤的西南起点。

新城，在泰州名气很大。早在南宋理宗端平（1234—1236）年间，州守许堪在州北五里湖荡中修筑堡城一座，此新城之始也。元顺帝至正十二年（1352）五月，张士诚入泰州，曾设义兵元帅府及州治于此。清代邑人储树人诗云：“北门直北顺街行，七里鱼行可计程。旧日女墙无觅处，至今人尚说新城。”④ 由于新城毗邻鱼行庄，一般被称为“鱼行新城”。所以，人们在论述范公堤（杨公堤）的时候，鱼行、新城、鱼行新城三个地名有时候就是同一个概念。

有人说，因为时过境迁、沧海桑田，这里的“新城”不一定是靠近泰州的“鱼行新城”。这个观点是站不住脚的！《万历西溪镇志》和《嘉庆东台县志》的编纂者一定十分熟悉本地的情况，一定知道当时的泰州有个张士诚曾经设立义兵元帅

---

① 泰州市新华书店古旧部.万历西溪镇志[M].抄本.泰州:新华书店,2.

② 周右.嘉庆东台县志:卷十一[M].刻本.1817(清嘉庆二十二年):8.

③ 海陵竹枝词:卷二[M].刻本.1864(清同治三年):15.

④ 海陵竹枝词:卷四[M].刻本.1864(清同治三年):15.

府和州治的“新城”！如果这个“新城”存在疑义，他们应该加以说明。

四、 杨公堤的前身就是范公堤

明朝成化年间，泰州盐官杨澄为方便运盐，沿泰东河筑堤一条，史称杨公堤。据《嘉庆东台县志》记载：“杨公堤，一名杨公堰，自县治西溪至泰州鱼行庄，亘百二十里，为运盐河之捍堰。”① 这段从“鱼行(新城)”到东台的杨公堤，会不会是在范公堤的基础上修建的呢？当年大堤修成以后，杨澄写成一首《泰堤成作》，首句为“千里禾麻伴草莱，范公厥(“厥”古同“撅”，掘、挖)后又成灾”②。其开宗明义地指出：当年范文正公挖成堤堰以后，如今又灾难深重，所以要重修。当时，担任总理两淮漕河都御史的张瓒为杨澄撰写了《杨公堰记》，文中说“……今范公之堤没毁久矣！幸公续范之功，使我泰州之民永赖，敢请名其堤曰杨公堤。君辞逊不许……”③ 因为杨澄在范公堤的基础上修建有功，所以，泰州老百姓向他的上司张瓒提出“名其堤曰杨公堤”。

清乾隆年间，两淮都转运使、泰州通判王又朴重修杨公堤，并写成《泰州纤堤说略》一书。书中记载两淮盐运使“普公”赠王又朴诗一首，题为《海陵纤堤落成志喜》，其中“千樯利涉功推范，万灶欢腾迹继杨”④ 一句明明确确告诉我们：泰东河里万千船只顺利通行功劳首推范公仲淹。曾任扬州知府、江苏巡抚的清代名臣陈宏谋(1696—1771)也为王又朴作了《重建泰州长堤碑记》(永宁寺碑，永宁寺在海陵新城堤堰旁边)，一代大儒陈宏谋特别强调：“明时御史杨君澄，会为重修，亦名曰杨公堰，即范堤之余支也……”所以，杨公堤的前身无疑就是当年的北宋范

---

① 周右.嘉庆东台县志:卷十一[M].刻本.1817(清嘉庆二十二年):12.

② 杨澄.泰堤成作[M]//周右.嘉庆东台县志:卷三十八.刻本.1817(清嘉庆二十二年):3.

③ 王又朴.泰州纤堤说略[M]//卢佩民.泰州文献:第二辑.南京:凤凰出版社,2014:97.

④ 陈宏谋.重建泰州长堤碑记[M]//夏荃.海陵文征附录:卷三十二.刻本.1919(民国八年):10.

公堤。至此，我们断定北宋范公堤分为两个部分。

五、 北宋范公堤分为两部分

当年范仲淹和泰州知州张纶一起修建堤堰，主要目的是抵御海潮，护卫堤内农灶。但是，范仲淹他们当时还有一个目的就是挖堤取土，疏浚河道，形成两条复堆河，以便运输海盐。这两条河，一条是串场河，串通东台海边的草堰、小海、丁溪、何垛、西溪、梁垛、安丰等盐场；一条是泰东河，连接东台和泰州，以便海盐运往泰州、销往全国。南宋时期，李焘、杨仲良和王应麟都记载了修建范公堤的这个目的：“于运河置闸，纳潮水以通漕。”

根据《晏溪志》和《万历西溪镇志》的记载，范公堤的第一部分是从虎墩（旧小海场）到小淘浦（安丰场）以南、与富安场交界处。这一段捍海堰在串场河东岸，相当于老 204 国道。经过沿串场河百度地图测距，草堰南（虎墩）到泰东河约 23 里，泰东河到安丰场（小淘浦）以南约 37 里，全长合计大约 60 里，以下简称范公堤“虎淘段”。

沿串场河百度地图测距范公堤“虎淘段”约 60 里（泰东河以北约 23 里，泰东河以南约 37 里），范公堤的第二部分就是杨公堤的前身，这段范公堤从海陵新城到东台（西溪）与范公堤第一部分相连接，实际长约 110 里（沿泰东河百度地图测距将近 110 里），以下简称范公堤“新东段”。

六、 捍海堰并非一定在海边

捍海堰，又称“海塘”“捍海塘”“海堤”“捍堰”等等。张文彩先生在《中国海塘工程简史》“前言”第二小节指出：“一般来说，所谓海塘是指沿海筑堤。但江浙一带，海塘有其更广的含义。……正如民国《台州府志·海塘之利》所载云：‘凡潮汐所至，筑塘以捍之，皆为海塘。非必沿海后为海塘也。’”① 北宋时期，泰州城北从海陵到兴化的广阔地区，由于“常丰堰”年久失修，经常发生海水倒灌，淹没农田，正如范仲淹在《宋故卫尉少卿分司西京胡公神道碑》中说：“目秋潮之患，浸淫于海陵、兴化二城邑间，五谷不能生。”② 可见，范公堤主要保护的是海陵、兴化二邑间的农田。

如果说范公堤“虎淘段”是保护农田的第一道屏障，那么，范公堤“新东段”这段“运盐河之捍堰”，则是阻挡海潮保护农田的第二道屏障。我们观看地图，不难发现这段范公堤以西、以北的农田，仍然占海陵、兴化二邑间农田的绝大多数。当然，范公堤还有另一个重要功能，那就是“于运河置闸，纳潮水以通漕(运盐)”。

七、 范公堤的长度

《万历泰州志》《崇祯泰州志》和《嘉庆东台县志》都把范公堤的长度记载为“长两万五千六百九十六丈”和“一百四十三里。”③ 两种几乎矛盾的说法。经过换算，25696 丈约为 171 里。前面说过，范公堤“虎淘段”(60 里)与范公堤“新东段”(110 里)两者相加正好是 170 里。那么，另一种说法 143 里又是怎么回事呢？还有，南宋时期的李焘、杨仲良、王应麟都把范公堤的长度记载为 180 里。为什么又会多出这 10 里呢？这些也正是我们下面需要探讨的问题。

---

① 张文彩. 中国海塘工程简史[M]. 北京:科学出版社,1990:3.

② 范仲淹. 范文正公文集:卷十一 宋故卫尉少卿分司西京胡公神道碑[M]//钦定四库全书.

③ 李存信. 万历泰州志:卷一 辨职方·形胜[M]. 清抄本,7.
刘万春. 崇祯泰州志:卷一 辨职方·形胜[M]. 崇祯刻本,8.
周右,等. 嘉庆东台县志:卷十一 水利下·堤圩[M]. 刻本 . 1817(清嘉庆二十二年):8.

八、范公堤真正的西南起点是“景庄”

其实，千年之前的北宋范公堤真正的西南起点并不是海陵“新城”。首先，有四种文献资料记载杨公堤的南端起点并不是海陵“新城”，而是“新城”西南方向的“灵济庙”即泰州龙王庙。明朝成化年间，张瓒《杨公堰记》中记载：“惟我泰州之堰，延袤一百二十里，西自灵济庙起，迤东直抵西溪巡检司，接连东台十二盐课司。”①《万历泰州志》记载：“杨公堤，州治东北，起灵济庙，下迤至西溪。”②《崇祯泰州志》及《雍正泰州志》都有同样的记载③。这些都说明北宋范公堤是向西南方向延伸的，会延伸到哪里呢？答案是肯定的——泰州城南的上官运盐河。南宋王应麟说：“自小海寨东南，至景庄一百八十里，于运河置闸，纳潮水以通漕。”这个“景庄”会在哪里呢？

现在，今海陵区有“景庄”毗邻上官运盐河，而“新城”经灵济庙到“景庄”的距离又正好是10里。所以，王应麟记载的景庄应当就是海陵城西的“景庄”（今海陵区城西街道任景社区）。从现在的河道看来，北宋时期泰州下河的三条运盐河（东北方向的泰东河、正北方向的卤汀河、西北方向的古盐大河）相交于泰州灵济庙，向南在“景庄”汇入上官运盐河是一定的。这样，范公堤从海陵“景庄”经“新城”到“东台”为120里，加上泰东河到草堰南（虎墩）的23里，合计143里。所以说，北宋范公堤的长度就出现了180里、171里和143里三种说法。第三种说法是指从海陵“景庄—东台—虎墩”长143里，而把“东台—小淘浦”这一小段37里忽略没有计入。第二种说法是171里，那是由于历史变迁沧海桑田，人们把范公堤的西南起点“景庄”慢慢遗忘的缘故。

---

① 张瓒．杨公堰记［M］//夏荃．海陵文征附录：卷二十二．刻本．1919（民国八年）：14．

② 李存信．万历泰州志：卷一 辨职方·形胜［M］．清抄本，7．

③ 刘万春．崇祯泰州志：卷一 辨职方·形胜［M］．崇祯刻本，8．
褚世暄．雍正泰州志：卷一 辨职方·形胜［M］．刻本，1728（清雍正六年）：23．

九、“景庄”为何被人们淡忘?

“景庄”之所以被人们淡忘，是因为明朝初年新城到景庄段泰东河(以下简称“新景段”泰东河)改道从稻河、草河翻坝进入西城河，再进入上官运盐河。在这里，我们还得先从泰州州建南唐开挖护城河说起。

在泰州建城之初，泰州的城河只有不到4米宽。南宋高宗建炎三年(1129)，泰州通判马尚将城河拓至深约4米、宽约15米。南宋宝庆三年(1227)，知州陈垓大挖城河，才将其拓宽到61米。南宋端平四年(1234)，再次整治城河，使城河的宽和深比原来增加一倍。这时候，是在范仲淹筑堰治水以后200多年，泰州城河才具备了大型的运输功能。但是，此时还不足以让“新景段”泰东河改道。泰州城河南接长江水系，北连淮河水系，两者水位落差约为0.8米。元朝之前，长江水从瓜洲经古运河到扬州茱萸湾，再向东至泰州时，需经弯曲的80公里水路。流进泰州城河的长江水，水位与淮河水位相差不多，这几乎不影响从泰州里下河向南的船只通行。

真正使“新景段”泰东河改道的原因，起源于一场战争。元朝末年的至正二十五年(1365)，朱元璋部将徐达攻打泰州时，为了借水路速达泰州，自长江口开通济川河(又叫上官河、南官河)，直抵泰州南门。原先80公里的水路行程缩减为13.5公里，虽运兵速度提高了，但长江水和淮河水形成了很大的水位差，不仅造成里下河地区经常受淹，而且对水上交通带来了极大的不便。徐达攻克泰州州城以后，把泰州城河拓宽到161米。明洪武二十五年(1392)，开始治水修坝。泰州护城河北岸的稻河、草河及城河东岸的老东河上分别筑起西坝、东坝和鲍坝。为了堵住长江之水从通扬运河倾泻下河，必须在多处筑坝。不然，这三个大坝就会形同虚设。“新景段”泰东河的最南端(“景庄”村南)也筑起了大坝。同时修筑的，城南有济川坝，城北有黄龙坝，城西有九里沟坝、张家坝等。诸河坝建成后，来往客货船特别是运盐船改从稻河、草河翻坝，换船续行，然后通过西城河进入上官运盐河(清咸丰以后，从南官河去口岸，入长江向西)，然后运往全国各地。于是，“新景段”泰东河不再通航，以致慢慢荒废。几百年来，沿河的范公堤也逐渐倒塌、踪影无存，后来渐渐被人们所忘记，湮没在历史的长河之中。

故而，《晏溪志》和《万历西溪镇志》都把范公堤的西南起点记载为“海陵新城”。从《嘉庆东台县志》以后，人们把杨公堤的起点也记载为“鱼行新城”。南宋时期，李焘把范公堤的南端起点记载为“耿庄”，杨仲良沿袭李焘的说法，而王应麟把范公堤南端起点记载为“景庄”，李、杨、王三人都认为范公堤北端“堰自小海寨”“凡一百八十里”，所以，我们推断“耿庄”可能就在“景庄”附近。只不过，在李焘之后一百多年，耿庄由于某种原因已不存在，因而王应麟便把范公堤南端起点记载为“景庄”。而“景庄”(今海陵区任景社区)恰恰就是泰州下河的三条运盐河(泰东河、卤汀河、古盐大河)进入上官运盐河的交汇点。

综上所述，范公堤为北宋天圣年间张纶和范仲淹等修建，分为两部分：范公堤“泰东段”自泰州海陵景庄(今海陵区任景社区)到东台，长约 120 里。范公堤“虎淘段”，从虎墩(旧小海场，今大丰区草堰镇以南)往南至小淘浦(安丰场)以南，长约 60 里。两段范公堤在东台相交接，总长计 180 里(其中，“海陵景庄—东台—虎墩”约 143 里；“新东段”加上“虎淘段”约 171 里)。

光阴荏苒，斗转星移。范仲淹到泰州西溪担任盐官已过千年，范公堤早已化作一座精神的丰碑矗立在人们的心中。如今，我们重温清代名臣、官至宰辅的陈宏谋关于杨公堤的著名论述：“明时御史杨君澄，会为重修，亦名曰杨公堰，即范堤之余支也。”我们笃信：北宋范公堤即所谓“天圣泰州捍海堰”，一定是起自泰州城下，纳潮水以通漕运，挡海潮而护农灶，赐福黎民百姓，护佑天下苍生。

泰州学派的文化会通精神

李万进(宜宾学院四川思想家研究中心)

泰州学派传承于王阳明建立的心学，是阳明后学的一派。在众多的阳明后学之中，泰州学派异军突起，成为中晚明时期的显学，在明代思想史上占有较为重要的地位。泰州学派作为阳明后学，之所以能够异军突起、后来居上，与泰州学派具有的文化会通精神不无关系。所谓会通，就是综合百家学术思想之长，融合百家思潮，对众多的思想持开放的态度，在融会贯通各家各派思想的过程中，逐渐形成具有自我特色的思想理论体系，以此推陈出新，最终奠定自我学派在思想史上的地位。以此来分析泰州学派的形成、建立与传承、发展，无不与文化会通的精神密切相关。泰州学派秉承文化会通的精神，融合儒释道三教的思想，并且能够捕捉到时代与社会发展变化的脉搏，不仅仅作思想理论的会通，还进行时代与社会思潮的会通，以此成就了泰州学派独特的影响与地位。

一、 儒佛思想的会通

泰州学派是从阳明心学分化而出，所以算是阳明后学。王阳明建立的心学，在中国哲学史与中国思想史上与陆九渊所倡导的思想被合称为陆王心学。当时，陆王心学就被认为是近于禅学，心学被认为与禅宗思想有着太多的渊源。关于此，不仅仅是陆王时代的学者有此看法，即使是今日的学界，也认为陆王心学与禅学有着不少的瓜葛。泰州学派脱胎于阳明心学，其创始人王艮曾经师从于王阳明，受到了王阳明心学理论的影响。阳明心学以及阳明后学，都在一定程度上受到了禅学在内的佛教思想的影响，呈现儒佛合一、儒佛合流的文化会通的格局。所以，仅就泰州学派的理论渊源以及师道传承来看，有儒佛思想会通的文化精神，并不是不可能之事。

关于泰州学派作为阳明后学的理论传承问题，编撰《明儒学案》的黄宗羲，对此有着一定的分析，认为泰州学派在传承与发展阳明心学的过程中，确实有佛教的思想因素，这也从一个侧面印证了泰州学派具有的儒佛会通的文化精神：

> 阳明先生之学，有泰州、龙溪而风行天下，亦因泰州、龙溪而渐失其传。泰州、龙溪时时不满其师说，益启瞿昙之秘而归之师，盖跻阳明而为禅矣。然龙溪之后，力量无过于龙溪者；又得江右为之救正，故不至十分决裂。泰州之后，其人多能赤手以搏龙蛇，传至颜山农、何心隐一派，遂复非名教所能羁络矣。顾端文曰："心隐辈坐在利欲胶漆盆中，所以能鼓动得人。只缘他一种聪明，亦自有不可到处。"羲以为非其聪明，正其学术也。所谓祖师禅者，以作用见性。诸公掀翻天地，前不见有古人，后不见有来者。释氏一棒一喝，当机横行，放下拄杖，便如愚人一般。诸公赤身担当，无有放下时节，故其害如是。①

在黄宗羲的这段评论中，提到了泰州学派与王龙溪一系对于阳明心学的传承问题，认为这两派阳明后学的理论中都有禅学的因素，当然黄宗羲站在儒家本位与道统的立场，几乎是否定儒佛会通的文化精神，并认为泰州学派与王龙溪一系对于阳明心学的衰败有着直接的关系。在评述王龙溪一系的思想发展时，黄宗羲

---

① 明儒学案：卷三十二 泰州学案一［M］//黄宗羲. 黄宗羲全集：第七册. 杭州：浙江古籍出版社，2012：820.

认为由于有江右王学的介入，王龙溪一系还不至于与儒家道统有什么大的出入。反而是泰州学派在经历了颜山农、何心隐等人的思想传播之后，与儒家道统相距甚远了，所以黄宗羲对于泰州学派颇具微词。黄宗羲对于泰州学派的传人，诸如颜山农、何心隐等人的批评，主要是针对这些泰州学派的思想家们的言行，与禅宗的机锋、棒喝极为类似，如此则模糊了儒佛之分的界限，将阳明心学与佛教的关系弄得更为接近。黄宗羲基于儒家本位与道统的立场，是根本无法接受的，这也是黄宗羲极力批评泰州学派的原因所在。

从黄宗羲在《明儒学案》中对于泰州学派的述评来看，泰州学派与佛教思想理论有着不解的渊源。泰州学派的创始人——王艮，其本人的思想中，就有不少宗教的因素，这之中当然包含了佛教思想对于王艮的影响。黄宗羲对于泰州学派与佛教思想关系的批评中，也可以看到佛教对于阳明心学的影响，这种影响也折射到了泰州学派的创始人王艮的思想理论之中。王艮提出了“百姓日用即道”的命题，这与禅宗祖师马祖道一提倡的“平常心是道”的命题，有着异曲同工之妙，都主张在普通人的日用生活中，最终去悟得大道。只是那个“道”却有儒佛之别，王艮所谓的“道”自然是指儒家的圣人之道，而不是禅宗的禅门妙法之道，这在本质上呈现出儒佛之别。但不可否认的是，王艮所谓的圣人之道是要求弟子门人于百姓的日用生活中去体会，马祖道一的禅门妙法之道也是主张于日常生活的一举一动中去体悟，这样圣人之道与禅门妙法之道尽管在本质上，在终极价值的取向上，存在着不同与差异，但是在如何体悟大道的途径上却有相同的内容，都主张大道不能够脱离实际的日常生活。正是因为王艮极为注重于日常生活中体会圣人之道，这样就在形式上纠缠于禅学之中，被误解为是禅学的一种翻版，受到了黄宗羲等坚持儒家道统立场的儒者的批评。抛开儒家道统的立场则不难看出，王艮之所以能够提出“百姓日用即道”的理论，恰恰是融入了禅学理论的结果，这种融入禅学理论的模式，体现出的就是儒佛会通的精神。

在泰州学派的传人中，有一个极具个性特征的人物，这就是李贽。李贽本人的思想中，明显有禅宗与佛教的痕迹，这也是正统儒者不断批评与抨击李贽的原因所在。在李贽的思想体系中，童心说极为著名，由此影响了明代中后期的思想，乃至于一些文学家的文艺创作也受到了李贽童心说的影响。李贽的童心说与禅宗的本心，有着不解之缘。李贽所言的童心即是真心，所谓“夫童心者，真心也，若以童心为不可，是以真心为不可也。夫童心者，绝假纯真，最初一念之本心也。若失却童心，便失却真心；失却真心，便失却真人。人而非真，全不复有初矣”。① 由是可见，童心即是真心与本心。童心之说倡于李贽，而李贽一生与佛有缘，其童心说便是改造了中国佛教禅宗的教义而形成的。禅宗主张“本来面目”，认为众生成佛、修证菩提之智就是要参悟其本来面目：“不思善，不思恶，正与么时，那个是明上座本来面目。”② 禅宗所说的本来面目是指无分别、超越了对立的一种境界，禅宗在倡导本来面目时，是为了纠正当时佛教界中存在的对于空性的执着，主张以本来面目恢复众生本有的清净佛性。而李贽则为了否定当时明朝中晚期社会上盛行的假道学、伪道学，在借鉴了禅宗否定执着的基础上，提出了以真心与本心为特征的童心说。这样本来面目与童心说的产生就有了相同的文化背景：一是在佛教内部高扬个性，一是在儒学之中倡导个性，禅宗主张不执着，李贽主张祛除伪装的神圣，而给予李贽倡导童心说的勇气却是佛教的大无畏精神。中国佛教禅宗在理论上给予了李贽以大无畏的勇气，这种接受禅宗理论而倡导童心说的理论勇气，也是泰州学派具有儒佛思想会通的文化精神的具体体现。

正是因为王艮与李贽等泰州学派的思想家的理论体系中，有着与佛教思想的不解之缘，所以一些站在儒家正统立场上的儒者，对于泰州学派颇具微词。作为《明儒学案》的编撰者，黄宗羲尽管将泰州学派收录其中，但是黄宗羲本人对于泰州学派与佛教的关系也是颇有微词的。黄宗羲“将泰州学派有些方面与正统儒学背道而驰的原因归结为对禅宗的吸收，从泰州学派的为学方法上来说这也是事实。释氏‘放下拄杖，使如愚人一般’是因为他们在思想内容方面没有什么实质的主张，而泰州学派则提出了许多具有扭转思潮方向意义的主张，并且以很大的勇气

① 李贽．童心说[M]//焚书·续焚书．长沙：岳麓书社，1998：97．

② 六祖坛经：行由品[M]//石峻，楼宇烈，方立天，等．中国佛教思想资料选编：第2卷 第4册．北京：中华书局，1983：35．

来实行，所以影响很大”①。黄宗羲对于泰州学派与禅学、佛学关系的批评，印证了泰州学派确实具有儒佛思想的会通精神。正是这种以儒家为主体的思想立场，主动去融合佛教的一些理论，由此形成了泰州学派的文化创新意识。宋明理学与佛教的关系，是世人皆知的，泰州学派主动去进行儒佛思想的会通，正是有了文化的会通精神，才铸就了泰州学派的创新意识，这养样才会有泰州学派的形成与发展。

二、 儒道思想的会通

中国思想史上，不仅仅有儒佛会通的现象，同时也有儒道会通的历史。早在魏晋南北朝时期产生的玄学，就是儒道思想会通的产物。这种儒道会通的文化精神，也影响到了泰州学派。从泰州学派的整个思想理论体系中来分析，道家思想的影响也深入泰州学派之中。

泰州学派的创始人——王艮有《明哲保身论》传世，《明哲保身论》的思想与《老子》一书中的明哲保身的理论有着相通处，这是王艮会通儒道思想的例证。老子的明哲保身理论在于强调个人不为身外之物的各种名利、物欲所牵绊，而是与大道合而为一，这样才能够保全自我之身不为所害。王艮提出的明哲保身论，与老子的思想有着相通处，都是将自我之身放在了首位，而不是将名利、物欲等凌驾于自我之身之上：

知保身者，则必爱身；能爱身，则不敢不爱人；能爱人，则人必爱我；人爱我，则吾身保矣。能爱身者，则必敬身；能敬身，则不敢不敬人；能敬人，则人必敬我；人敬我，则吾身保矣。故一家爱我，则吾身保；吾身保，然后能保一家。一国爱我，则吾身保；吾身保，然后能保一国。天下爱我，

① 张岂之，主编.中国思想学说史：明清卷（上）[M].桂林：广西师范大学出版社，2008：114.

则吾身保；吾身保，然后能保天下。知保身而不知爱人，必至于适己自便，利己害人，人将报我，则吾身不能保矣。吾身不能保，又何以保天下国家哉！能知爱人，而不知爱身，必至于烹身割股，舍生杀身，则吾身不能保矣。吾身不能保，又何以保君父哉！①

在王艮这段关于明哲保身的阐述中，尽管也提到了儒家的家国天下的概念，但是要治理家国天下的前提，却是首先要保全自我之身，这样才能够实现家国天下的治理。王艮生活与传播其思想的时代，由于假道学、伪道学的流行，一些绑架个人道德的理论甚嚣尘上，王阳明建立的心学对于此有所冲击。王艮更是直接以保身为第一要着来阐述其思想理论，由此反对假道学与伪道学的道德绑架。先秦时期的道家思想中，就一直有提倡本真与天真的自然合于道的理论，这在王艮传播其思想的时代被予以借鉴，这就形成了王艮明哲保身的理论。治理家国天下是儒家思想的主张，但是在保全自我之身的前提下才能够更好地治理家国天下，是王艮创立的泰州学派的主张，这与当时的假道学、伪道学的主张显然是针锋相对的。王艮将道家思想融入泰州学派的理论体系中，提出了明哲保身的命题，体现出的正是儒道思想的文化会通精神。

在泰州学派的思想传承之中，罗汝芳是一个具有影响力度的思想家，罗汝芳提出的赤子之心的理论，将泰州学派儒道会通的文化精神推向了一个新的高度。《老子》一书中就有复归于婴儿的说法，《庄子》一书中更有保持混沌之状的本真思想，道家认为唯有保持不以人力介入的状态，才是与道合而为一的精神境界。罗汝芳作为泰州学派的传人，在融合儒道两家思想的基础上，提出了赤子之心的理论，赤子之心的理论有一种浑然天成的主张：

天初生我，只是个赤子。赤子之心，浑然天理，细看其知不必虑，能不

---

① 明儒学案：卷三十二 泰州学案一[M]//黄宗羲. 黄宗羲全集：第七册. 杭州：浙江古籍出版社，2012：836.

必学，果然与莫之为而为，莫之致而至的体段浑然打得对同过。然则圣人之为圣人，只是把自己不虑不学的见在，对同莫为莫致的源头，久久便自然成个不思不勉而从容中道的圣人也。赤子出胎，最初啼叫一声，想其叫时，只是爱恋母亲怀抱，却指这个爱根而名为仁，推充这个爱根以来做人，合而言之曰“仁者人也，亲亲为大”。若做人的常是亲亲，则爱深而其气自和，气和而其容自婉，一些不忍恶人，一些不敢慢人，所以时时中庸，其气象出之自然，其功化成之浑然也。①

罗汝芳心目中的赤子之心是浑然天成之理，是浑然一体之物，这与《庄子》一书中的混沌理论有着相似处，都强调了自然天成的特征。罗汝芳以赤子之心而论圣人之道，主张赤子之心不碍于圣人之道，圣人的“不思不勉”“从容中道”的境界就是赤子之心的自然呈现于显露。儒道两家的思想都主张体知与体认道，只是这个道的本质内容有所区别，儒家的圣人之道当然不同于道家的自然之道。罗汝芳所说的赤子之心在本质上，当然不是道家的自然之道，而是儒家的圣人之道。但罗汝芳在倡导赤子之心时，将道家主张的浑然天成、浑然一体的理论，与儒家的“不思不勉”“从容中道”的圣人之道融为一体，以此来阐明赤子之心的学说，这无疑是将道家的思想融入了儒家的学说中。宋明理学家们都十分注重圣人气象，但究竟什么是圣人气象，却有不同的解释，罗汝芳以赤子之心来阐释圣人气象，无疑是有道家合于自然的思想的痕迹。仅仅从《老子》一书中提到的复归于婴儿，以及《庄子》一书中主张的混沌理论来看，罗汝芳的赤子之心显然在理论形式上就与道家思想有着不解之缘。

王艮作为泰州学派的创始人，罗汝芳作为泰州学派的传人，在阐明自我的思想理论时，都接触到了道家的思想，将道家思想的一些理论融入了自我理论体系的建构中。这不是巧合，而是有意识地去融合于会通儒道两家的思想，通过道家

---

① 明儒学案：卷三十四 泰州学案三［M］//黄宗羲．黄宗羲全集：第八册．杭州：浙江古籍出版社，2012：6-7.

思想的融入，以此来推陈出新，进行理论的创新，以突破当时儒学之中守旧者的理论局限。通过王艮提倡的明哲保身论，与罗汝芳主张的赤子之心学说的分析，可以看到，泰州学派的思想家们，在进行理论建构与理论创新之际，有意识地会通了儒道两家的思想。

三、 文化会通精神成就了泰州学派的历史地位

泰州学派作为阳明心学的传承者，作为阳明后学之中的一个派别，之所以能够异军突起、影响深远，这与泰州学派具有的文化会通精神不无关系。可以说，正是因为具有文化会通的精神，才成就了泰州学派在中国思想史上的地位，才使得泰州学派能够具有深远的影响。

从中国哲学史和中国思想史的角度而言，泰州学派与其所传承的阳明心学一样，都是儒释道三教思想会通的产物，体现出的正是三教合一与三教合流的特征。在融合于会通儒释道三教思想的理论特征方面，泰州学派与宋明理学的一些派别有着一致性。从正统儒者对泰州学派的批评中，反证了泰州学派具有文化会通的精神。正因为泰州学派没有囿于儒家正统与道统的立场，反而能够以一种较为开放的态度去吸取非儒家的思想，以此形成了综罗百家之长的思想理论。抛开黄宗羲在《明儒学案》中站在儒家道统立场对于泰州学派的批评与抨击，泰州学派之所以能够在中国思想史上具有较为深远的影响，正是泰州学派突破了儒家正统与道统的立场，不是一味地因循守旧，而是有所创新的结果。一种思想理论要对前人有所突破与创新，就离不开对其他思想与文化的融合与会通，泰州学派正是基于此才能够开宗立派，并能够一直有所传承，所以文化会通的精神，成就了泰州学派的历史地位。

泰州学派的文化会通精神，不仅仅体现在融合儒释道三教思想方面，更体现在能够把捉到时代的脉搏，将当时社会上有所萌芽的时代气息融入自我学派的主

张中，开启了中国思想理论的启蒙转型。正是因为泰州学派没有局限于儒家正统与道统的立场，而是采取了更为开放的融合与会通的态度，这样对于当时社会上出现的一些新兴思潮，能够持认同的态度，并将这些新兴的社会思潮融入泰州学派的思想理论中。从泰州学派传承的历史时代来看，正处于明代中后期，在那个时代，社会上出现了呼唤自然人性，肯定自我欲望的社会思潮，泰州学派无疑融入了社会思潮的潮流中，在其建立的思想理论体系中有所体现。王艮的明哲保身论中对于自我之身的肯定，李贽对于童心说的倡导，罗汝芳主张的赤子之心等等，无不是人性的自然流露与肯定，可以视为后世启蒙思想的理论先驱。王艮的明哲保身论与罗汝芳的赤子之心说，是儒道思想会通的产物，这种儒道会通的理论产物，对于后世启蒙思潮有着一定的影响。李贽的童心说，体现出的是儒佛会通的理论产物，同样也影响到了后世的启蒙思想。泰州学派之所以在中国思想史上具有深远的影响，与其对于后世启蒙思潮的影响不无关系。泰州学派会通儒释道三教理论的结果，则是开启了后世启蒙思潮之门。也正是泰州学派对于自然人性的肯定，从而使得泰州学派在近代中国思想史上颇具影响力度。这种会通百家思想的理论勇气，成了后世启蒙思潮的先驱。

同时，也正是因为泰州学派具有文化会通的精神，从而使得泰州学派的思想家们能够将当时已经萌芽的平民意识融入自我的理论体系中，将儒家原有的民本思想转化为平民意识。考察泰州学派的理论发展轨迹，可以看到，“以王守仁为枢机，从王艮到何心隐到李贽，从哲学思想到伦理观念到政治设计，传统的民本思想确乎在一步步地转换为近代的平民意识”①。泰州学派在中国思想史上的地位与影响，离不开其所提倡的平民意识，正是有了平民意识的倡导，才使得泰州学派的影响一致延续到了近现代。泰州学派之所以能够提倡平民意识，与这个学派的思想家们不拘泥于道统的立场有关。泰州学派在理论创新中具有文化会通的精神，才能够正视新兴的社会思潮，捕捉到社会发展的大趋势。“从原儒民本思想向泰州平民意识的转换，是社会生活的变化所引发的本体意识最深层面的变化。泰州平

① 赵士林.心学与美学[M].北京:中国社会科学出版社,1992:140.

民意识的高扬顺应了时代前进的迫切需要从而也成为时代前进的思想号角。这一思想号角从精神的最高处唤起了全部本体意识、促使了社会文化向着近代的转换。”① 由此可以看出，泰州学派平民意识的产生，与当时社会思潮与社会状况有着密切的关系。如果泰州学派没有文化会通的精神，而是一味地囿于儒家正统与道统的立场，就会出现抱残守缺的格局，而不是文化会通的理论创新。可以说，泰州学派倡导的平民意识，与其具有的文化会通精神是密不可分的。平民意识在中国近现代社会以及思想史上的影响甚为深远，这样则成就了泰州学派的历史地位。

① 赵士林.心学与美学[M].北京:中国社会科学出版社,1992:142.

论张謇对里下河地区的贡献及水文化视域下的张謇精神

纪玲妹(河海大学)

里下河地区地势低洼，水网密布，湖荡相连，水乡泽国是其地理特征，水文化则是其文化特征。水文化是20世纪80年代在水利行业文化的背景下提出的，关于水文化的概念，“最简明的说法是有关水的文化或是人与水关系的文化，再进一步也可以说水文化是人们在水事活动中，以水为载体创造的各种文化现象的总和，或是说民族文化中以水为轴心的文化集合体”①。水文化客观存在于中华文化的各个方面，是中华优秀传统文化的重要组成部分。作为精神文化层面的水，体现了中华优秀传统文化的许多特质，如：仁爱、坚韧、勇敢、包容、谦逊、公正、洁净、廉洁等。水的精神，不仅是水文化的重要组成部分，也是中华优秀传统文化的集中体现。从水文化的视域中研究张謇，我们发现张謇一生与水结缘，有着丰富的治水实践，一生致力于淮河治理，对里下河地区有很大的贡献。他的精神与水文化高度契合，也一定程度上代表着里下河文化的特征。

---

① 中国水利文学艺术协会.中华水文化概论[M].郑州:黄河水利出版社,2008:2.

一、与水结缘的张謇

张謇(1853—1926)，字季直，号啬庵，江苏南通人。一生创办了 20 多家企业，370 多所学校，为我国近代民族工业的兴起、教育事业的发展做出了宝贵的贡献。他不仅是近代著名的实业家、教育家、社会活动家，还是一位水利专家、治水名人、我国水利高等教育的创始人。他一生与水结缘，与河患、水利打交道，并因在水利方面的功绩而被授勋。

张謇的家乡南通，地处中国东部海岸线与长江交汇处，有漫长的海岸线和江岸线，素有“江海门户”之称。南通所在的地区被称为江海平原，主要由长江三角洲北部平原及一小部分里下河平原组成，除崇川区南部有狼山等浅丘群外，均为水网密布的平原，正如张謇诗中所说的，“近海地常湿，无山天更远”①。该地域的文化也被称之为江海文化。江海文化与水密切相关，主要特征是水文化。俗话说，一方水土养一方人，张謇在这样的地域环境中成长，水文化的熏陶犹如春风化雨，润物无声。

在我国传统文化中，以水喻人、以水喻德的传统由来已久。《老子》曰：“上善若水。水善利万物而不争，处众人之所恶，故几于道。”② 儒家将水比作君子的道德，道家“上善若水”是对水的最高褒奖，也是对“善”的集中概括。古代哲人观水、敬水，从流动的水、静止的水中得到许多人生的启发，提倡“以水为师”。水性仁爱，遍予无私，滋润万物；水性坚韧，水滴石穿，百折不回；水性柔和，随物赋形，顺势而为；水性就下，谦逊低调，质朴务实；水性豁达，虚怀若谷，包容一切。水的辩证法，真可谓无处不在，这是中国传统文化中的水哲学，是水

---

① 张謇. 观海[M]//张謇诗集. 上海：上海古籍出版社，2014：9.

② 陈鼓应. 老子注译及评介[M]. 北京：中华书局，1984：86.

文化的精髓。

张謇与水结缘，缘起于清同治十三年(1874)，他受孙云锦之邀担任江宁发审局书记时，随孙云锦勘查淮安渔滨河积讼案，开始接触到水利。他认真阅读前人关于淮河治理的书籍，深感水患对于百姓的伤害及水利对国家的重要，从此关注并研究河患、水系等，为国家特别是淮河流域及家乡南通水利事业呕心沥血，做出了不可磨灭的贡献。张謇与水利的缘分，还在于对水利的关注与研究，让他在科举考试中取得出色的成绩，大魁天下。他在光绪二十年(1894)又一次参加礼部会试，中六十名贡士，会试第三场第四问为“永定河工”。他在《柳西草堂日记》中记载:“殿试，第一策河渠，次经籍，次选举，次盐铁。”① 以他对水利的研究，他殿试第一策河渠的策论文章写得很出色，钦定为一甲第一名，状元及第。所以，有人称他为“水利状元”或“水状元”。《张謇全集》中，涉水的文章很多，如论及黄河、淮河、长江、运河等水利方面的文章有近两百篇。他是中国近代水利事业的开拓者，“水利状元”之称当之无愧。

他一生饱含治水情怀，致力于治水实践。清末水患频仍，光绪十三年(1887)八月，黄河在郑州决口，张謇应开封府尹孙云锦之邀，助其治黄救灾。他多次冒着生命危险实地考察灾情，取得第一手治黄资料，写了《郑州决口记》等，提出疏塞并举的主张。他在南下途中又实地勘查详细调查淮河流域的水情及受灾情况，与淮河结下了不解之缘，鉴于淮水为患，张謇频频发表治淮见解和疏请，并倡议组织江淮水利公司，民国二年(1913)十月，张謇赴京就任农林、工商两部总长，即成立了导淮总局。后来又将导淮总局改名为全国水利局并兼任总裁，统筹全国水利工作。民国七年(1918)，张謇再度提请联合苏皖各界通力治淮。民国八年(1919)出任江苏运河工程局督办，民国十一年(1922)兼任新运河工程督办。晚年致力于长江保坍事务。

张謇也是我国水利高等教育的开拓者。为了培养我国自己的水利专业人才，民国四年(1915)，在南京筹建成立了河海工程专门学校，这是我国历史上第一所

---

① 李明勋，尤世玮，编. 张謇全集：第八卷[M]. 上海：上海辞书出版社，2012：378.

培养水利技术专门人才的高等学府。张謇从事水利事业 40 多年，克服重重困难和障碍，为江苏乃至全国的水利事业创造了非凡的业绩。

二、 对里下河地区的贡献

里下河地区位于淮河下游，张謇数十年如一日致力于治淮导淮，对相关河流及支流进行周密的测量，提出治理方案，带领治理王家港等河流。危急关头力保昭关坝，尽量降低里下河地区百姓受灾的程度。他改革盐法，开垦沿海滩涂，废灶兴垦，兴修垦区水利等，造福一方百姓，做出巨大的贡献。

（一）导淮治水

里下河地区本是富庶的鱼米之乡，南宋时期黄河夺淮入海，破坏了淮河下游的水道系统，淮泗横流，以此为壑，里下河地区从此成了水患灾害频发的地区。张謇认识到淮灾对江苏尤其是里下河地区来说是切肤之痛，他一生心系淮河治理，多次实地勘察淮河水系，提出有针对性的治淮方略，撰写了很多淮河水利的文章，可谓呕心沥血，贡献巨大。

光绪二十九年（1903），张謇发表《淮水疏通入海议》，“自江都仙女镇迤东，贯泰州、如皋、通州至吕四场，长五百五十里，世所称里河，亦名运盐河者，淮水之支流也。”① 他建议疏浚淮河支流，以防河水泛滥。光绪三十年（1904），他向清政府提出《请速治淮疏》，呼吁筹款治理淮河。光绪三十二年（1906），淮河流域又发生大水灾，苏北灾情严重，流亡饥民无数，张謇再呈《复浚淮河标本兼治》，要求设立“导淮局”，先从事淮河流域测量工作，为制定导淮规划打下基础。1913 年

① 李明勋，尤世玮，编. 张謇全集：第四卷[M]. 上海：上海辞书出版社，2012：70.

张謇任农商总长，设导淮局于江苏清江浦，发布《导淮计划宣告书》《治淮规划概要》。1914 年导淮局改为全国水利局，张謇任总裁。为筹措导淮经费，他与美国红十字会签订了《导淮借款草约》，亲自带领荷兰工程师贝龙猛勘测淮河中下游主要河道，发表了《江海分疏计划》，后因第一次世界大战爆发，借款导淮计划失败。1916 年淮河流域又发大水，导淮呼声高涨，张謇领导江淮水利测量局实地勘测淮河大水时各河湖的水位、流量等，1918 年发表了《江淮水利计画第三次宣言书》《江淮水利施工计画书》等。北洋政府时期他再次呼吁导淮，依旧以失败告终。

张謇致力于导淮数十年，并未一日忘怀，历尽坎坷，却屡屡受挫。他提出蓄泄兼施，上下兼顾，标本兼治，淮水三分入江、七分入海，淮、泗、沂分治等原则，都极具科学性。马俊亚认为“张謇的导淮理念具有鲜明的超前性”①。

在宏大的导淮计划得不到认可和支持的情况下，张謇并未停止治淮的脚步，他投身于测量等基础工作，以及对里下河地区河流的治理。十多年间先后在淮河中下游及里运河的淮阴码头镇等地设立水文站，利用西方水文技术，测量淮河、沂水、沭水、运河及与之有关的大小支流脉络，并提出详细的治理计划，如《沂水入海施工计划图》《淮沭沂归海水道图》《中运河施工计划图》《里运河施工计划图》《淮沂沭治标商榷书》等。张謇在 1921 年撰写的《淮沂沭治标商榷书》中十分急切地说：“此虽由于天灾之流行，实由于人事之未尽……謇顷为淮南盐、兴、东、泰、江、高、宝谋沉灾急救法，拟次第辟王家港、斗龙港、新洋港，与高、宝、江、兴、盐、泰、东各县同人商榷办法。”② 提出先后疏浚王家港、斗龙港、新洋港，使下游洪水通畅，接着他又写了《筹治王家斗龙新洋三港商榷书》，认为王家港路线短、倾斜急、施工易，提出先治王家港的方案。“故治标急策，惟有先开王家港。”③ 张謇苦口婆心，用心良苦，言辞之间可见哀民生之艰辛，救民生于水火的仁爱之心。1921 年冬，张謇组织发动王家港浚治，使上游七县人民受益，大丰更

---

① 马俊亚. 从权力操控到市场配置：淮患成因与张謇导淮理念[J]. 江南大学学报(人文社会科学版),2022(6):5-14.

② 李明勋,尤世玮,编. 张謇全集:第四卷[M]. 上海:上海辞书出版社,2012:487-488.

③ 李明勋,尤世玮,编. 张謇全集:第四卷[M]. 上海:上海辞书出版社,2012:492.

是排水快、受灾少，受益显著。王港河全长约44公里，这一工程至今为该地区的交通运输、蓄淡灌溉、排涝泄洪发挥着重要作用。

（二）力保昭关坝

明清两代，朝廷在江苏境内运河扬州段，俗称“里运河”东堤，设置了5座归海减水坝，即南关坝、新坝、中坝、车逻坝、昭关坝。每逢开放归海闸坝，里下河地区一片汪洋，农田屋舍全部淹没。1921年8月12日始，连着五日暴雨，江淮大涨，运河堤岸日夜告急。张謇不顾69岁高龄，赴扬州会见时任江苏省运河局会办的韩国钧，奔赴兴化、东台、泰州等灾区调研勘灾。当时车逻坝、新坝、南关坝均已开启泄洪，只剩昭关坝未开。下游七县坚决不让开坝，守坝之人五六千卧坝上以死争，上游各县坚决要求开坝分洪，张謇入高邮境内，沿堤要求开坝者超过万人，他在承天寺被人围困，遭人威胁，群情激奋，形势十分危急。张謇根据灾情，权衡轻重缓急，从全局出发，做出力保昭关坝的决定，使下七县免遭洪水灭顶之灾。他回到南通后，立即组织测量队出发，着手疏浚淤塞多年的王家港，开通了下游一个重要出路，解决了一部分问题，接着又计划开辟串场河。作为水利专家，张謇深知毁堤泄洪是万不得已而为之的办法，会使下游百姓遭殃，洪水过后修坝又是劳民伤财，另外如果河流排水殆尽，上游百姓第二年往往一水难求，大涝之后又要遭大旱。昭关坝保住了，第二年高邮、邵伯与淮扬一带水稻喜获丰收，淮、扬两府各县对张謇感激不尽。

（三）废灶兴垦

张謇认为“天下事利与害常相倚，久与速不并程。事有有利而无害者，莫如垦”①。他在南通创办大生纱厂，为了解决棉纺原料紧缺的问题，成立垦牧公司，

---

① 李明勋，尤世玮，编. 张謇全集：第四卷[M]. 上海：上海辞书出版社，2012：519.

在沿海滩涂地区率先开启废灶兴垦的植棉实践。因沿海日照和无霜期较长，适合种棉花，种出的棉花质量很好，植棉取得了成功。一些流离失所的灶民和灾民纷纷返乡，加入植棉大军，解决了当地百姓的生计问题。他还聘请荷兰专家兴修垦区水利，沟渠俨然，促进了沿海农耕经济发展。有人将张謇与范仲淹的范公堤相提并论。其子张孝若在《张謇传》中说："二十多年以前我父创兴海滨农垦后，翁公(翁同龢)就有一封信说：'垦荒事变斥卤为膏腴，足与范公争烈矣……'十年前又有人看我父亲努力经营淮南垦地，可以养活不少人民，就作了一首诗，中有二句：'范公堤外张公垦，饱腹心心十万家。'"① 此外，张謇还开通苏北内河航线，繁荣了串场河水运。张謇还是水利高等教育的创始人，为培养里下河地区水利人才做出很大贡献。

江苏省锡剧团和盐城市大丰区锡剧团联合打造的锡剧《大先生》，将张謇在盐城大丰废灶兴垦、实业救国的感人事迹搬上了舞台，南通、大丰等地塑有张謇的雕塑，他的功绩至今仍为当地民众所铭记。

三、 水文化视域下的张謇精神

纵观张謇的一生，他丰富的治水实践，本身就是水文化的重要内容，而从他的身上体现的水哲学、水精神，说明他也是水文化的实践者。

（一）润泽万物的仁爱慈悲

水性仁爱，水滋润万物，遍予无私，不求回报。不论是儒家还是道家，水都是最高善德的象征。张謇自幼接受中国传统教育，心里埋下了仁爱的种子。而他

---

① 张孝若.张謇传[M].长沙:岳麓书社,2021:228.

所处的时代是一个风雨飘摇的时代，清政府已走到穷途末路，军阀混战，民不聊生，西方列强对我国进行军事侵略和经济掠夺，使中国内忧外患日益加剧。张謇始终哀民生之多艰，希望国富民强的家国情怀和忧患意识十分强烈。

他一生致力于水利事业，为民生计的仁爱精神是其内在的动力。张孝若说："我父一生有几件有研究、有心得的大政策，河工水利是内中的一件。……他以为治国福民的事，河工水利是一件。"① 光绪十三年(1887)黄河在郑州决口，灾民四散奔逃，张謇乘船查看水情，他在《年谱》中记载："凡堤不决处，所存之料，大率空虚，匪徒且乘危掠夺，饥民灾民，倚土搭柳枝栖止，官犹禁焉。闻决口外五六里，人畜死无算。归告先生(孙云锦)，泪下如雨，立诣巡抚请设赈局。河道山东人鞠捷昌不主设局，先生苦争，因与藩司鞠道有隙。先生曰：'官不做可也，眼前灾民不能不救。'"② 张謇将勘查水灾的所见所闻告诉孙云锦，孙泪如雨下，被深深触动，不顾同僚反对也要设局赈灾，说明他是一个有爱民情怀的人，他的仁爱精神对张謇有很大的影响。张謇后来一生与水利结下不解之缘，都是因为有一颗仁爱之心，因为水利与民生最直接相关。

国民政府成立后，1912 年底，张謇代皖苏都督导淮，治理水患，他忧心民间疾苦，痛斥政府置民生疾苦于不顾，建议尽快施行导淮工程。他为导淮事多方奔走，多次实地勘查。二十多年里，张謇先后担任导淮总局督办、全国水利局总裁、治运督办、江苏新运河督办等职，对淮河治理付出了很多心血。他把水利事业当做慈善事业来做，他不仅为南通乃至全国的水利事业贡献毕生的精力，甚至把自己创办实业赚来的钱用于水利工程建设。他办实业的初衷，也是解决民生疾苦。他首先从民生相关的纱厂开始，创办"大生纱厂"，"大生"之名取之于《周易·系辞》，"天地之大德曰生"，透露了他办实业的目的，为民生计，解决人民的生计问题。

张謇还致力于社会公益和慈善事业，先后建立博物苑、气象台、伶工学社、

---

① 张孝若.张謇传[M].长沙:岳麓书社,2021:100.

② 李明勋,尤世玮,编.张謇全集:第八卷[M].上海:上海辞书出版社,2012:1005.

更俗剧场、公共体育场、盲哑学校、贫民学校、公共医院、残废院、育婴堂、养老院、警察传习所、栖留所、模范监狱等慈善机构和公共场所，表现出润泽万物的仁爱慈悲。

（二）百折不回的坚忍执着

水性坚韧，持之以恒可以水滴石穿，“抽刀断水水更流”，水的流动，利器难以破坏。看似柔弱的水，即使前进途中遇到阻碍，也会坚持自己的方向，百折不回。张謇一生能在水利、实业、教育、政治等领域取得非凡成绩，与他不惧困难、坚忍不拔、百折不回的坚毅精神分不开的。他的儿子这样形容他：“他凡事未办以前，十分的审慎，等既办以后，那无论任何艰难折曲，他是要奋斗直前，坚持到底。他的审慎，就是他的果断，他的毅力，就是他的事业。”①

张謇从水中学到的坚韧执着，在他的治水实践中得到充分的体现。张謇最早的治水实践是治理黄河，光绪十三年(1887)黄河决堤导致水灾严重，但他提出的“疏塞并举”等一系列治水措施都得不到认可，当时政府只想做些表面文章，对需要花费人力物力根治黄河的建议根本听不进去，张謇的治水计划彻底失败。但是，他治水理想并没有在困难面前放弃，而是将治黄中积累的经验教训转而用于治淮、治江实践。看准淮河与江苏有切肤之关涉，着手规划淮河的治理。治淮过程中也是困难重重，但他呕心沥血，至死不渝。张謇去世后王毓祥的挽联“讴思淮海三千里，关系东南第一人”②，是对他治水一生的绝佳概括。

张謇在实业道路上的艰难险阻，更是离不开百折不挠的韧性与毅力。状元办厂是在特定历史时期的产物，但一个书生在当时的国内外环境之下办实业，谈何容易。大生纱厂的创办过程可谓困难重重，曲折连连。最关键的是资金问题，而建厂房，购买机器、采购棉花等都需要大量资金，张謇一度一筹莫展。但他并没

① 张孝若.张謇传[M].长沙:岳麓书社,2021:205.
② 张孝若.张謇传[M].长沙:岳麓书社,2021:239.

有在困难面前退缩或止步。为了商股的筹集，张謇四处奔走呼告，但收效甚微，据其日记记载，光绪二十四年(1898)十一月十四日内，他给刘坤一连发五封信，给张之洞、盛宣怀发了三封函电，乞求以少量地方公款以救燃眉之急，甚至被逼无奈想借助于外资。他四处化缘，生活捉襟见肘，经常卖字凑旅费。他在《年谱》中记载："[光绪二十三年(1897)]十月，以通商集资事至沪，旅费乏，鬻字。"① "[光绪二十五年(1899)]留沪两月，百计俱穷。函电告急于股东者七次，无一答，仍以卖字给旅费。"② 此外，因动用一万两公款，地方官僚唆使秀才们联合抗议，当地土布商担心纱厂建成影响他们的生意，企图纠集众人烧毁工厂。这么多棘手的事经常让张謇觉得走投无路，他常常徘徊于路上，仰天俯地，一筹莫展。他曾感慨万端于他办厂经历的艰辛，是"千磨百折、忍侮蒙讥"③ 开始办厂前后五年，全赖书院月俸百金生活，未取厂里一分钱。

再多的艰难曲折，没有让张謇退缩，一筹莫展时也绝不放弃，可见他做事颇有韧劲，认定目标，一往无前，像水一样坚韧执着，百折不回。后来他特意请人绘制"厂儆图"四幅，记载他创业的艰辛，每年正月初一至元宵，将此图挂于纱厂的公事厅上，用来提醒自己记住过去，不忘初心。

(三) 顺势而为的灵活变通

水性柔和，水随物赋形，蓄势而动，顺势而为，圆融变通。张謇有自己为人处事的原则，但并不固执，而是能像水一样灵活变通。他在光绪十三年(1887)规划治理黄河时，坚决反对山东京官提出的任由黄河自觅渠道入海，或由江苏境内入海的方案，因为旧黄河下游早已淤塞无路，淮河流域必将遭殃。张謇经过阅读前人书籍，考察宋、明历史，加上自己的实地勘查，并结合多年水灾情况分析，

---

① 李明勋,尤世玮,编.张謇全集:第八卷[M].上海:上海辞书出版社,2012:1012.

② 李明勋,尤世玮,编.张謇全集:第八卷[M].上海:上海辞书出版社,2012:1014-1015.

③ 李明勋,尤世玮,编.张謇全集:第三卷[M].上海:上海辞书出版社,2012:17.

草拟《疏塞大纲》，提出疏塞并举，建议“乘全河夺流，大治河，复禹故道”①，乘着黄河泛滥夺流，彻底整治黄河，恢复禹故道，这是从根本上解决黄河水患的方案，可是他的建议不被采纳，当时李鸿藻奉命勘河，听到这一建议，很是“惊惮”。在这种情况下，一心想治理河患的张謇并没有固执己见，而是善于变通，退而求其次，“请以切滩取直法治河南险工之河”②，并提出详细的截弯取直具体路线，这样河南最危难的几处可以得到治理，但这样具体翔实而有效的方案仍然没有被通过。尽管张謇的治河方案一次次做调整，但依然没有付诸现实，只能绝望离开。但是，张謇在治理水患这件事上却没有停止，他将几个月治水中积累的理论和实践经验，用于淮河治理。当标本兼治的导淮计划不能实现时，他便组织人员做测量等基础工作，着手浚治王家港等支流。他一次次的调整变通，继续治水理想，就是一种顺势而为的做法。

张謇的圆融变通，还明显表现在与袁世凯的交往，以及从主张立宪派转为支持共和上。张謇在吴长庆幕府时，吴长庆对投奔而来的袁世凯特别关爱，让他拜张謇为师，深得吴长庆器重。但不久袁世凯却投靠了一直压制和打击吴长庆的李鸿章。张謇对袁世凯的忘恩负义、趋炎附势深恶痛绝。他与同在庆军幕的张詧、朱曼君联名写了一封长达八千多字的谴责信，对袁世凯严加指责，从此两人正式断交。二十多年后，张謇投身推动立宪运动，张之洞要他先与袁世凯商量，汤寿潜又劝说他与袁世凯恢复关系。当时袁世凯是直隶总督兼北洋大臣，拥了八九万新军，是权倾朝野的实力人物，也是清政府“新政”的积极倡导者。为了立宪大业，他放下心中成见，打破了二十多年的僵局，与袁恢复了书信交往。张謇在政治上也是稳健而又不失灵活，他从支持帝党，到主张立宪，再到拥护共和，像水一样圆融，能根据形势的发展灵活变通，是顺势而为做出的改变。

---

① 李明勋，尤世玮，编. 张謇全集：第八卷[M]. 上海：上海辞书出版社，2012：1005.

② 李明勋，尤世玮，编. 张謇全集：第八卷[M]. 上海：上海辞书出版社，2012：1005.

（四）虚怀若谷的谦逊务实

水性善下，《老子》云：水“处众人之所恶”“江海之所以能为百谷王者，以其善下之，故能为百谷王”。① 水的特性象征为人谦逊低调，胸襟开阔，虚怀若谷，俭朴务实。张謇出生于一个农民兼小商人家庭，自幼接受谦谨节俭的家庭教育。“先君、先母以谦谨节俭加勉，尤拳拳于爱身。”② 父母常常告诫他要谦逊待人，谨言慎行，诚实做人，生活俭朴，张謇时刻谨记父母的教诲，还曾辑录古人的七则诫子名言，精心编成《家诫》，刻在石头屏风上，置于庭院醒目处，时刻告诫其子孙要谦逊为人，淡泊名利，谨言慎行，修身养性，忠信不欺，恭敬处事。他在南通博物苑建了“谦亭”，是受《周易》中的谦卦的启发。

他为人谦逊低调，开放包容，俭朴务实。他儿子说他：“我父亲本性异常率真，很能虚心延纳，受人商量；如果有了错误，绝不强词夺理，自护其短。”③ 可见他为人很谦逊，虚怀若谷，能虚心接纳别人的意见，也能正视自己的错误不足，不自护其短。在导淮等水利技术方面，他聘请西方技术员，以谦逊开放包容的心态，虚心接受西方先进的科学技术，积极学习西方所长，又理性地坚持中华文明的精髓，探索中西融合之道。

张謇淡泊名利，低调务实，他非但自己不愿做官，还常劝人不要做官。常存“功不必自我出，名不必自我居”④ 的观念。务实是张謇很重要的精神之一，无论是办实业、办教育、做水利，都体现了他务实的精神。他的儿子张孝若说：“我父生平做事，只晓得实实在在，闷了头守着他自己的本分，靠着他的能力，来做他的事业，达到他的志愿。”⑤

俭朴是张謇一生坚持的优良品质。张謇生活非常朴素，每天吃饭就是一荤一

① 陈鼓应.老子注译及评介[M].北京：中华书局，1984：303.

② 李明勋，尤世玮，编.张謇全集：第八卷[M].上海：上海辞书出版社，2012：998.

③ 张孝若.张謇传[M].长沙：岳麓书社，2021：205.

④ 张孝若.张謇传[M].长沙：岳麓书社，2021：205.

⑤ 张孝若.张謇传[M].长沙：岳麓书社，2021：205.

素一汤，没有特别的客人，向来不杀鸡鸭。衣服也不多，仅够换洗即可，而且一件衣服都要穿很久。他儿子回忆道："他穿的衣衫，有几件差不多穿了三四十年之久，平常穿的大概都有十年八年。如果袜子袄子破了，总是加补丁，要补到不可再补，方才换一件新的。"① 张謇常说："应该用的，为人用的，一千一万都得不眨眼顺手就用，自用的，消耗的，连一个钱都得想想，都得节省。"②

张謇身上所体现的仁爱慈悲、家国情怀，坚韧执着，百折不回的勇气，善于变通，顺势而为的处世方法，谦逊淡泊，低调务实的品格，都与水的精神高度契合，所以说张謇不仅是治水名家，也是水文化的实践者。水文化是里下河地区的文化特征，水文化视域下的张謇精神，一定程度上也是里下河文化的体现。

① 张孝若．张謇传[M]．长沙：岳麓书社，2021：203．
② 张孝若．张謇传[M]．长沙：岳麓书社，2021：203．

传承里运河历史文化　开创里运河革命文化

——周恩来总理与里下河地区情缘

徐　忠(江苏省周恩来研究会学术委员会)

周恩来总理出生在里下河地区文化兴盛的古淮城附马巷，因家教启蒙较早，文化底蕴深厚，对里运河历史文化的传承具有坚实的功底。少年时代跟随伯父到东北较早地接受新式教育，后又进入全国著名的南开学校接受良好的中学教育并赴日留学，接受早期的马克思主义和列宁主义的教育，经历伟大的五四爱国运动的斗争洗礼和旅欧入党，特别是担任开国总理，对于传承弘扬包括里下河地区在内的优秀传统文化和开创红色革命文化都具有丰功伟绩。本文仅就他与里运河历史文化的传承与创新功绩的初次研究的见解，以就教专家学者。

一、 关于周恩来与里运河历史文化的情缘

古老京杭里运河的始祖——邗沟，一头是邗城(今扬州蜀岗)，一头是北辰坊末口(即周恩来出生地——淮安城的北门外)，始建于周敬王三十四年、鲁哀公九年(前486)，至今逾2500年之久。从早期的古邗沟到隋代运河及元、明、清三代京杭大运河的兴衰，都与周恩来生活12年的故乡淮安的命运相戚。

（一）周恩来童年时期感受的里运河文化滋养

周恩来从诞生时起就与运河结下了如同母子般的情缘，从童年到晚年，他一生中留下了许多有关运河的散文、小说和批示、讲话记录等宝贵史料，堪称是传承弘扬运河文化的精粹典籍。1917 年 5 月，周恩来时年 19 岁，负责主编《南开学校第十次第二组毕业同学录》、自撰《周君恩来》小传中说："少游江淮，纵览名胜。"沟通江淮的大运河里运河段的名胜，他更是多次"纵览"。他说："余本浙人，自先大父为宦吴省，遂徙家而居焉。生于斯，长于斯，渐习为淮人，耳所闻，目所见，亦无非淮事。"①

（二）周恩来散文《射阳忆旧》论述淮阴是运河"要冲"

1914 年，16 岁的周恩来在天津南开学校读书期间，在其主编的公开出版的敬业乐群会的《敬业》会刊上，以"飞飞"署名发表了有关里运河文化的长篇散文《射阳忆旧》，开头就写了故乡与运河的渊源及其在运河漕运中的重要地位，言简意赅地阐明："淮阴古之名郡，扼江北之要冲，清时海禁未开，南省人士北上所必经之孔道也。"② 从题目的"射阳"和开篇的"淮阴"的地名，到"要冲""海禁"和"孔道"，都是讲里运河与故乡淮河下游里下河地区变迁的历史文化。经查阅史料，这是古今政界官员和文人墨客对淮安（时为淮阴）在京杭大运河上的历史地位最科学、最准确、最精辟的概括。

《射阳忆旧》中的射阳与淮阴是什么关系呢？这要从两淮的行政区划名称的历史演变说起。淮阴作为县名较早，公元前 223 年秦国灭楚国，设淮阴县，取淮河之

---

① 淮安市周恩来纪念地管理局，淮安市档案局，淮安周恩来邓颖超研究会. 周恩来与故乡淮安史料研究[M]. 北京：中央文献出版社，2013：3.

② 淮安市周恩来纪念地管理局，淮安市档案局，淮安周恩来邓颖超研究会. 周恩来与故乡淮安史料研究[M]. 北京：中央文献出版社，2013：20.

南之意，县域为今淮阴、淮安区全境和洪泽区及宝应等县的一部分。元狩二年(前117)将淮阴县东南境的射阳湖(系春秋时由邗城至末口的邗沟所穿越的大湖之一)北的地境设为射阳县。古代称湖、河水之南为阴、水之北为阳，称山之南为阳、山之北为阴。例如出生在淮城河下镇的《西游记》作者吴承恩的号是“射阳山人”，后人为他辑录的文稿书名为《射阳先生存稿》。东晋安帝义熙七年(411)分广陵郡增设山阳郡，同时设置山阳县，据说是因为县境地处钵池山之南的一个大镇叫山阳，是县治所，故称山阳县。辛亥革命后的民国三年(1914)撤销淮安府，因山阳县名与陕西省的一个山阳县同名，故名淮安县。自秦设淮阴县后，直到南宋咸淳九年(1273)改淮阴县为清河县。元代初年设淮阴、清河、新城三县并置。至元二十年(1283)，并淮阴、新城两县入山阳县，清河县仍存在，直到民国三年(1914)，因清河县名与直隶省的一个县同而改称淮阴县。

淮阴的名郡地位在于“江北之要冲”和“南省人士北上所必经之孔道”。“要冲”与“孔道”，其意思是说清代的县按“冲、繁、疲、难”四字划分为四等：地当孔道者为“冲”；管辖面积大、事务繁重者为“繁”；赋多逋见者为“疲”；民刁俗悍命盗案多者为“难”。淮地自古是运河漕运之要冲的“一等”地位。周恩来父系、母系和先过继后抱养母陈系都与里运河有渊源。周恩来家驸马巷的老宅与漕运部院毗邻，仅隔上坂街和龙窝巷，相距很近。周恩来的祖父在清光绪二十一年(1895)即周恩来出生的前三年曾任运河岸边的桃园县(今泗阳县)的知县。周恩来的堂外舅公郑仁寿、六伯父周嵩尧都曾在漕运总督衙门分别任过总文案、文案。周恩来到清江浦里运河北岸的外公万青选的万府和抱养母陈氏祖屋陈家花园，都乘里运河客船来去。到宝应陈氏侄儿家和去东北伯父家也都是乘里运河客船离开淮安的。所以他对儿时在里运河乘船记忆犹新。1960年，周恩来会见时任淮安县委书记处书记刘秉衡，还说起乘里运河客船的往事：“有一回我同乳母一起上外祖父家，从西门上船，到了板闸，我们下船看了看，又上船到了清江。”① 周恩来的

① 淮安市周恩来纪念地管理局，淮安市档案局，淮安周恩来邓颖超研究会.周恩来与故乡淮安史料研究[M].北京：中央文献出版社，2013：137.

外祖父万青选三任清河知县并，在沿运河的山阳等县任知县，共计 30 多年，后又升任正五品的里河(即京杭大运河苏北段、里运河)同知(管理运河的官员)和徐州运河同知。周恩来“幼时喜闻故事，凡有人能语以奇闻怪事者，辄膝不去，终日听之不倦”①。周恩来出任开国总理以后，听说地方名士冒广生刊刻了《楚州丛书》，特地要秘书找了一套，抽空浏览。正是由于这些渊源，周恩来在《射阳忆旧》中写了漕运部院所在的淮安城内的两件“淮事”中的一件事，就是他“随家人”和“淮郡市民，人言籍籍，群集西门外”的里运河堤上所见到的。②

知道并读过周恩来以京杭运河里运河段为载体写作的小说的人可能极少。公开发行的刊物《敬业》(周恩来主编)，曾经连载了周恩来所著的侠义小说《巾帼英雄》。在南开大学历史档案馆保存的《敬业》第 1、2 期上，刊载这一小说的前两部分，因第 3 期《敬业》刊物至今未能发现，所以就无法知道这篇小说的结局。但是，通过两部分的内容，读者可以知道小说围绕良民张氏公婆蒙冤避难的事件展开情节。

(三)周恩来小说《巾帼英雄》讲述运河上的人文故事和风光

该小说重点写了发生在大运河上的两个相互联系的具有传奇色彩的故事：一个故事是，翁媪由淮阴去扬州的途中：“隋炀堤畔(为纪念隋朝炀帝开挖里运河，由淮至扬的运河堤称隋炀堤)，秋水悠悠，一叶扁舟，渡头停泊。一女子蹬踝(小步走路的意思)舱中，整理器具；时而以布浸水，拭濯船板；时而以绳系帆，预备张逢。未几，所闻岸上呼曰：‘舟子，舟子，余有急事将往广陵(即扬州)，但能得汝舟速驶，值佛计也。’女急扶入舟中，翁媪问曰：‘此舟仅汝一弱女子，庸有济乎?’女曰：‘吾随父母习操舟已久，父母亡，即承其业，往来淮扬有年矣，无他虑。’语次一篙点水，双桨催波，拍拍有声，载孤帆远影，遥向天际而逝。行可里

① 淮安市周恩来纪念地管理局，淮安市档案局，淮安周恩来邓颖超研究会. 周恩来与故乡淮安史料研究[M]. 北京：中央文献出版社，2013：132.

② 淮安市周恩来纪念地管理局，淮安市档案局，淮安周恩来邓颖超研究会. 周恩来与故乡淮安史料研究[M]. 北京：中央文献出版社，2013：135.

许，鸥程转向下游，女乃张以布帆，速率渐加。风势益猛，帆饱舟稳，女乃自握舵，翁媪则危坐舱中，心少慰。”小说描绘的里运河风情和故事，栩栩如生，生动感人。

另一个故事讲述大运河畔的人文故事。淮阴县令发觉张氏案中老叟村妪二人被接应出狱，“遂急下火签，命差役四处缉捕”。差役有“乘船沿江而下者，见水面一叶扁舟，上坐二人，仿佛是其所欲笪。鼓棹迫之，急一石子，向面飞来，役急避，傍耳而过。踵至者数枚，役大惊，不敢前进，退而复命，令亦无意于罪人斯得。差役性本骄惰，孰好多事，上峰既不严为催捕，彼又何苦奔走跋涉。故斯案之结局，仅如是而已”。这一次用石子击退追捕差役的人，仍然是不暴露姓名和身份的“巾帼英雄”青儿。小说对运河两岸的淮上风光，描写得生动精练。如小说一开头就写道：“寂寂荒郊，茫茫旷野。时则晨星隐隐，晓雾沉沉，几处烟云，一湾流水。凉风吹帽，细雨沾衣。如茵碧草，回旋路左。”

二、 关于周恩来大运河革命文化观的形成和建树

历史上的战争，凡是维护国家统一、谋求社会发展的战争就是正义的，反对统一发展的战争就是非正义的。公元前 482 年吴王夫差开邗沟，“逾长江入淮河，又逾淮达泗、沂、济三水”，争霸中原、谋求统一，是推翻诸多王国林立、权力松散统治的进步战争。从那时开始，在大运河上有过多次的进步与落后的战争。到近代就形成了在大运河及其沿线的多次革命与反革命性质的战争，最具有代表性的是抗日战争和解放战争。

（一）周恩来的一封具有里运河革命文化价值的致国民政府的信

《周恩来书信选集》（中央文献出版社 1988 年版）里，有一封具有革命文化价值

的书信，写于1946年9月2日，是周恩来写给国民党政府行政院长宋子文的亲笔信，内容是为保护故乡苏北里运河两岸千百万人民的生命财产安全而请命。事情的起因是1946年秋，苏北的淮、黄、沂、沭四水泛滥，淮、徐、扬的运河大堤时有崩溃的危险。在这种天灾严重的情况下，国民党反动派悍然撕毁国共停战、共同建设和平民主新中国的协定，发动了规模空前的内战，频繁轰炸里运河、淮河堤防。在“时局极端险急，人心异常悲愤”的情况下，苏皖边区政府于8月中旬和苏皖边区临时参议会于8月底先后发表急电，通电全国要求国民党政府停止轰炸无辜居民和运河大堤，停止破坏和平的罪恶行径。作为我党与国民党谈判的全权代表周恩来，一面同国民党反动派谈判，进行针锋相对的斗争，一面又于9月2日写了一封亲笔信给国民党政府行政院长宋子文，义正词严有理有节地指出：“8月28日曾转上苏皖边区政府急电，请求贵院即转饬江北运河工程局立即开放沿江各坝，使大水入江，以免苏北千百万人民惨遭水灾浩劫，迄未得复。兹复得苏皖边区政府主席团世日急电称：由于淮、黄、沂、沭河水同时告涨，苏北千百万人之生命财产岌岌可危。前曾一再电请宋子文先生吁请开放沿江各坝，但政府仅在报端宣布，实际至今未开放。政府不但不开放归江坝，近且不断以重型轰炸机以重磅炸弹轰炸高邮附近堤身，并扫射修堤人民，阻挠修堤工程，致沂、沭漏水，今堤岸又告溃决，竟演成宿、沭、灌县空前水灾。运河入江各坝，政府现不开放，复加飞机不断轰炸河堤，致运河有决堤之极大可能。如因此而造成苏北重大水灾，国民党及政府要负完全责任。特再急电，请即转行政院及水利委员会，转江苏省府立即开放归江各坝，并制止轰炸和阻挠运河修堤等语。”周恩来最后强烈要求：“特此转达，至希惠办理，勿再以此为政争及战争之武器，毋任感幸。”①

与国民党打了多年交道的周恩来，预料到国民党政府对于他为苏北人民请命的要求定会置之不理，于是他又指示苏皖边区政府不要对反动的国民党政府抱有希望，应当一手拿起武器痛击沿运河北犯的国民党军队，一手拿起工具与暴雨洪

① 淮安市周恩来纪念地管理局，淮安市档案局，淮安周恩来邓颖超研究会. 周恩来与故乡淮安史料研究[M]. 北京：中央文献出版社，2013：94.

水搏斗，加紧培修保护大运河堤。苏北军民共同与天斗与敌斗，终于保住了里运河的安全，使包括淮安在内的里下河地区广大人民免遭了灭顶之灾。

古今大运河革命文化史上，特别是现代革命文化史上的一个典型范例是按照毛泽东和周恩来部署进行的高邮战役。照毛泽东和周恩来的部署，1945 年 12 月中旬，华中野战军司令员粟裕、参谋长刘先胜签发了《高邮战役作战命令》，19 日深夜高邮战役按计划进行，29 日，胜利结束，共歼日军 1200 余人、伪军 8000 余人。这一战役的胜利，“拔除了残留在华中解放区中心最后一个日伪据点，沉重打击了蒋介石利用日伪军进犯解放区的企图，牵制了国民党军沿津浦路北犯的行动。同时使华中解放区的苏中、苏北、淮南、淮北完全连成一片，大大鼓舞了解放区军民反对内战，保卫抗战胜利果实的信心”①，成为现代军民并肩作战的军事文化范例。

（二）周恩来关于里运河获得新生的两次决策的革命性创新文化

如今获得新生的京杭运河苏北里运河段，被世人称为“黄金水道”。这一水运通道的建成，得益于对大运河的宝贵遗产和流动文化具有准确认知的总理周恩来做出的两次决策，也是由此形成的革命性创新文化的重要范例：

第一次事关里运河新生的革命性决策是 1950 年秋天，周恩来总理召集政务院有关部门负责人，听取华东局和苏、豫、皖、鲁等省区分管农业、水利的负责人关于治理淮河与运河方案的汇报。参加会议的时任苏北行署主任惠浴宇回忆说：“在周恩来总理主持下，当晚会议决定并经中央批准，因国家财政困难，苏北段工程暂缓开辟入海水道及缓办三河活动坝，把当年重点放在培修加固运河大堤、兴建沿运河 12 个涵洞和疏浚入江水道、培修洪泽湖大堤和兴建苏北灌溉总渠五大工程上。关心里下河地区安危说：‘要废除归海坝！什么叫归海坝？就是水大了马上

---

① 《新四军战史》编委会. 新四军战史[M]. 北京:解放军出版社,2000:484.

放水淹里运河地区。我们党领导的新中国，不能这样下做！’”① 按照周恩来总理的决策，长达404公里的里运河段，整修加固大堤和12个涵洞工程据京杭运河江苏省北段工程交工验收委员会的验收报告，三年中共做土石方14307万立方米，兴建了淮安、淮阴等4座节制闸和邵伯、淮安、淮阴等7座船闸，使运河大大提高了灌溉、排洪、航运的能力，首次获得了新生。特别是由淮阴船闸至运东闸淮安段18.94公里绕城新运河的开凿，一举三得：一是提高了运河的航运与灌溉、排洪的功能；二是扩大了清江浦市区的面积，为城市的新发展提供了前所未有的条件；三是保留了穿越城中心的古老里运河及沿河的清江浦楼、清江大闸等文物，既为大运河申遗提供了无法复制的文物佐证，又为运河黄金水道的旅游留下了独具特色的景点。

第二次事关里运河新生的重大决策是20世纪60年代初期，周恩来在上海、北京两次召开了大运河的江水北调的会议。自古以来，以淮安为中心的淮河下游苏北里下河地区多洪涝、易干旱。1960年前后，安徽在淮河干流修建了蚌埠闸，这使地处下游的江苏意识到：淮河的水可用而不可靠，一旦大旱，上游的水下不来，苏北灌溉总渠失去作用，淮沭河和大运河也发挥不了应有的效益。好在江苏有一条南北水上通道——大运河，在历史上黄河夺淮前，淮河水位低，江水直入淮河济淮，现在造水电站，干旱时完全可以把长江水调到淮河下游的淮安、徐州来，使大运河的里运河段获得新生，既引江济淮，保证旱灾的年份调用江水灌溉以淮安为中心的里下河地区的万顷农田，同时又保证京杭大运河苏北段的水上运输的通畅，可谓是一举三得的创新工程。于是，江苏省政府组织专家制定和论证“立足长江，引水济淮，江水北调”的工程方案，上报党中央和国务院，引起了周恩来总理的高度重视。曾任江苏省水利厅厅长、党组书记、江苏省副省长的陈克天是亲历者，据他回忆，1960年1月，在中共中央召开上海会议期间，周恩来总理在百忙中抽空听取江苏省苏北缺水和解决水源问题的汇报，省委参加上海会议的江渭清书记，刘顺元、陈光副书记都要陈克天先作具体汇报。陈克天从

① 惠浴宇.惠浴宇文存[M].南京:江苏人民出版社,2009:317.

1959年苏北大旱说起：“那时正是农田灌溉大量用水期间，可淮河断流，洪泽湖干涸，400万亩农田受灾减产。这说明，如今再继续依靠淮水发展灌溉，显然是靠不住的。后来我们考虑长江就在身边，水源比较丰富，决心依靠自己力量扎根长江，江水淮水并用，加快扩大水源的步伐，采取抽引江水和自流引江并举，‘八级提水，四湖调节’，把江水一直调到淮北，这样就能比较好地解决苏北用水矛盾。”接着，陈克天又把这方面已做出的规划和设计进行了汇报，并提出当年先上江边和高宝湖两座抽水站，请求国家在可能情况下给予支持。关于建抽水站所需要的大型电机水泵，江苏从未制造过，请求上海市大力协助。当时，上海市领导同志也在场，听陈克天汇报到这里，市委负责同志插话表示：愿千方百计克服困难，为苏北老区出力。周恩来总理听了很高兴，当场肯定江苏考虑结合将来南水北调东线的设想是正确的。他嘱咐江苏的领导人：“调水不分省界，哪里缺水就往哪里调。”又说：“这个工程最后完成，我恐怕看不到了，能听到你们的汇报已经是很高兴的了”。周恩来总理的这番高瞻远瞩、满怀深情、支持这项前无古人创造性的南水北调的大型水利工程的话语和果断的决策，深深打动了与会的每一位同志，激发了同志们用开创性思维从事水利事业的光荣感、责任感和使命感。会后，周总理亲自批准了江都水利枢纽工程的兴建，在江苏送上去的设计任务书上批示：“请一波、北一同志处理。”① 这样就使江水北调的实施，迈出了关键的一步。

江都水利枢纽，是江水北调的起点，是从1961年至1977年由中国自行设计、施工、制造和安装的国内第一座大型电力泵站。从江都水利枢纽至徐州，陆续建成了9个梯级、18座泵站，把江水从真高2—3米高程提高到30米左右的高程，调水远程达400多公里。1966年大旱，淮河断流146天，洪泽湖干枯，长江水位跌至新中国建立后的最低点。建成不久的江都第一、二站，从5月下旬至第二年，连续开机414天，抽长江水37亿立方，沿运河北送苏北各地，对大旱之年保证粮食增产起了关键性的作用。因为江水北调工程的实施，徐淮地区水稻面积从200多

---

① 陈克天.江苏治水回忆录[M].南京:江苏人民出版社,2000:12.

万亩稳定发展到1000万亩左右。苏北人民的梦想成真。就连淮安北乡的农民也种上了水稻，吃上了大米，日子越过越好了。周恩来总理当年的预言变成了活生生的现实。现在，按照周恩来总理当年的预见，大运河作为前无古人的南水北调东线工程已经全面完成调水，滔滔江水路过淮安，故乡人民旱涝基本无忧，特别是开天辟地创造性地沿着淮安全境的运河，穿越黄河，途经齐鲁大地，流到严重缺水的华北大商埠天津，全流域的男女老幼满怀深情地缅怀感激这项继承创新的大型工程决策者——人民的好总理周恩来！

（三）关于周恩来与大运河的历史文化和革命文化的重要启示

周恩来对于大运河宝贵遗产和流动文化保护、传承与利用的光辉实践和功绩，对当今大运河沿线的领导者和责任担当者的启示很多，最主要的是三点：

1. 要补短板——补认知大运河宝贵遗产和流动文化及革命文化的短板。要像周恩来那样对中华优秀传统文化的认知具有渊博知识和理论造诣。他说：

> 我主张先把本民族的东西搞通，吸收外国的东西要加以溶化，要使它们不知不觉地和我们民族的文化溶合在一起。这种溶合是化学的化合，不是物理的混合，不是把中国的东西和外国的东西焊接在一起。①

许多国际友人赞誉周恩来是中华优秀文化形象的代表，都说周恩来在哪里一出现，哪里就看到中华文化之光。所以每当周恩来一出场，外宾就会情不自禁地欢呼：“中国周恩来！周恩来中国！”周恩来对运河文化滋润情感深厚，对水文化在建国大业中创造性运用的功勋卓著。童年时代的周恩来到清江的外公万家和宝应的陈氏表兄陈式周家都乘木船往来。喜爱听故事的周恩来，对运河的人文故事知

---

① 周恩来著，中共中央文献编辑委员会编辑. 周恩来选集：下卷[M]. 北京：人民出版社，1984：344.

道较多。在天津南开学校读书时，他就在校刊、会刊上发表记述运河岸边故事散文《射阳忆旧》，向北方读者介绍南方的运河文化，开头就写故乡在运河运输线上的重要地位："淮阴古之名郡，扼江北之要冲，清时海禁未开，南省人士北上必经之孔道也。"以淮城、扬州和"清水悠悠"的"隋炀堤畔"为背景，发表讴歌声张正义的女英雄青儿的小说《巾帼英雄》。转载淮安《中学生》上的《评咏〈淮阴侯钓鱼台诗〉》等，把出生运河岸边、西汉三杰之一的大军事家韩信等名人文化介绍到天津。他在 1916 年的作文《避暑记》中说："淮皖大水，家遭波及。"讲的是淮河下游里运河两岸的故乡所受的大水之灾。

抗日战争胜利后的 1946 年 9 月 2 日，周恩来针对蒋介石假和谈、真内战、派兵进攻苏皖区、恶意轰炸苏北运河堤的行径，亲笔写信给国民党政府行政院长宋子文，为保护故乡运河两岸人民生命财产而请命。新中国成立后，周恩来在北京两次会见故乡淮安领导干部，都很关心地询问故乡运河岸边的镇淮楼、文通塔等文物情况。建国初期，周恩来决策治淮方略时回忆说："我生长在淮河下游，小时就知道一些淮河的情况。"所以他在自己真情实感的基础上，更为理性地传承与弘扬治理淮河与治理运河相结合的客观规律和历史经验，创造性地实行淮河、运河同时治理的方针，使古老的大运河获得新生。周恩来于 1950 年 10 月 14 日签署的中华人民共和国政务院《关于治理淮河的决定》中，对运河堤防治理做出了专门部署。特别是周恩来对事关运河新生工程的开创性科学决策，更是功垂千秋。对全国大江大河的治理，周恩来以身教和言教相结合的当代大禹的楷模风范，传承弘扬中华优秀的水文化精神，被世人誉为"功逾神禹"。从新中国诞生之初就在周恩来直接领导下负责治水的钱正英院士，曾任华东地区和全国的水利部长、全国政协副主席，依据多年的亲历说："作为人民政府的总理，周恩来同志在 1950 年就鼓励我国科学家，要创造出比大禹更伟大的功绩。周恩来同志本人，更身体力行地实践这个要求。"周恩来讲自己所操劳的建国大业说："解放后二十年我关心两件事，一个水利，一个上天(指抓导弹和卫星)"。① 运河沿线的县、区以上的党委中

---

① 中共中央文献研究室编. 周恩来年谱[M]. 北京：中央文献出版社，1997：564.

心学习组都必须进行中华优秀文化、运河流动文化的专题学习讲座，同时要制订出符合的关于运河宝贵遗产及流动文化的保护好、传承好、利用好的“三好”方案！

2. 要谋发展——谋求在保护与传承前提下的新发展。习近平同志 2009 年 4 月 20 日至 23 日视察淮安、瞻仰周恩来故居和纪念馆后就要求从人文的新视角学习周恩来人文精神，他说：“淮安是中国历史文化名城，是敬爱的周总理故乡，大家非常向往，我这次来主要是瞻仰周总理故居、纪念馆，学习他的革命风范和革命品德。”“周总理的这种人文精神，在地方怎么弘扬？这是所谓文化力、软实力，是你们最核心的东西，要把这个把握住，以此内化为我们的精神，对外转化为我们的一种发展的物质的力量。”习近平同志讲得很清楚，周总理的“人文精神”是“文化力、软实力”，其中就包括周恩来所代表的开创运河新生命新功能的人文精神，是淮安“最核心的东西”，要“把握住”，内化为淮安人精神，外化为淮安“发展的物质的力量”。后人学习周恩来对大运河宝贵遗产和流动文化的保护、传承、利用谋发展的思想与实践，谋求新的科学发展，不搞花架子的假政绩工程，对列入世界文化遗产名录的文物要重在保护，重点征集文物，不搞那种单纯追求旅游效应的访古不像古的伪古建筑物，要坚决保护运河“宝贵遗产”的历史真实性！要谋求既保护运河“宝贵遗产”的历史真实，又在新时代运用新手法发挥普及历史意义和旅游功能。例如运河从唐代开始就是海上丝绸之路和陆上丝绸之路的内河运输线，现在沿线城市都应发展与一带一路相联结的通往世界各地的集装箱运输，把优质的工农业产品销往欧洲，又把沿线城市需要的商品运回来。

3. 要求实效——追求保护与传承基础上的新发展的实际效果。至于如何把握、如何转化，如何实施？投资要讲成本与效益的审计监督。例如投资若干亿元易地建造漕运公园，就该考虑：文物价值有多大？实际投入的巨资何时能收回？有一处老寺庙建在里运河西岸，东岸又建毗邻两座新寺庙，里运河岸的 15 公里范围内，共有三座寺庙，这叫弘扬运河文化吗？我认为对此应该反思：是否需要这么多寺庙？总之，传承弘扬运河的流动文化，要务实求实、要保存有历史价值的真文物，不盲目，不造假，更不能破坏有价值的宝贵真遗迹、制造假的文物遗址。一句话，必须遵照习近平总书记的“三好”批示，向人们准确展示辉煌的运河宝贵遗产和流动的运河文化！

Q U Y U F A Z H A N

区域发展

里下河平原的农业文明

张　敏(江苏省文史研究馆)

农业文明是人类的第一文明。距今10000—4000年是我国的新石器时代，我国的农业文明诞生、发展、繁荣于这一时代，粟作农业与稻作农业构成了我国的农业文明，农业文明奠定了中华文明起源的物质基础。

淮河流域是我国粳型稻作农业的起源地。淮河上游的舞阳贾湖和淮河下游的泗洪顺山集等遗址发现距今9000—7000年的稻作农业遗存；淮河中游的蒙城尉迟寺、蚌埠双墩等遗址发现距今7000—6000年的稻作农业遗存；距今6000—5500年之间，淮河下游的高邮龙虬庄遗址发现了大量的稻作农业遗存，出土的炭化稻粒上首次发现了无芒、非落粒性、大粒化等一系列的栽培稻性状，首次发现了由“栽培的稻”突变为栽培稻的实例，淮河下游的里下河平原也因之成为我国最先进的史前稻作农业文化区。

一、 里下河平原的古地理环境

淮河下游的南岸即里下河平原。里下河平原东濒黄海，西止里运河，南至长江，北抵废黄河。里下河平原原为浅海大陆架，燕山运动以来成为苏北坳陷带的一部，受第四纪最后一次海侵成为浅海湾，由于长江、淮河带来泥沙冲击而形成沙嘴形的三角洲不断东移，海湾逐渐退缩，加之黄海海流不断地回旋和海浪的冲击而形成南北向的沙堤，随着沙堤的不断成长和三角洲的不断延伸，三者逐渐连接，海湾被封闭演变为泻湖；成为泻湖后，仍不断受到长江、淮河一部分泥沙的填积，原来的水面被分割成大大小小的湖荡沼泽，而泻湖向外排水的孔道也逐渐发育成网状的大大小小河流。由于泥沙的沉积，原来的海积层逐渐形成陆地，加之泻湖的沉积，大约在距今 7000 年前形成了里下河平原；里下河平原平均海拔 5 米以下，周高中低，呈浅碟状，其间河网密布，湖荡星罗，为典型的水乡泽国。

据距今 7000—5000 年的植物孢粉、动物遗骸和沉积相的研究，里下河平原为气候温暖湿润、水草茂盛、水网发达的河湖沼泽湿地环境，年平均气温比现今高出 2 ℃—3 ℃，属暖温带向中亚热带的过渡带；植物孢粉中草本植物占绝对优势，其中尤以水生植物为多，植被为落叶阔叶林带向常绿阔叶林带的过渡类型；据距今 7000—5000 年的动物骨骼显示，除水生动物外，还有麋鹿等陆生哺乳动物。植物与动物所反映的生态环境表明这一时期的里下河平原为稀疏森林—草原—湖沼景观。

里下河平原四季分明，温暖湿润。雨量充沛，动植物种类繁多，临水的高地适宜于人们的居住。特殊的自然环境既为人类的生活提供了丰富的自然资源，亦为人类的农业生产提供了优越的自然条件。

二、 里下河平原的史前稻作遗存

里下河平原的史前稻作遗存主要发现于高邮龙虬庄新石器时代遗址。龙虬庄遗址位于里下河平原的中部偏西，海拔 2. 6 米，遗址近似正方形，四周环水，面积 5 万平方米，是里下河平原面积最大、保存最好的一处遗址。

龙虬庄遗址的堆积有 8 层，其中第 4 至第 8 层为新石器时代文化层堆积。龙虬庄遗址的主要文化内涵可分为连续发展的两期：第 8、第 7 层为第一期，距今 6600—6300 年；第 6、第 5 层为第二期前段，距今 6300—5800 年，第 4 层为第二期后段，距今 5800—5500 年。

第一次发掘时，由于第 6 层含草木灰较多，黏性不大且易于水选，于是取了探方 T3729 第 6 层的部分土壤进行淘洗水选，结果发现了炭化稻米 200 余粒，经初步观察，粒型接近现代粳稻。

为了进一步了解龙虬庄遗址的稻作农业的状况，同时为了便于做定性定量分析，第三次发掘时选择了与探方 T3729 的对角相邻的探方 T3830 进行发掘，并对 T3830 第 4 至第 8 层的全部土壤逐层进行了淘洗水选。除第 5 层为居住面未发现稻米外，第 8 层浮选出炭化稻米 40 余粒，第 7、6、4 层每层均浮选出炭化稻米 1000 余粒，在 16 平方米的单位面积中共浮选出炭化稻米 4000 余粒，不仅数量众多，而且大多保存完好，颗粒完整①。

三、 里下河平原稻作遗存的分析

江苏省农业科学院粮食作物研究所和中国农业大学植物遗传育种系对龙虬庄遗址的稻作遗存分别进行了炭化稻米性状、形态变异、粒型指数、粒型指数、籼粳判别、DNA 片段的提取与 RAPD 扩增、通过水稻植物蛋白石的数量推算稻谷产量等多学科综合研究。

（一）炭化稻米的性状

为通过炭化稻米的性状了解龙虬庄遗址稻作农业发展演化的进程，江苏省农业科学院的汤陵华先生对龙虬庄遗址出土的炭化稻进行了粒型观察和粒型指数的

① 龙虬庄遗址考古队. 龙虬庄：江淮东部新石器时代遗址发掘报告[R]. 北京：科学出版社，1999：440+460-463.

测量、计算。

1. 炭化稻米的观察

在3倍和5倍放大镜下观察，多数炭化稻米呈糙米状，可清晰地观察到糙米沟纹，其中一部分米上附有稻壳的残余，极少数为精米状，有数粒成束腰状，另有一些稻壳保存完好的稻粒颖尖无芒，有的还连有枝梗，以上性状均表现出栽培稻的基本特征(图一)。

1. T3830第8层炭化稻

2. T3830第7层炭化稻

3. T3830第6层炭化稻

4. T3830第4层炭化稻

图一　龙虬庄遗址出土的炭化稻（1—4的比例相同）

从便于传播的长芒野生稻到便于收获的无芒栽培稻，从野生稻自生自灭所必需的落粒性逐渐演变为人类所希望的非落粒性，从小粒型野生稻的低产量到大粒型栽培稻的高产量，这一过程在龙虬庄遗址第8至第4层的炭化稻上得以充分反映，尤其是栽培稻的无芒、大粒化和非落粒性这一系列为适应栽培化而产生的性状在龙虬庄遗址第4层的炭化稻中得表现得一览无余，与现代栽培稻的各类性状基本相似。

龙虬庄遗址出土的距今6600—5800年的炭化稻尚处于野生稻向栽培稻转型的

初期；距今5800—5500年，栽培稻业已形成。龙虬庄遗址第4层出土的炭化稻是我国最早的栽培稻，将我国栽培稻的形成时间提前至距今5500年之前。

2. 炭化稻米的形态变异

龙虬庄遗址T3830出土的炭化稻米的数量极多，因此对第8、7、6、4层的炭化稻米作随机取样后，在谷物投影仪下测量炭化稻米的长、宽、厚。由于在淘洗时一部分炭化稻的外层受到磨损，测量时只选用其中粒型完整、充实饱满、可清晰地观察到糙米沟纹的个体。测量和比较不同地层的炭化稻米的变异情况，可以对栽培稻在里下河平原新石器时代的形成与演化过程有一个初步的了解。

各层中炭化稻米的粒长、粒宽、粒厚的平均数、标准差和变异系数列于表一。

表一　各文化层中炭化稻米的粒型特征值

层　位		第4层	第6层	第7层	第8层
检测数		118	48	65	14
粒　长	平均数X(mm)	5.80	4.58	4.72	4.84
	标准差S.D.	0.69	0.51	0.56	0.47
	变异系数C.V.%	11.87	11.13	11.90	9.65
粒　宽	平均数X(mm)	2.57	2.28	2.31	2.24
	标准差S.D.	0.45	0.30	0.31	0.23
	变异系数C.V.%	17.86	13.09	13.61	10.17
粒　厚	平均数X(mm)	1.78	1.65	1.69	1.65
	标准差S.D.	0.41	0.29	0.23	0.21
	变异系数C.V.%	23.03	17.64	13.67	12.74

表一中，第4层的粒长平均为5.80毫米，其他三层分别为4.58、4.72、4.84毫米，根据差异显著性检验，第4层炭化稻米的粒平均长在1%水平上极显著地长于其他三层的炭化稻米。粒长的分布范围以第4层为最大，分布于4.0—7.5毫米；第6、第7层分布范围略小，97%落在3.5—6.0毫米；第8层80%左右的炭化稻米粒长4.5—5.5毫米。各层之间的标准差也以第4层最大，第6、第7层居中，第8

层最小。粒宽的情况与粒长相同。

第 4 层的粒宽平均与其他三层的粒宽平均在 1%的水平上有极显著的差异，从第 8 至第 4 层，各层粒宽的变异系数有明显增大的趋势。同样，粒厚的变异系数和标准差也是由第 8 层向第 4 层逐渐增大，但各层粒厚分布的峰值相同，并没有显著的差异(图二)。

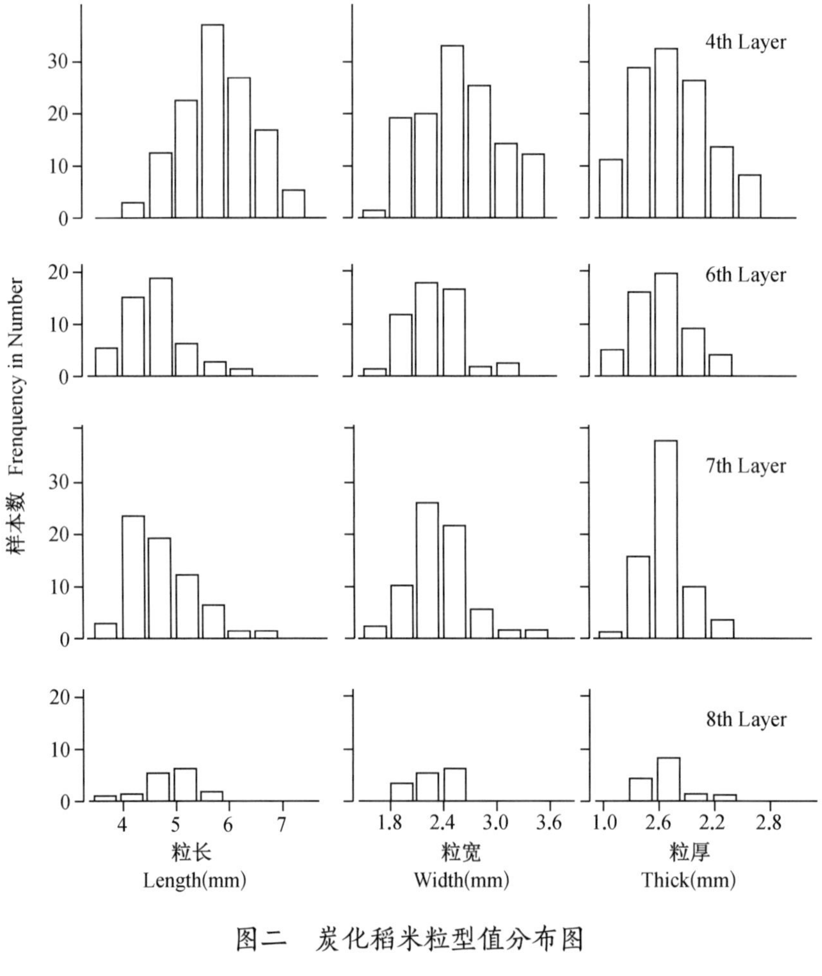

图二 炭化稻米粒型值分布图

3. 炭化稻米的粒型指数

通过计算炭化稻米的长/宽值、长×宽的平方根和长×宽×厚的立方根，分别用以估计粒型指数、粒大指数和粒重指数。同时用 5 个江苏农家品种脱去谷壳，用同样的方法测量糙米的长、宽、厚，作为对照(表二)。

表二　炭化米与农家品种的粒型指数(L，粒长；W，粒宽；T，粒厚。)

稻　种	层　位	L/W	$\sqrt[3]{L\times W}$	$\sqrt[3]{L\times W\times T}$
炭化稻	第 4 层	2. 31	3. 85	2. 97
	第 6 层	2. 03	3. 22	2. 57
	第 7 层	2. 07	3. 29	2. 64
	第 8 层	2. 19	3. 28	2. 61
农家品种	矮黄种	1. 94	3. 96	3. 00
	长颈骨糯	1. 82	3. 78	3. 01
	黑种	1. 78	3. 91	3. 06
	麻雀青	2. 07	3. 91	2. 88
	黄种	1. 96	3. 88	2. 98

从表二可以看出，龙虬庄遗址第 8、7、6 层炭化米的粒型指数比现代农家品种略大，第 4 层炭化米的粒型指数比现代农家品种大得多；粒大指数和粒重指数则是第 4 层炭化米与现代农家品种相似，而第 6、7、8 层的炭化米小于现代农家品种。鉴于这一结果，可知古代粳型稻粒与现代农家品种相比略显细长，在籽粒的大小及粒重上，第 4 层已有与现代农家品种相似的水平，其他三层的炭化稻还处于野生稻向栽培稻演变过程中①。

这是我国农业考古中首次通过放大镜观察到炭化稻的颖尖无芒，连有枝梗等栽培稻性状，首次通过炭化稻米的粒型指数的计算，明确了龙虬庄遗址第 4 层炭化稻的大粒化性状。

(二) 炭化稻 DNA 片段的提取

水稻的炭化稻米粒型研究、外稃表面双峰乳突扫描电镜研究、植物硅酸体研

① 汤陵华. 龙虬庄遗址稻作遗存的鉴定与分析[R]. 北京:科学出版社,1999:441-448.

究的间接支持，但缺乏更为直接的古稻 DNA 证据。中国农业大学植物遗传育种系的李晨、孙传清、姜廷波、王象坤先生从龙虬庄遗址出土的距今 5500 年前的单粒炭化稻中提取了 DNA，经过 RAPD 扩增得到扩增片段，并用 Southern 杂交证实了扩增片段系古稻 DNA 片段①(图三)。

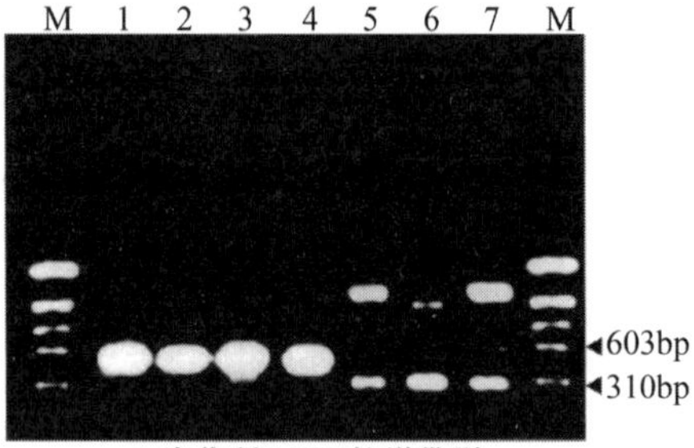

1.炭化稻RAPD扩增带型
(M:ΦX174/Hae Ⅲ酶切, 1-4:炭化稻、5:WA113、6:IR26 7:金南风)

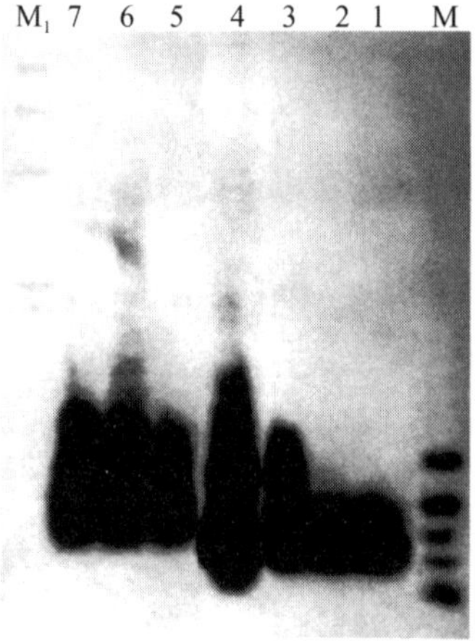

2.炭化稻RAPD扩增条带Southern杂交结果
(M_1:λDNA/Hind Ⅲ酶切, M、1-7:同上图)

图三　龙虬庄遗址炭化稻 RAPD 扩增与杂交结果

这是我国农业考古中首次在炭化稻中成功提取了古稻 DNA 片段，为我国古稻的鉴定及中国栽培稻的起源与演化的研究提供了一条更为有力的新途径和新方法，为进一步鉴别野生稻还是栽培稻及籼粳属性奠定了基础，《光明日报》为此作了专题报道。

(三) 水稻植物硅酸蛋白石分析

为进一步了解龙虬庄遗址稻作农业发展演化的进程，江苏省农业科学院的王才林先生根据采集于龙虬庄遗址探方 T1526 的第 4 至第 8 层以及第 8 层以下生土层

---

① 李晨，孙传清，姜廷波，等. 龙虬庄遗址单粒炭化稻 DNA 片段的提取与 RAPD 扩增[R]. 北京：科学出版社，1999：458-460.

等6个土壤样本，对水稻植物硅酸蛋白石进行了分析，并通过水稻植物硅酸蛋白石分析研究，对水稻的地上干物重量和稻谷产量进行了推算，从另一个角度对龙虬庄稻作农业的演进过程进行探讨。

1. 水稻植物硅酸蛋白石的分析

在探方T1526的6个土壤样本中，除了生土层(第9层)以外，第4至第8层均检测到大量水稻机动细胞硅酸体来源的植物蛋白石的存在。

对各土层样本中检出的水稻植物硅酸蛋白石进行了形态分析，测定其长、宽、厚和形状系数4个形状，将各形状的平均值代入前述籼粳判别式进行亚种判别。

龙虬庄遗址第4至第8层3次重复测定的15个样本植物蛋白石形态性状判别值的分布与97个亚洲地方品种(籼稻50个、粳稻47个)机动细胞硅酸体形态性状的判别值的分布进行比较的结果见图四。

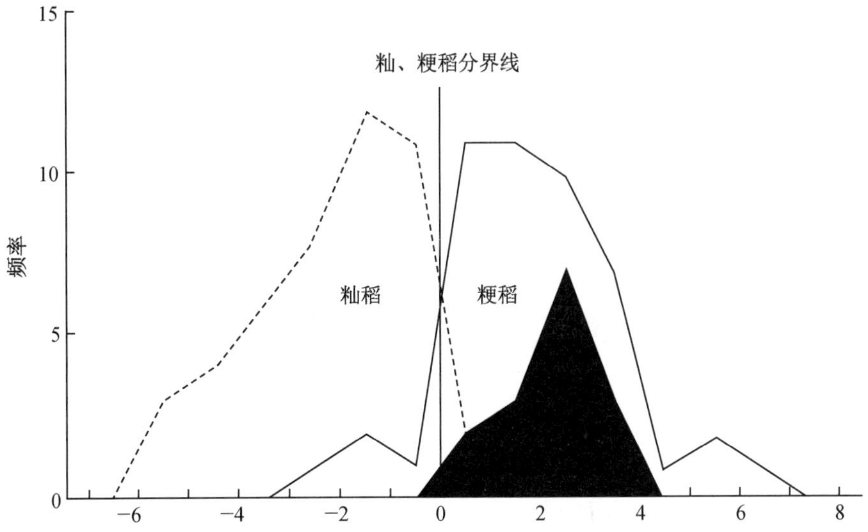

图四　龙虬庄遗址水稻植物硅酸蛋白石形态性状籼粳判别值分布图

图中虚线表示50个籼稻地方品种的分布区域，实线表示47个粳稻地方品种的分布区域，Z4=0为籼、粳分界线，龙虬庄遗址第4至第8层出土水稻植物硅酸蛋白石形态性状的判别值均分布于Z4>0的粳稻区域内。

根据各土层水稻植物硅酸蛋白石4个形态性状的平均值得到的籼、粳判别值在

0.52—2.64，这一结果表明龙虬庄遗址出土的炭化稻属于粳稻类型(表三)。

表三　T1526 第 4 至第 8 层水稻植物硅酸蛋白石 4 个形态性状的平均值与判别值

层　位	长（μm）	宽（μm）	厚（μm）	形状系数	判别值（Z4）
第 4 层	43.28d	34.43d	30.12a	0.94a	2.64c
第 5 层	41.43c	33.14c	30.16a	0.96a	2.06c
第 6 层	41.41c	32.31c	30.36a	0.97a	2.27c
第 7 层	38.13b	31.03b	30.04a	0.92a	1.17b
第 8 层	36.55a	29.69a	29.43a	0.97a	0.52a

从各土层出土水稻植物硅酸蛋白石形态性状判别值的变化情况来看，第 8 至第 4 层有自下而上增大的趋势(图五)。

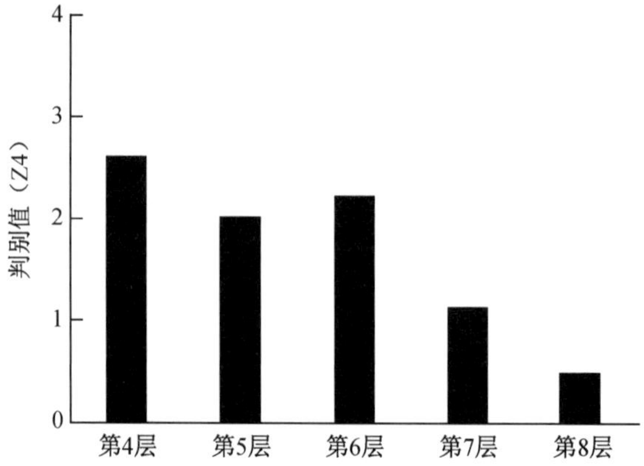

图五　龙虬庄遗址水稻植物硅酸蛋白石形态性状籼粳判别值柱状图

龙虬庄第 8 层和第 7 层的判别值较小，分别为 0.52 和 1.17，而第 4、5、6 层的判别值均在 2 以上。从各土层水稻植物硅酸蛋白石 4 个形态性状的平均值来看，长和宽两个性状也有自下而上增大的趋势。对各土层的平均值进行差异显著性测定的结果表明，除了第 5 层与第 6 层的长与宽无显著差异以外，其余各土层的平均值之间的差异均达 1%的显著水平。第 8 层和第 7 层的长与宽则明显小于第 4 层至第 6 层。而厚度与形状系数两个性状各土层平均值的变化均不大(图六)。

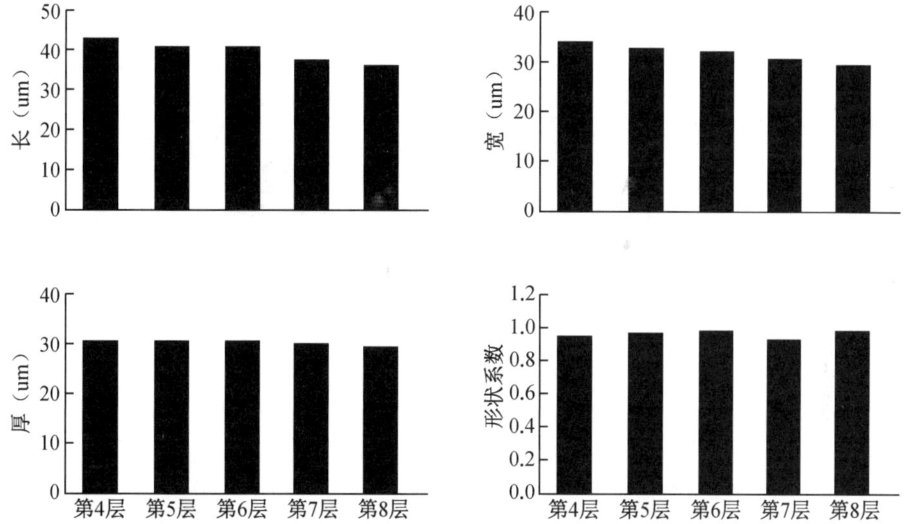

图六　龙虬庄遗址水稻植物硅酸蛋白石 4 个形态性状平均值变化图

将龙虬庄遗址各土层所含水稻植物硅酸蛋白石的形态性状与来自太湖地区的 26 个粳稻地方品种机动细胞硅酸体的形态性状进行比较的结果表明，龙虬庄遗址植物蛋白石 4 个形态性状的分布虽然均未超出地方品种的分布范围，但两者的分布高峰明显不同。

龙虬庄遗址植物蛋白石 4 个形态性状的分布高峰除了宽度向小值方向偏移之外，其余性状均向大值方向偏移（图七）。差异显著性测定的结果表明，龙虬庄遗址的植物蛋白石除了宽度略小于粳稻地方品种机动细胞硅酸体的宽度以外，其余性状两者之间的差异均达 1%的显著水平。

通过水稻植物硅酸蛋白石的分析，龙虬庄遗址出土的炭化稻属于粳稻类型。从淮河上游的贾湖遗址到淮河下游的龙虬庄遗址，所出土的炭化稻皆属粳稻类型，从而表明淮河流域稻作农业来源于对偏粳型——粳型普通野生稻的栽培与驯化，淮河流域为我国粳型稻作农业文化区。

2. 干物重量和稻谷产量的换算

龙虬庄遗址的炭化稻是在同一遗址、同一探方的不同层位中浮选出来的，贯穿里下河平原原始文化的始终，代表了里下河平原史前稻作农业的发展序列。

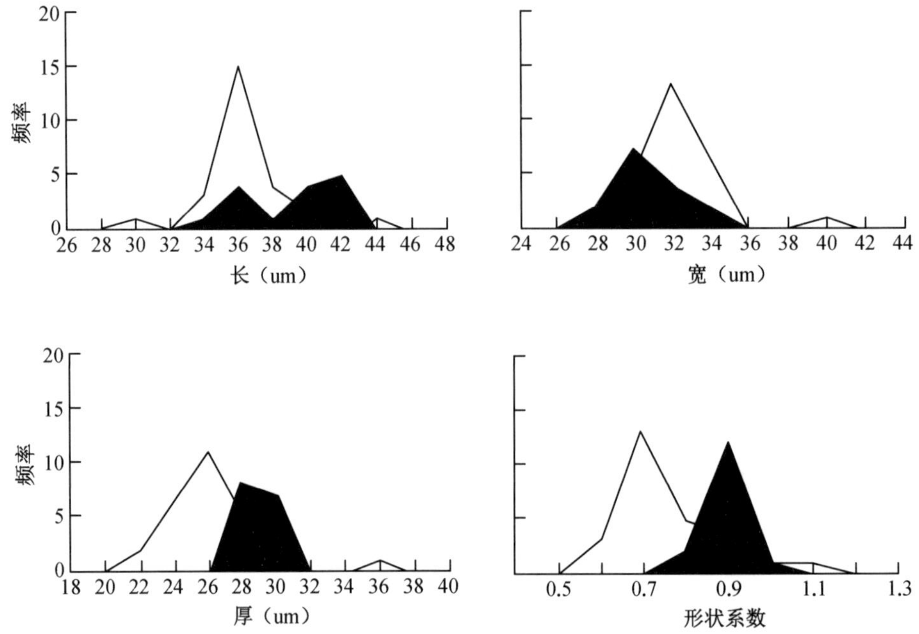

图七　龙虬庄遗址水稻植物硅酸蛋白石与26个粳稻地方品种机动细胞硅酸体4个形态性状

在6个土壤样本中，除了生土层外，第4至第8层均检测到大量水稻机动细胞硅酸体来源的植物蛋白石的存在(表四)。

表四　T1526第4—第9层水稻植物硅酸蛋白石定量分析结果

层　位	1g土壤中水稻植物蛋白石的数量	换算成水稻产量（t/a. cm）	
		地上部干物重	稻谷重
第4层	70813	20.82	7.29
第5层	31978	9.35	3.28
第6层	20703	6.09	2.13
第7层	13060	3.84	1.35
第8层	3960	1.16	0.41
第9层（生土层）	0	0	0

从第8层至第4层，水稻蛋白石的含有量自下而上逐渐增加的趋势十分明显。

第7层是第8层的3倍以上，第7层至第5层均以50%左右的比率增长，第4层又是第5层的2倍以上。

换算成地上部干物重和稻谷产量，第8层分别为1.16和0.41 t/a. cm，至第4层则分别达到20.82和7.29 t/a. cm，表明龙虬庄遗址从第8层开始就有了稻作农业，而且其后稻的产量水平不断提高，在距今6600到距今5500年的千年之间，稻谷的产量增长了近18倍(图八)。

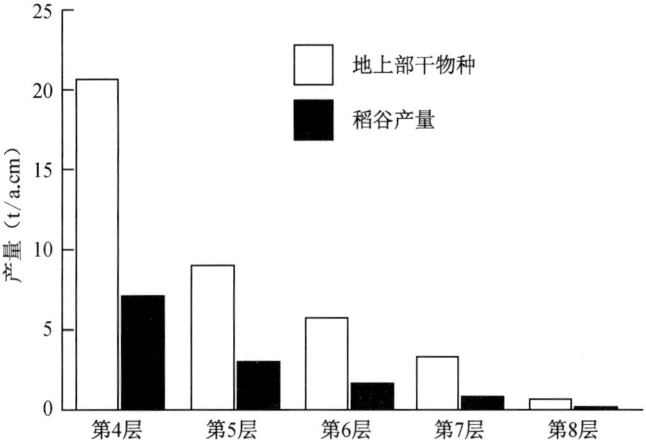

图八　从植物蛋白石数量推算的水稻地上部干物重和稻谷产量示意图

在第8至第4层普遍检测到大量水稻植物硅酸蛋白石且其数量不断上升的事实表明，龙虬庄遗址的稻作农业在1000年的历史进程中，得到了持续稳定的发展。龙虬庄遗址的稻作生产可分为三个阶段：第8层为第一阶段，稻作生产水平很低；第7至第5层为第二阶段，稻作生产出现第一次大的进步，并维持一定的增长速度；第4层为第三阶段，稻作生产出现第二次大的进步，并达到前所未有的水平①。

这是我国农业考古中首次通过植物蛋白石的数量推算的水稻地上部干物重和稻谷产量，龙虬庄的稻谷产量在1000年内增加近18倍虽然是推算，但稻谷产量呈

① 王才林.龙虬庄遗址水稻植物蛋白石的分析[R].北京:科学出版社,1999:448-458.

逐年增长的趋势是显而易见的。

龙虬庄遗址稻作农业的发展过程反映了里下河平原栽培水平的提高，既反映了龙虬庄遗址的稻作农业经历了持续稳定的发展历程，也反映了稻的原始种质在里下河平原的进化过程。

四、“栽培的稻”与栽培稻

野生稻是多年生草本植物，禾本科，稻属。野生稻的基本特征是下部于节上生根，小穗型，长芒，谷粒呈长圆形，易落粒。野生稻是栽培稻的原始形态，普通野生稻是亚洲栽培稻的祖先种。

我国的稻作农业发生于距今10000年前，稻作农业始于人类对野生稻的栽培与驯化，目前发现距今5000年前的稻作遗存遗址近100处，构成了我国栽培稻起源至早期发展的完整的文化链。

稻作农业的起源与栽培稻的形成是两个不同的概念。水稻的演化是在人类的栽培、驯化等行为作用下缓慢地进化过程，水稻的进化过程是一个漫长的过程。稻作农业发生于人类开始野生稻的栽培，而栽培稻的出现则是在栽培过程中水稻种质的变异或突变。因此，稻作农业的起源时间远远早于栽培稻的形成时间。

栽培稻是农学名词。栽培稻是一年生草本植物，禾本科，稻属。栽培稻的基本特征是植株生长快，不易倒伏，穗型大，无芒，稻谷大粒，不易落粒。栽培稻具有适应性强、可控性高、产量大、方便收获等特征，栽培稻的形成导致稻谷产量的大幅度提高。

稻作农业的起源是从人类对野生稻的栽培、驯化行为而产生的，野生稻向栽培稻的驯化是一个漫长的过程，在这漫长的进化过程中，驯化中的野生稻最终突变为栽培稻，成为必须依赖人类行为才能进行正常再繁殖的栽培稻。

稻作农业的发展除表现为生产工具的逐渐进步与栽培技术的逐渐完善外，还表现为对原始种质的驯化。在水稻的栽培过程中，既有通过干燥贮藏的手段不自觉地进行驯化，还有通过选择留种的手段有意识地进行驯化，以促使原始种质向人工栽培种质进化。驯化的过程一般是选择穗秆不易折断、稻粒不易脱落、单穗颗粒较多且稻粒饱满的作为稻种，然后贮藏于干燥的环境里，逐渐改变了水稻的自然习性，加之驯化的连续性，使进化得到巩固①。

水稻的驯化与演进是在人类行为作用下十分缓慢的进化过程，从野生型到栽培型首先经过的是人类无意识的机械淘汰，这一过程的结果往往是落粒性降低，着粒性和育性的提高，小花数增多及种子的大粒化等。

栽培稻的形成大致经历了三个阶段：第一阶段距今10000年之前，人类可能开始进行野生稻的采集与栽培；第二阶段距今10000—6000年，人类通过选择不易倒伏的稻杆粗壮、穗大、颗粒饱满的稻谷进行收获、干化、贮存、留种、育苗、栽培等等一系列人工行为对水稻进行驯化并广泛传播；第三阶段距今6000—5500年，经过漫长的演进、驯化，水稻产生了质的变异，稻米粒型发生突变，形成了脱离原始性状的栽培稻。

稻作农业的起源即水稻种质的渐变至突变的过程，稻作农业的形成是人、稻之间的协同进化过程，水稻种质的渐变至突变的过程即野生稻—“栽培的稻”—栽培稻的驯化、演进过程。

野生稻变异为栽培稻是一个十分漫长的过程，在这漫长过程中的人类栽培的稻名称不一，或称“古栽培稻”“驯化稻”，或径直称之为“栽培稻”。由于龙虬庄遗址栽培稻的发现，界定了栽培稻的基本特征与基本性状，因此介于野生稻与栽培稻之间的、处于缓慢的进化过程中的稻即“栽培的稻”，凡早于距今5800—5500年的龙虬庄第4层的各类稻作遗存皆属“栽培的稻”而不是栽培稻，龙虬庄遗址第8至第6层出土的炭化稻亦属“栽培的稻”。

龙虬庄遗址第8至第4层炭化稻发展演化的过程，不仅揭示了里下河平原漫长的人工驯化改良水稻种质的过程，而且反映了至少在距今5500年之前人工选择优

① 张敏，汤陵华.江淮东部的原始稻作农业及相关问题的讨论[J].农业考古，1996(3)：106-121.

化稻种已取得了显著的效应。

龙虬庄遗址是我国第一次发现于同一遗址、同一探方中不同时期的完整的稻作农业序列，反映了里下河平原延续千年之久的水稻栽培史，并将我国水稻栽培史上人工有意识地选育良种并产生效应的年代提早到距今5500年之前，尽管这一过程是十分缓慢的。

五、 里下河平原的农业文明

农业是文明的支柱，农业的出现改变了人与自然的关系，农业的起源使人类的攫取性经济转变为生产性经济。稻作农业的出现对中华文明的形成与发展产生了巨大的影响，发生在距今10000年前后的农业革命改写了人类发展的进程，预示着农业化时代的到来。

淮河下游的稻作农业发生于距今9000—7000年的顺山集遗址，龙虬庄遗址发现了距今6600—5500年连续发展的稻作农业序列，第一次在炭化稻中成功提取了古稻DNA片段，第一次通过植物蛋白石的数量推算的水稻地上部干物重和稻谷产量，展示了里下河平原稻作农业持续稳定发展的绚丽画卷，龙虬庄遗址发现了我国最早的栽培稻，展现了我国稻作农业由野生稻——“栽培的稻”——栽培稻的驯化、演进、突变的全过程。

里下河平原栽培稻的出现，表明里下河平原的原始先民通过驯化与演化率先完成了由“栽培的稻”向栽培稻的转型，我国的稻作农业从此进入粮食高产的新时代，里下河平原也因之成为我国最发达的稻作农业文化区。

里下河平原的农业文明是我国最重要的地域文明之一，里下河平原的农业文明为中华文明的起源作出了杰出的贡献。

“洪武赶散”与里下河及盐城移民

赵建中(南京航空航天大学)

一、 民间传说与方志记载

苏北盐城、淮安、扬州、泰州的里下河一带及盐城沿海地区民间一直有“洪武赶散”传说：明代洪武年间，朱元璋为报复苏州、松江、嘉兴、湖州、杭州一带王府绅民对张士诚的拥戴，以移民垦荒为由，将苏州大量人丁驱至苏北、据说多达40万之众。

这种传说尤以盐城为集中，当地人的家谱、族谱多半称祖先系洪武年间来自苏州阊门。“洪武赶散”，即便是真，算上当时盐城7万多全部人口，也只占被驱赶“40万人丁”的17.5%。这一传说迄今尚未见于正史，即使野史杂记也鲜有“洪武赶散”详尽记载。民国《续修盐城县志》称“元末张士诚据有吴门，明主百计不能下，及士诚败至身虏，明主积怨，遂驱逐苏民实淮扬二郡”，这个条目源自盐城凌兰荪《凌氏族谱》，依据还是来自民间，不过，族谱记载的历史价值应高于传说。

二、迄今相关研究述评

洪武年间，确有规模性人口迁移。但据史载，朱元璋针对的多为苏南富民，迁出地域多半集中在江南，带惩罚性质，且在攻克张士诚都城即开始。《江苏通史》转引《明太宗实录》称，吴元年(1367)十月，朱元璋攻克平江后置苏州卫指挥使司，“徙苏州富民实濠州”。《正德姑苏志》载：“洪武以来，罪者谪戍，艺者作役，富者迁实京师，殆去十之四五。”清人赵翼《陔余丛考》还述及明太祖迁徙苏、松、杭、嘉、湖富民以实凤阳，数量14万户(人)，且严令逃归。洪武三年(1370)六月，朱元璋旨“苏、松、嘉、湖、杭五郡，地狭民众，细民无田以耕，往往逐末利，而食不给。临濠，朕故乡也，田多未辟，土有遗利，宜令五郡民无田产者往临濠开种，就以所种田为己业”；月底“徙苏州、松江、嘉兴、湖州、杭州民无业者田临濠，给资粮牛种，复(免税)三年”(《明史·太祖本纪二》)。这次迁徙的虽是无田产者，但仅4000多户(每户按4—5人计，约2万人)且明令迁往临濠一带。至于苏北地区，倒是扬州府新增移民较集中地来自苏南、浙北、江西多地。洪武二十六年(1393)，扬州府74万人口，移民及其后裔约50万人，其中除崇明县外，来自苏州及苏南、浙北移民占总移民人口一半，来自江西和徽州移民各占四分之一。扬州一带也有说法认为当地人祖先来自苏州阊门，后人甚至把睡觉做梦也戏称“去苏州”“回老家”。盐城所属的淮安府，苏州移民人数并不很多。首轮《盐城市志》“人口”卷概述，记述谨慎：“明初，‘洪武赶散’，大批移民充实江淮，人口基数有所增加。”承认“大批移民充实江淮”，但“人口基数”只是“有所增加”。“人口迁移”这节，笔墨稍多：“明初，朱元璋强制迁徙，数以万计的苏州、松江、嘉兴等地民丁至苏北沿海充当煎丁，以煮海制盐为生。洪武二十二年(1389)，海潮毁坏捍海堰，盐灶为海水吞没，数万盐丁远流他乡。”① 虽说对象

① 盐城市志·人口(上)[M].南京:江苏科学技术出版社,1998:274+279.

为“苏州、松江、嘉兴等地民丁”，迁徙地是“苏北沿海”，可“数以万计”的“进”和“数万盐丁”的“出”大体相当。首轮《苏州市志》也有“(洪武)初年，为加强国家统治，开发落后地区以及边远地区，实行戍边屯田制度，先后在全国范围进行多次大规模的人口迁徙”；“二十二年，迁苏州阊门一带商户百姓至苏北沿海灶区。二十四年，迁苏州富民充实南京”①（首轮《苏州市志·人口》，第287页，江苏人民出版社1995年版)记载，但记述内容比较含糊笼统：既无明确的迁徙地域，也无具体迁移数据；有关联的时空概念只是“二十二年，迁苏州阊门一带商户百姓至苏北沿海灶区”，但对象是“商户百姓”，且无具体数据，迁徙地“苏北沿海灶区”亦嫌宽泛。

朱元璋为惩罚支持张士诚的富豪，对江南地区重赋并规定苏、松等江浙人士不得任职户部；同时通过严刑重法消灭“奸顽富豪之家”，致江南富豪或死或徙。建文帝继位，认为“江、浙赋独重，而苏、松官田悉准私税，用惩一时，岂可为定则?”遂“悉与减免，亩毋逾一斗。苏、松人仍得官户部”（《明史·恭闵帝本纪》卷四)。朱棣夺位后尽废宽政措施，江南之赋复重，时“天下之农民固贫矣，而苏、松之农民比于天下，其贫又加甚焉”②。当时，全国每亩平均负担田赋3.46升，苏州府28.53升，是全国平均数8.2倍，常州府8.19升，是全国平均数2.3倍；苏州府田赋从元代88万石增至明初270余万石。洪武十年(1377)，苏州知府金炯，以官田民田赋税轻重悬殊不便征收为由，建议减重租田赋被诛杀，赞同建议的户部尚书滕德也以盗用军粮罪被杀。无锡有一言官周衡因批评重赋，江南诸郡“天下以不信”，被朱元璋以省亲迟回“不信于天子”为由，将其诛杀并曝尸于街头。

由史载推断，朱元璋是断然不会让那些将要受惩罚的江南人随意走脱的；倒是部分江南人，为了逃避不堪重负的赋税，极有可能会选择自行离开。《江苏通史·明清卷》记载：苏州府的太仓州洪武年间见丁授田16亩，洪武二十四年

① 苏州市志[M].南京:江苏人民出版社,1995:287.

② 潘群,周志斌.江苏通史:明清卷[M].南京:凤凰出版社,2012:107.

(1391)黄册原额67里8986户，宣德七年(1432)再造册时为10里1569户。后经核查，实际仅738户。江南巡抚周忱说过，农户的大量逃亡有两种可能与逃亡苏北有关：一是“船居浮荡”，二是“邻境蔽匿”。史书虽没明说户丁的逃亡去向，但大规模逃亡却是事实。重赋定会激起江南士民的不满，而拖欠赋税或逃亡回避便成了最直接、最有效的反抗方式。

大量盐、淮、扬、泰里下河一带居民，尤其盐城人为何会不约而同地称说“祖籍阊门”呢？阊门，作为古代江南最重要的码头之一，在以水路交通为主的古代，无疑是通往江北的理想出发地；而临近的寒山寺等几座大寺院，具有接待并临时安置来自苏、松、杭、嘉、湖等地大批被迁民众的条件和可能，阊门自然便成了移民的集中地。对于那些即将游走他乡的江南移民而言，寄托着“乡愁”情结的江南最后驿站——阊门，也就成了他们后裔日后魂牵梦萦的“故乡”。葛剑雄认为，江南移民的后裔称说“祖籍阊门”，其实是“半真半假”；因为阊门的名气大，许多不知祖籍何处的江南移民后裔由于受从众心理的驱使，会集体附会“祖籍阊门”，这也属情理之中。另一方面，张士诚据苏州称“吴王”后，既重建阊门楼并添筑月城，又免除江浙一带的赋税，深受恩惠的江浙百姓纷纷为他修建祠堂。盐城人称说“祖籍阊门”，也或多或少反映出“洪武赶散”后裔那种憎恨朱元璋、拥戴张士诚的“乡人”情结。

“洪武赶散”传说，在苏北里下河民间尤其是盐城流传了600多年，至今不仅丝毫未有减弱，反而有愈演愈热之势。这一历史“悬案”，之所以一直没能够得到“公了”，至少有三个重要原因：

其一，从大量的史志典籍来看，还始终没有发现大规模移民迁入里下河及其盐城的历史记载。果真如传说的那样，“洪武赶散”是朝廷集中进行的规模性移民，那么朝廷必定是有目的、有政策、有组织、有秩序地进行的，肯定不会由着那些被迁徙的移民插草为标、自由圈地；朝廷甚至还会有诸如物资、口粮、耕牛、种子等实质性资助，更会有减赋免税等诸多的优惠政策等等。而所有这些，都必定会见之于“官修”的史志典籍，然迄今尚未发现；新修方志虽然也偶见“洪武赶散”，但多称其源于“民间记载”，所载内容亦多半语焉不详。

其二，从里下河及其盐城本地的地域文化来考量，也并没有呈现出由于移民文化的扩散，发生取而代之或严重影响的文化现象。倘若迁徙里下河及其盐城的苏州移民，果真如传说的那样在本地占有绝大多数，那么来自一地又集中移住一地，并且已大面积超出土著板块的民众，必然会使用移民地的苏州方言(就像民国初年张謇在盐城的“废灶兴垦”时期，随之而来的大批启东、海门人落户盐城，至今在盐城沿海地区还留有若干“启海腔”的方言岛)；如此，今天的里下河及其盐城方言理应操吴语，即使是从语言的发展变化角度考虑，至少也应该掺有某些官话成分的吴语，而不应该像现在这样仅只是很少掺有吴语成分的江淮方言。

其三，里下河及其盐城当地人的家谱、族谱，其中大量称说其祖先是洪武年间来自阊门，这当然不能一概而论，而应具体分析。但就普遍性而言，因明清时期修谱盛行，以往的谱序、谱例、世系图、世系录、先世考辨等内容，逐步被扩展为姓氏源流、迁徙情况、世系图录、祠堂坟墓、族规家训、传记艺文等类目；不少因采用“大宗之法”，出现了追溯世系动辄几十世的统谱。在这种风气的影响下，后来随着修谱的普及与升温，修谱中编造世系、攀附远祖、冒认历代同姓名人时有发生，所以家谱中常见的“攀附”“杜撰”现象不容忽视。杭州图书馆研究馆员仇家京撰文指出：“家谱良莠不齐，主要表现在对世系的处理上。一些宗族组织为了抬高自己的门第与‘敬宗收族’的现实目的，往往讳其所出，或以先祖托名远古帝王、攀附显贵，或编造世系、杜撰官爵，附会出显赫的家族世系背景，致使家谱世系人物真伪杂羼，甚或背离史实而失其真。”① 盐城人的家谱大多称“祖籍阊门”，葛剑雄分析因多为基于从众附会心理的后人编撰，无法自圆其说。

由此看来，盛传于苏北里下河及其盐城民间的“洪武赶散”，其实与苏北各地的移民关系，其关联度并不很大。《江苏通史·明清卷》也认为，“驱逐苏民实淮扬二郡”，实不足为信。倘若真是朝廷集中进行的规模性移民，如前文所述，从史载看必定是有组织、有秩序地进行的，而且应有资助免税等诸多优惠的记载。况且，

---

① 仇家京.家谱“攀附”、“杜撰”现象探析与辨伪[C]//第二届地方文献国际学术研讨会论文集，2009.

洪武三年至十四年(1370—1381)，明廷在全国范围已基本建立起里甲组织，其管理非常的严密；一旦违反管理规定，处罚相当严酷。

明初的江淮移民，恐怕主要还是以基于经济利益而形成的自发性移民现象居多。当时，虽有大量的江南民众移居苏北包括里下河及其盐城，但并非朝廷有组织的强制性迁移，很有可能是这些江南民众为了逃避“重赋”而逃亡苏北的一种自发行动；这其中的相当一部分，极有可能是当年随张士诚起义或随朱元璋部队进入江南的苏北里下河及其盐城的原住民(因为苏北里下河及其盐城是张士诚的家乡和举事地)。这个观点如能成立，也就不难理解传说中的“洪武赶散”了：所谓“赶散”或许就是“追逃”——明廷派兵追赶逃户，这似乎更接近事实；因为“赶散”一词，本身就带有“追赶”“逃散”的意思。那些自发逃亡到苏北盐城而隐姓埋名的“逃户”，为了应对当地土著、亦为了交代后人，演绎出“洪武赶散”的故事并由此得以口口相传下来，自然也就在情理之中了。或许，朱元璋原本就是想以“重赋”逼散江南的民众，这也不是没有可能。因为被迁移的无论是“富户”还是“无田产”的贫户毕竟是少数；真要大面积地驱散苏州的百姓，光靠政策措施还并不能解决问题，于是便用“重赋”将江南民众逼散到苏北地旷人稀之处，插草为标，自由圈地。这样，既打散了苏州张士诚老巢的人群，又解决了苏北地区的垦殖，更重要的还无需朝廷的投入与扶持。这种看似聪明其实下作的做法，以朱元璋的为人做事，是干得出来的。

三、“洪武赶散”至里下河及其盐城移民的历史线索的四个方向

葛剑雄主编《中国移民史》之第五卷“明时期”(曹树基著)第二章“洪武大移民：京师篇”，其中关于里下河及其盐城移民的内容很少，仅在第二节“淮安府”中有所涉及，而该书对“洪武赶散”完全持否定论断，尤其指出：“因张士诚而迁

怒苏州百姓，从而将其驱逐之苏北，只能是民间故事而不是历史史实。”①（第 34 页）而首轮《盐城市志》基本肯定洪武赶散：“明初，‘洪武赶散’，大批移民充实江淮，人口基数有所增加。”两书观点完全不同。

为较为彻底地理清这一历史悬案，还是应该从历史线索中寻求，大致有四个方向：

（一）《明史》和相关正史史料

如明代历朝《实录》等，当代学者已充分研究，没有发现“洪武赶散”至里下河及其盐城移民的具体内容。

（二）户口黄册

明代户口黄册制度从洪武十四年至崇祯十五年（1641—1642）共攒造了 27 次，《后湖志》载，每次大造各地送南京户部转后湖收贮的黄册多达 6 万余本，至明末，所贮历代黄册在 200 万本以上，然而由于改朝换代和战乱频仍等原因，这些明代户口黄册毁失殆尽，现在遗存的明代黄册文书，只有零星散在民间极少保存的黄册底籍，草册及抄底等，也没法追寻“洪武赶散”至里下河及其盐城移民的踪迹。

（三）地方志等地方文献

笔者尽可能查阅了里下河及其盐城等现存诸多古代方志，如明《正德淮安府志》《万历淮安府志》《天启淮安府志》，《嘉靖惟扬志》《万历扬州府志》，《万历泰州志》《崇祯泰州志》《万历兴化县新志》，《万历盐城县志》《乾隆盐城县志》《乾隆阜宁县志》《嘉庆东台县志》等，同样未能找到“洪武赶散”至里下河及其盐城移民的有力证据。

至晚清民国，开始出现“洪武赶散”至里下河及其盐城移民的内容。如《民国

---

① 曹树基. 中国移民史：第 5 卷 明时期[M]. 福州：福建人民出版社，1997：34.

续修盐城县志》称“元末张士诚据有吴门，明主百计不能下，及士诚败至身虏，明主积怨，遂驱逐苏民实淮扬二郡”，但这个条目源自盐城凌兰荪《凌氏族谱》，可见家谱文献的价值。

（四）家谱文献

家谱是中国人民尊重祖先、记载家族血脉传承的一种历史传统，也是中国史学的三大支柱之一。在中华民族的历史上，拥有3000年历史的家谱，是影响人数最多、影响时间最长、影响面最广的书籍之一，因此，家谱是我国古籍文献不可或缺的重要部分。从史料价值来说，家谱蕴含的各类丰富史料，是一个被学术界长期忽视的“富矿”，对历史学、民俗学、人口学、社会学、经济学和文学艺术的深入研究都发挥着不可替代的独特作用。

为什么家谱这个史料“富矿”，却长期被学术界忽视？其原因有以下几点：一是学界普遍认为家谱内容芜杂、充斥世系图录和家族琐事；二是家谱多数出自家族自己编修，良莠不齐，可信度比出自名家的正史及地方志差；三是家谱数量浩如烟海，比号称面广量大的史学著作还要多，即使史学出身的人，若不深入研究，也常常感到无从着手。其实家谱里包含了大量有价值的社会历史信息，这一点已经得到越来越多的学者认可，他们也越来越把目光注视到家谱。我们认为：有些家谱确实编修水平不高，还有些家谱有附会名人、史实不准等各种瑕疵，但是，不可否认，编修家谱是每个家族高度重视的重要事务，不可能有大量的错误。至于有些家谱编修水平不高等各种瑕疵，都可以在研究中加以审核与鉴别，而大量家谱中蕴含的极其丰富的各种社会历史信息，却有不可替代的学术价值。谱牒虽是主要记载家族世系变化，是一个具体家族发展的历史，但恰恰反映的是一个国家或一个地区社会基层发展的历史。一般来说，每一部家谱都是某个地域社会发展的一个时代缩影，能够真实具体反映当时社会形态及其发展变化，特别是在大量历史细节与社会风貌的反映上。

众所周知，号称二十四史、二十五史的我国古代正史，基本上围绕帝王将相展开记叙，对丰富多彩的民间社会生活的方方面面记载很少。大量的(宋代以后)民间家谱可以与正史和官修地方志记录互相辨别真伪，弥补正史和地方志的不足，补足大量的历史缺漏。这个方向就是未被前人重视、而恰恰能够考证出结论的方向。

四、从里下河盐城家谱的全面梳理考证“洪武赶散”

笔者全面地检索、查阅了苏北里下河及其盐城家谱，我们利用上海图书馆、国家图书馆、南京图书馆及江苏省谱牒与家族文化研究会等各方面家谱资料，从一万多部家谱目录、内容中搜寻出369部涉及盐城家族迁移的家谱以及部分有关洪武年间苏北里下河区域移民的家谱，以系统性研究取代此前只是把个别名人的家谱作为个案性论证(如前述《中国移民史》)。

(一)目前已经查阅91个姓氏227部家(族)谱，其中只有22个姓氏54部家(族)谱记载始迁祖来自苏州

《丁氏宗谱》1部。始迁祖不详(记载矛盾)。

《卞氏宗谱》2部。南宋时从苏州迁入。

《蔡氏宗谱》3部。2支始迁祖来自苏州，1支不是。

《陈氏族谱》4部。2支始迁祖来自苏州，2支不是。

《程氏宗谱》1部。始迁祖祖籍安徽省歙县，于洪武年间随赶散人流迁居苏州市郊阊门，后又分别迁至盐城等地。

《戴氏宗谱》3部。2支始迁祖来自苏州(记载矛盾)，1支从皖南迁至盐城。

《郭氏家谱》2部。1支始迁祖来自苏州，1支不是。

《黄氏宗谱》4部。1支始迁祖来自苏州，1支祖籍隶属徽州，前往苏州买米，被官兵捉住，押解到江北去。1支从贵池(安徽西南)迁盐，1支不是。

《嵇氏宗谱》2 部。1 支始迁祖来自苏州，1 支不是。

《贾氏宗谱》1 部。从京口城内之云冉巷迁淮阴、阜宁、泰州、靖江等地。

《蒯氏宗谱》1 部。宋时世居宣城为两朝旧族，洪武迁富民于南京，得之公亦在徒户之列，暨后避燕藩乱迁于淮山庙湾。

《李氏宗谱》6 部。2 支始迁祖来自苏州，1 支唐代迁入，2 支不明，1 支陇西迁吉水，由吉水迁襄平，由襄平迁淮东庙湾场羊寨镇黄浦乡，1 支从丹徒开沙到阊门到三灶。

《刘氏宗谱》9 部。6 支始迁祖（可能）来自苏州（记载复杂），2 支不是，1 支徐州。

《卢氏宗谱》1 部。由泰州迁于盐城建湖卢家河。

《马氏宗谱》3 部。1 支始迁祖来自苏州，1 支不明，1 支从江西乐平移居。

《倪氏宗谱》2 部。1 支始迁祖来自苏州，1 支始祖江南江宁府句容县北关外倪家桥，迁盐创业；

《祁氏宗谱》4 部。2 支始迁祖来自苏州，2 支不是。

《乔氏宗谱》3 部。2 支始迁祖来自苏州，1 支不是。

《沈氏家谱》6 部。3 支始迁祖来自苏州（记载不明），3 支不是。

《施氏宗谱》3 部。2 支始迁祖来自苏州，1 支不是。

《孙氏宗谱》5 部。4 支始迁祖（可能）来自苏州（记载复杂），1 支不明。

《王氏宗谱》15 部。10 支始迁祖（可能）来自苏州（记载复杂），4 支不是，1 支宋代迁入。

《吴氏宗谱》10 部。8 支始迁祖（可能）来自苏州（记载矛盾），2 支不是。

《徐氏宗谱》7 部。4 支始迁祖（可能）来自苏州（记载矛盾），3 支不是。

《许氏宗谱》3 部。1 支始迁祖来自苏州，1 支从山东临淄县许家庄西迁徙至刘岑大尖子许家墩。1 支不明。

《颜氏宗谱》2 部。1 支始迁祖来自苏州，1 支由浙江桐乡石门颜氏迁居盐城。

《杨氏支谱》17 部。盐城杨氏支谱 10 支不是，4 支来自苏州，2 支来自无锡，1 支来自镇江。

《张氏宗谱》5部。3支始迁祖来自苏州(记载不明),1支不是,1支自昭阳避兵迁至庙湾射湖南岸灶地。

《赵氏宗谱》5部。2支始迁祖来自苏州,2支不是,1支不明。

《周氏宗谱》4部。2支始迁祖来自苏州,1支不是,1支不明。

《朱氏宗谱》2部。1支始迁祖来自苏州,1支避淮南来楚。

(二)已经查阅里下河及其盐城地域87个姓氏189部家(族)谱中反映移民迁入情况具体论证

1. 已查阅近百个姓氏200多部家谱中,始迁祖来自苏州的不足四分之一。目前已经查阅91个姓氏227部家(族)谱,其中只有22个姓氏54部家谱明确记载明朝始迁祖来自苏州,皆不足四分之一;而且,即使明确记载明朝始迁祖来自苏州,还有一些不同情况,下文将予以具体论证。所以,有关苏北里下河及其盐城地域大部分人口来自苏州,源于“洪武赶散”的说法,缺乏基本论据。

2. 已查阅近百个姓氏200多部家谱中,宋元以前或明清之际以后迁入的、从其他(非苏州)迁入的,居多数。如建湖《李氏宗谱》中转载崇祯老谱说:我老祖盐读县时,李宗在盐北门凿瓜井,汉时在大纵剖牌,即有李家庄,后胄衍世繁,人丁兴旺,由于海事东迁,后裔也分支住东、一支迁往护垅堆大李庄、一支迁往李美庄、一支迁建阳——上岗岗河两岸,李氏以来已数十年,已数十世矣,历时已二千多年矣。盐城《忠贞后裔卞氏宗谱》记载:“吾簇卞氏,由姑苏迁盐城之东溟(1200年前后),培植枯枝牡丹,此即为新谱东溟一世祖。”《戴氏家谱》二礼堂—迁淮万有公宗支四修本(第61页)记载:迁淮始祖万有公,安徽休宁始祖安公二十五世孙,九万公长子,生于明朝天启辛酉年(1621)四月三十日午时,卒于清朝康熙庚午年(1690)五月三十日。于明末清初由安徽省休宁隆阜迁徙至淮东古山阳县庙湾镇(现阜宁县)城西南隅之团林、唐城地方(今陈集乡金星村),配王太君生二子金城、银城,寿终祖茔葬于团林(阜宁县陈集镇大曹村)。东姜湾《陈氏宗谱》说:本宗陈氏原籍居高家口马逻乡礼字七团六甲,盖因清康熙年间江淮水患,由四世祖虎全公率家迁至义字一团九甲东姜家湾，即今日阜宁县新沟镇中心村一、二组，村民混居地势较高处。经考，马逻乡乃今日淮安市淮安区苏嘴镇马逻村，高家口乃今日阜宁县古河镇许高村(由大许庄与高口村合并而成)。虎全公之胞兄龙全公仍居原籍，此次续谱，于亭曾赴原籍高家口一带寻龙全公后裔未果。盐城陆秀夫一支家谱则记载其家族北宋时从浙江即迁入淮盐一带。《洪氏宗谱》说起先祖从安徽迁盐城。《贾氏宗谱》指出始迁祖从京口(镇江)城内之云冉巷迁淮阴、阜宁、泰州、靖江等地。《伏氏宗谱》记述始迁祖从洛阳迁居而来。吕氏宗谱说祖先从山东莱芜徙迁睢宁境内龙山、官山之东，龙河、田河之浃。《左氏家谱》记载先祖是清代避太平军之乱从金陵徙淮安。《裔氏宗谱》则说该家族原居地就是盐城里下河，其他地方都是分支出去的。《游氏宗谱》立雪堂盐城支记载："盐城游氏，开基祖为彦真彦清二公。元末明初，兄弟二人随朱元璋征战，建有军功，荣膺军职。天下平定后，政府安置二公于盐城县之西乡交睦庄，二公原籍何处，已远不可考。二公虽卸甲归田，仍以文武传教子孙，盐城游氏派衍四门，传至今二十余世，此我盐城游氏始源也。"

3. 记载明朝始迁祖来自苏州的不同情况。(1)此迁居非彼迁居——与苏州阊门"洪武赶散"至里下河及其盐城地域无关。例一，《阜滨射乡姜氏宗谱》(渭水堂)首卷，嘉庆原序："迄至明初，我始祖成鼎公由苏迁播，宅兹淮东，划山分阜，惟我一支创立宗谱，于是一本宗亲必书，旁支继嗣必书，婚丧卒葬纪赞事实亦必书。"咸丰四年谱序："至黄浦一支，余闻之先人，由山东莱阳，迁苏之阊门，自明初由苏迁凤阳，继由凤阳，迁淮北之龙潭湾，即今之庙湾。其庐舍坟墓实聚于斯，迨雍正七年，割山盐尾闾分立阜宁县治，遂籍隶阜宁焉。"这支谱虽然说祖先来自苏州，却有着"自明初由苏迁凤阳，继由凤阳，迁淮北之龙潭湾"的明确记述，完全符合当年"明太祖迁徙苏、松、杭、嘉、湖富民以实凤阳"的历史记载，至于从由凤阳迁淮北，应该是家族行为居多，但肯定不是直接从苏州阊门"洪武赶散"至里下河及其盐城地域的移民。例二，《盐城徐氏宗谱》第二卷源流篇，立本堂藏版，徐马庄(第983页)载：明朝前、中期，受朱元璋令，先后从杭州、湖州、嘉兴、松江、苏州五府迁十万余众来盐屯垦，又有多支徐氏族人随之迁盐开创基业。浙江兰溪樟林徐氏十二世祖金宝公(行贵四)始由樟林迁苏州昆山，明朝中叶复迁盐城，定居于县城西南郊的马路滩，因缘地濒马沟河，遂以姓与沟定名为徐马庄，金宝公为迁居徐马庄的一世居。其裔五世祖思庄公立堂号为“立本堂”，六世祖宾臣公发起纂修家谱。据立本堂谱牒记载，与金宝公同一时期迁盐的属樟林徐氏十二世祖同辈分的有十三人，分居十一处。此例虽然说到朱元璋令及屯垦等等，但其先祖“由樟林迁苏州昆山，明朝中叶复迁盐城”，显然，也并非明初从苏州阊门“洪武赶散”至里下河及其盐城地域的移民。(2)记载明朝始迁祖来自苏州阊门，但并不涉及“洪武赶散”至里下河及其盐城的复杂情形之一。例一，《杜氏宗谱》第五次续修序，卷之一，原序(第1—2页)“始祖明清公，于明初洪武时，避元兵乱，携家辞苏金门，阊门迁至淮郡山阳，插草为标，割山盐，后于清雍正十二年复迁黄埔镇。奠灶籍，开拓土地，创立基业于东乡射湖北岸，盘水湾，名曰‘杜家滩’，后为上旧河，相传至今，六百余年。”例二，《虎墩崔氏宗谱》世德堂射阳分支，摘老谱叙(第12页)“有元三公者，世居苏(州)阊门，为苏巨族。迨元季兵火沸腾，其子九六公乃携其家迁徙江北依栖于海安镇凤山侧为避乱计。久之，恭遇我大明启运，江淮之区始获宁谧，乃属其子侄占籍虎墩，咸为百夫长，佐有司督鹾课，遂家于西便仓。万历壬午仲夏中瀚之吉八世孙殷，顿首百拜谨书”。此二例为元末明初迁入里下河及其盐城地域，但一是避元兵乱，携家辞苏到淮郡山阳；二是先躲避江南战火逃往江北海安，后在明初迁至今里下河东台地域。(3)记载明朝始迁祖来自苏州阊门，且涉及“洪武赶散”至里下河及其盐城的复杂情形之二。例一，《谢氏宗谱》东山堂建湖高轰港支记载：洪武元年即1368年，明太祖朱元璋剪灭群雄后下诏迁江南民众充实江北各州县。将姑苏部分百姓移至射阳河畔垦殖。始祖云鹏公昆玉三人从苏州阊门迁往扬州兴化县北门外立地，伯季二祖俱留原籍。吾始祖又迁往盐渎县塘河北侧即高轰港定居，至今已六百余年。例二，《三灶李氏宗谱》(第一卷)说：我祖太二公是长房德鹏公十世孙，于宋高宗南渡时，入伍抗金，分配扼守江边，尔后滞留于开沙。我三灶开基始祖禄公因开沙“江潮肆虐，故址难存”，于洪武元年(1368)四十岁时离开开沙，至苏州门善福庄五牌楼落户。洪武二十二年(1389)，适逢朱元璋第三次移民(即“洪武赶散”)，六十二岁的禄公再度搬迁，落户山盐间(后称阜宁县中三灶)。后世子孙以垦荒种田、晒卤熬盐为生。例三,《戴氏清公宗谱》二礼堂江苏盐城序(第7页):吾盐阜地区戴氏宗族大多数原籍是安徽省休宁县隆阜村人。明初因洪武赶散移民屯边,由隆阜村经苏州阊门领证迁淮。遂入灶籍庙湾场(阜宁城),有同姓不同宗各立谱志的二十多家。后世裔孙在续修宗谱、祭祀宗祖时,堂号均为“二礼”。(4)前后记载不一,先没有、无关,后直接说“洪武赶散”至里下河及其盐城的复杂情形之三。例一,盐城《丁氏族谱》原序洛阳堂:“前明洪武年间,子安公由河东郡垣曲县徙苏及盐,浮居永宁寺年余,后迁西北乡,克勤克俭,始创基业,渐至良田数顷,丁日益盛,族日益繁,故名丁家庄焉。”到了当代修谱,说法变了,《丁氏族谱》松兆堂(第14页):“盐阜地区的丁姓来源于苏州阊门,一世祖子安公因洪武赶散辗转经河东郡垣曲县(今山西垣曲),徙苏至盐城永宁寺暂居,后迁西北乡(今建湖县庆丰镇)。”例二,前引《盐城徐氏宗谱》第二卷源流篇,立本堂藏版,徐马庄(第983页),说先祖金宝公(行贵四)是明初始由樟林迁苏州昆山,在同页还有另一段意思并不相同的记载:

> 明洪武初年,因连军战乱,田荒灶废。朱元璋驱逐苏民实淮扬二府,至洪武二十六年,移民人口达七十一万余人,当时一次从苏、松、嘉、杭等府迁入盐城有一万余户。最初,盐城人口只有二万一千人,六年后剧增到六万人。史称“洪武赶散”,亦称“洪武赶杀”。在移民时,移民双手被绑,长绳牵连,在苏州阊门登船,向北徙形。移民们抵盐后,插草为标,我们徐氏迁盐一世祖金宝公(行贵四)就在凤岗之南,马岗之右定居下来,史称徐庄。

我们不知道来自浙江兰溪樟林徐氏十二世祖金宝公(行贵四)到底是始由樟林迁苏州昆山,还是双手被绑,长绳牵连,在苏州阊门登船,向北徙形移民抵盐?例三,前引《阜滨射乡姜氏宗谱》渭水堂咸丰四年谱序说:“余闻之先人,由山东莱阳,迁苏之阊门,自明初由苏迁凤阳,继由凤阳,迁淮北之龙潭湾,即今之庙湾。”到了续修宗谱序(第19页)则说:其祖诗公由山东莱阳迁至苏阊,相传三十三世至延贵公,因前明洪武定鼎之初,干戈扰攘,由苏阊复迁维扬大桥东首,散居他乡，相传五世至通公，通公子铸公迁徙淮北庙湾即今阜宁县新沟镇姜湾。前后出现了明显差异，前者是先祖自明初由苏迁凤阳，继由凤阳，迁淮北；后者说苏阊复迁维扬大桥东首，散居他乡，相传五世至通公，通公子铸公迁徙淮北庙湾。此外，还有一些混杂、据传之类例证，限于篇幅，本文不再枚举。

五、 基本结论

综上所述，本文可以得到如下几点考证结果：

（一）现今里下河及其盐城区域，由于成陆较晚(里下河的湖荡、盐城的浅海泥滩)，是比较典型的中古以来移民地区。但传说中的大规模的“洪武赶散”至里下河及其盐城移民的依据不足，说现今里下河及其盐城居民祖先大部分来自苏州阊门，不符合史实，也不是事实。

（二）现今里下河及其盐城居民祖先主要是来自相邻区域与周边省份，而且分别为淮扬宁镇移民(淮扬盐里下河、盐城中、北部区域)和泰州(东台、大丰、姜堰里下河区域)占优势，这完整反映在该地区的语言分布上。

（三）元明之际，确有较多外来移民迁入里下河及其盐城区域，其中包括来自苏州等地的江南移民，这部分移民人群可能在明清时代相对有影响，也更为思念故土，逐渐形成了许多人甚至多数人来自苏州的传说。另外很有可能的是，明初吸纳江南移民较多的扬州等地移民一部分，后来向相对人少地广的里下河、盐城一带迁移。

（四）可以确认，元明之际不少江南居民为躲避战火和明初对苏州一带的高压政策，的确有从苏州阊门(作为交通口岸)大量人口迁出的现象，但也不会仅限于前往苏北。

（五）不能排除明初朱元璋打击张士诚残余势力，有较小规模的不至于特别记载入史志的“赶散”甚至追杀行为。

逆境中求发展：清代里下河地区的析县问题研究

李德楠(淮阴师范学院)

里下河地区是淮扬运河以东至串场河间的一片洼地平原，四周高、中间低，形若锅底，东面为范公堤，西面为运河堤，北面为黄河堤，南面为通扬运河，其间河湖港汊纵横。历史上，里下河地区是水患频发的涝洼区。明清时期随着高家堰的修筑和洪泽湖的扩大，运河以西诸多小湖泊扩大，形成水面浩瀚的高邮湖、宝应湖、邵伯湖等，江淮间水患随之增加，正所谓“自古淮无大患，患殆始于高家堰之筑”①。里下河地区成为洪泽湖泄水的重要走廊，每年夏秋季节，黄、淮二水齐发，洪泽湖水骤涨，泄入运河及高、宝湖，进而汇入里下河洼地，“沿途淹没田庐，所损匪细”②。

洪泽湖堤防安全以及泄水问题，关系着苏北百姓的切身利益。然而正是在水患频发的里下河水灾区，清雍正至乾隆年间析置了阜宁、甘泉、东台三县，使里下河地区所辖政区由七州县增为十州县。我们知道，县是历代行政区划的基本单位，“就全国或某一区域内各县作一综合的观察，则不啻为一部简要的地方开发史”③。在行政区划的变动中，升州析县一般认为是地域开发的标志，据研究，雍正年间苏松常地区曾出现大范围的升州析县④。那么，如何看待水患多发的里下河

① 余明德，齐群，编译. 美国工程师费礼门治淮计划书[M]. 安徽水利局，1922：1.

② 赵尔巽，等撰. 清史稿[M]. 北京：中华书局，1977：3804.

③ 谭其骧. 浙江省历代行政区域——兼论浙江各地区的开发过程[M]//长水集. 北京：人民出版社，2009：416.

④ 范金民. 国计民生：明清社会经济新析[M]. 南京：江苏人民出版社，2018：433.

地区的析置新县问题？这种情况是灾患扩大的应对举措，还是区域经济社会发展的结果？

一、 水患频发的里下河地区

南宋黄河夺淮以前，淮河下游尾闾畅通，里下河地区水患少。黄河夺淮以后，尤其明中期黄河全流入淮以及潘季驯实施“蓄清刷黄”治河策略后，加筑高家堰大堤，蓄积巨量淮水冲刷清口淤沙，避免黄水倒灌。并留出高家堰周桥至翟坝间地势高亢的30里作为天然减水坝，水大则泄入白马、高、宝诸湖，减杀洪泽湖涨水。① 导致里下河地区水患增加。史载，开挖高邮清水潭工程时，曾在河底挖出明初及宋元间的旧钱和各色寻常器皿、砖井石街等，清水潭水洼地在明初以前尚为民居，“此被水漫淹之明验也”②。

里下河水患主要来自洪泽湖泄水。早期的湖区是淮河边的一片洼地，散布着破釜塘、泥墩湖、阜陵湖、万家湖等小湖泊，洪泽湖的形成与高家堰筑堤有直接关系。明中期以后随着洪泽湖蓄水增加，周家桥、大涧口、小涧口、武家墩、绿杨沟等处成为险工地段。隆庆年间大涧口决，洪水汇入白马、汜光、高邮、宝应诸湖，里下河泰州、盐城一带沦为巨浸，故自隆庆六年至万历元年(1572—1573)，历时五个月，修筑了大涧口堤段。③ 万历三年(1575)夏，黄、淮并涨，淮河从高家堰东决，淮安府城被淹，城内居民结筏浮箔，知府邵元哲开挖疏浚城东涧河。④ 万历二十三年(1595)，杨一魁实施分黄导淮，建武家墩、高良涧、周家桥三座减水

① 潘季驯. 河防一览：卷2 河议辨惑[M]//文渊阁四库全书：史部334册，台北：台湾商务印书馆，1993：178.

② 靳辅. 文襄奏疏[M]//文渊阁四库全书：史部第188册. 台北：台湾商务印书馆，1993：644.

③ 丁士美. 高家堰记[M]//文渊阁四库全书：乾隆江南通志 史部第266册. 台北：台湾商务印书馆，1993：619.

④ 邵元哲. 重浚涧河碑记[M]//乾隆淮安府志. 北京：方志出版社，2006：298.

闸，分泄淮水入高、宝湖，“俱下广洋湖入海”；疏浚高邮茆塘港，导高、宝湖水南入邵伯湖，“开金家湾，下芒稻河入江”① 虽然缓解了泗州祖陵的水患，却将灾患从泗州地区转移到了里下河地区。此后，洪水经常灌高、宝湖，而清口入海之路日渐淤塞，运道民生大困。

明清易代，河工废弛，入海归江之路不畅，洪泽湖急剧扩大，“先将清河县原系民居之洪泽村一带低地，漫淹而为洪泽湖，及洪泽湖不足停蓄，又从高家堰翟家坝等处旁流东注，将高邮、宝应低地亦俱漫淹，而为高、宝诸湖”②。康熙十五年(1676)大雨，运河东堤决口10余处，里下河地区汪洋600余里，“被灾奇惨，是年为最”③。

随着水患的增加，大量田亩被积水淹沉，里下河空间范围不断扩大。万历初年有“五州县”的说法，“漕堤频年屡决，高、宝、泰、兴、盐五州县仰而受其沈溺之害”④。不久又由“五州县”扩大为“山、盐六邑”，在盐城、高邮、宝应、泰州、兴化的基础上增加了山阳县。例如万历十五年(1587)的记载中，巡抚都御史杨一魁因黄淮交涨，旧闸泄水不及，致“山、盐六邑田沉水底”，建议挑浚庙湾、射阳湖等处河道，以确保水有所泄，范堤巩固，民、灶两利。⑤ 根据《明实录》中“高邮等六州县”“泰州等六州县”等记载，以及《天下郡国利病书》引《泰州志》“高、宝、泰、兴、盐五州县”的说法，可推知六邑当为山阳、盐城、高邮、宝应、泰州、兴化六州县。

清代里下河水患更为严重，洪泽湖泄水常以里下河地区为归壑，汇集到该地区的河流、湖泊或洼地，再排泄入海。清康熙初年出现了“下河七邑”的说法，增加了位于水流注江归海之路上的江都县。据靳辅《治河奏绩书》记载，因高家堰决口以及30余里翟家坝未筑堤，导致下河地区成为巨浸，“下河七邑，遂同溟渤

---

① 张廷玉，等.明史：卷87 河渠志五[M].北京：中华书局，1974：2122.

② 靳辅.文襄奏疏[M]//文渊阁四库全书：史部 第188册.台北：台湾商务印书馆，1993：644.

③ 孟毓兰.道光重修宝应县志[M].台北：台湾成文出版社，1983：387.

④ 陈应芳.敬止集[M]//文渊阁四库全书：史部 第335册.台北：台湾商务印书馆，1993：76.

⑤ 顾炎武.天下郡国利病书[M].上海：商务印书馆，1935：6546.

也”①。至此，里下河灾区从五州县扩大为七州县，即山阳、盐城、高邮、宝应、江都、泰州、兴化，其空间范围“西至运河，东至大海，南至江泰旧河，北至黄遥堤”②。此后，“下河七州县”或“下河七邑”的说法频繁见于康熙朝的记载，如“下河七州县民命系焉”③、“下河七州县岁苦沮洳，关系民命、城郭、田庐”④ 等。

下河七州县也因此成为朝廷赈灾蠲免的重点区域。康熙二十五年(1686)，皇帝巡幸江南，见里下河七州县积水汪洋，要求开浚下河，疏通海口，并拨款拯救七州县灾民。⑤ 三十七年(1698)，黄、淮并涨，倒灌洪泽湖口，湖水从六坝旁泄，淹没里下河地区民田，次年截留十万石漕粮，里下河受灾七州县各留一万石。⑥ 康熙间泰州籍官员宫梦仁《疏理下河海口疏》中描述了里下河部分州县的水患，称江都地势稍高，宝应次之，高邮为中洼，泰州次于高邮，兴化如锅底。⑦ 康熙三十九年(1700)，担任河道总督的张鹏翮，在所著《治河全书》中记载了当时的里下河空间范围：西控漕堤，南枕江岸，北接庙湾之平陆，东连沙冈之亘衍。⑧ 与靳辅时代相比较，可见此时水患南界已超出了通扬运河，逼近长江。

二、 里下河三州县的析置及其原因

清雍正至乾隆年间以后，里下河所辖政区由七州县变为十州县，增加了阜宁、

① 靳辅.治河奏绩书[M]//文渊阁四库全书:史部 第337册.台北:台湾商务印书馆,1993:721.
② 靳辅.文襄奏疏[M]//文渊阁四库全书:史部 第188册.台北:台湾商务印书馆,1993:644.
③ 清文献通考[M]//文渊阁四库全书:史部 第393册.台北:台湾商务印书馆,1993:335.
④ 八旬万寿盛典[M]//文渊阁四库全书:史部 第419册.台北:台湾商务印书馆,1993:762.
⑤ 清圣祖实录[M].北京:中华书局,1985:351.
⑥ 尹继善、赵国麟修,黄之隽、章士凤纂.乾隆江南通志[M]//文渊阁四库全书.台北:台湾商务印书馆,1993:396.
⑦ 傅泽洪.行水金鉴[M]//文渊阁四库全书:史部 第339册.台北:台湾商务印书馆,1993:405.
⑧ 张鹏翮.治河全书[M]//续修四库全书:史部 第847册.上海:上海古籍出版社,1996:522.

甘泉、东台三县。具体而言，雍正十年(1732)，割山阳、盐城部分地区设阜宁县，又析江都县西部置甘泉县。乾隆三十三年(1768)，析泰州东北境置东台县。由此形成了包括泰州、东台、盐城、阜宁、兴化、高邮、泰州、宝应、甘泉、山阳等在内“下河十州县”①。中国古代有九为数之极的说法，故虽然有十州县，史籍中仍常用“下河九邑”或“下河九州县”的表述，甚至为了凑“九”之数，有时言甘泉而无东台，有时言东台而无甘泉。例如道光间冯道立《淮扬治水论》记载“泰、东九邑，西有民田，东有场灶”②。嘉庆《续修扬州府志》记载漕堤以东里下河地区，有山阳、盐城、阜宁、高邮、宝应、江都、甘泉、泰州、兴化九州县。③ 那么，阜宁、甘泉、东台三县析出的原因是什么呢?

阜宁县是在明代庙湾镇的基础上设立的。万历二十三年(1595)为防倭寇侵扰，设立海防同知庙湾营，“以资镇抚”④，并在庙湾镇筑城。漕抚李戴在原巡抚唐顺之规划的基础上，跨运盐河两岸筑城，周长725丈5尺，东西长240丈，南北宽110丈，高1丈6尺。明末城池毁坏。清顺治十三年(1656)海防同知咸大猷、十八年(1661)海防同知张行生均拨款重修。⑤ 至康熙初年，政府开放海禁，庙湾镇商业发展迅速，“商舶云集，闽广江浙懋迁者，接踵而来，民物繁富，甲于下河”⑥。至雍正九年(1731)，根据大臣的建议，决定割山阳县地80里、盐城县地45里，再加上海滩盐场灶地等，设立阜宁县，以庙湾镇作为阜宁县治所。⑦ 根据光绪《阜宁县志》的记载，阜宁正式设县的时间是在雍正十年。

甘泉县乃自江都县所析置，江都县因“江淮之水都汇于此”而得名。西汉景帝时立江都国，后建江都县。明代时，江都县为扬州府治所。清雍正九年(1731)，根据大臣的建议，决定析置甘泉县。根据乾隆《甘泉县志》的记载，甘泉正式设县

---

① 赵翼.瓯北集[M]//续修四库全书:集部 第1447册.上海:上海古籍出版社,1996:166.
② 冯道立.淮扬治水论[M].国家图书馆藏清刻本,1840.
③ 阿克当阿修,姚文田纂.嘉庆重修扬州府志:卷11[M].国家图书馆藏清刻本,1810.
④ 阮本焱修,殷自芳纂.光绪阜宁县志:卷1[M].国家图书馆藏清刻本,1886.
⑤ 阮本焱修,殷自芳纂.光绪阜宁县志:卷2[M].国家图书馆藏清刻本,1886.
⑥ 阮本焱修,殷自芳纂.光绪阜宁县志:卷1[M].国家图书馆藏清刻本,1886.
⑦ 阮本焱修,殷自芳纂.光绪阜宁县志:卷1[M].国家图书馆藏清刻本,1886.

的时间也是在雍正十年。

东台县“本泰州之一镇”①，是在东台盐场的基础上设立的。雍正八年(1730)，根据奉差办理江南水利郎中鄂礼的奏请，添设江南扬州府水利同知一员，驻扎泰州东台场②。乾隆三十三年(1768)，根据两江总督高晋的奏请，改江苏泰州所属东台镇为东台县，裁东台同知缺为知县，裁泰州州判缺为东台水利县丞，裁西溪司巡检缺为东台典史，移泰州训导隶属东台。③

关于阜宁、甘泉二县的设置背景，雍正九年八月署两江总督尹继善疏曰：

> 淮安府属之山阳县、扬州府属之江都县，事务殷繁，幅员辽阔，请各添设知县一员分治。查山阳县属庙湾镇见有城池营汛，请改为县城，令新设之县驻扎，再添设县丞一员，典史一员，移庙湾司巡检驻草偃口，盐城清沟司巡检驻上冈，将盐城县学训导拨归新县。又查江都县原辖新旧两城，今酌量分界，旧城西属旧县，东属新县。新城南属旧县，北属新县。其邵伯、上官二巡司并邵伯驿俱归新县，瓜洲、万寿二巡司并广陵驿俱归旧县。将原设之主簿、训导各一员，拨归新县，并添设典史一员。……从之。寻定山阳新分县曰阜宁，江都新分县曰甘泉。④

据上文可知，尹继善的奏疏明确提到设置阜宁、甘泉二县的原因在于“事务殷繁，幅员辽阔”，为了便于管理，有助于地域开发。

至于东台县的设置背景，乾隆三十二年(1767)两江总督高晋奏疏曰：

> 扬州府属之泰州，襟江滨海，环列东台等十盐场，东西广二百九十余里，南北袤一百二十余里，周围绵亘八百里，统计村庄一千九百余处，幅员辽阔，

① 姚兆昌等修，蔡复午等纂.嘉庆东台县志：卷首序[M].国家图书馆藏清刻本，1830.
② 清世宗实录[M].北京：中华书局，1985：314.
③ 清高宗实录[M].北京：中华书局，1985：748.
④ 清世宗实录[M].北京：中华书局，1985：446.

烟户繁多，一切刑钱事件，甲于他邑，知州一官，实有鞭长莫及之势。查州之东台镇地方，离州一百二十里，毗连何垛，地广人稠，为州东第一大镇，向设同知一员驻扎，其地专司兴、泰二邑串场各河及各处闸座并盐场词讼等件。惟是同知系属佐贰，并无地方之责，凡遇命案，仍归知州审理。即一切自理词讼，每有原告控厅，被告复赴州具控，彼此纷争，反多牵制。若将同知裁汰，设知县分疆管理，则滨海重地控制得宜，实与吏治民生大有裨益，仰恳圣恩准将原设东台水利同知一员裁汰，即于东台地方改设知县一员，将附近村庄划为疆治，所设新县即以东台同知衙门改驻，毋庸令建。……二十三年，部覆议准泰州地方裁汰东台镇同知，改设知县一员，划界分治。①

据上文可见，高晋明确提到泰州分县的理由在于东台镇“地广人稠，为州东第一大镇”，且距离州治遥远，案件审理等方面多有不便，故次年很快得到了朝廷的批准。

综合以上叙述，三县的析置分设都是在两江总督的推动下完成的，阜宁、甘泉是雍正间两江总督尹继善的推动，东台是两江总督高晋的推动。三县析分的理由均与行政管理不便有关，是区域经济社会发展的结果，又有助于进一步的地域的开发。尽管雍正至乾隆时期仍然水患多发，但显然经济社会仍有发展。

小结：逆境中求发展

里下河地区是淮扬运河以东至串场河间的一片洼地平原，历史上是水患频发的涝洼区。自明中期以后，里下河地区的受灾范围经历了从“五州县”到“山盐六邑”，再到“山盐七邑”的扩大。雍正、乾隆年间出现的“下河十州县”或

① 姚兆昌等修，蔡复午等纂.嘉庆东台县志：卷6[M].国家图书馆藏清刻本，1830.

“下河九州县”，则是析置阜宁、甘泉、东台三县的结果。里下河地区虽由七州县析出为十州县，虽然表面上让人感觉是灾区扩大了，实际上里下河空间范围并未根本变化。里下河地区析置新县，表明了该地区在逆境中不断发展的事实，又有助于推动进一步的地域的开发。在水患多发的清代社会，官员析置州县实际上是推动地域发展的一种方式，有助于地方的管理和开发，反映了政府对国计民生的重视，显示了里下河地区官员通过设置政区促进区域开发的努力。同时，里下河地区百姓也一直在逆境中求生存、求发展，面对水患展现出了不屈不挠的精神品质。他们培育出各种早熟水稻，嘉庆间担任两淮盐务官员的谢元淮曾指出：“下河九邑，早稻有急猴子、秋前五、秋后五诸名色。”① 在地势最低洼的兴化县，由于上流之水滔滔而来，下流无一去路，许多耕地出现了沼泽化倾向，民间田地无法耕种。② 于是兴化百姓为抵御洪水，在湖荡沼泽区选择稍高的地块，挑挖河泥，在湖中培高形成土垛，再在垛上种植，遂成万千垛田的景观。③ 新中国成立后，淮河问题得到彻底治理。时至今日，里下河地区已成为鱼米之乡，是江苏重要的粮食和农副产品基地，是沿海开发战略重点地区和江苏最具发展潜力、极具水乡特色和生态价值的区域。④

---

① 谢元淮.养默山房诗稿：卷 31[M].清刻本,1875.

② 清圣祖实录[M].北京：中华书局,1985:351.

③ 卢勇,陈加晋,陈晓艳.从洪灾走廊到水乡天堂：明清治淮与里下河湿地农业系统的形成[J].南京大学学报,2017,17(06):152-161+166.

④ 陶长生,周萍,陈长奇,等.新常态下里下河地区水利治理的思考与建议[J].江苏水利,2017(02):1-3+8.

里下河地域社学教育概述

程韶荣(东台市教育局教研室)

里下河地域的社学教育源远流长，从无到有，由少到多，时起时落，时兴时废，走过了艰难曲折的漫长历程，也取得了丰硕的教育成果，在里下河地域的史志中留下了光辉的一页。

一、 里下河社学的兴起

中国古代社学的萌芽，最早发端于唐宋。据学者施克灿《古代社学沿革与性质考》①一文考证，唐宋时，在今江苏、广东、四川和山西一带最早出现了社学。其中举到的江苏两例均在里下河地区。一是高邮县的社学。《高邮州志》卷 5 载：“邮邑旧有社学，始于宋政和二年。”宋政和二年为 1112 年，这是里下河地域现存资料最早的有关社学的记录。一是江都县的社学。《古今图书集成·方舆汇编·职方典》卷 785《扬州府部》云：“江都县社学，宋嘉泰二年，教授乔行简建，堂曰养正，设两序，东曰上达，西曰幼仪。”嘉泰二年为 1202 年，创办人乔行简，字寿朋，婺州东阳人(今属浙江)，学于吕祖谦之门。除上述两例之外，《广陵区志》载：“政

① 施克灿.古代社学沿革与性质考[J].教育学报.2013,9(06):112-117.

和四年(1114)，扬州司参军高公粹置州军小学。”① 从这些文献来看，里下河地域的社学不仅在江苏境内起步甚早，而且当时在全国也走在前列，可见，称里下河地域是中国早期社学的发祥地之一也是可以成立的。

二、 里下河社学的发展

宋代的社学还基本上是私立的，真正以官方来办社学是从元朝开始的。元朝至元二十三年(1286)朝廷颁令：凡各县所属村庄以五十家为一社，设社长一人，并设学校一所，择通晓经书者为教师，施引教化，农闲时令子弟入学，读《孝经》《小学》《大学》《论语》《孟子》，并以教劝农桑为主要任务。这份诏令明确了社学的规模、教师的任选以及教学内容和目的。它对中国基础教育的创办是有里程碑意义的。此后，朝廷还发过几次诏令，产生了一定效果，但还有好多地区并未启动。里下河地域的社学也仅仅在扬州等局部地区开办，大面积情况尚无资料记载。随着元朝灭亡，社学也一时停办。

三、 里下河社学的高潮

明代社学的兴起与官方的推动有直接的关系。朱元璋原名朱重八，即朱姓重孙第八个，那是元王朝规定汉族人命名的方式，带有明显的歧视性和侮辱性。当过和尚识了一些字的朱皇帝，深感文化对普通百姓的重要。所以他在洪武二年(1369)就“诏天下府州县立学”（《明史·太祖本纪》），就是官办学校。在洪武八

① 扬州市广陵区方志编纂委员会. 广陵区志：教育·社学[M]. 北京：中华书局，1993：631.

年(1375)明太祖下诏:“今京师及郡县皆有学,而乡社之民未睹教化,有司其更置社学,延师儒以教民间子弟,导民善俗,称朕意焉。”① 让民间子弟知文化,循善俗,这就有恤民的良意、善政的味道了。所以明代官方支持的社会之学、社区之学,得以大面积地快速发展,各地纷纷设立起来,大办社学,规模空前。请看下表:

表一 明代部分时期社学的分布状况表②

朝代	南直隶	浙江	江西	湖广	四川	福建	广东	广西	云南	贵州	山东	山西	河南	北京	合计
洪武	2919	55	8	53		3	6		1		139		5	2	3191
嘉靖	165	188	69	100	77	255	470	24	71	82	115	57	124	126	1923

以上是洪武年间和嘉靖年间分省社学的情况。其中南直隶2919所,数量最多,占了全国(3191所)的主体部分,其余所有省份才有272所,仅有南直隶的1/10还不足。南直隶当时指的是江苏和安徽、上海等地,管辖14个府和4个直隶州。江苏又是其中的主体。里下河地域的社学发展出现了繁荣景象,还是以数据为证:

表二 洪武年间扬州府社学设置(规模)③

地区	里数	社学数	区域	户数	社学数
江都	118	236	扬州卫	五十百	50
仪征	13	26	高邮卫	五十百	50
宝应	30	60	仪征卫	五十百	50
兴化	72	144	泰州所	十百	10
如皋	42	84	通州所	十百	10
海门	39	77	兴化所	十百	10

① 王圻.续文献通考:卷50[M].北京:现代出版社,1986.(按,《太祖实录·洪武八年正月丁亥条》同本注。)

② 齐瑜.明代嘉靖年间社学教育研究.引:天一阁藏明代方志选刊及其续编、稀见中国地方志汇刊[D].南京师范大学,2010.

③ 齐瑜.明代嘉靖年间社学教育研究.引:嘉靖淮扬志:卷七 公署志[J].南京师范大学,2010.

（续表）

地区	里数	社学数	区域	户数	社学数
高邮	86	172	盐城所	十百	10
泰州	178	356			
通州	107	214			
泰兴	111	222			

整个扬州府合计有社学1782所，这还不是里下河地区的全部。但仅这些，也足以说明，里下河地域的社学数量是巨大的，因为占了南直隶总数2919所的一半以上。可见这一时期里下河地域的社学相当普及了。

扬州府社学的兴盛，与当地的工商业发达、商贾如织有很大关系。各州县除去府学、县学和书院外，还有许多以教学童或训蒙为主的义学、社学，这是顺理成章的事。

里下河各地是如何兴办社学的呢？我们先看看如皋县。明代开始，如皋普遍设有社学。洪武八年(1375)全县有社学84所，这个数目是可观的。到了嘉靖三年(1524)，知县梁乔升改设社学15所，县治有育秀、正蒙，马塘场有小治，掘港场有回澜，丰利场有敦风，东陈有佩英，丁堰有兴贤，白蒲有新民，八里庄有清源，谢家甸有乐贤，芹湖有春阳，石庄有时雨，西场有时雍，立发有明善，李堡有存性。明万历十五年(1587)，知县刘贞一改设7所。前后200年间，社学的数目由84所降到15所再降到7所，一直不稳定，而且呈现不断萎缩的趋势。

洪武之时，超过100所的县域有：兴化县社学144处，高邮县172处，通州县214处，泰兴县222处，江都县236处，泰州的社学数最多，达356处之多，名列扬州府第一，但泰州城区的社学不知何故起步稍晚一点，始创于明嘉靖六年(1527)，知州王臣所立，内设端本、慎初、立诚、养正4堂，后停办。

里下河地域还有一个数量巨大的特殊群体——盐民。海边盐民本是生活在烧盐盐场中最底层的民众。他们隶属于盐场官员管理，煮盐季节不分日夜，熬波煎卤，赤脚蓬头，向国家提供高额盐税，同时还要向地方官府上交田赋，承担劳役。盐民子弟的悲哀之一，就是缺失受教育机会，一代又一代盐民，子承父业，终其一生，且世代为盐籍。其时也屡有官员上书请求兴办社学，如运使毕亨《请建运学呈文》："本司所属富安等三十场，灶民不下万户，其间多有俊秀子弟堪以教养，缘地切海滨，素乏师范，以致沦胥下流，莫明自振。及天下商贾在于扬州，守支年久，子孙相继，住成家业，其间资质明敏可以进学成德者亦不少，为因离家远，不得及时入学以成才美，父子兄弟亦多憾之。……查得河东运司原无学校，近年始设儒学，教养一方，即今人才之出，彬彬其盛。况两淮运司商灶国赋比之河东无虑数倍，亦学校可兴之地也。"这篇呈文充分说明当时商贾子弟和灶民子弟均迫切需要兴办教育，以缓解燃眉之急。

明弘治年间，千百年以来盐民缺失教育的历史，被盐场判官徐鹏举改写了。徐鹏举，字九霄，四川泸州人，进士。弘治二年(1489)任泰州分司判官。作为新科进士的徐鹏举是一位具有战略思想的盐官，他与宋代晏殊在西溪一样，倡导在盐区办学，以判官分治泰州十场，提出在每个盐场建起一所社学，并选择盐场中德行方正者作为教师。同时，他还特地为社学写了一篇《经训》。《训》曰："泰州乃胡安定公所生之乡，各场有范文正公监治之地，遗风流韵，尚有存者。本职出判运司，监治斯地，岂忍以己之昭昭，坐视灶民之昏昏，不思胡、范之德教，徒事政刑之末务?"① 以此教导学人。弘治十三年(1500)起，拘商灶子弟择日赴院，年8岁以上，12岁以下，则拣选质赋清秀者，发社学责令读书。其13岁以上、18岁以下，则拣选质赋清秀者，发运司另行作养。以后社学有进者则发运司。运司有成者呈提学，或府或州或县，量居便宜，收充生员，以备乡荐。其学无进益者，系商则发生理，系灶则发煎办。泰州分司十场兴办社学，不久被上级盐运御史所肯定，认为商人及灶户的子弟都应读书，社学里的灶户子弟学有进益者，还可向上推荐，学无进益者，仍回盐场煮盐。

扬州府所管辖的盐场还有通州和淮安两分司。据《嘉靖两淮盐法志》卷之二《秩官·署宇》介绍："通州诸场惟金沙有社学，淮安诸场之有社学者，则天赐、莞渎、临洪、徐渎浦四场尔。"这样，我们大体可以了解这一时期里下河一带盐场兴办社

① 杨选等.嘉靖两淮盐法志:卷之二 秩官署宇[M].北京:方志出版社,2010:106.

学的概貌。

泰州分司十场(淮南中十场)创办社学的规模如何呢？下面我们依据《淮南中十场志》所载作一点具体介绍。先看一份表格：

表三　淮南中十场社学规模一览表①

场名	社学房产	社田	社店
富安	8 楹	62 亩	4 间
东台	9 楹	水田 90 亩，旱田 8 亩	5 间
安丰	12 楹	水田 84 亩，旱田 18 亩	
何垛	7 楹	52 亩	4 间
梁垛	9 楹	水田 100 亩，旱田 45 亩	
丁溪	6 楹	97 亩	3 间
栟茶	21 楹	3 处	
草堰	4 楹	193 亩	
角斜	9 楹	50 亩	10 间
小海	7 楹	220 亩	

上表十场之中，安丰场的社学规模名列前茅，这与它的特殊地位有关。有道是：“天下之赋盐利居半，天下盐利两淮居半。两淮盐场三十，而安丰几半之。”② 弘治时，安丰有灶户 658 户，灶丁 1626 人，向国家上交的盐课额设大引盐 16259 引(每引 400 斤)。安丰场是两淮盐场中影响最大的盐场。这里社学所以持续兴盛还有特殊原因，与教育家王艮有关。求学先达者的有意识传学与后学后觉者的尊师式传学，使社学在官方支持不逮时维持续办运行，或以民间集社的形式继续运行传学，而且产生了良好的社会效果。

安丰场盐民王艮自学初成，去豫章向王阳明拜师深造九年，回安丰传播自己创新“百姓日用即道”的先进理论，除了应安丰场大使邀请去安丰社学讲课外，

① 汪兆璋，杨大经. 淮南中十场志：卷之五 学校[M]康熙十二年(1673)木刻版.

② 王长中. 泰州学派创始人王艮[M]//泰州文化丛书：泰州名人. 南京：江苏文艺出版社，2007：26

日常在自家的草房里开门办学。他不分老幼贵贱贤愚一律平等看待，认真教学，特别注重接受平民学生，烧盐制砖打鱼砍柴的平民百姓，商贩佣仆戍卒胥役各色人等，都可以进入他的学堂，皆有收获。乡中人或农或商，每到傍晚必群聚来论学，他一一请坐，交流解答。草堰场的樵夫朱恕，每天步行 25 里路，先砍柴，然后来听讲，成为孝子乡贤。小海场的袁株、宗节来学，宗节成了关心民生的乡贤，袁株嘉靖七年(1528)考上了举人。草堰场社学学生朱轼，赶来安丰拜入门下深造，后来成为高阳县知县。泰州给人当佣人的林春来学，嘉靖十一年(1532)林春考中第八名进士，被任命为户部主事，正六品。更多的平民学生都得到了提高，如富安场的崔六殷、梁垛场的张一岩、陈海洲、韩西畴，东台场的曹南寿，都是盐民通过学习，不但脱了文盲，而且人生境界上脱了思想之盲。朱恕、宗节、韩西畴等回乡后，各自成了当地传学的土著学者、土著贤人。王艮的大弟子颜钧听到王艮去世的消息，从南昌赶赴安丰服丧三年，在安丰一带讲学；然后在里下河地域两州四县流动讲学三年，将百姓日用之道的安丰之学，在里下河地区启蒙。

王艮的儿子王衣、王襞、族弟王栋接过王艮的衣钵，走高级教育主讲于书院、初级教育兼课于社学、日常在自己家中讲学的传道之路。王襞主讲于东淘精舍。王栋主讲于泰兴县学与三水(姜堰)社学。王衣是王艮长子，要负责家庭的生产和运营，讲学不能远出，就在维扬一带讲学。他所到之处，讲学点门外放满了求学听讲者们穿的屐，就是水乡劳动人民惯常穿用的钉了木质底的布鞋。特别是王襞主理传学，“沿海之乡顾化而善良者，彬彬成俗”，兴化县来学的烧窑工韩贞，成了当地出名的土著贤人。王襞在安丰经常举行学术宣讲，每会多达数百人，听讲的都是各地学子、本地百姓。他去外地讲学回来，在里下河地区沿途宣讲父亲的“百姓日用之道”“随村落大小，扁舟往来，歌声与林涛声相激越”（江苏教育出版社 2001 年 10 月第一版《王心斋全集》），闻者以为是孔子欣赏的舞雩之风重现，呈现出一幅中国历史上并不多见的平民办学传学的风景画。

明代后期，里下河地域社学日趋衰落，这种状况的发生并不足怪。因为整个明朝 261 年，社学的建制从来没有稳定过，先后出现了“四起四落”的局面，看下面这组数据就一目了然了。

表四　洪武至崇祯社学数一览表①

年号	洪武	永乐	宣德	正统	景泰	天顺	成化	弘治	正德	嘉庆	隆庆	万历	天启	崇祯
社学数	3191	29	4	412	6	404	667	1194	430	1923	188	1064	13	9

偌大之中国，明代近三百年各地办社学超过3000所的只有洪武年间，超过2000所的没有，超过1000所的有成化、弘治和万历年间，其余均不足1000所，宣德、景泰和崇祯年间已经降到个位数，基本消亡。这说明明代社学的创办始终处于摇摆不定之中，能坚持几十年就不容易，更不用说坚持上百年了。

四、里下河社学走向衰落

明末社学的全面荒残，到清代初年开始复兴。顺治九年(1652)诏令全国建立社学，并规定由各直省提学监督地方社学设置的情况。雍正年间(1723—1735)，清廷再度下诏，要求各地办社学，配备好老师。康熙九年(1670)曾令各省设社学，配备师资。到了嘉庆年间(1796—1820)，社学大幅度被废，存者寥寥。但就在这样的大背景下，里下河地域还出现了一些热心创办社学的故事。

如泰州分司草堰场大使曹辰宗，安徽当涂人。雍正八年(1730)草堰场的社学屋破不蔽风雨，他捐钱倡议修建，灶民们也纷纷相助。资金不足，曹辰宗不惜变卖家产捐出千金，建好社学。草堰场灶民感动万分，立曹公祠于宗庙之侧，岁享供奉。②

---

① 齐瑜.明代嘉靖年间社学教育研究.引:天一阁藏明代方志选刊及其续编、稀见中国地方志汇刊[D].南京师范大学,2010.

② 单渠,曾燠等.嘉庆两淮盐法志:卷三十五 职官[M]//扬州文库:第33册.扬州:广陵书社,2015:747.

再如如皋的赤岸社学，创办于嘉庆二十一年(1816)，地址在县治东北的李堡(旧名赤岸，当时属如皋县)。据创办人周佩华所记，当年他曾听到父亲周珊性与外舅童灏谈论钟山紫阳书院和皋城雉水书院的事，二人感叹李堡僻处海滨，学子就学艰难，有心在家乡创办一所社学，他们的愿望得到了周的另一位外舅彭希尧的赞同。后来，彭希尧、周珊性相继辞世，办学的担子就落到童灏一人身上。丙子(1816)年秋，周佩华赴省试。这时童灏病笃，中秋后已粒米不进，弥留之际想起办学之事，强打精神喝下粥汤数勺，等待周佩华归来。等到周去探视他时，老人让他和希尧之子彭寿同至榻前，交给他们多年积蓄下来的一千二百贯钱，一起购房五十余间，置田四十九亩五分，另有秦文士、秦文达二供捐田二十五亩，这才向上请示办学。童灏的寡媳、彭寿的弟弟都拿出积蓄来捐助，学校终于办成。①

这则感人肺腑的办学史话，涉及周佩华一家，有他的父亲周珊性、外舅童灏和彭希尧及其儿子彭寿，还有秦文士、文达、童灏的寡媳、彭寿的弟弟等多人，勠力同心才完成办学之大业，可见办学之难！童灏等人的办学精神永载史册，千秋传扬。

清代的社学时兴时废，衰落的时间也有先有后。清代广陵区早就废止社学，兴办义学。泰州至嘉庆十五年(1810)还有社学5所，到道光年间(1821—1850)均废。扬州府和两淮运司所辖的三个分司盐场社学在康熙十四年有一个比较完整的统计，可见下表：

表五　康熙十四年(1675)通州、泰州、淮安三分司盐场社学情况②

通州分司盐场	社学建制	社田亩数
丰利	社学无考	43
掘港	1，久圮	50
石港	1	44

① 政协如皋市委员会.如皋历史文化：尊师重教的教育之乡[M].北京：国际文化出版公司，2005：141.

② 吉庆，王世球等.乾隆两淮盐法志：社学[M]//扬州文库：第31册.扬州：广陵书社，2015：226.

（续表）

通州分司盐场	社学建制	社田亩数
马塘	1	40
西亭	1，久圮	32
金沙	1	30
吕四	1，无存	—
余西	1	32
余中场	1	56
余东场	1，无存	32 无存
角斜	1，久圮	50
栟茶	1，久圮	50
合　计	12 所，5 个久圮	413(社均 34.4)
泰州分司	社学建制	社田亩数
富安	1，4 楹	52
安丰	1，久圮	田久荒
梁垛	1，3 楹	145
东台	2	155
何垛	1，5 楹	53.7
丁溪	1，久圮	97，久荒
草堰	1，3 楹	193
白驹	1	130
小海	1，久圮	220.3
刘庄	1	25
伍佑	1，久圮	93
新兴	1	70
庙湾	1	120
合　计	14 所	1353(社均 97)

（续表）

通州分司盐场	社学建制	社田亩数
淮安分司	社学建制	社田亩数
板浦	1，久圮	300，久荒
徐渎	1，久圮	100，久荒
中正	1	5
莞渎	1	300
临兴	1，久圮	田久荒
兴庄	1，久圮	田久荒
合　计	6 所	705(社均 119)

资料来源：乾隆《两淮盐法志》

从上面的统计表可以看出：通州分司 12 所社学，有 5 所久圮，占 1/3 强。社田 413 亩，1 所无田，1 所无存。淮安分司 6 所社学，有 4 所久圮，占 2/3。社田 705 亩，有 4 所社田久荒，占 2/3；其社学和社田的荒残程度是三个分司中最为惨重的。泰州分司 14 所社学，4 所社学久圮，占 1/3，社田 1353 亩，其中 2 所社田久荒。总体来说，三分司的 32 个盐场的社学约有 1/3 的学校久圮，每个分司都有部分社田出现久荒或无田的境况。

清代社学衰落考其原因主要是：

（一）思想文化专制的后果

清代顺治朝主要精力放在占领全国土地，康熙朝前十五年用在平定三藩等。康熙十六年以后，开始了文化方面的收买和统治。康熙将朱熹升至大成殿十哲之次，让“存天理，去人欲”的朱熹位于“民为贵，君为轻、社稷次之”的孟子之前，先开《南山集》的文字狱，又禁止《儒林外史》的发行传播。乾隆年间发生了栟茶场读书人徐述夔《一柱楼诗集》文字狱，徐述夔父子被挖坟剉尸枭首，孙子砍头，扬州知府革职充军，东台知县革职徒刑，里下河一带陷入恐怖的阴影之下。严酷的思想文化统治将康熙初年前的文化怀柔政策全部推翻，曾经提倡的社学自然失去了生存的政治基础。①

（二）文化教育目的和理念偏重的影响

清王朝官方提倡办县学、府学、州学，目的不是提高全国百姓的文化水平，而是培养符合官方主流价值观的人才，他们下达各地各级官学的学生名额和送考名额，就是培养少数精神贵族、统治官吏和管理人才的旨意和指标。作为基础性普及性的教育平民的社学，就不会继续给予关注和扶持了。

（三）在良知的坚持下发展变化了

有识之士们遵循“唯有读书高”的理念，主动地自费地坚持传学办学，心目中作为一种神圣的事业无怨无悔，尽力为之。社学就在良知、习俗和历史中，向义学和私塾转化了。

里下河地域社学走过了数百年坎坷的历程，它起步早，不仅在江苏而且在全国都遥遥领先，说明这个地域不乏远见卓识者，老百姓也是教育的先觉者。到了元明时期的社学得以长足发展更加充分证明了这一点。盐民社学的良性成长，也促进了地方盐业的发展。王艮等教育家的先进理念如启蒙思想、乐学思想，曾经激励一代灶民发奋学习，即使在今天，仍在激励当代学子在快乐学习中勤奋钻研，在勤奋学习中获得乐趣。里下河地域的社学，作为一个漫长的历史现象，将为新时代基础教育的腾飞和文化复兴文明实践注入新的活力。

---

① 朱兆龙. 王艮泰州学派在清代的传承与变化[J]. 盐城师范学院学报(人文社会科学版),2013,33(06):30-33.

里下河世家望族的文化传承

——以兴化地区为例

陈　斌（兴化市申报国家历史文化名城领导小组办公室）

里下河，是位于江苏中部里河与下河之间的一片广袤平原，地势低洼、水网密布，本为千里沃壤，然水患频发，民受其害。兴化地处里下河腹地，素有“锅底洼”之称，因水而困亦因水而兴，文化特质与水土息息相关，兴化地域文化即具有典型的里下河水文化特征。兴化人甚至将水脉视为文脉之所系，清康熙年间知县、福清张可立评价兴化“水势回绕，风气之秀，发为人文科目之盛，甲于江淮”①，绝非溢美之词。从施耐庵、高穀、李春芳、宗臣、陆西星、吴甡，到任大椿、郑板桥、刘熙载……可谓群贤荟萃，灿若星河。兴化城的标志性人文建筑——四牌楼，便是“缙绅之渊薮，人才之都会”② 的最佳诠释，更是一座兴化世家望族杰出人士的集体坊表。

兴化世家望族多属明初以来之外地移民，民国《续修兴化县志》载：“邑中大姓，在宋元有顾、陆、时、陈，在明有李、吴、解、魏、高、宗、徐、杨，皆以科名跻显位，风会所趋，竞成习尚。”③ 先后号称“宋元四大家”“明清八大家”。其中顾、陈二姓为南宋苏州移民，陆、时、高三姓为两宋北方移民，李姓为明代句容移民，吴姓为明初苏州移民，解、宗二姓为元末镇江移民，魏姓是元末湖州移民；只有徐、杨二姓自称土著，但早期亦为他方迁徙而来。此外，还有成、黄、

① 张可立.兴化县志:叙[M].刻本.兴化,1684(清康熙二十三年).

② 欧阳东凤.兴化县新志:序[M].刻本.兴化,1591(明万历十九年).

③ 李恭简.续修兴化县志:卷一[M].铅印本.兴化,1934(民国三十二年).

任、赵等大姓，俱为移民之后。若干世家望族经历了举家迁徙、筚路蓝缕到起家兴盛的漫长历程，直至明代中后期，才逐渐成形，正如明礼部尚书李思诚在《陆氏家谱序》中所言：“吾邑自开创以来，土著绝少，家于是者，大都从他郡移徙。以故屈指望族，所称郁然乔木、巍然钟鼎者，远不逾百年，近不过数世。”①

作为里下河地区世家望族的集聚区，兴化人秉承为令兴化的范文正公忧乐遗风，崇文尚教、文风炽盛，“士庶之家，皆读书明礼，耻骛时利”②，“其士务崇文行，稍不类者，群相耻也”③，以科举入仕、著书立说、翰墨丹青闻名于世，成为里下河水洼之中罕见的“文化高地”，这自然与兴化世家望族延绵不绝的文化传承血脉相通。从某种程度上来说，正是世家望族深厚的文化积累，才成就了兴化厚重的文化底蕴和风度气韵，世家望族的优秀文化聚合为特色鲜明的兴化地域文化，为里下河地域文化积蓄底气、增辉添彩。明清以来，兴化世家望族的文化传承以丰富的形态呈现，主要表现为以下几方面：

耕读并重、农商并举。里下河平原自古重农务本，明清之际的里下河世家望族多是以农耕或农商为本业的家族，由科举入仕而步入士绅阶层。兴化忠恕堂孔氏家族始迁祖孔宏贤因父亲客死江北，遵父临终遗命葬民风淳朴、崇文尚教之地，后择葬于兴化东郊，遂携妻子定居于此，他们“勤苦力作，晚景渐裕”④。孔氏虽为“孔氏南宗”之裔，却自甘淡泊、乐为渔樵，以图厚积薄发。孔兴琯盛年家道中落，乃迁居孔戴舍村落以种菜、捕鱼为生，他教导儿子说：“捕鱼、种圃皆农也。自古为农者日食三餐无愧容，能自食其力也；较之日诵诗书绝无忧世、忧民之心者，不转有实际耶？汝辈少安勿躁，苟能读书立志，鱼盐版筑之中、莘野渭滨之地，何尝无英雄出其中哉？”⑤ 清同治年间，族人孔广谟高中进士，终于重振了孔府家声。在由农入仕的家族转型过程中，也有人厌倦宦海风波或遭遇亡国之痛生成退隐之志，于是重归于农、复耕于野，如明末山东布政司参议王继美之子王贵

---

① 张可立. 兴化县志：卷十三[M]. 刻本. 兴化，1684（清康熙二十三年）.

② 李恭简. 续修兴化县志：卷一[M]. 铅印本. 兴化，1943（民国三十二年）.

③ 张可立. 兴化县志：卷二[M]. 刻本. 兴化，1684（清康熙二十三年）.

④ 孔宪荣. 迁兴孔氏支谱：卷十一[M]. 木活字本. 兴化，1909（清宣统元年）.

⑤ 孔宪荣. 迁兴孔氏支谱：卷十一[M]. 木活字本. 兴化，1909（清宣统元年）.

一义不仕清，筑室檀园，重归于耕读自给的田园生活。据宗良棣《宗氏族谱》卷五《第一世至第六世年表》载，兴化宗氏家族始迁祖宗阡二“先商于金陵，寄籍上元县之惟政乡，洪武间复还兴化，补充小海场灶户”。到了宗道（字时泰）一代，“承祖业，家颇饶”，据户部侍郎杨果《宗君时泰墓志铭》记载，宗道“长于算计，农末兼资，丝粟罔漏，久之资累巨万”①。宗道颇为重视教育，为免家业荡然，设家塾、延名师，第三子宗节以灶籍补兴化县学廪膳生，入贡太学，由太学生授光禄寺监事，迁居扬州府城，发展为广陵望族。明清进士宗名世、宗灏，举人宗万化，皆出于此支。宗仟二兄长宗仟一在兴化城中数代业医，后裔宗周、宗鸣皋、宗伯五中举人，宗臣、宗书中进士；宗臣是明代著名文学家，名列嘉靖“后七子”之一。但总体来说，里下河人重农轻商、性格偏向保守，从商起家者还在少数。

科举起家、联姻兴族。兴化的世家望族多为通过科举晋身仕途而形成的簪缨门第，积淀数代优良门风，互为姻娅、以族联族，形成了庞大复杂的血缘关系网络。以明天启年间的兵部左侍郎魏应嘉家族为例，先祖魏均实本是避乱至兴化草王庄的落难之人，后被千户缪福一招为乘龙快婿，从其长子长孙魏时英开始，“崛起积学，岿然不群，少与同邑高文义公同师，以道德文章相契”②。魏时英长子魏俊麒、魏俊麒次子魏云、魏云长子魏修、魏修第四子魏座、魏座长子魏复初皆以读书世其家。魏复初长子魏应嘉得中明万历三十二年（1604）进士，魏应嘉次子魏汝学娶吴甡长女为妻，生育了清康熙二十四年（1685）的“同胞进士”魏曰祁、魏曰郁。魏曰祁长子魏周琬又中清雍正元年（1723）进士，成就了魏氏家族祖孙四进士的佳话。魏应嘉亲翁，魏曰祁、魏曰郁兄弟的外祖父吴甡是明万历四十一年（1613）进士，与魏应嘉同朝为官，一任次辅、一任尚书。又例如，南明刑部尚书解学龙夫人是李春芳之孙李思明掌珠，乃其母亲李氏犹子；解学龙之姊配吴氏一族吴喆，而他的第八子解谦又娶吴甡之女为妻，交织成错综复杂的亲缘关系。这种相互联姻乃至于世代联姻的现象在兴化世家望族之间极为普遍，通过联姻，使

① 杨果．宗君时泰墓志铭[Z]．出土碑刻．

② 魏潢．魏氏族谱：卷五[M]．木活字本．兴化，1888（清光绪十四年）．

得优良的文化基因得以传续、积累，成为兴化世家望族文化衍生的又一种方式。里下河州邑一衣带水、文化相通，跨州跨县的联姻行为也不鲜见，如解学龙孙女许配宝应县御史乔可聘之孙乔后礼、李春芳玄孙李淦妻子徐尔勉是江都县工部郎中徐葆初之女。很多世家望族的贤妻良母本身便是幼沐书香的名门闺秀，学识、素养为一般女子所不及，如李氏才女李国梅诗文与父兄齐名，著有《林下风清集》，传世至今。她们在相夫教子，传承发扬家族文化方面，也起着不可小觑的作用。

修谱存史、立训传家。家谱又称家乘、族谱、世谱等，是记载一个家族数百年发展变迁的重要史册。明清兴化世家望族的谱牒内容丰富翔实，可补邑乘记载之不足，特别是反映了里下河的移民历史。里下河地区移民历史漫长，多与避乱、垦荒有关，兴化“五朝元老”高榖家族为宋高宗南渡时由河南怀庆府迁徙而至，“宋元四大家”之一陆姓亦为南渡时河洛移民。而对里下河地区影响最深远的一次大规模移民运动，当属明初“洪武赶散”。江南大姓的陆续到来，重新构建了里下河的乡土社会，成为明代以来里下河文化生态的发展基础。里下河人几乎都知晓“上苏州”一词的含义，移民集发点“苏州阊门”成为许多里下河人对于遗失祖籍的认同。兴化是里下河地区移民城市的典型，顾士奇在《迁兴孔氏支谱·序》中说：“吾兴文物蔚起，子姓滋大，卓乎称为巨族者，自外方徙居者居多，自姑苏徙居者为尤多。”① 如《吴氏族谱》，便清晰记载了始祖吴方正携四子由苏州阊门迁居兴化的历史。刘熙载曾说：“合亿万家而成邑，合百十家而成族；邑有志，族有谱，皆不可不修也。”② 盛世修谱，是里下河世家望族延续家族文化记忆的重要举措。兴化现存家谱有《龙津堂顾氏族谱》《李氏家谱》《师俭堂李氏世谱》《魏氏族谱》等。历代先祖的嘉言懿行，是家谱中记录的重要内容，许多世家望族的谱中还专门附有教诲子孙立身处世、持家治业的家训。家训，亦称庭训、家法，是中国人教育子孙的一种特殊方式，内容推崇忠孝仁爱、礼义廉耻等传统美德，是提升家族子孙道德修养、约束其言行的一系列规条。《李氏家谱》中就言道：“世家巨族，必有家

---

① 顾士奇. 旧序[M]//孔宪荣. 迁兴孔氏族谱、木活字本. 兴化，1909(清宣统元年).

② 刘熙载. 戎氏重修族谱序[M]//戎泽涵. 戎氏宗谱：卷一. 木活字本. 兴化，1846(清道光二十六年).

法，有数世、十数世同居合爨者，皆家法维持于其际也”。① 可以说，封建世家望族的长久兴盛，很大程度上便来自这种家庭内部的无形秩序。

建祠奉先、树坊旌扬。祠堂即宗祠、家庙，用于庋藏先世遗像、神主、祭器等，是举行宗族祭祀、慎终追远的重要场所，更是凝聚家族文化精神的圣地。里下河人具有十分强烈的宗族观念，聚族而居，形成姓氏村庄、巷陌，乡村中至今遗留“吃祖会”等习俗，是同姓联谊的家族盛会。在兴化，但凡世家望族皆建有祠堂，如李氏宗祠、解氏宗祠、徐氏宗祠、吴氏宗祠、魏氏宗祠、顾氏宗祠、陈氏宗祠等，大小几十家。由于里下河地区水网密布、交通不便，部分世家望族除建有宗祠外，还建有支祠，以方便城乡族人就近祭祀。如兴化锄经堂成氏家族，其大宗祠在安丰镇黄庄村，进士成占春又购买城内赵氏旧宅，创办了成氏支祠。家族文化的独特性在祠堂中最易窥见，如李氏先祠建有“双忠阁”，供奉为国殉难的李长倩、李长信，体现了李氏族人对于忠君爱国的崇尚。任氏宗祠悬有《太祖高皇帝招沂国公书》，是为了使“后人知钦仰”②。宗祠内一般悬有堂号，或能表明家族之源流世系、族属支派，或能彰显先祖之功德勋业；堂号，就是一个家族的文化徽记。李氏宗祠内悬有康熙皇帝御笔亲书的“师俭堂”堂号，这份荣宠，体现了康熙对前朝士族的怀柔政策，是“九世一品门第，神仙宰相人家”身份和地位的象征。又如“济美堂”是兴化解氏家族堂号，明代解汝楫所生五子皆成大器，后人为赞扬解汝楫教子有方，将其比拟为“教五子，名俱扬”的五代人窦燕山，赞之为“五子济美”，故留下“济美堂”堂号。牌坊也是承载世家望族厚重文化的重要载体，《兴化县新志》中称：“人才辈出，代有坊表。”③ 明清两代兴化城坊表林立，如高穀“益恭”坊、李春芳“状元”坊、宗周宗臣“父子科第·中原才子”坊。而傲立一城中心的“四牌楼”，“上下四旁皆立额，可以觇文物之华”④，其旌表人物，亦以出自世家望族者居多。

---

① 李培源.李氏家谱：卷二十[M].抄本.兴化，1763(清乾隆二十八年).
② 任登第.兴化任氏家谱：卷一[M].铅印本.兴化：远东印书馆，1942(民国三十一年).
③ 欧阳东凤.兴化县新志：卷三[M].刻本.兴化，1591(明万历十九年).
④ 梁园棣.重修兴化县志：卷一[M].刻本.兴化：尊经阁，1852(清咸丰二年).

著书立说、以文贻后。里下河僻处海隅，较少兵燹，相对稳定的外部环境为潜心写作提供了适宜的土壤。兴化人向来有著书立说的传统，既有位列朝堂者的洋洋政论、跻身儒林者的引经据典，又有功名未遂者的寄情吟咏，更有搜罗佚史奇闻而致力于小说者，因此历代著述琳琅满目、层出不穷。丹徒谢庭兰在《昭阳述旧编・叙》中写道："兴为邑僻处扬东隅，然名臣宿望不绝，其文章皆震耀海内，而绩学之儒说经铿铿、伟人奇士经世硕画，如山积。至于山林墨客以骚韵写其意趣，而足与元美、于麟辈上下角逐，又代不乏人。"① 家学传承是世家望族文化传承的重要方面，兴化人著书立说，常常体现出深厚的家学功底。《四库全书》纂修官任大椿一生致力于考证名物制度及辑录小学、史书，著有《弁服释例》《深衣释例》《小学钩沉》等。任大椿祖父任陈晋、祖姑任澹客皆博通经史，而任澹客又为顾九苞之母，顾九苞与任大椿同为扬州学派代表人物，与任澹客的家学熏陶不无关联。后来任澹客还辅导长孙顾凤毛学经，顾凤毛著有《毛诗集解》《楚辞均考》《入声均考》等，与任大椿兴趣相仿。师俭堂李氏家族不仅是官宦门第，而且是文化世家，皇皇大著不胜枚举，特别是在诗文、史学、小说方面取得了巨大成就，甚至以李沂、李沛、李国宋等为代表，形成了一改里下河诗风的"昭阳诗派"。李氏族人极为重视文字传世之功，著书、刻书、藏书不倦。李福祚《昭阳述旧编・卷二蟠根述》多收先人遗作，目的是将历代家族先人的典范之作流传后世，使家族文化得以发扬光大。再如《任氏族谱・艺文谱》以历代先祖著述绍介为内容，详分经、史、子、集四部，一为"珍重遗著"② 缅怀先人；二为"励志向学"③ 启发后辈，从形式到内容都十分丰富，堪称传承任氏家族文化的精华录。

---

① 谢庭兰. 叙[M]//李福祚. 昭阳述旧编. 刻本. 兴化，1857（清咸丰七年）.

② 任登第. 兴化任氏家谱：卷七[M]. 铅印本. 兴化：远东印书馆，1942（民国三十一年）.

③ 任登第. 兴化任氏家谱：卷七[M]. 铅印本. 兴化：远东印书馆，1942（民国三十一年）.

里下河水上运输百年探索

仇育富(盐城市大丰区行政审批局)

一、 历史由来

江苏省长江以北的地势可谓一马平川，这里是长江与淮河之间最低洼地区，水网密布、河道纵横，历史上一直以水乡著称，水上交通比陆上交通更繁荣和实用，船的载重能力再小也比车马装载得多，由此也提供了以水上生活为主的另一个群体，这个群体类似于一个水上流动的部落，他们以船为家，浮家泛宅，长期漂泊在水上。民间曾有言，天下三行最苦：行船、打铁、磨豆腐。行船则被排在首位，由此可见水上这个部落的生存状况透着无限的辛酸。

说起这个水上部落，这里要介绍的是长期生活在盐城境内斗龙河上的水上一族，以及他们的后代在这近百年来是如何在水上求生存的。可以说，这一群人就是里下河下流水上船民生活的一个缩影。他们的主要生存范围大都分散在斗龙河，这条自然河像一条弯弯曲曲的血管，流经沿线村镇，然后缓缓地注入下流的出海口。斗龙河有着800多年的历史，全程贯穿沿海湿地，是里下河流域的泄洪走廊，更是盐城人自古以来的出海大通道。

斗龙河的得名有一则美丽的传说，800年前，这里曾有一青龙兴水淹地、伤人、危害过往船只，后有一青年提宝剑斩杀恶龙，搏斗所经之处留下九曲十八弯，故而斗龙河有“早上自打门前过，傍晚还在屋后头”的说法，就是指它的弯道之大，迂回曲折。几百年来，斗龙的传说一直在里下河下游湿地流传，也是里下河地区最美文化特色。斗龙精神也是斗龙河流域居民勤劳朴实、战天斗地、不畏强暴的精神体现。

斗龙河在盐城境内流经大丰、兴化等地，养育了沿线的百万居民几百年，一次次用博大的胸怀，将汹涌狂暴的洪水收纳柔化，送至浩瀚黄海。明洪武年间，这里迁入大量的苏州灾民至今天的大丰沿海，成为盐丁，到民国初期，实业家张謇兴起废灶兴垦，将大量的海边滩涂借斗龙河之水改造为良地，使斗龙河流经的大丰县一举成为全国的产棉大县。

二、 河运兴起

里下河地区的兴化素有“锅底洼”之称，地势偏低，历史上有13年沉水的经历。在此情形下，当时的百姓便开始打造简易的木船，一是为了安家，二是为了能借此做些运输，装载些货物，以供养家糊口。尽管里下河地区河网密布，但真正具备航运功能的还数斗龙河。

最早从海边盐场将盐运销到内地的也都是通过斗龙河来进行漕运，漕运一般以官船为主，民间的小船通常不能胜任，加上民间对水上这一群部落的声誉早有诋毁：“十船九偷，不偷不成宝舟。”实业家张謇在里下河的海边大兴“废灶兴垦”，用17年时间开挖了5条东西向的卯酉河和3条南北向的子午河，用于放碱、冲碱、洗碱，以改良海边滩涂的盐碱地。这些运河为随后的水上运输业注入了新的生机，河道运输方便了，使原本弯道较多的斗龙河在上世纪中叶逐渐退出了主要运输功能，取而代之的就是卯酉河、子午河，这个如棋盘式的河运格局使得里下河下游的水上运输进入了一个新的纪元，这些运河互通，与里下河其他河流相互交集，更使这个水网密布的里下河水乡具备了更优质的运输条件，一个以船为家的水上部落群体就此初具规模，在解放前后达到了鼎盛期，仅仅一个县城就有数千艘各种船只。这个部落群体最主要的住所有两种，一是渔船，以打鱼为主，但其空间较小，仅容一两个人，不适合长期在船上生存；二是以运输居家为主的木质运输船，这类船虽不大，但却能勉强维持一家人的基本生存，在这极小的空间里，他们与气候条件斗争，忍受着炎炎夏日和三九寒冬。此外还有单帮船、船身瘦长的快船、建国后接受政府统一调配使用的“统调船”。

船民之所以选择来到水上生存，都是因为在陆上他们没有属于自己的田地，或是因其他原因才会选择如此艰辛的生存环境，天下三行最苦这一民间总结，把船民排在首位是有一定依据的。正因为有了这样的一群人，有了这样一个水上部落的逐渐形成，里下河地区的斗龙河上，在这近百年的历史中兴起了水上运输业，在那个连年战乱频繁，到处饥荒不断的历史背景下，他们自寻一块安身立命之处，逃避于现实，尽管异常艰苦，却能免除许多世俗纷繁的精神烦恼。在那个陆上交通极其匮乏的年代，水上运输便成了最常见的运输形式。

三、 生存空间

可供一家老小住家的船通常重十多吨，最大也不过二十多吨，既住家又当运输挣钱的工具，典型的一座在水上流动的房子。船虽小，但结构并不简单，整条船可分为前后7段，从船头算起：最前面的船面称之为“铺头”，铺头下面叫尖头舱，里面可存一些缆绳、铁锚、纤板等工具。再往后就是前舱，是装货的辅舱，一道木梁与中舱隔开，中舱是主要的货舱，后舱也有一道木梁与中舱隔开，与前舱的尺寸差不多，紧靠后舱的是铺舱，相当于是一间微型的木房，里面是船家的统铺，子女们休息的场所，铺舱下面的木板就是一家人服装的储藏室了。过了铺舱就是下舱，下舱相当于一间会客室，说是会客室也不过只能容得下两三个人。从下舱弓身进入就是船鞘子了，“鞘”的含义是指收藏兵器的器具，船家人将自己的主室称之为“鞘”，是指小的意思。鞘子的上端称之为“铺艄”，这里是掌舵的地方，除了掌舵还有其他用途，做饭的炉子就放在舵的半径之内。

这是内部的结构，再来看看船的。船两边能跑人的通道称之为“干堂”，船最中间的干堂边上还有两块木板，叫“披水”，长方形，平时都吊在船帮上，遇有风大时放下下风的披水，使船减缓向下风漂移的速度。“干堂”在夏天每天早上都要用浇斗来浇水，以防木板干裂，太阳上来后一定要铺上干堂垫子，避免阳光的直射。铺舱与外面通风的地方是木质的窗口，全是活动的木槅子，其中有一扇类似于纱窗，是木质的百叶窗，既挡雨又透气，夏天可卸下来通风。

无数条这样的小木船常年在斗龙河中穿梭，构成了里下河下游一种独有景观，白天但见白帆点点，夜幕降临便有渔歌唱晚，这情景如一幅厚重的水乡水墨画卷，透露着纯朴与善良。

四、 浮家泛宅

船家人的生活规律是与日月同行，早上比太阳还要起得早些，晚上要等月亮出来再收工。逆风拉纤，顺风扯帆，早上要洗船，等太阳上来还要把易晒裂的关键部门遮盖起来。行船的方式主要有三种：

一是扯帆。每条船都有一根桅杆，长度跟船差不多长，有一大块补了无数补丁的白色帆布，在顺风的条件下将帆扯起来，只要坐在船舵旁边把好舵就能借着风势前行。平常不需要升帆的时候桅杆都是平放在船上的，桅杆由专门的桅杆夹固定在船前四分之一处，这里是船的重心，拉纤的绳子就系在桅杆夹顶端。

二是拉纤。这是最常见的一种人力运输形式，一根长长的纤绳系在桅杆夹上，一头是扁平的木头纤板，纤板两头各有一个洞，纤绳穿在洞里，绳的两头在后面打结，剩下的部分正好套在纤夫的胸前和一侧的肩头，然后弯腰弓背，迈着坚实的步子，沿着那条不知何时成了路的河边小道，这就是纤路，仅供船民拉纤的河边小道，也是那个年代的一景，过了那个时代便会消失得无影无踪，再难寻觅。

纤绳一般是用麻丝的，不怕水，也有布绳，要常晒，受潮后容易腐烂。后来有了塑料绳，塑料绳开始是用不习惯的，因为它有很大的弹性，不好掌握，稍一用力它会回弹，控制不住就会摔跟头。

三是撑船。在河岔较多的地方不方便拉纤，或因到了集镇没有纤路可走，就只能在船上用竹篙撑船，通常是一边一个，这样才更方便保持船两边平衡。

拉纤看似简单，也得有一些应对能力。遇到迎面而来交汇的船只就要先与对方打个手势，做好沟通，按常理是大船在外，小船在里，或是以纤绳的高度来做决定，行在里或行在外也都有约定俗成有、不成文的规定，朴实善良的行船人都会自觉遵守着这种规则。行在外的船将纤绳高高举起，行在里面的纤夫尽量低下身体让纤绳从头上过，这样就顺利完成两条相向而行的船舶交汇。

遇到岔口就挽起裤腿蹚过去，水深就招呼船靠岸，先上船，过了岔口再上岸拉纤。拉纤途中遇到桥就“挥纤”，凭技术将纤板从桥下甩成一条弧线，甩过桥的另一面，接过纤板继续下桥前行。

船上拉纤的纤夫们常年行走在纤路上，既会遇到各种危险，也会有些意想不到的收获。危险就是遇到沿河居民家样子凶狠的狗，追着人咬。纤路上还会遇到蛇、蚂蟥，就连纤路上的芦苇根也有可能将穿着草鞋的脚刺个洞。但也有开心的时候，纤路上潮湿，地衣很多，路边还会采集到新鲜的磨菇。这些收获也能给艰辛的生活带来一丝喜悦和宽慰。

五、 老帮四邻

陆上有左邻右舍，对于长年生活在水上的部落则相互称之为“老帮四邻”，船帮经常会靠在一起，因为他们在这条水上走廊也会时常将彼此的命运捆绑在一起，因而水上人称之为“打帮”就是一种信任。行船经常会遇到危险，只要碰上都会出手相帮，彼此照应，相互帮衬，也就形成了一种独特的水上邻里关系。

运输货物到达目的地，如果人家不派搬运工装卸货物，船主就组织自家老小装卸货物，十多吨的货物对常年在水上行走的船户们来说，早已成为一件较为轻松的事，只图能赚点力资。遇到几条船一起装卸，谁家劳力多，谁家速度快，也一定会腾出手来帮上一把，然后一起启航，行往下一个站点。

这些运输的船在早期被称之为“自航船”，个体机动性强，看各条船自己与货主的关系如何，有的船跑得远一点，会在盐阜各县境内到处跑，有的跑往各乡镇，也有的就围着县城四周跑。不论在哪儿行船，总在为生计奔命，闲不下来，如逆水行舟，一旦你歇上几天，接下来的日子便不会好过了。

货物装卸完毕赶紧起锚，直行到天黑视物不清时再靠船，尽量停靠到有人烟处，或是与其他同行的船家靠在一起，相互有个照应。船行进的速度很慢，起早贪黑也只有30到50里，尽量要赶到有人烟处停船，以便与其他船一起打帮，相互有个照应，落了单也会有危险，遇到偷盗、抢劫的情况也时有发生，毕竟那时候人们的生活都很艰难。

里下河水域的水上船民不仅是同一个县城里的船家们之间会相互帮衬，只要是里下河的船民遇到一起，也都会自觉形成一种帮衬，这种勤劳厚道的互助行为遂成里下河中一道精神风景线。

船上的孩子不好养，孩子溺水死亡都属常态。于是便有人发明了笼头，用它将孩子套起来扣在船上，既有活动空间上的自由，又保证了安全。

船民绝少有进过书房上过学的，一个没有文化的水上部落发展的步伐就相对滞后，而且生存方式较为原始，仅靠代代言传身教，加之与外界缺少交流，解放前的数十年间各方面的变化甚微。

六、组队归公

从民国初期到解放后这几十年间的里下河水上部落群体，历经了岁月的坎坷后，迎来了和平安宁的新时代，仍保留以船为家的生活方式，日复一日，在里下河下游从事他们的水上劳作，或打帮，或单帮，这支水上的部落都自盐阜各县，他们在长期的漂泊过程中习惯了在此流动。到 1958 年国内完成了初级阶段的社会主义改造之后，他们开始转向集体化形式，斗龙河流域所在的大丰县成立航运合作联社，动员境内水上流动的自航船加入合作社，时称“入社”，入社之后原先的水上船民就不再是个人的自由运输形式了，而是变成一种集体式的运输，由运输联社统一调配货物给这些水上船舶进行运输，根据各自的船型、载重量合理分配。入社的船民从此就转变为大集体的职工。计划经济年代，考虑到那些从事水上运输和从事水上渔业的这部分人在陆上没有土地，也按城镇定量户口的性质统一分配粮食，其他计划内的食品、日用品也按此方式进行计划分配。广大水上船民享受到与城镇居民同样的计划待遇，在水上漂泊了几十年的老一辈船民对国家的这一政策感激涕零，以自身最朴实的方式拿出各自的全部热情积极参与到新中国的社会主义建设与改造中来。

零散的水上作业模式自此便发生了质的变化，他们的船不再是纯粹意义上流动的房屋，另外他们又有了一个新家，那就是他们心目中的航运联社，在没有分配到运输任务时，船民们就将自家的船停靠在大中集的市河里，然后聚集在联社室外的条凳上，听候联社随时给他们分配运输任务。联社就是他们另一个可信赖的家，社会主义的向心力在那时候得到了最显著的体现。

船民几乎都是文盲，他们大字不识几个。航运联社针对这种情况，便开始物色有一定文化的职工对这些船民进行扫盲，教他们识字，让他们学会写自己的名字。通过几年的扫盲，在水上船民起到了较好的成效。在船民们争“脱盲”帽子的同时，为了让这些在水上生活了几十年的船民子女不再跟他们的父辈一样成为文盲，由航运公司向政府申请，自筹资金办起了水上学校，从此，船民的后代便有了入学读书的条件，这些子女后来便成了新一代的船民后代。

入社后的船民成了公家的人，再后来航运联社改成了航运公司，船民们的船也开始进行了整体调配，原来他们行的船也不再属于他们自己私有的了，也都归了公，有的船已破损、淘汰，就由公司为他们重新配置船只，让他们能安心在这个大集体中为社会主义建设服务。船民们不论船行到哪儿，他们都会自豪地报出自己的家门："我是航运公司的。"

七、 编入船队

即使这些水上船民已加入航运联社，由于他们船舶的性质，此后他们的船还是在有限的范围内进行运输，原始的作业方式变化很小，也都是在里下河的下游四处流动，活动空间仍然很窄小。到了1973年以后，他们的船舶在不断增大吨位的基础上，又引进了小拖轮，1974年开始组成10条船一个船队，告别了过去"顺风扯帆，逆风拉纤"的作业方式，开始适应集体化的船队运输模式，里下河下游的河流中开始有了船队日夜穿行，呈现出空前的繁忙景象，他们将船行过了长江，行到了苏南。应该说这一时期里下河地区的发展，水上运输船舶做出了不可忽视的贡献，建筑材料、燃料和厂矿企业所应用的材料都是由水上运输所提供来的。

接下来的发展速度也跟其他各行各业一样令人眼花缭乱、目不暇接。

1976年开始，原来的木船陆续换成了40吨的水泥船，过了两三年又换成了60吨的水泥船，装载的能力变大了，船行得更远了，但水泥船跟木船一样风险较大，经不起碰撞，木船碰撞是外伤，而水泥船则不同，外面碰撞之后看起来没什么，但里面有可能就是一个大窟窿，因碰撞而沉没致使船民毁家的事时有发生。民间早有"行船走马三分命"的说法，水泥船常年在水上行走，碰到各种险情并不为怪，船民们将所有命运和家当都寄托在这条船上，沉船就是他们生活中最大的灾难，是所有希望的毁灭。不过，毕竟在社会主义制度下的集体化经济体制中的职工，但凡有此类事件发生，集体总会伸出温暖的手来帮扶一把，让他们渡过难关。

这种格局到了20世纪80年代中期已陆续地得到了全面改变，那个时候船队已全部改成了60吨和100吨的钢质船，到80年代末就有了超过10个以上的千吨船队，钢质船舶不再让人提心吊胆，毕竟钢质船舶的防碰撞能力是水泥船不能比的。

此后，里下河下游的内河中总能看到这些越来越大的船舶在拖轮的带动下，时常鸣响的轮船汽笛吸引着两岸的居民，每经过一个集镇都会有好多充满好奇的人朝着航行中的船队投来稀罕的目光，船民也都觉得自己的地位突然间提升了好多，有了一种从没有过的优越感，行船人被说成天下三行最苦的时代已经过去，同样，飞速发展的经济现实也使这一个群体得到全新的改变。

又是几十年的变化之后，原先以船为生的老一辈船民渐次到了退休的年龄，要从民国初期算起，这些办了退休手续后的水上老职工们已是第三代或第四代船民了，他们将自己的命运跟着这个飞速发展的时代变化而变化，在如此变化过程中他们也对自己今后的生活进行了重新规划，告别水上常年漂泊的不便是他们的最终目标。于是，他们在统一规划的水上新村用省吃俭用下来的钱购买简易的平房养老，接他们班的是有一定文化水平的年轻一代，这一代人就是在水上学校读过几年书的水上子弟，这些人中相当一部分人不再按部就班地继承他们父辈的事业，各显神通想方设法地脱离水上这个生存环境，或选择招工进其他企业，或找门路调离水上船队到陆上企业，学习成绩好的进了高校，也有的借助于参军、银行招干得到了重新分配的机会，仅留下一些既无门路又无特长的人还在水上。这样，水上所剩下的人员就越来越少，过去最辉煌时的三千船民及后代，在时代的召唤下，像鸽子一样玩命地向着阳光处飞翔，去别处寻找各自的人生站点。到2002 年公退民进大潮袭来，大批航运公司附属企业职工下岗，水上船队开始被一些有胆识的人买断，公司性质改为股份制，从 25 个船队锐减到 5 个船队，接下来的几年越缩越少，不出 10 年时间，一个本地最大规模的大集体水上运输公司便名存实亡，几代水上船民的历史终告终结。

八、 离水陆居

从民国初期到解放后，老一辈船工结束了几十年的水上漂泊生活成为大集体职工，这是一个翻天覆地的变化，也是过去这几十年甚至更长时间中所不敢想象的，历史的脚步不由任何人的意志为转移，从零散的自航船到组队运输，然后一批批年轻的一代凭借自己的努力脱离水上生活，能到陆上工作是他们鱼跃龙门的蜕变，也是一种重生，他们已经害怕或是厌倦了那种“水鸭子”式的漂泊生活。在接下来的时间中，他们各自寻找机会有了新的工作，这得归功于航运公司不断地发展，在新中国成立后的和平时代中，人口的生育率得到了前所未有的爆发式增长，这一个水上的特殊群体越发被本地人所另眼相待。由于航运公司人口的不断增长，这个船民的群体也越来越壮大，发展到20世纪80年代时已到达企业的最高峰，除了25个船队外，还有陆上的船舶修造厂、拉丝钢网厂、学校，以及其他与之配套的实体。这些原本来自盐阜地区各个县市的船民们由于长期在斗龙河境内从事水上运输，他们的语言也带有自身的特色，无论在本地走到何处，人们都能从他们的交流中听出他们是来自水上的这个群体，而在后来县境内的多数企业、部门中也都有着这群人的身影。

至21世纪初期，这个盛世逐渐宣告终结，公退民进之后的这个水上部落仍留在水上从事运输的只剩下百余人，船舶也由过去的几十吨过渡到几百甚至上千吨，内河上极少再见到船队的影子，取而代之的是另一番景象，一艘艘大型船舶在等级航道中不紧不慢地悄然前行，那种气势远非昔日所能相比。水上的新一代航运职工想方设法离开水上，到陆上各个行业去施展身手，他们在陆地上都拥有了属于自己的房子，最后留在船上从事水上运输的人得以从容地换了另一种幸福祥和的生活方式：在水以船为家，在陆有房安然入眠。

如今，从事内河水上运输的已属水上船民后代的第四代、第五代人了，他们大多是继承了祖辈的衣钵，花上百万元打造一条较为现代化的运输船从事专业的水上运输，生活安闲，收入可观，每天只需坐在驾驶室中转动几个小时的方向盘，一年下来便能收入几十万，比起过去顺风扯帆、逆风拉纤的漂泊生活要强上百倍，这些都成了过去老一辈船工做梦也无法想象的现实了。

里下河在经历百年沧桑之后早已物是人非，里下河的河水一直执着东流未曾有所改变，但不知不觉中，在这条条河流中生存的几代船工的变化则是过去几百年来所没有的，“山中方一日，世上已千年”。

今天的年轻一代看到河中行走的船舶，或许只当它是一种历史的必然，其实，他们都是从这百年历史中行驶而来，向着更加现代化的明天行驶而去，这些水上船民的祖辈们在里下河中所洒下的泪水和汗水随着不断东流的河水早已淡出了历史的视窗，而他们的精神却会被后人永记。

煮海煎盐，里下河地域的财富之最、城镇之源

朱兆龙(东台市城市规划展示馆)

关于里下河地域的范围，《辞海》注解“里下河区”说，“指江苏省淮河故道以南，里运河以东，范公堤以西，通扬运河以北地区”。

乾隆《两淮盐法志》卷四中称这个地区为“上河”与“下河”：“自扬州湾头分支入闸，东经泰州如皋抵南通，为上河。高宝以东、泰州之北、兴化盐城之境，波湖演迤众水汇注，则为下河。”

道光十一年(1831)，河道委员万启彬具文报告皇帝说：“泰州所辖河道，分上河和下河。由溱潼镇书庄入泰州，经淤溪、莫家堡、采莲桥、万年桥延袤六十里至泰州北关之赵公桥，乃泰属十一场运盐抵泰坝之河道，是为下河。泰坝迤东至吕四场止，计程四百五十里，为引盐出场公运之正河，名曰里河。”① 大臣在这里将上河写成民间俗称的里河，皇帝认可并载入史志，应当是里下河地域的官方命名了。

这一广大的地区，恰好就是自古以来一直红火的煮海煎盐区。

公元前195年，吴王刘濞召集天下流民东煮海水为盐，自扬州湾头经海安至三十里墩，开凿上官运盐河(即通扬运河)195里，以供煎运②，并在海陵建立了海陵之仓③，以供储盐。北宋在唐代常丰堰的旧址上筑成范公堤，挖土复堆形成串场

---

① 王安定，等. 清光绪两淮盐法志：卷六十六[M]//扬州文库：第35册，扬州：广陵书社，2015：1022.

② 如皋市地方志编纂委员会. 如皋市志：水利[M]. 北京：商务印书馆，2015：274.

③ 泰州市地方志编纂委员会. 泰州志：概述[M]. 南京：江苏古籍出版社，1998：2.

河。自北宋天圣六年(1028)起，范公堤与串场河以西，就成为稻麦桑麻的农作区，以东就成了煎盐区。

现代，人们延续并简化了里下河地域的概念，大致上范公堤以西至大运河为里河区域，堤东至大海为下河区域。二三十个盐场分布在广袤的海涂上，成为里下河地域的主要经济产业、巨额财富来源。

一、 里下河，产卤煎盐的原液，转运食盐的水道

里下河地域所产的食盐，由草煎而成。盐民备足烧草后，开始“摊灰淋卤”①。

摊灰，需要先制亭场和草灰。选择地势平坦、盐分重、土质硬的地面修建晒灰的亭场(土质硬，毛细管多，地下盐分上升快，便于晒灰吸卤)，面积在8—10亩。亭场四周挖场沟，用以排水爽水。制灰：以白茅草(或红茅草、杂草、芦苇等)煎盐时，趁其燃烧将尽还红(热)时，将火灰推出灶膛，用碱水浇熄，使之碳化，这潮湿的草灰容易吸收卤气，称为草碳。在日出前将潮灰挑出去倒在灰场上，摊平，上面覆盖一层干灰，拍平，曝晒一天。日落前，灰面上呈现白色盐花，间或有色光，即可收灰成堆。

淋卤，将灰挑入灰坑。灰坑上宽下窄，一般长一丈二至一丈五尺，宽一丈许，深五尺左右。坑底一头有砖砌的淋卤池，另一头底下垫着柴把。灰坑堆满后，踏实拍平，放水浸淋。灰坑表面蓄水3—5寸深，水从灰层下渗，灰中卤质溶解于水中下汇成卤液，通过柴把过滤，由下面的竹管流入卤池，再引至灶房的卤井，用石莲子或鸡蛋沉浮测卤，当“十莲七浮”时，卤水中含盐浓度最为适合，即可下

① 王安定，等. 光绪两淮盐法志：图说门[M]//扬州文库：第34册. 扬州：广陵书社，2015：249.(按，“摊灰淋卤”，各地说法不一：《盐城市志》曰“晒灰淋卤”，有地方叫“堆灰淋卤”，摊灰、晒灰、堆灰三词，是烧盐备灰操作过程中的三个步骤，说法不同，工艺相同。本文以《光绪盐法志》之命题，盐城市志之叙述为依据。)

锅烧煎了①。

这里，修建晒灰的亭场，是经过海潮多年浸漫过的咸土。引入灰坑的淋水，是连通大海的灶河咸水。范公堤东广袤的海滩上，布满了 26385 座灶房、10014 口锅鏾和 74 角盘铁(咸丰八年数)②。盐民们近灶开挖灶河，连接主干灶河引来海水。从北到南：野潮洋、新洋港、斗龙港、王家港、川东港、三仓河、李堡河、浒澪港、甜水洋、烂沙洋等十条通海干河旁③，从生出 280 多条灶河，如同树干上蓬生出的粗枝细丫，构成庞大的下河水系，成为灶民们就近取来淋灰制卤的充沛液源。

卤液烧制成盐后，要从灶团送往隶属的盐课司交税。明万历以前，用盐缴纳实物税赋；其后至清代则以钱数下达定额，课税以实物为主，缺额以银两补足，各盐课司的库盐就成了朝廷的课银。库盐由盐商凭引付出后，由水路船运出境。除庙湾场的盐向北经淮河运往销岸外，其他场的盐均由里河运出：

1. 新兴场向南至东台场的十场之盐，经各场官河西入串场河，南行至东台海道口巡检后，经运盐官河(今泰东河)运至泰州、扬州；

2. 梁垛场向南至栟茶场的五场之盐，从安丰场西的仇湖经青蒲入运盐官河达泰州、扬州；

3. 丰利场至吕四场的七场之盐，从各场官河入串场河进通扬运河达泰州、扬州④。

最后由扬州分别向北经大运河，向南经仪真(征)出长江，运往规定的各地销岸。承运盐船的串场河、泰东河、通扬运河等里河的水道，是下河草煎盐由产品变成商品的大动脉。

2000 多年来，向外运盐的船队，“官舫估舶，帆樯相望”“舳舻相接，连绵不断”，见之于各种记载多矣。唐开成三年(838)，日本圆仁和尚入唐求法船行于通

---

① 盐城市地方志编纂委员会. 盐城市志：第十七卷[M]. 南京：江苏科技出版社，1998：880.

② 王安定，等. 光绪两淮盐法志：卷二十八[M]//扬州文库：第 34 册. 扬州：广陵书社，2015：445-448+458-462 之统计数。

③ 吉庆，王世球，等. 乾隆两淮盐法志：绘图[M]//扬州文库：第 30 册. 扬州：广陵书社，2015：20-32.

④ 王安定，等. 光绪两淮盐法志：卷六十六[M]//扬州文库：第 35 册，扬州：广陵书社，2015：1002.

扬运河上，见“盐官船运盐，或三四船，或四五船，双结续编，不绝数十里，相随而行，乍见难记，甚为大奇”①，在异国的史籍中留下了中国里下河运盐船队生动的帆影。

二、 里下河地域的草煎盐，质量产量全国第一

（一）里下河地域海盐的质量，历史上优于全国各盐区

历代史籍对食盐的形状和质量早有成评。沈括云：“盐品至多，异域凡几十余种，中国不减数十种。公私通行者，惟四种，曰散、颗、形、饴。”② 古人司马迁和今人郭正忠也作了概论：海盐，其形散，散为上。池盐，形如粟，色如白矾石，为散之亚者；黄河有井盐、畦盐，出三色盐、花盐。岩盐，有赤、紫、黑、白四色；白色岩盐形体较大，有饴盐，味咸美，优于河东池盐。③

明嘉靖《两淮盐法志》详细论述了里下河地域的海盐质量：“盐品以散为上，鹽次之。淮南之盐煎熬于盘，其形散。淮北之盐晒于池，其形颗。盐色有五(青、黄、赤、白、黑。《图经》云南海盐赤。滨州草土，盐黑。又有绿盐，出于耆水状若空青)而淮盐之色三：曰青(余东诸场盐，俱青色)，曰白(余中诸场盐，皆白)，曰黄(丁溪、草堰、白驹、刘庄、伍佑、新兴、庙湾盐，俱稍黄色)。青白者，盐之正色也(今贡陵庙者，俱青、白盐)。”清乾隆《两淮盐法志》全引了上述之论，认同里下河盐质优于全国其他盐区的论定。

康熙《淮南中十场志》就此作了更为细致的论述：“场虽有十，而实产盐以供课

① 政协如皋市委员会.如皋历史文化:富国裕民的煮海制盐[M].北京:国际文化出版公司,2005:370+373。

② 杨选,陈暹,等.嘉靖两淮盐法志:土产志第四[M].北京:方志出版社,2010:136.

③ 司马迁.史记:货殖列传第六十九[M].北京:中华书局,2007:3267-3269.
郭正忠主编.中国盐业史:古代编[M].北京:人民出版社,1999:14-20+80+512.

者惟五，曰东台，曰何垛，曰富安，曰安丰，曰梁垛。而五场所出亦略有不同。东台、何垛之盐，兼行味色而得其正。富安之盐，文细体重而色微青。安丰之盐，其色青白，日久甜美，入口无卤苦之味，而质较重，故商家多聚焉。独梁垛之盐，味咸而甘，形细而散，色白而光，供宗朝，颁百官，惟此为宜，似非他四场所及也。”

梁垛之盐在明嘉靖年间即“称之贡品”，指定为进贡南京宗庙祭祀之用。30场轮供，待到其他盐场进贡时，只好到梁垛场买盐去完成任务。延至清道光三十年(1850)，两淮盐政陆建瀛依然认为，“淮南梁盐味色甲天下”①。故梁垛之盐名入庙堂，誉满淮扬。

安丰场所产之盐，盐质较重，其他场一升盐秤得12两—14两，安丰场一升盐秤得16两—18两，每升多几两，每斗即可多几斤，故商家喜来争购；加之行盐到销岸进入市场需半年左右，置放日久，买食时吃口甜美，故安盐扬名于两湖，百姓喜食。

梁盐和安盐受到官方和民间的喜爱，盐价自然上涨。雍正六年(1728)，每包盐涨至一钱八九分；雍正十三年(1735)，包价涨至二钱左右；乾隆元年，每斤盐卖至大钱20文，次年，涨至21文至24文。于是只好报请皇帝来给梁盐和安盐定价。

雍正元年(1723)，皇帝批准：市场价贱时，梁垛场盐每包售价一钱一分九厘；价贵时不超过一钱二分四厘；安丰场盐较梁垛场盐减二厘。

乾隆三十年(1765)，皇帝再次下令：淮南之盐每引加盐59斤，每包加绳索共重344斤。以增斤来减盐价，里下河盐民每引白送59斤盐，确保朝廷课税无损，两地盐商运利无碍，销岸百姓吃盐不涨价。梁盐，每斤销售价在一分六厘基础上增二厘，18文铜钱；安盐每斤再减二厘，12文。淮南其他场同样实行增斤减价，参照12文执行②。

---

① 王安定，等. 光绪两淮盐法志：卷三十二[M]//扬州文库：第34册. 扬州：广陵书社，2015：508.

② 吉庆，王世球，等. 乾隆两淮盐法志：卷十三[M]//扬州文库：第30册. 扬州：广陵书社，2015：305+325+335.

有意思的细节是雍正御批称为梁垛场盐、安丰场盐；到乾隆御批时，则直接称为梁盐、安盐了。商家与民间的习惯称呼，最终得到皇帝的朱批，这在全国盐场盐品中，荣誉唯一，有力证明了下河盐区的海盐质量全国第一。

（二）里下河地域海盐的产量，历史上高于全国各盐区

先看唐代。海陵监“一岁煮盐六十万石，而楚州盐城、浙西嘉兴临平两监所出次焉……额外炼煎纳官、牛船价并盐食支装，别收出剩每年恒及二十万石以上”①。这就是说，海陵监一年盐产量在80万石以上。唐一石为146.6斤，80万石即为11731.2万斤，58656吨。加上盐城监的45万石，里下河区唐代年产量在91650000公斤，91650吨。

再看宋代。徽宗政和二年(1112)，西溪盐仓一年支发客请盐40万袋，创一仓支盐1.2亿斤的最高纪录，比唐代海陵监年产盐60万石高出3201.6万斤②。

三看元代。天历二年(1329)，两淮盐区岁入正余盐950075引，其中有余盐35万引。正盐除两浙岁入总数50万引外，其他各区均在两淮半数以下；余盐岁入数除河东为两淮的1/3外，其他各区则在两淮的六、七分之一以下③。里下河地区的盐产量，已明显地高于其他盐区，位列全国第一。

明洪武初年，朝廷下达两淮盐产的定额。里下河地域30个盐场岁办大引(400斤)盐352000余引，折为70400吨。至万历年间，两淮盐引加至570斤一引，正课盐额为1.41036亿斤，70518吨；余盐年纳银60万两。正盐除河东1.2亿斤、两浙0.889亿斤外，其他7盐区都在两淮的1/3以下。余盐除河东接近淮南的1/3外，其他全在淮南的1/4以下④。里下河地区的盐产量，继续高于其他盐区，位列全国第一。

---

① 乐史.太平寰宇志:卷之一百三十[M].北京:中华书局,2007:2565+2569.

② 脱脱.宋史:食货下四[M].北京:中华书局,2007:4438.

③ 宋濂,等.元史:卷九十七[M]北京:中华书局,2005:2391.

④ 郭正忠主编.中国盐业史:古代编[M].北京:人民出版社,1999:648.

清初课则规定，两淮纲盐1685492引。其中淮北为220023引，淮南23盐场定额为1465469引，每引200斤，加包绳重量20—50斤，盐民每引要白送盐30斤左右，淮南盐区一年须产定额盐3.6636725亿斤，即18.31836万吨，远远高于明万历年间的70518吨①。

清代中后期实行增斤加引的政策，不断增加引盐的定额斤两，里下河的盐产量就不断逼升。康熙十六年(1677)，每引升为300斤，全年盐产量额定为211545750斤，即10.5773万吨。雍正三年(1725)，每引额升为344斤，全年盐额定为242572460斤，即12.12862万吨。乾隆十六年(1751)，每引额升为364斤，全年盐额为256675510斤，即12.83378万吨。道光十一年(1831)，将每引定额升为500斤，全年盐额为352576250斤，即17.62882万吨。同治三年(1864)起，每引升至688斤，全年盐额为485144920斤，即24.25725万吨，是清初的2.293倍②。故有清一代，里下河盐区的产量始终高居全国之首位。

(三) 里下河地域盐赋贡献甲天下

上节所述里下河盐区产量全国第一，伴随而行的实物税赋自然就全国第一。这里不再赘叙历代下河盐赋的具体数目，仅以清代为例，可证一般。

1. 清初规定，两淮岁改小引1410360引，无论引价作课，无论淮南淮北，一律每引征银六钱七分五厘四毫。而浙、闽、鲁等盐区只为一钱九分四厘八毫。到嘉庆朝，规定两淮岁引1685492引，每引征正课银1.1727两，其他盐区则低为0.8393两。就税率论，两淮就高于其他各盐区③。清人张云璈在《简松草堂文集》中云："两淮盐筴甲天下。"④

2. 乾隆十八年(1753)，全国盐课岁入7014941两，11个产盐区平均岁纳

① 光绪两淮盐法志：卷九十三[M]//扬州文库：第36册. 扬州：广陵书社，2015：1417.

② 郭正忠主编. 中国盐业史：古代编[M]. 北京：人民出版社，1999：728.

③ 曾燠，单渠，等. 嘉庆两淮盐法志：卷十八[M]//扬州文库：第32册. 扬州：广陵书社，2015：428-430.

④ 王志坚. 淮盐今古：熬霜煮雪利丰盈[M]. 北京：中国文史出版社，2005：18.

637721.9 两。两淮盐区岁纳正纲即 952590 两，以实额比较，高出全国平均数 314868 两①。正如李果在《大亭丛稿》中云："两淮盐课甲天下。"②

3. 两淮正纲 952590 两，淮南(里下河地域)23 盐场正纲为 714442.5 两，同时还交纳加丁税 16663.8 两，加斤税 197048.34 两，潮包 2700 两，杂费 33475.78 两，实际共交纳 964330.42 两；平均每盐场交纳 41927.41 两。比全国其他 200 个盐场平均纳税 30258.05 两多交 11669.35 两，高出 38.56%③。由此可证，里下河地域盐赋甲天下。

里下河盐民用自己的劳动和血汗，供养着清朝国祚，丰润着"康乾盛世"的血肉，支撑着"嘉道中兴"的躯干，书写着南黄海沿岸煎盐生产的苦难史。

三、 里下河盐业促进域内村落化和城镇化

(一) 广袤海滩上的村落化

煮海为盐，生产要素有六，"海水为源，草荡为资，卤池为本，盘铁为器，灶房为所，人丁为主"④。因为海水乃卤和盐之源，盐民们必须靠近大海去烧盐。里下河地域所对应的黄海，从 1021 年范仲淹任西溪盐官倡修捍海堰的北宋海岸线，到 2021 年通、盐两市之东的当代海岸线，千年间两线的距离扩至 100 多公里。就是说，这千年中，里下河地域每年淤长成陆 100 多米，大海每年东去 100 多米。历代的盐民们就追着大海去近海滩涂上砌灶烧盐。

明万历年间，苏州阊门移民东台场的罗、李二姓盐户，大胆地跨过范公堤，

---

① 郭正忠主编. 中国盐业史：古代编[M]. 北京：人民出版社，1999：803.

② 王志坚. 淮盐今古：熬霜煮雪利丰盈[M]. 北京：中国文史出版社，2005：18.

③ 吉庆，王世球，等. 乾隆两淮盐法志：卷之九[M]//扬州文库：第 30 册. 扬州：广陵书社，2015：282-290.

④ 杨选，陈暹，等. 嘉靖两淮盐法志：卷之五[M]. 北京：方志出版社，2010：191.

合伙到近海的滩上搭灶烧盐，被称为“头灶”。不久，陈、焦等姓灶户也从范堤西边迁到头灶之南十几里处砌锹灶烧盐，因是“下海支灶”的第六户，乃称为六灶。乾隆年间，东台场十五户朱姓灶民，集体到头灶东南更靠大海处，一家一口支起十五间盐灶，得名十五灶①。

明嘉靖年间，何垛场姜姓灶户沿往界河向东至近海处，支起四口灶，人呼为姜四灶，简称四灶至今。崇祯年间，苏州阊门到何垛场烧盐的曹姓移民，越过四灶、六灶，到更近海处支锹灶烧盐，呼为曹家锹，今简称曹锹②。

这些一家或几家的盐灶定点后，其他的灶民就也来附近支灶烧盐。在官方十户为一灶、十灶为一团的人口和盐务管理规定下，先后扩展成达到灶户保甲数目要求的生产点或居住点，就成了一个个以单个灶名命名的村落。

“烟火三百里，灶煎满天星”，里下河地域广袤的海滩上，因灶户烧盐聚集而成的村落星罗棋布。这些村落，或以一至三十、百千万等数字为宾语，或以姓氏、方向、时序、事物、动植物名为宾语，以饱含盐生产元素、河海水系元素的汉字为主语，组成各具特色、多姿多彩的村落名。诸如：锅、锹、灶、团、仓，墩、垛、引、总、场，头、垴、兜、村、庄，楼、窑、舍、庙、匡，河、沟、湾、洼、港，坎、圩、堰、坝、塘，泊、溪、海、角、荡，渣、桥、苴、口、洋，亭、垣、套、川、浜，坳、咀、漡、汊、行，浤、层、巨、滩、冈，沙、岸、凹、尖、汪，等六十多种汉字；构成八滩、八引、獐沟、浒漡、潘锹、叶家锅、七团半、十八总、凤凰墩、赤荻垛、掼船港等万千个村落③，成为传之久远的古老地名，将盐业发展促进海隅村落化的历史，记载在范公堤东三万多平方公里的土地上。

（二）范公堤沿线盐场的集镇化

范公堤，修建在宋代海岸线上原唐代常丰堰旧址附近，保障了堤堰内盐业和

① 东台县地名委员会. 东台县地名录：行政区划和居民地名称[M]. 东台县人民政府，1985：161－173.
② 东台县地名委员会. 东台县地名录：行政区划和居民地名称[M]. 东台县人民政府，1985：161－173.
③ 60多个村落名称中心词，系对淮南盐区盐文化社会调查之汇集，未概全，望赐教。

农业的发展，也保障着范堤线上重要盐场或灶团节点向集镇的发展。

其时海岸线上北纬32°38′处，有一条从内陆来的河流，人们聚此淘米洗涤，呼之为淘河；入海处的高滩，称之为小淘浦，后被雅称为“东淘”。早在西汉刘濞组织流民煮盐时，小淘浦就是盐民集聚的煎盐区。适应煎盐卖盐和生活的需要，卖粮卖草的，织麻卖布的，搓卖草绳的，织卖盐包的，乃至打铁、造车的，纷纷应需而来。历数百年，衍成富有名望的盐业集散地，于唐开元元年(713)建置为单独的生产单位东淘亭场，昇元元年(937)，隶属于移驻东台场的海陵监，俨然为初具规模的大集市①。

北宋范公堤建成后，东淘亭场堤西种粮食，堤东草煎盐，小淘浦物丰民安。庆历七年(1047)，朝廷整顿淮南盐务时，东淘亭场升格为为安丰催煎场。南宋乾道七年，朝廷措置时简名安丰场。经元至明，安丰场盛产青盐，成为人口最多产量最高的上等盐场。明嘉靖二十九年(1550)有灶户684户，灶丁5978人，年产盐65036引，6503.6吨②。明万历三十年(1602)，盐民王嘉令捐款铺成七里石街后，安丰场形成一街三关六码头、九坝十三巷，临海五大盐仓的繁华集镇。乾隆三十三年(1768)，场兼镇名，场镇并荣：近千家店行铺坊馆堂，三百六十行熙熙攘攘。嘉庆年间(1796—1820)灶户19694户，灶民48413人，年产盐212278引，每引374斤，为3969.986吨③；在当时两淮盐场平均缺产6.82%情况下，依然为两淮产盐最多的场镇；场官养廉银为500两，比其他场多发100两。2007年6月，安丰镇被国家建设部、文物局命名为中国历史文化名镇，时为苏北唯一。

范公堤沿线二三十家重要的烧盐团总，皆先后扩大为盐场，发展为集镇。

如：北纬32°12′至32°30′之间有一条东西向的运盐河，当年隋炀帝从如皋东掘至此，称为掘沟；后由此挖掘港口通海，称为掘港。唐贞观元年(627)，掘港为广陵郡的煎盐亭。北宋建隆元年(960)后，扩大为掘港盐场。由元至明，隶属两淮盐

---

① 历史文化的瑰丽荟萃：总序[M]//朱兆龙，主编.中国历史文化名镇·安丰历史文化丛书.南京：南京出版社，2009.

② 杨选，陈暹，等.嘉靖两淮盐法志：卷之七[M].北京：方志出版社，2010：280-281.

③ 曾燠，单渠，等.嘉庆两淮盐法志：卷二十九[M]//扬州文库：第32册.扬州：广陵书社，2015：629.

运通州分司。洪武二年(1369)，设掘港巡检司；十七年(1384)设掘港抗倭营，驻军1300人，成为海边军营①。洪武二十一年(1388)，迁苏州阊门人来此烧盐。洪武二十五年(1392)，设掘港场盐课司，置场官。至嘉靖年间，有灶户235户，灶丁1052人，草荡10053倾，年产盐47236引，9447.2吨②。雍正九年(1731)设主簿，建主簿衙署，称为如皋分县。清嘉庆十一年达17000多人，一直为大盐场。民国二年(1913)，改名掘港市，人口7.16万人，盐灶811副，锅鏾1440口，年产盐13万桶，22750吨③。1941年，中共如皋县委会在掘港成立，掘港成为县治所在地④。现为南通市如东县掘港镇。

如：北纬32°36′至33°56′间，有一条里河区域流来由西南而东北向的河，曾名牛湾河，乾隆时名斗龙港。大海潮涨潮落，在海滩上分流出枝丫状态的支河，西南上游附近向南北方向各分出七八道支流，被呼为南八游、北八游。唐代置盐场，隶属海陵监。宋代，北八游扩展更名白驹场，南八游更名草堰场⑤。明代两场长足发展。清乾隆三十三年(1768)后，分别享有镇名。草堰镇因施耐庵居此著作《水浒传》而享名，白驹镇后因八路军、新四军1940年10月在此会师而驰名。今皆为盐城市名镇。

(三) 历史地理经济重要节点的城市化

随着盐业的兴盛，围绕盐业生产流通的铁木竹制造业、内河运输业、商业、生活服务业、建筑业、医药业、纺织业、金融业等亦随之发展和兴旺。重要的盐场先后发展为城市。如皋、兴化、通州、盐城、射阳、东台等城市的生成和发展，不啻是范堤一线盐经济文化点亮的一串明珠。

庙湾场的发展更能反映盐业经济的历史作用。南宋嘉定《山阳志》记载，宋人

---

① 如东县地方志编纂委员会.如东县志:建制区划县城[M].北京:商务印书馆,2015:84.

② 杨选,陈暹,等.嘉靖两淮盐法志:卷之七[M].北京:方志出版社,2010:280-281.

③ 如东县地方志编纂委员会.如东县志[M].北京:商务印书馆,2015:445.

④ 如东县地方志编纂委员会.如东县志[M].北京:商务印书馆,2015:84.

⑤ 吉庆,王世球,等.乾隆两淮盐法志:绘图[M]//扬州文库:第30册.扬州:广陵书社,2015:20-32.

在射阳河北岸扼湾处建起一座真武庙，以镇海潮，称为庙子湾，时为煎盐之区，是北宋范公堤的北端起点。南宋绍兴六年(1136)，韩世忠在此抗金筑城屯兵。元代此处是山阳县的煎盐大团。明洪武十八年(1385)在庙子湾建庙湾场，范围900平方公里，建盐课司，设巡检司。嘉靖二十九年(1550)，庙湾场有灶户180户，灶丁824人，年产额盐33117引，田赋麦326石，豆3.96石，米759石①，为二等盐场。嘉靖三十八年(1559)倭寇来犯，巡抚李遂、副将于德昌分兵出击，“攻倭寇于庙湾，冲其巢，斩首四千”，大捷，庙湾成海防重镇②。万历二十三年(1595)，庙湾场更名庙湾镇，设海防同知，筑土城高2.2丈，周围725.5丈，池深9尺。清雍正十年(1732)，置阜宁县，人口22万，改庙湾镇为阜宁城并设为县治。乾隆四年(1739)、十二年(1747)，官方拨帑银17200两大修城池和城楼。光绪年间全县达549036人口③。

阜宁兴起于盐，然乾隆朝60年间有42年洪水潮水运坝决水，10年旱蝗灾，导致盐业萎缩，嘉庆年间(1796—1820)，庙湾场只剩灰亭82面、锅𨱍164口，年产煎盐8856引、1656.1吨了④。光绪十年(1884)正月，两江总督左宗棠勘视云梯关淮水故道，贫困的阜宁县无以提供工作餐，只好去往安东县(今涟水县)佃湖镇打尖⑤。盐业经济对古代城市建设的作用，引人深思。

(四) 输血供给城市强大的修复功能

海盐的生产和流通，有着促进村落化和城镇化的发展功能，更有着助救荒芜

---

① 杨选，陈暹，等. 嘉靖两淮盐法志：卷之七[M]. 北京：方志出版社，2010：271-276.

② 庞友兰，周龙章，等. 阜宁县新志：卷二[M]//阜宁县县志编纂委员会. 1987年阜宁县志合订本，286.

③ 庞友兰，周龙章，等. 阜宁县新志：卷二[M]//阜宁县县志编纂委员会. 1987年阜宁县志合订本，339+434.

④ 庞友兰，周龙章，等. 阜宁县新志：卷五财政志[M]//阜宁县县志编纂委员会. 1987年阜宁县志合订本，117+469.

⑤ 庞友兰，周龙章，等. 阜宁县新志：卷五杂志[M]//阜宁县县志编纂委员会. 1987年阜宁县志合订本，734+748.

的复苏重建功能。被战火摧毁的城市废墟，经过盐业经济的浇灌滋润，很快就能凤凰涅槃式地重生，有如神助般地繁荣起来。

元至正十七年(1357)，朱元璋军攻下扬州。据《明实录》记载，其时扬州只剩18户人家。当初向百姓化缘几引盐而得升军职的朱元璋，深知盐业的重要，至正二十六年(1366)踞控两淮后，立即在扬州设立两淮盐运使司，向各场派出盐官，恢复盐业生产，同时立盐法，令商人贩卖，税二十取一。盐法施行，次年即征得各场课盐1402459引，农赋麦6445石、豆3492石、米17843石①，给统一全国以有力的军饷支持，也给扬州城市的复建以雪中送炭的帑银。很快，佥院官员就在老城西南隅建筑新城，周1757丈，高1.5丈，厚5尺。洪武二年(1369)，扬州知府在官署后建府学。洪武三年(1370)建州府官署于通泗桥。洪武七年(1374)江都知县兴建江都县学②。由城墙修筑到学校兴建，可见盐经济对扬州城建恢复的作用了。

顺治二年(1645)，5月20日下午，清军攻破扬州，“从20日傍晚开始，清军烧杀抢掠，一直持续了六天”，“守卫扬州城市的所有部众，扬州城全部的平民都被清军屠害。所有的房屋和设施亦被清军破坏和摧毁。不久，城市血腥恶臭弥漫，瘟疫流行，城内城外到处是堆积如山腐烂的尸体”③。

顺治二年，周亮工出任清廷第一任两淮都转盐运使，到任立即“抚恤凋瘵，为民赎被俘子女无算，广储门外白骨如山，置义冢埋之”；委派下属各场的盐官到任，迅速恢复生产；扬州“商家经屠剪后，喘息未苏。先生百计招徕，请以垣盐还商，俾失业者咸复其旧。又请捐旧饷，行新盐，商人鳞集，国课用裕，东南元气赖焉”④。

---

① 张廷玉.明史:卷一[M].长沙:岳麓书社,1996.
吴晗.朱元璋传:红军大帅[M].北京:人民出版社,2007.
徐鹏举,史载德,等.弘治两淮运司志:卷之五、六[M]//扬州文库:第22册.扬州:广陵书社,2015:20-56.

② 扬州市广陵区地方志编纂委员会.广陵区志:大事记[M]:北京:中华书局,1993:17.

③ 梅尔清.清初扬州文化:重建扬州[M].上海:复旦大学出版社,2004:20.

④ 噶尔泰,程梦星,等.雍正敕修两淮盐法志:卷十二[M]//扬州文库:第29册.扬州:广陵书社,2015:345.

周亮工在扬州任职一年，着力恢复和发展盐业生产，后任的朱延庆、夏时芳一年一任，接力为之，很快取得“国课用裕”的成效，给扬州重建提供了即速发展的财力。1645当年，官府修复了扬州府学。1647年修葺了旧城和新城。1651年修复了文选楼。1652年盐商闵世璋捐款修建了文选楼所在的旌忠寺。1655年官方兴修养济院，慈善收养孤儿。1662年，巡盐御史修建了安定书院①；扬州推官王士祯举行了有46位诗人聚会的“虹桥修契”。清代至此17年，虹桥风景区都已修建完美，美国学者称“是政治动荡时期文化不朽的一个标志”②，显然，盐和银是助其不朽的回春剂。

两淮盐业不但孕育和繁荣了里下河地域的小镇大城，而且以城市为平台，记录了辉煌的唐宋文化、明清文化，产生出独特的淮扬文化、里下河文化。为纪念扬州建城2500年，2015年，扬州编纂出版大型丛书《扬州文库》，收录典籍600余种。明弘治、嘉靖，清雍正、乾隆、嘉庆、道光、同治、光绪各代的《两淮盐法志》等史籍得以影印出版；使里下河盐业的历史功劳及其形成的盐官、盐民、盐商、盐居、盐艺等各类灿烂的盐文化③得以存续、再现和传承。

---

① 阿克当阿，姚文田，等.嘉庆重修扬州府志：卷之二[M]//江苏历代方志全书：扬州府部.南京：凤凰出版社，2017：315.

② 梅尔清.清初扬州文化：重建扬州[M].上海：复旦大学出版社，2004：17.

③ 盐官、盐民、盐商、盐居、盐艺文化，是2015年东台市政府成立的盐文化课题组的研究成果。五个文化命题各成一章，每章五六万字。叙述在这里，意在反映里下河盐文化的丰厚底蕴、外延的广博多彩。

红旗漫卷里下河

杨爱国　徐永鹏（东台市新四军和苏中抗日根据地研究会）

里下河平原，属于江苏沿海江滩湖洼平原的一部分，中有高邮、江都、宝应、泰县、兴化、东台、盐城、阜宁、如皋、南通等许多老县城。回溯无产阶级和广大农民群众的革命史，里下河地区一直都是我党活动和战斗的重点区域。在新四军东进北上抗日、重建军部、苏中战役、淮海战役、渡江战役等重大历史事件里，都有着前辈和先烈英勇播火、广大群众觉醒奋起、敌死我活殊死搏斗的深刻记录。

本文着重概略地梳理1927年至1949年间里下河地区红色革命运动的脉络，粗述红色里下河的往事。

一、 革命低潮时期，红色种子播进里下河

1927年4月12日，蒋介石叛变革命，大量屠杀共产党人和革命群众，史称“四一二”反革命政变。为了回击蒋介石的反革命屠杀，中国共产党在各地组织群众开展斗争，举行暴动，用革命暴力反抗反革命暴力。

1927年6至10月，中共如皋、南通、海门县委先后成立。6月，地下党员黄逸峰受中共江苏省委指示，回家乡建立中共东台县特别支部，开展农民运动。秋季，中共江苏省委又任命东台人宣益东担任中共东台县委书记，到东台开展党的

工作。不久，陈雪生等地下党员到东台三灶组织农民协会。

1928年初，中国共产党不断在里下河地区建立县级组织。泰州在1926年底所建的独立支部基础上，建成中共临时县委；兴化、盐城、阜宁等县城，正式建立了中共县级委员会。7月，中共南通特委成立，领导先后成立的南通、如皋、靖江、泰兴、海门、启东、东台、泰县8个县委。10月，中共淮盐特委成立，领导盐城、阜宁、淮安、淮阴、涟水、泗阳等县委。同年，中共江北特委，中共扬州特委、扬州县委、江都县委、高邮县委，先后建立。里下河地区星火初旺。独具意味的是东台地下县委，是1928年1月在东台城北二女桥附近宣家鱼塘的小船上开会成立的。东台县委在船上建立从船上出发，与中共一大在南湖船上建党从红船出发，形成了历史的巧合与对应。

1928年3月，中共南通特委书记黄逸峰到东台传达江苏省委指示，筹划在三灶等地组织农民"5.1"暴动，后因人告密，黄逸峰、宣益东、陈雪生等6人在东台被捕，地下党组织遭到破坏①。

1928年4月初，中共江苏省委农委书记王若飞和省委特派员杭果人到如皋，成立农民暴动委员会，决定5月1日联合泰兴举行暴动。5月1日，如皋西乡农民暴动，首攻敌据点获胜，当晚成立如皋农民义军指挥部，仅数日即发动一万多人，火烧两个敌据点，分南北两路焚毁27处地主庄园，将大量粮食衣物分给贫苦农民。国民党反动派和土豪劣绅疯狂反扑，手执锄头、钉耙的农民义军终告失败。6月，中共靖江特委委员、28岁的泰兴县委书记沈毅在暴动失败后被捕牺牲②。

1929年11月，李超时、石钧(刘瑞龙)作为通海区代表，在中共江苏省第二次代表大会上，汇报了通海区党的工作。是年，通海如泰地区的红军游击队和农民自卫队发展到3000多人，8月份成立的如泰工农红军，初具120人、80余支枪规模。江苏省委书记李维汉提出在通海如泰地区成立中国工农红军。周恩来、李富

---

① 东台市地方志编纂委员会.东台市志[M].南京:江苏科学技术出版社,1994:3.

② 如皋市地方志编纂委员会.如皋市志[M].北京:方志出版社,2017:5-6.

春、陈云等同志听了很重视这一提议。当年冬，党中央同意成立红军，按当时建有的红军顺序，由南向北依次排列为红十四军。

1930 年 2 月，红十四军军部成立，何坤任军长；下辖通海、如泰两个支队，共 1300 余人。红十四军高举反帝反封及其代表——国民党反动政府的红旗，在南通、海门、启东、如皋、泰兴、泰县、靖江、东台等八县范围内，发动群众打土豪，分田地，开展革命游击战争。红十四军在如皋县贲家巷设立指挥部，先后取得了攻打南通四甲坝、四杨坝、汤家苴，如皋县老户庄，泰县顾高庄，泰兴县黄桥等战斗的胜利。尤其 6 月中旬，粉碎八地民团数千人向红十四军第一师地区的如皋六甲、大小陈家堡的“八路围剿”；8 月启东大队举行的“八八暴动”，极大地震撼了国民党的反动统治。国民党军疯狂围剿，9 月份，纵横 28 个月的红十四军被打散①。

与此同时，国民党加强了其他地区的统治。1929、1930 年，中共泰县连续两任县委书记被捕牺牲。1929 年，中共高邮县委成立，至 1930 年，连续两任县委书记暴露，组织瘫痪。1930 年 7 月，淮盐地区成立土地革命行动委员会，决定组织各地于 8 月 1 日举行暴动，然后建立苏维埃，未果；10 月，盐城县行动委员会的数名地下党员被捕牺牲。1931 年，中共扬州县委两任书记先后被捕，党团组织活动中断。1933 年 5 月，中共江苏省委遭到大破坏；8 月，淮盐特委亦遭破坏。1935 年 2 月，淮盐特委被彻底破坏。

这些历史的记录，由共产党人与进步群众的鲜血与生命写成，它控诉着国民党反动统治的血腥镇压，反映出党内错误路线的误导与影响。红色种子有着无限的生命力，只要播下了，不论环境多么恶劣，都要破土生长；进步人士、农民、盐民们求生存、求进步的正义行动并未因镇压而消停，反倒是彼落此起，星火不断，连绵不已。“七七事变”后，里下河各处的地下党员、进步青年、开明士绅商人等先后开展了抵制日货、游行示威、通电请愿、罢课罢市等爱国行动；扬州、

---

① 浦文学.浴血战斗荣光永存——记中国工农红军第十四军[EB/OL].2018-9-4[2023-9-7].https://www.ntszw.gov.cn/?c=index&a=show&id=739.

泰州等中心城市成立了民众抗日救国会，组织战时服务委员会，开展抗日救亡运动。

二、 新四军东进抗日，红旗插进里下河

1940年6月，由陈毅、粟裕领导的新四军，在江都打响郭村保卫战，打开新四军东进的通道。8月，东进纵队进入如皋西乡卢港、江安地区，如皋县抗日民主政府当月成立①。

10月初，新四军黄桥决战大胜，一路东进，席卷海安、东台，10月10日与八路军在白驹会师。15日，新四军苏北指挥部陈毅总指挥到东台，在红兰别墅召开各界人士座谈会。同日成立东台县抗日民主政府②。当月底，陈毅在曲塘召开苏北抗日和平会议，在海安召开苏北临时参政会，建立了三三制的苏北临时行政委员会及各县、区抗日民主政权。当年，泰县、江都、盐城等多县，先后成立了抗日协会和民主政府。

1941年1月，“皖南事变”发生。1月20日，中共中央革命军事委员会发布命令，重建新四军军部，陈毅任代理军长，刘少奇任政治委员。1月25日，新四军在盐城召开重建军部大会，所属部队重新编为一至六师。2月13日，李长江公开投敌，在泰州就任伪集团军总司令。新四军一师师长粟裕，被军部任命为讨伐敌伪总指挥，在东台二女桥建立指挥部。2月19发动讨逆战役，激战一昼夜夺取泰州，歼俘李伪3000多人，余部向泰州西南逃窜。日寇十二旅团与伪军7000余人于22日报复扫荡，侵占海安、东台、泰州等县城和范公堤沿线集镇，汽艇袭击兴化县民主政府、西团新四军医院，飞机轰炸盐城南洋镇。

---

① 如皋市地方志编纂委员会.如皋市志[M].北京:方志出版社,2017:25.

② 东台市地方志编纂委员会.东台市志[M].南京:江苏科学技术出版社,1994:21.

里下河地区由此形成了三大政治军事力量相拒的局面。通如海东北、陇海线以南、范公堤以东沿海广大农村，是新四军、八路军活动的解放区；姜堰曲塘、白米则是共产党员黄逸峰以国民党少将身份领导的联抗武装(1944年9月进入新四军序列)活动的白皮红心区；重点城市和范公堤沿线集镇是日寇侵占的沦陷区，扬泰大部地区是伪军盘踞的“二黄”区；兴化县城是国民党江苏省政府公署、周边水网区是顽固派盘踞的白区。

红旗，在这里展开了抗击白色太阳旗、青天白日旗的坚决斗争。

（一）宣传动员群众，红旗卷起农奴戟

1941年2月下旬，陈毅军长到东台，偕粟裕一师师部向沿海进发，到唐洋、三仓地区建立敌后根据地。陈毅率工作队住唐家洋民间医生家，派出民运队员深入各地农村，开辟抗日工作，发展党组织。粟裕率师部驻三仓兰址村，建设我方基层政权，发展地方武装和军队。

4月，苏中军区第四军分区成立，与苏中第四地委和第四行政公署合力，领导南通、如皋、海启、东台4县委和崇明工委与民主政府开展斗争。盐阜区由上年10月成立的中共盐阜地委，辖盐城、阜宁、淮安、涟东县委，对外称“盐阜区八路军后方办事处”，开展斗争。

红色党政军领导机构统一领导着里下河地区的抗日工作。区内一些城镇成立了商抗会、工抗会，各地乡村陆续成立了抗日的农抗会、灶抗会、车抗会、船抗会、渔抗会、青抗会、妇抗会、儿童团、优抗会、僧抗会等进步群众组织协会，组织起一致抗日的巨大力量。

1941年春荒，刘少奇同志在盐城仓头庄调研，组织群众向地主借粮。苏中区和盐阜区相继发动群众借粮，使初建的根据地农户们顺利度荒。4月，四专署决定在根据地实行“二五减租”“分半减息”；6月，盐阜专署颁布法令，实行“二五减租”和“四六分收”。党的减租减息政策，兼顾了农民和地主的利益，有利于动员一切力量投入抗日的民族战争。

1942年仍然春荒。四分区各民主政府发动群众生产自救，组织副业生产，扶持小作坊经营，动员社会捐款12万元、借款9.54万元，捐粮4.86万斤、借粮7.28万斤，并从外地调进粮食1500万斤，此外设立两所粥厂，赈济灾民。盐阜区民主政府拨粮23万斤，募捐获抗币20万元、黄豆29万斤，贷款52万元，贷种5万斤，贷草100万斤，救济了15万人。两大区几十万人度过灾难。

1943年四分区又严重春荒。分区建立县、区、乡救荒委员会，组织劝募，发行救荒公债，发放救济贷款，组织互助救济，开展生产自救。共发放救济粮4640石，贷粮2390石，合作社互济粮食1440石，救济饥民32.4万余人，帮助群众渡过了又一次春荒。

四分区党委和盐阜区党委、行署暨各县抗日民主政府几年来一以贯之的宣传群众、组织群众、帮助群众从封建生产关系下逐步解放出来，在连年灾荒时救助赈济，使广大群众各界人士认识到共产党是为人民谋解放、谋好日子的党；从而拥护共产党的领导，积极投身到发展生产、抗日救国的斗争中来。从1941年起，我方领导的基层镇村都发展了本地第一个党员，逐步建立起第一个秘密支部，第一个区级党委。共产党的种子在苏中苏北广大地域生根、成长、繁衍、壮大。至1945年7月，四地委、盐阜区共有党员49266人，成为里下河地区抗日民主战线的坚强先锋。同期，各地青年积极参加民兵、游击队和地方独立团，踊跃应征加入正规军，1941年至1945年，两大根据地先后共有50426人参军入伍，12000多人的地方武装上升为主力部队，直接奔赴抗日火线去浴血奋战。

（二）艰苦卓绝战斗，弯弓射日破敌幡

盐阜地区，调敌南下卫军部，民主政权、文化建设全面推进。1941年7月，日伪军一万七千余人向盐阜区进攻，妄图消灭新四军军部和三师领导机关，占领了盐城空城和白驹、刘庄、大中集、裕华等集镇。盐阜区军民奋起反扫荡，三师七旅攻湖垛、二十二团歼硕集，一师二旅克裕华，迫使敌军大部南撤。苏中部队

在敌后开展助攻作战，调动敌军将兵力转向苏中。8月13日，日伪军一万余人对苏中发动第二次扫荡，占领了苏中区全部县城和一大批集镇及主要交通线，苏中区从此成为华中日军进攻的重点。盐阜地区抗日民主政权、农村生产、统战与文化建设，则全方位推进。

苏中地区，七保三仓，五夺丰利，建立根据地基本区。1941年9月，一师二旅四团和县总队袭击盐城秦南仓据点，激战一夜，毙伤日伪军100多人，俘虏160多人，缴获步枪、机枪154支挺。11月，一旅一团袭击南通高明庄据点，毙伤日伪军300多人①。南北先后受挫，日寇败羞成怒，转兵苏中，从南北两线大举报复扫荡。

北线：10月初，日伪军两千多人分三路来围三仓，我一师七团团部东移，令机枪连北出设伏，重创从潘镦南犯的400日伪军；南边两路敌军猛逼，机枪连撤出，敌人得进三仓空镇；是夜我军勇猛袭击，天明后敌军逃离。由此开始至12月上旬，日伪动用一万多兵力，7次来攻三仓。9日，百余日军和千余伪军又来扫荡，粟裕师长率主力主动进攻，激战17小时，将来犯之敌击溃。日寇70天内七攻，我七保战斗终胜，仅有20多户盐裔的三仓夷为焦土，为抗日作出了牺牲；苏中根据地东台三仓基本区顽强屹立，革命红旗始终高高飘扬。

南线：12月8日，日军第12旅和伪军第7师、第5师等部两千余人，向我根据地第二要点如东县丰利镇扫荡。新四军一师三旅当日在花市街、双灰山设伏，围歼了从掘港镇来犯的日伪军200余人，这是我在通如海启地区与日伪的第一个大仗，首创苏中战场生俘日军记录。敌遭重击后，集结兵力进攻丰利镇，我三旅乘胜利之势，将其击退。气急败坏的南浦旅团果然把进攻的重点转向丰利，先后五次从东台、兴化等地调兵增援，激战五昼夜，伤亡800多日伪兵。我方实现了用丰利争夺战钳制和调动敌人，策应和支持。

三仓保卫战的战略意图，于12月26日撤离。

七保三仓成功，一师集中主力，于12月10日至13日发动“十团大战”，

---

① 盐城县地方志编纂委员会.盐城县志[M].南京:江苏人民出版社,1993:8.

东起黄海、西至泰州、南至长江、北到东台三仓，纵横数百里，向 14 处敌据点主动进攻，拿下掘港、临泽等据点，歼敌 500 余人，挫败了日寇全面伪化苏中的企图，取得了反扫荡的重大胜利，由此开始了苏中抗日根据地的全面建设时期①。

通如地区反清乡、反扫荡、反清剿艰苦斗争。1941 年 12 月上旬，日寇发动第三次“大扫荡”，用三千多兵力进攻新四军二分区，企图切断我二、三、四分区之间的联系，寻歼我首脑机关和主力，全面伪化苏中②。

日军调集兵力，在如东县内开始“强化清乡”，强行推行“保甲制度”，发放“良民证”，强制群众挂门牌，携证件，不从者就烧房杀人。紧接着第三期“强化清乡”、第四期“高度强化清乡”，长达 9 个月的残酷清乡，四分区牺牲县区乡干部 200 余人，群众被害 1000 多人，抓走 6100 余人，财产损失无数。如东人民坚不屈服，以各种形式进行反抗。

1943 年 4 月，日伪调集 1.5 万兵力，对四分区进行大规模“军事清剿”。以天生港为起点，沿公路、河道直至黄海边的鲍家坝，构筑起约 300 里长的竹篱笆；封锁了沿江沿海的所有港口，妄想困死人民武装。7 月 1 日夜，在分区党委领导下，地方武装、短枪队、区队挺进封锁线两侧，组织 4 万多群众和民兵，分成几十路，锯倒电杆、割断电线，挖毁公路，焚烧篱笆。整个封锁线上火光冲天，浓烟滚滚，日伪军龟缩在碉堡里不敢出动。惨淡经营 3 个月、用毛竹 500 万根的封锁篱笆，一夜之间全部烧毁③。

根据地反封锁、大生产、反清乡度过艰难岁月。日寇发动太平洋战争后，为能抽出兵力南下，进一步向根据地武装清乡，同时进行经济物资封锁，企图压垮我方根据地。日寇在沦陷区内，大肆搜刮金银铜铁锡等五金物资，加价收购大批银圆铜板运回日本；严格控制洋油、洋火、洋烟、洋碱、洋蜡烛等“五洋”的货

---

① 如皋市地方志编纂委员会. 如皋市志[M]. 北京:方志出版社,2017:25.

② 东台市地方志编纂委员会. 东台市志[M]. 南京:江苏科学技术出版社,1994:24.

③ 苏中四分区反“清乡”斗争(三)[EB/OL]. 2018-09-11[2023-09-07]. http://www.ntszw.gov.cn/?c=index&a=show&id=1009.

源和价格，禁运食糖、棉纱、纸张等物资，对根据地全面封锁。

面对经济封锁，民主政府组织大生产运动，党员干部带头，各区组织伴工队，开展开荒冬耕、每亩增收一斗粮运动。东台县党群开荒27000亩，发动群众开展生产互助，突击种管；同时开展“一斤粮”“一张小牛”（五角的江淮币）捐献活动；战胜困难，渡过难关，安定群众生活，坚持长期抗日①。

民主政府组织广大盐民成立食盐运销合作社，允许自由买卖，以每担食盐征粮食45公斤（比敌统区低20公斤—40公斤）的低税率，吸引敌占区私商来根据地以物易物做“红盐”生意，换得私商们“三白”（白大布、白报纸、白光林纸）及粮食、西药、枪支弹药、油墨电池等急需物资；四年征得实物税大米230万担，保障了抗日武装财政、物资的基本供给。

新四军在以东台弶港为中心的沿海地区建立了苏中军区海防团，开辟海上抗日根据地，发展渔业生产，粉碎日伪军的“清乡扫荡”和经济封锁；成立贸易公司，开辟了弶港至山东解放区和上海的海上航线，将根据地的盐粮棉渔产品运往胶东，换回大批地雷、子弹、炸药和硫黄等军用物资和花生油、粉丝等生活物品。运往上海的粮鱼盐品，得上海地下党配合，购来五金电器、电台设备、钢材机床、胶卷纸张乃至汽油和武器弹药、医药用品等急需物资。20世纪的影片《51号兵站》，上演的就是这段时间的故事。

日寇的“延期清乡”“政治清乡”“强化编查保甲”，推行仅两个月，就被群众烧毁5万多页户口册、7万多张门牌而失败；乃于1944年1月升级“高度清乡”，分割包围目标区，遍设据点，警察和特务编组下乡清剿，抽训壮丁，编组伪自卫团，实现以华制华，以图抽出兵力投入太平洋战争。四分区军民以多种斗争方式破坏日伪壮丁训练，敌方伪化编训过的165个乡，我方控制了147个乡。

① 苏中四分区反“清乡”斗争（五）[EB/OL]. 2018-09-11[2023-09-07]. http://www.ntszw.gov.cn/?c=index&a=show&id=1007.

（三）转入战略反攻，降下日军太阳旗

就在日伪军对四分区“高度清乡”，策划对三分区“扩展清乡”时，苏中区党委和一师决定发起“车桥战役”。车桥是淮安东南的一个大镇，位于苏中、苏北、淮南三个根据地交界处。1944 年 3 月，苏中军区暨江都、高邮独立团在内的 5 个团，采取攻坚打援并举、以打援为主的战术，攻打车桥镇，收复了 12 处日伪据点，歼灭日军大佐以下 460 余人，生俘 24 人，歼灭伪军 500 余人。淮安、宝应以东地区纵横百余里全部解放。新华社向全国发布了新四军收复车桥的消息，延安《解放日报》发表社论祝贺。

车桥战役“是苏中六年抗战以来的创举”，此役的胜利使苏中、苏北、淮南、淮北根据地连成一片，巩固和扩大了苏中解放区，实现了苏中战略区形势的根本好转，揭开了苏中战略反攻的序幕。随后，我军向日伪军发动夏季攻势和秋季攻势，苏中区、盐阜区、淮海区先后取得重大胜利。

1945 年 8 月日本宣布投降，里下河地区日军不向新四军投降。四分区部队即投入反攻。首先在南通、如皋、靖江、泰兴城周围，拔除 30 多个据点，然后进攻日踞的各大据点，红旗猎猎，遍地开花。8 月 12 日克泰兴县城，26 日克宝应，31 日克兴化，东台、如东两县城光复，东台以北的丁溪、草堰、白驹、刘庄等 10 余镇随之收复。9 月 12 日收复海安镇和崇明县城，13 日克大中集，21 日克如皋城。11 月 16 日攻克盐城县城，除扬州、泰州、南通、溱潼等城镇和海门外，里下河地区 11 座县城、260 多据点全都插上了红旗！1945 年 12 月 19 日至 26 日，进攻高邮和收复邵伯两场战斗同时打响，歼灭日军 1100 多人、伪军 5000 多人，缴获火炮 611 门，枪支 4308 支，这是里下河地区新四军对日的最后一战，华中解放区连成一片[①]，红旗高扬里下河。

---

① 高邮县地方志编纂委员会. 高邮县志[M]. 南京：江苏人民出版社，1990：49.

三、人民解放战争，红旗漫卷里下河

1946年国民党撕毁停战协定，大举进攻解放区。1月15日，停战协定生效才两天，其第71军第91师即从南通出犯，侵占我解放区如皋白蒲镇，打响了挑起苏中内战第一枪。继而以15个旅12万人由通泰扬北犯我苏中解放区。华中野战军以19个团3万人奋起迎战，历时一个半月，连续7次战役，伤亡1.6万人，歼敌5.3万余人，被誉为“七战七捷”①。

“七战七捷”后，新四军主力奉命北上驰援两淮，敌李默庵部乘机进占苏中解放区。敌军和还乡团大肆清乡扫荡，血腥屠杀根据地干群。各地党委、政府坚持原地工作，组织群众藏物跑反，开展“拉锯式”斗争。面对国民党正规军队的烧杀抢掠、还乡团疯狂倒算的搜刮戕害，里下河各县成百上千的干部、民兵牺牲，千百户人家被烧，千万群众被抓捕勒索致残致死，数十万、百万斤粮食被抢被烧，无数牲畜、财物被抢。里下河群众坠入了日寇扫荡清乡式的新一轮苦难中。

民心是杆秤，与共产党、新四军救济救荒，减租减息，土改分田，亲民爱民，为人民过好日子而奋斗献身相比较，国民党就是“刮民党”，中央军就是“遭殃军”，蒋介石就是“蒋该死”！于是，当我军展开“盐城保卫战”“涟水战役”“淮海战役”时，里下河人民群众打心眼里拥护支持，纷纷报名参军，踊跃支前。虽然被两年时间的白色恐怖压榨剥削得几乎一无所有，但乡亲们却是“最后一碗米送去做军粮，最后一尺布送去做军装，最后一件老棉袄盖在担架上，最后一个亲骨肉送去上战场，最后一棵树，锯了修船过大江……”下面的这两份统计表，就汇集了当时的基本情况：

---

① 如皋市地方志编纂委员会.如皋市志[M].北京:方志出版社,2017:6.

表一　里下河各地支援苏中、淮海战役情况汇集表

县名	民工	担架	船	车辆	军需	参军	派出干部
如皋县	6.8万人，常备民工1650人	17000副		独轮小车1.2万辆	军粮50万多公斤	3批 5382人	
如东县	4批次，21.5万人，常备1378人	198副	船队长达1公里，运粮50万斤		军粮2批次，60万多公斤，军鞋5.5万双	7批 21067人	
海安县	30万人次，设支前总队	800副	民船8000艘		军粮10万担，磨面20万斤，军鞋1000双	4948人	
启（东）海（门）	九分区16792人，常备民工1220人	270副			军粮3万担	8450人	
东台县	102648人，常备11895人	2000副	民船1176艘	小车3000辆，牛车300辆	借粮263万斤，借皮棉20933斤，15537人修公路327华里	7455人	106人
大丰县	15131人，常备1200人	1200副	船70艘	小车450辆	运粮5.5万公斤，运草47.5万公斤，修公路75公里	7000人	
盐城县	3.2万人					2000人	
建湖县	支前总数53891人，常备民工赴淮海1200人	290副	常备船371艘，民船1240艘		军鞋5.18万双	5批 4691人	40人
射阳县	13200人，常备3000人	2500副	大船300艘，海船150艘		借粮61.315万公斤，借棉花1.038万公斤	2批 4943人	225人
滨海县	41500人，常备500人设万人支前队	3050副	大船360艘	牛驴3200头，小车17770辆	借粮234万斤，磨面粉30万斤，运粮2000万斤	6批 14405人	1339人

（续表）

县名	民工	担架	船	车辆	军需	参军	派出干部
阜宁县	23009人，常备民工团500人	1468副	万人修公路200公里，木船42艘	小车11594辆，担子490副	献边币887600元，大米1900公斤，猪肉56公斤	623人	2145人
响水县	2万人，县长韩培信任支前总队长，常备民工600人	1429副		小车600辆，土车5582辆	运军粮200万斤	6254人	韩等3人南下
兴化县	3500人		大船800艘			4批3640人	68人
泰县（姜堰）	2438人					200人	
泰兴县	20万人，常备1400人					1748人	
高邮县						1200人	
初步统计	总人数1107109人，常备24543人，赴淮海战场1200人。	30205副	大船11219艘，海船150艘	小车33820辆，牛车300辆，土车5582辆，挑子490副，牛驴3200头	供军粮1410.76万斤，军鞋10.78万双，借粮558.315万斤，借棉41693斤，加工面粉50万斤，运粮22101万斤，运草95万斤，献边币88.76万元，猪肉112斤	94006人	3926人

表二　里下河各地支援渡江战役情况汇集表

县名	民工	担架	船	车辆	军需	参军	派出干部
如皋县	18040人，常备1万人	300副	帆船182艘	小车2500辆 担子2000副	借出粮食406万公斤		
如东县	6.5万人，女性3360人，常备1.82万人	1292副		运粮3批4342万斤，运草700万斤，挑子7507副	大麦32万斤，军鞋24万双，借粮910万斤，棉花21万斤，磨面粉84万斤，舂米3万斤		950人
海安县	支前总队6819人，随军出征2056人	692副	民船833艘，大船200艘	小车566辆，挑子2927副	军粮283万斤，军草687万斤，扩征献陈粮56万斤，加工粮食530万斤，运军粮875万斤，运军草576万斤	1500人	235人
启（东）海（门）	九分区3万民工渡江，随军支前团3827人	1179副		小车2952辆	被絮1982斤，军鞋4万双，伞1362把，蓑衣3262件，蓑帽3726只	5800人	1381人
东台县	19万人次，担运团4230人，南征福建2456人	1200副	民船1324艘，海船36艘	牛车1090辆，小车971辆	成品军粮1231万斤，献粮67.52万斤，加工大米45万斤，运军粮500万斤，运军草3.8万斤	3200人	123人 按管无锡
大丰县	5万多人，常备17300人，民工团2000人		大船220艘	小车600辆，牛车46辆			129人 去新区
盐城县	3批次，4158人		3批次884艘				247人
建湖县	渡江支前总队5083人		大船1142艘		借粮662.4万斤	2100人	197人 苏州支队

（续表）

县名	民工	担架	船	车辆	军需	参军	派出干部
射阳县	战勤团 1500 人		大船 464 艘，海船 239 艘				
滨海县	各类民工 15000 人		大船 3300 艘，海船 225 艘	独轮车 7000 辆	供给 11 万人军队粮 66 万斤、草 40 万斤，并运送之，军鞋 5 万双	2 批 2117 人	63 人
阜宁县	10110 人	786 副	船 769 艘	小车 6908 辆，驴子 426 头		120 人	893 人，去宁 20 人
响水县	5000 人，2000 人随军					1400 人	255 人
兴化县	3000 人	1200 副					135 人
泰县（姜堰）	3000 人			小车 800 辆			
泰兴县	25.6 万人，常备 1400 人				98500 人筑路 150 公里		
高邮县	3200 人	1655 副	大船 3000 艘	挑子 1523 副	军粮 207 万多公斤，军草 337 万公斤		
靖江县	6000 人随军南下		全县木船送 10 万部队过江				
仪征县	84000 人						
初步统计	总人数 755910 人，常备 48400 人，随军南下 16339 人	7012 副	民船 3992 艘，大船 11326 艘，海船 500 艘。	小车 22287 辆，牛车 1136 辆，挑子 6450 副，驴子 426 头。民工筑路 300 里	供军粮 4357.52 万斤，军草 1064 万斤，棉花 21.1982 万斤，军鞋 33 万双，借粮 1978.4 万斤，加工米 578 万斤、面 84 万斤，运军粮 6377 万斤、军草 1319.4 万斤。雨具 8350 件	16237 人	4628 人

注：上述两表中项目、数字均读自各地县志，朱兆龙收集制表。倘有遗珠，祈请方家赐教。各县地方志中采用重量单位文字不一，内容按其原文；统计则按当年所用市斤、华里。

看着这两份表格，可以想象到：通榆公路，范公堤上，牛车、独轮车木轮吱哑，滚滚驶向淮海；黄海浪尖，串场河上，舳舻相接，风帆如林，船船开向长江；这是一幅多么壮观的人民战争的宏大画面呵！这是一篇多么辉煌的群众支持解放自己的宏伟诗章呵。里下河人民是正义之师的好后勤，里下河地区是解放战争的大仓库。红旗之所以插遍里下河，因为前有摧枯拉朽的百万子弟兵，后有我千百万全身心支持的父老乡亲；更是因为，红旗牢固树立在里下河人民群众的心坎上！

红旗漫卷里下河。从土地革命到新中国成立，里下河地区就是党活动、战斗和胜利的重要区域。里下河的人民群众，用自己的热情、热血和生命，为里下河地区的红色历史文化写下了浓墨重彩的辉煌篇章，为中华民族伟大复兴提供了战胜挑战的精神资源。

新中国成立以来，不少文学作品对这一段历史作了生动的反映。小说《柳堡的故事》，电影《柳堡的故事》《东进序曲》，话剧《东进，东进》《决战黄桥》等，让红色里下河以丰富丰满的艺术形式更广泛地传播和传承。本文试以记叙形式的论文，参与这种红色能量的传承。

里下河区域旅游资源整体规划与一体化发展构想

李崇新　孟　琼（南京理工大学公共事务学院
安徽省萧县思源实验学校）

一、 里下河区域的地理范围

所谓里下河地区，有广义与狭义之分。狭义的里下河，是指位于江苏省中部里运河（淮扬运河）以东，下河（串场河）以西，苏北灌溉总渠以南，通扬运河以北的区域。广义的里运河，还应包括里运河、串场河以及苏北灌溉总渠与通扬运河的外围和周边区域。其行政地理范围，大体涵盖目前的扬州、泰州、淮安、盐城、南通五市的大部或一部。这里地形四周高、中间低，地势低洼，素有苏中“锅底”之称。这里也是历史上淮河入海和黄河夺淮入海的重要通道，故而水网密布，湖荡相连，号称苏北湿地，是著名的鱼米之乡。里下河区域蕴藏着丰富多样而独具特色的自然和历史文化旅游资源，是江苏旅游文化板块的有机一环，也是江苏文化与旅游强省建设的重要组成部分。

二、 里下河区域旅游资源的总体特征

里下河区域自然与历史文化旅游资源的基本特征，可以概括为：运河古道、通江达海；鱼米之乡、淮扬美食；历史名城、名人故里；红色文化；特色产业。所谓运河水道，通江达海，是指里下河区域，位于长江与淮河之间，大运河穿境而过，水网密布、湖荡相连，形成里下河区域江北水乡的独特自然风光和人文特色。所谓鱼米之乡、淮扬美食，是指里下河地区物产富饶，水产丰富，是著名的鱼米之乡，也是我国八大菜系之一的淮扬菜的发源地，淮扬美食，名闻遐迩。所谓历史名城、名人故里，是指里下河区域具有悠久的历史和文化，形成许多历史文化名城和历史古镇，这里人杰地灵，名人辈出。所谓红色文化，是指里下河区域是革命老区，抗日战争和解放战争时期，作为我党我军的重要根据地，做出了重要贡献，留下大量红色文化遗产。所谓特色产业，又包括两个部分，一是在长期历史过程中形成的具有水乡地方特色的传统产业，如特色农业、养殖业和手工业等，还有就是在改革开放之后，形成的具有现代特色的工业和加工业、旅游业以及生态观光农业等。以上这些，不仅构成了里下河地区重要的经济增长点和经济支柱，也为里下河地区积淀了丰富的旅游文化资源和爱国主义教育资源。

然而，由于种种历史与现实原因，里下河地区的经济和社会发展一直未能形成有效合力，长期限于各自为政、单打独斗，甚至相互内耗的局面。因此，在国家推出长三角一体化发展的战略背景之下，里下河地区的未来总体发展，也亟须调整思路，打破行政分割，统筹整体规划，实现一体化开发，形成资源共享、合作共赢的全新发展局面。

三、 里下河区域旅游资源整体规划与一体化发展的协调机制

为了更好推进里下河地区历史文化旅游资源的整体开发和一体化发展，建议成立“里下河区域旅游整体规划与一体化发展统筹协调小组”。可借鉴目前的长三角文化论坛的成熟运行机制与模式，由江苏省政府分管领导挂帅，江苏省政府参事室、江苏省文史馆、江苏省地方志办公室与文化旅游等部门具体牵头，里下河区域扬州、泰州、淮安、盐城、南通五市和相关部门共同参与。

“里下河区域旅游整体规划与一体化发展统筹协调小组”的具体组织架构，初步考虑设计如下：省政府分管领导担任统筹协调小组组长；江苏省政府参事室与江苏文史馆以及文化旅游等相关部门分管领导，担任副组长；里下河区域五市和相关主管部门为组员单位。下设“江苏省里下河区域旅游整体规划与一体化发展论坛”，或简称“里下河五市旅游联盟论坛”，由五市分管领导或文化旅游部门分管领导，担任论坛轮值主席，由扬州、泰州、淮安、盐城、南通五市每年轮流承办一次，本着共商、共建、共享的原则，共商里下河区域旅游文化一体化发展大计，共建里下河区域旅游文化一体化发展格局，共享里下河区域旅游文化一体化发展红利。

四、里下河区域旅游资源整体规划与一体化发展的总体构想

（一）凸显特色，注重里下河旅游文化品牌的整体内涵建设

根据里下河地区的总体水乡文化资源特征，本文根据目前的初步思考，认为里下河文化品牌的整体内涵建设，起码应该凸显以下两大特色：

1. 品味淮扬美食。里下河地区是我国八大菜系之一的淮扬菜的发源地。淮扬菜经过媒体宣传和各地淮扬餐馆的经营以及人们的口碑相传，已经广为人知，具有很高的市场知名度、美誉度和认同度。但是长期以来，关于正宗淮扬菜一直有扬州和淮安之争，对于整体宣传和推广淮扬菜，产生一定负面影响。其实淮扬菜因起源于淮扬运河的两大重镇淮安和扬州而得名，两地同为淮扬菜的发源地，堪称“双子星”，完全没有必要互争高下，徒增内耗。因此今后在推广宣传淮扬菜美食环节，省政府应该统筹协调地方政府，统一步调，统一口径，共同打造和开拓淮扬菜的美食天下。除了淮扬菜系之外，高邮双黄蛋、泰州溱湖八鲜以及兴化鱼圆和东台鱼汤面等地方名吃，也具有相当的市场知名度，可以与淮扬美食一起打包推广，进一步做大做强淮扬菜系和淮扬美食的市场蛋糕。

2. 游览水乡风光。里下河区域，位于长江与淮河之间，也是历史上淮河入海和黄河长期夺淮入海的重要通道，古老的大运河穿境而过，水网密布、湖荡相连，是著名的鱼米之乡，也形成了里下河区域独特的自然风光和人文特色。里下河区域的运河古今水道、苏北灌溉总渠、淮河入海通道，以及历史上著名的串场河等运盐河道，至今还在发挥重要的水利功能。还有瘦西湖、高邮湖、溱湖、邵伯湖以及兴化垛田与千岛油菜花海等江北水乡风光，以及扬州运河古道与扬州古城、淮安河下古镇与周恩来故里和纪念馆、盐城东台安丰古镇和西溪古镇、泰州姜堰

溱潼古镇与会船节和兴化郑板桥故里等历史人文景观，都具有一定的知名度与美誉度。可以统筹协调，总体规划，一起打包推广，做大做强里下河品牌特色旅游市场。

（二）统筹协调，做好里下河旅游文化品牌的整体创意和形象推广

根据里下河地区的总体水乡文化资源特征，以及前期已有工作基础和现实可能，本文认为里下河文化旅游品牌的整体设计和推广，可以从以下三个方面着手：

1. 建设环里下河绿色生态长廊。根据里下河区域五市的环境与生态建设规划，各地市均有相应的生态建设构想和实践，但是目前还要树立全域一盘棋思想，通盘考虑里下河区域的生态绿化建设规划。首要任务是尽快建立环里下河绿色生态长廊，其路线大体沿淮扬运河、通扬运河、串场河、苏北灌溉总渠和淮河入海通道的两岸大堤或现有的国道省道，在原有绿化工作基础上，进一步加强高标准绿化和生态建设，尽快形成一条环里下河绿色生态长廊，根本改善和提升环里下河区域的生态环境面貌和绿化档次水平，从而为吸引国内外游客与投资，提供良好的自然生态环境，也为策划里下河区域的相关大型形象宣传活动，提供切实可行的绿色环境载体。

2. 筹办有影响的国际国内赛事。省政府可以依托里下河区域旅游整体规划与一体化发展统筹协调小组的具体组织架构，打破五市文化旅游资源的条块分割，统筹协调，整合资源，做好里下河区域整体文化旅游路线的创新设计。目前比较可行的方案，可以考虑以重大国际或国内赛事为载体，推进里下河品牌形象的整体宣传和推广。比如在环里下河绿色生态走廊建设的基础上，积极筹办环里下河国际和国内汽车拉力赛，环里下河国际和国内自行车拉力赛，环里下河国际和国内马拉松比赛，环里下河国际和国内龙舟大赛等国际赛事。以上赛事由里下河区域五市轮流主办，共同协办，逐渐形成比较成熟的赛事筹办机制，长期坚持，久久为功，对于打响里下河品牌具有重要意义。

3. 做好多媒体宣传推广。做好里下河特色旅游品牌的整体宣传推广，必须打

破传统媒体思维和路径依赖。除了借助传统媒体和互联网门户网站之外，还要更多借助互联网时代的新媒体和自媒体手段，特别是头条、抖音、快手、西瓜视频、哔哩哔哩等影响较大的新媒体平台，甚至包括充分发挥有影响力的自媒体旅游博主的宣传作用。此外，省政府还可以通过统筹协调手段，在江苏境内高速公路、国道省道沿线，以及高铁站台和地铁站等公共场所，为里下河区域旅游特色品牌的公益性宣传给予适当扶持，或利用其他户外宣传形式与媒体，不断加大对里下河旅游文化品牌的公益宣传和推广力度，进一步擦亮和打响里下河旅游文化的金字招牌。

（三）由内到外，发挥里下河旅游文化品牌的辐射影响效应

由内到外，由近及远，逐步扩大里下河文化旅游品牌的辐射影响力。首先，发挥好里下河区域内部的相互辐射影响作用。在里下河区域内部的五座城市之间，要形成相互协作，相互辐射影响带动的合作机制。譬如每年春天旅游旺季，“烟花三月下扬州”的游客数量极其庞大，但是这些游客的脚步，大多仅止于扬州而已。如何充分发挥扬州作为里下河区域旅游的龙头城市和桥头堡的内部辐射带动作用，将这些游客有序引导，延伸分流到里下河区域的其它城市，充分放大扬州市的旅游客流辐射带动作用，实现五市合作多赢的发展格局，仍然是一个值得里下河区域五城市认真研究的课题。对此笔者的初步设想和建议，是建立一个里下河五市旅游联盟机制。可以考虑率先在扬州市试点设立一个里下河五市旅游联盟游客接待与中转中心，由里下河五市旅游部门在扬州五市旅游联盟游客接待与中转中心设立其他各个城市的接待窗口，现场进行旅游宣传和游客咨询，然后按照游客旅游意愿，通过配套的交通中转中心，及时把游客转运疏导至对应的里下河区域城市或旅游景点。目前可以先行试点扬州与兴化垛田和千岛油菜花景区的游客转运工作。在取得经验之后，再依次推广，在里下河区域其它城市也设置同样的里下河五市旅游联盟游客接待中心，相互推介旅游资源，相互转运输送游客，从而实现里下河区域五市之间的游客资源共享，形成合作共赢、良性循环的里下河五市

旅游业发展新格局。

其次，要扩大里下河区域的外部辐射影响力，可以分为由近及远的几个层次，有序推进。第一步，就近辐射影响里下河周边地区，如南京都市圈、徐州都市圈、苏南都市圈、上海都市圈、合肥都市圈等长三角地区，吸引更多游客。第二步，逐渐辐射影响环渤海京津冀城市圈、郑州中原城市圈与武汉华中城市圈等更远范围，直至辐射影响全国范围。第三步，还要力争走出国门，不断扩大国际宣传，争取吸引更多国际游客，逐步打响里下河区域文化旅游品牌的国际知名度和影响力。

小　结

总之，为了实现里下河区域自然与历史文化旅游资源整体规划与一体化发展目标，里下河区域五市要在江苏省政府及相关职能部门的统筹协调下，不断加大内部协同合作的广度和深度，逐步实现旅游优势互补，旅游资源共享，旅游合作共赢的发展目标。相信江苏省政府和相关职能部门能够以里下河区域文化调查和研讨为契机，进一步凝聚和整合里下河地区五市政府和有关部门的资源和力量，充分发挥相关高校和智库机构学者专家的智慧和专长，群策群力，共同推动里下河特色旅游文化资源的创造性保护与开发和市场化运作，不断扩大里下河旅游文化的影响力，逐步打响里下河旅游文化的金字招牌，有力提升江苏文化和旅游强省建设的整体水平。

乡村振兴视域下非物质文化遗产的生态保护

胡　燕　武靖佳(南京农业大学人文与社会发展学院)

习近平总书记在二十大报告中指出，全面建设社会主义现代化国家，必须坚持中国特色社会主义文化发展道路，增强文化自信，围绕举旗帜、聚民心、育新人、兴文化、展形象建设社会主义文化强国，发展面向现代化、面向世界、面向未来的，民族的科学的大众的社会主义文化，激发全民族文化创新创造活力，增强实现中华民族伟大复兴的精神力量。非遗作为中华优秀传统文化的重要组成部分，显示了中华先民在思想和实践上所能达到的智慧高度与精神力量。在中华民族的历史进程中，非遗为中华各族人民构筑起安身立命的精神家园，以非遗促发展，以非遗兴乡村，是保持民族文化连续性、凝聚民族认同感的强大武器，是新时代增强文化自信，建设社会主义文化强国的关键步骤。

一、 乡村振兴战略与非遗的生态建设

(一) 乡村振兴政策背景

2017 年 10 月 18 日，习近平总书记在党的十九大报告中首次提出要实施“乡村振兴战略”，报告指出，要“按照产业兴旺、生态宜居、乡风文明、治理有效、

生活富裕的总要求”，加快推进农业农村现代化。① 乡村振兴战略是党中央在对当代社会现代化转型与城乡关系变化的深刻认识的基础上所作出的重要部署，是在“以人民为中心”的价值遵循基础上开展的关涉到乡村产业、人才、文化、生态、组织等方方面面的全面振兴。在乡村振兴战略的实施进程中，非遗作为乡村文化的重要构成部分已然成为重要的文化资本，发挥着重大的社会、经济、文化价值。在此政策背景下，非遗的保护不能仅仅关注单一文化事项的存续，而是要将非遗视为乡村文化建设的重要内容。据此，当代非遗的保护实践不可忽视生态环境和社会、经济样态的作用力，要更加关注其作为地方性知识在维系族群认同和地方社会经济发展中产生的反作用，要在尊重乡土文化价值的基础上与乡村治理、农业产业建设相结合，从而构建助推乡村振兴实施的强劲动力结构。② 乡村振兴的实施需要活跃的非遗文化增添动力，非遗的传承与保护亦不可脱离乡土之根，需要乡村振兴的政策引领。然非遗具有十分鲜明的地域性特征，③ 在具体的非遗保护工作中势必要根据其相生相长的乡土文化特质而表现出不同的侧重点。于长江流域而言，这就需要在生态文明理念驱动下实现乡村振兴与非遗保护的共生互融。

（二）长江生态类非遗典型案例——溱潼会船的生态保护

溱潼会船是一项有着 800 余年历史的特大型清明节水上民俗节庆活动，于2008 年入选第二批国家级非物质文化遗产拓展项目，它集中反映了长江下游里下河地区水乡文化的典型民俗风情，堪称一部动态的民俗文化百科全书。溱潼会船生于水乡生态、成于水乡生态，其风采也显现于水乡生态之中。会船节俗盛行于苏中里下河水乡地区，是长江在入海口处由于所携带的泥沙淤积而形成的洼地，地势低洼，平均海拔只有 2.5 米，境内河网纵横，有溱湖、鲍老湖、玉乳湖、通扬

---

① 习近平.决胜全面建成小康社会　夺取新时代中国特色社会主义伟大胜利[N].人民日报,2017-10-28(001).

② 王瑞光.乡村文化振兴与非物质文化遗产的价值呈现[J].济南大学学报:社会科学版,2021,31(02):37-43+158.

③ 黄龙光.中国非物质文化遗产保护与公共民俗学实践路径[J].民族艺术,2020(05):65-74.

运河、卤汀河、泰东河、姜溱河等主要河湖，陆地多为甸、垛、洲、沚等水中小岛。水生态孕育了水文化，清道光三年(1823)九月刻本《海陵竹枝词》载，广东知县储树人诗云："溱潼湖里水如天，三面村庄但水田。只有湖东无屋宇，人家尽住打鱼船。"其后同载清嘉庆诗人朱余庭诗："包老湖通虾子湾，上溪港口水回环。使船如使马奔放，会看篙工第一班。"可以说，会船节俗生成于由水生态造就的水上人的社会空间中，生态性是该项非遗的突出特性。

溱潼会船在当代的传承与实践始终不曾脱离里下河水乡特有的生态环境，其辐射地区一直将生态环境视作乡土文化复兴的大本大宗，在多年的非遗保护工作中始终坚持生态保护与节俗传承齐头并进。2011 年 11 月 3 日，江苏省文化厅批复《关于建立姜堰清明习俗文化生态保护实验区的请示》，同意建立姜堰清明习俗文化生态保护实验区。文件同时指出，要以加强清明习俗文化整体性保护和传承发展为重点，以非物质文化遗产保护和传承为核心，探索建立优秀传统文化传承体系，维护清明习俗文化与自然、人文生态系统的平衡和完整。之后，为恢复溱潼会船民俗的原生态，泰州姜堰区政府在各村落斥资近千万元疏浚整治溱湖及相关河道，致力于建立"溱潼会船民俗文化生态圈"。目前，溱潼会船依托完整的文化生态体系实现了遗产的节日化运作，在清明节的第二天设立"溱潼会船节"，与"中国泰州水城水乡国际旅游节""中国湿地生态旅游节"同办，将单一的节俗活动拓展成为期两个月的综合性生态节庆活动。

（三）非遗的生态建设助力乡村振兴实施

非遗保护实践是实现乡村振兴战略重要的平台与手段。① 溱潼会船作为国家级非物质文化遗产在传承与实践过程中所进行的生态建设成为推动实施乡村振兴战略的重要途径与依托。它有效缓解了姜堰区过往以初级加工业为主导产业所造成

---

① 康丽．实践困境、国际经验与新文化保守主义的行动哲学——关于乡村振兴与非物质文化遗产保护的思考[J]．民俗研究，2020(01)：13-18+156.

的生态环境恶化的现实问题。同时，在恢复会船节俗原生态、发展以会船为核心的生态旅游产业的过程中，为突出相关乡村传统聚落的人文特征，通过对地形地貌、河湖水系等自然条件的合理规划及利用，在延续和保护生态环境、古树名木、传统民居、历史建筑等自然与人文景观等方面成效明显，在新时代对于推进乡村振兴战略的实施，建设社会主义新农村具有重要意义。

但是，以非遗生态建设助力乡村振兴实施在现阶段只是初具成效，在取得可喜成果的背后，还存在着难以忽视的现实问题亟须解决。概括而言，非遗保护与乡村振兴这两个宏大话题在溱潼会船的传承实践中表现出三个主要问题：一是乡村文化振兴的“政府在场”与非遗活态传承的“民众在场”之间难以平衡。笔者在田野调研时与乡村民众谈及每年“溱潼会船节”的操办，大都表示：“会船现在都是统一由政府派人组织，哪个村走哪条河，出什么节目，都是预备好的，村里现在已经没有船会了”。① 因溱潼会船业已被纳入里下河生态文明建设的统一规划中，其传承的主导力量由此从民众渐渐转变为政府机构，但非遗传承的核心在“民”，现阶段政府在场与民众在场关系的失衡是溱潼会船传承不可回避的关键问题。二是村落人口空心化所导致的非遗传承人后备力量不足的社会问题。溱潼周边村落自纳入姜堰清明习俗文化生态保护实验区之后，强调生态的原生性建设，地区随之形成以旅游业为主的单一产业结构，而村落的水乡生计模式已不能满足现代社会中年轻人的生活需求，因而随着村落青壮年的流出，村落人口空心化日益严重。据相关村落介绍，“能参与会船的人的年龄限制现在放宽很多了，村里有七八十岁还有精神的都能上船，因为年轻人都出去打工了，没有时间回来学会船要怎么搞”②。传承人后续动力不足成为溱潼会船传承最关切的现实问题。三是非遗生态建设与民众受益之间的关系问题。非遗的生态建设应更多从“授人以渔”的角度合理安排使用，笔者在溱潼的实地调研中发现在村落语境中的文化生态建设只达到了“授人以鱼”。例如 B 村作为会船传承的典型示范村缺乏非遗的“氛

① 访谈对象：溱潼镇 B 村村民；访谈人：武靖佳；访谈时间：2022 年 9 月 17 日。

② 访谈对象：溱潼镇 B 村村民；访谈人：武靖佳；访谈时间：2022 年 9 月 17 日。

围”营造，参与会船活动的船只在日常生活中被堆积在村子里的乡村大舞台上，哪怕是特色鲜明的头船也只是长此以往地停泊在村口，村中也并未见非遗传习所等可以进行非遗项目保护、传承、传习、宣传、展示等工作的相关场所。丰富的遗产资源是以非遗保护助推乡村振兴的基础，无法营造出良好的非遗“氛围”将事倍功半。借助非遗项目的生态性保护如何提高“民众受益”的范围和幅度也是溱潼会船保护实践下一步要思考的问题。

二、 基于“五新三主”战略部署的非遗生态保护

习近平总书记于2020年11月14日在全面推动长江经济带发展座谈会上强调：“要坚定不移贯彻新发展理念，推动长江经济带高质量发展，谱写生态优先绿色发展新篇章，打造区域协调发展新样板，构筑高水平对外开放新高地，塑造创新驱动发展新优势，绘就山水人城和谐相融新画卷，使长江经济带成为我国生态优先绿色发展主战场、畅通国内国际双循环主动脉、引领经济高质量发展主力军。”由此赋予了长江经济带“五新三主”新的历史使命。① 文化是经济发展的助推器，在当代社会，文化资本与社会资本等超功利性的资本是可以与具有功利性特征的经济资本相互转化的。② 因而，结合“五新三主”战略部署审视乡村振兴与非遗的生态建设是基于经济建设、政治建设、文化建设、社会建设和生态文明建设五位一体总布局所作出的思辨。非遗作为根植于乡村土壤的乡村本土文化是区域发展重要的文化资本，在乡村振兴和经济发展中发挥着重要的引擎和推动作用。以下基于“五新三主”战略视野审视非遗生态建设的现有成效，以期针对主要的矛盾与问题提出具有可行性的建议，以助力乡村振兴的接续实施。

---

① 何婷，成长春. 习近平关于推动长江经济带发展重要论述的基本逻辑[J]. 南京社会科学，2022(06):21-29.

② 戴圣鹏. “资本”：一个在当今被误读和滥用的概念[J]. 学术月刊，2012,44(11):25-31.

（一）非遗的生态建设是谱写生态优先绿色发展新篇章的重要内容

非遗作为地方性知识是民众智慧的积淀，以溱潼会船为代表的长江水文化本身就蕴涵着传统村落社会与生态环境协调发展的朴素的民俗智慧①。提炼长江传统水文化中的生态智慧，重视非遗作为传统智慧资源的重要价值，努力构建以生态环境为核心的民俗文化生态圈是践行长江经济带建设、长江大保护等国家战略的重要内容。因此，在当下的非遗生态建设中，要以科学规划为手段，尊重非遗的生态性特征，不要盲目地去做那种不顾村落肌理性的挪移、搬迁，要以生态乡村建设为抓手，打造绿色生态的乡村社会空间、居住生产环境，建设由“产、村、人、文”联动共同塑造而成的自然景色优美、资源利用节约、环境保护有效、人与自然关系友好、绿色低碳的生态宜居新乡村。

（二）非遗的生态建设是打造区域协调发展新样板的关键一环

区域的协调发展需要因地制宜地发展，而非在同一模式化框架下的发展，构建高质量的区域发展不能仅仅关注到外部城乡互动的能动作用，在区域内部也要选择适合的发展路径。于内而言，非遗作为民俗传统，其中包含着乡村自治的传统伦理观念。乡村自身都有一套自己的惯习俗规，将非遗中的村规民约与今天的法治与德治配合，与新的自治概念相结合，就会形成一个非常好的社会治理资源。② 但是溱潼会船在生态建设中，为了将各项资源统筹兼顾，会船活动被统一纳入到在溱湖举办的“中国姜堰·溱潼会船节”的规划设计之中，由政府统一筹划，大大削弱了乡村自治组织的作用。非遗本身作为民众的智慧，其传承的核心依然在于民。今天在关注非遗的生态建设的时候，应该重视民间组织的重要性，重视

---

① 郑晓云. 长江水文化：时代命题及其构建[J]. 湖北大学学报（哲学社会科学版），2022，49（03）：92-100+181.

② 萧放. 民俗传统与乡村振兴[J]. 西南民族大学学报（人文社科版），2019，40（05）：28-36.

民间组织所具有的对共同利益维护的功能，比如曾经存在的船会对水源的保护、水利设施的兴修、桥梁的维护等问题做出的贡献。民间组织与村民的生活息息相关，每一个乡村都是一个小的区域，在该区域里村民自发地遵守着乡规民约，自发地将自己的热情投入共同的节俗庆典之中。因此，在溱潼会船的生态建设中，适度放权于民，在区域的协调性发展中融合民众智慧，从而构建良性的乡村社会形态。

（三）打造以非遗文化生态保护区为核心的文化品牌，推动高水平对外开放建设

整合地域性或同类别的非遗项目，形成文化品牌，产生规模效应是当下非遗文化产业发展的趋势，在世界范围内非遗已经成为一种公认的文化品牌，可有效提升地方文化产业的吸引力和文化深度。① 在非遗的文化生态保护区建设过程中，包含了很多优秀民俗文化资源，是地方文化品牌塑造的重要依托资源。在溱潼会船这一盛大的民俗活动中，木工造船、花匠扎船、篙手服饰、艺人化装、民间戏曲等各种不同门类的民间艺术都是可待开发的文化资源。此外，打造以非遗文化生态保护区为核心的文化品牌就必须要讲好文化故事，姜堰清明习俗文化生态保护实验区的建设目前将重点侧重于溱湖国家湿地的宣介，对于民间故事的叙事有待进一步开发与利用。因此，在接续的非遗保护实践中要讲好文化故事，深入挖掘与提炼乡村民间口头叙事资源与风物、历史人文传说。乡村口头传统不仅是自我教育、自我传播的一个方式，也是展现乡村形象、彰显魅力的重要文化资源。讲好文化故事，是讲好中国故事的最小化，千万个文化故事汇集起来成为讲好中国故事的坚强基础。总而言之，着力打造以非遗文化生态保护区为核心的地域文化品牌，书写地域对外开放新名片，是新时代推进高质量对外开放的有效途径。

① 王焯.非物质文化遗产产业化原则的界定与模式构建[J].江西社会科学,2010(08):214-218.

（四）非遗生态建设中的乡村生产可成为创新驱动发展的新优势

乡村是最重要的是生计资源，每个传统村落都有自己生存的基础，有特有的生计方式。在今天的非遗生态建设过程中，应该尽量去寻找这种地方的生计基础，寻回特色手工艺，使其在新的社会经济条件之下，能够找到它的生存发展之道。例如溱潼会船中的船只涉及传统木船制作技艺，但因时代的发展，交通条件大幅改善，传统木船的制作技艺逐渐销声匿迹，甚至在会船活动中也多以水泥船替代。诸如木船制作之类的手工技艺不仅是重要的谋生手段，也是村落物质生活的重要内容，同时还是维系村落生活共同体的文化力量。在非遗的生态建设中，要保留村落里的原生性手工艺，推动其在当代语境下利用新兴科学技术进行手工技艺的创新与推广，以非遗为基底创建乡村经济新的增长点，并鼓励乡村民众积极参与以非遗手工艺为主的乡村生产，从而打造乡村产业创新驱动发展的“新引擎”。

（五）推动非遗生态产业化与产业生态化，绘就山水人城和谐相融新画卷

生态产业化与产业生态化是经济高质量发展和生态环境高水平保护深度融合、协同推进的重要体现。习近平总书记在海南考察时提出，“乡村振兴要在产业生态化和生态产业化上下功夫”。新时代如何通过非遗的生态产业化与产业生态化扎实推进乡村振兴，如何实现“产城人文”深度融合是亟需关注的时代课题。非遗作为乡村文化资本，实现生态产业化与产业生态化是推动文化产业高质量发展的需要，其实质是要针对非遗所处地域独特的资源禀赋和生态环境条件，通过建立生态建设与经济发展之间良性循环的机制，实现生态资源的保值增值，把绿水青山变成金山银山，在推动形成经济效益、社会效益协同发展、相辅相成的良性循环的基础上构筑完善的非遗生态发展产业链，利用产业化平台提升非遗产品的稳定性和标准化，树立品牌意识，在传承和创新的同时推动非遗文化事业与乡村振兴

的发展，绘就山水人城和谐相融的新画卷。

非遗保护与乡村振兴都不是一蹴而就的事情，在旷日持久的工作实践中应紧扣长江经济带发展的“五新”要求，聚焦于长江流域各项非遗的生态建设，精准破解长江经济带高质量发展中所面临的文化传承与社会经济之间所产生的不平衡等具体实践问题，将长江流域建设成为我国生态优先绿色发展主战场、畅通国内国际双循环主动脉、引领经济高质量发展主力军，助力长江经济带实现“三主”目标。新时代，在生态文明思想的指导下，长江流域非遗的保护与实践要以生态性为工作的着力点，参考并践行长江经济带“五新”“三主”新目标新使命新任务，对于以文化产业赋能乡村振兴具有重要的现实意义。

结　语

新时代里下河水乡要实现高质量发展，势必要依托“五新”“三主”的新使命新任务，以非遗的生态建设激发村落社会中文化的内生力量，有效推动乡村振兴的实施。我们要在尊重长江流域水生态环境的基础上，根据当代社会的需要，对生态类非遗进行民俗传统资源的保护与开发，在科技赋能与文旅融合中实现非遗生态的创造性转换与创新性发展，实现乡村发展的振兴之路。同时我们需要总结提炼并唤活乡村的非遗文化资源，深入挖掘乡村非遗文化中的民俗智慧，在传统村落中营造“非遗氛围”，深入乡村内部，发现与呵护村落中非遗之所以得以存续的内生性动力。我们不仅要依靠中央提倡，靠当地政府推动，更要积极发挥村民自己的力量，非遗保护与乡村振兴任重而道远。乡村振兴中的文化复兴问题是一个很重要的课题，在新时代人与自然和谐共生的价值理念下，需要社会各界对两者关系进行深度阐发，推动两者向纵深方向发展。

后　记

党的二十大报告指出，全面建设社会主义现代化国家，必须坚持中国特色社会主义文化发展道路，增强文化自信。新时代新征程，坚定文化自信、推动社会主义文化繁荣兴盛需要充分发挥地域文化的独特优势。

里下河地区位于苏中，是以兴化市为中心的碟形平原洼地，又称苏中湿地，属于江苏沿海江滩湖洼平原的一部分，以其独具水乡特色的自然地理和历史文化被誉为“苏北水上明珠”。其地理范围西起里运河，东至串场河，北自苏北灌溉总渠，南抵老通扬运河，总面积 1.35 万平方公里，行政区跨越南通、淮安、盐城、扬州、泰州 5 个设区市，人口一千余万。该区域地势低洼，地形四周高、中间低，最低点海拔仅 1 米，故有“锅底”之称，气候温暖湿润，水网密布、河汊纵横、湿地广布，自古有渔盐之利。现存的高邮龙虬庄遗址、兴化蒋庄遗址、海安青墩遗址等原始文明遗址表明，数千年前古代先民即在此地耕作渔猎、繁衍生息、兴修水利、舟楫往来，开展生产生活，并绵延不断地发展出独特而丰富的里下河文化系统。

2022 年初，在省政府参事室工作会议上，丁骏同志提出里下河地域文化作为我省独具特色的历史文化板块，长期以来没有得到认真系统的挖掘研究，知名度、美誉度不及省域吴、楚、维扬、金陵文化等，建议围绕“里下河地域文化”开展系列专题研究活动。这一提议获得省政府副秘书长、办公厅主任、参事室主任谢润盛的肯定与支持。考虑到省地方志办公室在研究传承地域文化方面具有独特优势，省政府参事室便联合省地方志办公室开展里下河地域文化活动的会商策划，拟制了《关于组织开展里下河地域文化研讨活动的工作计划》，得到省政府批准。

当年7月，由省政府参事室邹立靖副主任、省地方志办公室左健伟主任共同带队，组织张敏、杨新华、丁帆、范金民、陈书录、胡阿祥、戴珩、马俊亚、李崇新等馆员和知名学者，赴里下河地区扬州、淮安、盐城、泰州、南通实地考察调研，与各市政府领导、市有关部门负责同志和地方文史专家座谈交流，亲身感受里下河地域文化特色，获取了一批关于里下河地域文化的一手资料，为下一步办好“里下河地域文化研讨会”打下了坚实基础。

9月，在调研基础上，省政府参事室（省文史研究馆）、省地方志办公室拟定了近30个研究课题，并联合发布《里下河地域文化研讨会征文启事》，向省政府参事、省文史研究馆馆员、省政府参事室特约研究员、省内外专家学者广泛征文，得到积极响应，共收到参会论文50余篇，整理编印了《里下河地域文化研讨会论文汇编》，论文主题涵盖了里下河地理、历史、水利、农业、文学和地域文化等多个方面。

2023年春节后第一个工作日，为了抓紧推进落实“里下河地域文化研讨会”的召开，省政府参事室（省文史研究馆）和省地方志办公室研究部署有关组织筹备工作。3月，邹立靖副主任带队赴兴化市实地考察会场并召开工作协调会，落实落细相关会务工作。

4月27日上午，由省政府参事室（省文史研究馆）、省地方志办公室、泰州市政府、新华报业传媒集团共同主办的“里下河地域文化研讨会”在兴化市开幕。徐缨副省长、国务院参事室赵冰副主任、泰州市万闻华市长出席开幕式并讲话。省委宣传部徐宁副部长、省政府参事室邹立靖副主任、省地方志办公室左健伟主任、省文旅厅二级巡视员姚文中、新华日报社副总编辑黄建伟、南京大学历史学院党委书记赵清、江苏凤凰出版传媒集团副总编辑王振羽、南京出版传媒集团总经理卢海鸣，淮安、盐城、扬州、泰州、南通等地政府领导和有关部门负责同志出席开幕式。参事、馆员、原参事、特约研究员代表，省和地方文史专家、新闻记者等参加开幕式。谢润盛副秘书长主持开幕式。上午开幕式结束后，陈书录、张敏、王干、范金民、萧平、胡阿祥、戴珩7位专家作主旨演讲。当日下午，与会专家就保护好利用好里下河地域文化、提升区域文化影响力进行了深入交流研讨。

28日上午，与会领导、专家等在兴化市开展历史文化考察，先后参观了郑板桥纪念馆、里下河国家湿地公园，实地了解里下河地区历史文化特点与自然地理特征。共有150余人参加了此次研讨会开幕式及有关活动。

呈现在大家面前的这部《发下里下河——里下河地域文化研究》，是在《里下河地域文化研讨会论文汇编》基础上，经省政府参事室（省文史研究馆）、省地方志办公室筛选，学术委员会评审，由南京出版传媒集团编辑出版的。这部论文集是各位专家、学者智力成果的总结。相信它的问世，必将对里下河地域社会、文化发展以及经济建设产生积极影响。

本书编委会

2023年8月